中国高级工商管理丛书

CEO
领导科学与艺术

席酉民　井润田　秦令华　编著

图书在版编目(CIP)数据

CEO 领导科学与艺术/席酉民,井润田,秦令华编著.—北京:北京大学出版社,2009.6
(中国高级工商管理丛书)

ISBN 978-7-301-15043-6

Ⅰ.C… Ⅱ.①席… ②井… ③秦… Ⅲ.企业领导学 Ⅳ.F272.91

中国版本图书馆 CIP 数据核字(2009)第 042589 号

书　　　　名:	CEO 领导科学与艺术
著作责任者:	席酉民　井润田　秦令华　编著
责　任　编　辑:	郝小楠
标　准　书　号:	ISBN 978-7-301-15043-6/F·2156
出　版　发　行:	北京大学出版社
地　　　　址:	北京市海淀区成府路 205 号　100871
网　　　　址:	http://www.pup.cn
电　　　　话:	邮购部 62752015　发行部 62750672　编辑部 62752926　出版部 62754962
电　子　邮　箱:	em@pup.pku.edu.cn
印　刷　者:	北京飞达印刷有限责任公司
经　销　者:	新华书店
	787 毫米×1092 毫米　16 开本　19.25 印张　430 千字
	2009 年 6 月第 1 版　2018 年 4 月第 4 次印刷
印　　　　数:	9001—11000 册
定　　　　价:	48.00 元

未经许可,不得以任何方式复制或抄袭本书之部分或全部内容。
版权所有,侵权必究
举报电话:010-62752024　电子邮箱:fd@pup.pku.edu.cn

丛书编委会

主 任 委 员　赵纯均　郑绍濂

副主任委员　仝允桓　吴世农　张维迎　席酉民　徐二明

主　　　编　仝允桓　吴世农　陆正飞

编　　　委　(按姓名汉语拼音排序)

陈　收　陈晓红　戴国强　董大海　贾建民
蓝海林　李国津　李维安　李新春　李燕萍
李延喜　李一军　李　垣　刘　星　王重鸣
王方华　王　华　翁君奕　武常岐　杨　丹
伊志宏　尤建新　于　立　曾　勇　张金隆
张　维　张新民　张屹山　赵曙明

丛书序言

在我国高校 MBA 教育项目成功开办十周年后，国务院学位委员会于 2002 年 7 月正式批准我国 30 所高校开办 EMBA 教育项目。从此，一批具有高层管理经验的企业家、董事长和总经理等纷纷报考高级工商管理硕士研究生，再次走进高校，开始他们的学习生涯。工作之余，继续学习。他们刻苦钻研，深究理论，联系实际，探讨改革，在课堂上提出许多中国特有的、具有理论挑战性的管理问题。这批具有丰富实践经验、勤于探索的学生与高校的管理学院之间形成了实践和理论的互动，推动了我国高校管理学院在教学和科研方面的改革和创新。

自清华、北大、复旦、上海交大、西安交大、厦大和南京大学等 30 所高校开办 EMBA 教育项目以来，EMBA 教育特有的学习和培养模式深受国有企业、外资公司和民营企业高级管理人员的欢迎。他们当中不乏硕士、博士，不乏高级工程师、高级经济师等，但他们有着与众不同的学习目标——不为学历为学习，不为文凭为求知，不为自己为企业，不为现状为未来。我国 30 所高校的管理学院，在国务院学位委员会的领导下，由全国 MBA 教育指导委员会组织全国著名专家学者，借鉴国际上 EMBA 教育的经验，结合中国国情，认真设计和制定了 EMBA 教育项目的培养方案、课程体系和管理办法；密切注意 EMBA 教育中出现的问题，提出和制定了相应的政策和管理规范；设计和制定了 EMBA 教育基本教学规范和教学质量评估方案，并对全国 30 所招收 EMBA 研究生的高校进行了教学质量评价。这些举措有力地推动了我国 EMBA 教育的健康发展。

五年多来，在各高校管理学院的努力之下，EMBA 教育的总体发展趋势良好，并涌现了一批优秀的 EMBA 教师。他们按照我国 EMBA 研究生培养方案中的课程体系和教学要求，借鉴全国重点高等院校和国际一流大学 EMBA 课程教学的经验，根据 EMBA 学生的特点，精选教学内容，结合典型案例，善于联系实际，授课生动活泼，深受学生欢迎。他们丰富的教学经验，是我国管理教育的一笔宝贵财富。为此，北京大学出版社在全国 MBA 教育指导委员会的支持下，邀请国内一流 EMBA 院校的负责人和活跃在 EMBA 教学一线的知名学者组成《中国高级工商管理丛书》编委会，遴选国内一流 EMBA 院校中在 EMBA 教育领域已积累丰富经验、深受学生欢迎的知名教师为各书作者，组织撰写和出版《中国高级工商管理丛书》。

本系列丛书针对企业高层管理者在现代管理思想、领导能力、综合决策方面的实际需要，强调管理理论的知识整合和决策导向，注重使用通俗易懂的语言和国内外典型案例，讲授涉及企业全局性、战略性、前瞻性等方面的管理问题，使广大企业高层管理人员能尽快掌握系统的工商管理理论要点和分析决策方法，结合企业管理实践进行有效的管理决策。本系列丛书具有如下特点：

1. 实用性。本系列丛书参照 EMBA 培养方案和课程体系，以全国重点高等院校和国际一流大学所开设的 EMBA 主干课程为基础，邀请具有丰富教学经验的知名专家学者，尊重和鼓励他们在教学内容和教学组织等方面有所突破和创新，同时结合国情，根据我国高层管理人员的管理实践需要，精选教学内容和案例，设计和撰写适合我国高层管理人员实际需要的教材。丛书内容充分吸收了中国企业管理的智慧和经验，具有突出的中国特色。

2. 思想性。本系列丛书针对企业高层管理人员在企业实际运作中面临的企业组织、公司治理、竞争力、财务、资本运作、人力资源、营销、生产和运作等战略性问题，在准确、精练地阐述每个领域的基本理论的同时，结合在中国本土的各类企业的实践，深入挖掘管理实践背后的理论观点和思想内涵，注重启发读者的思维，使读者既能掌握先进的现代管理理念，又能增强解决实际问题的能力。

3. 广泛性。本系列丛书坚持"学以致用，学以致道"的原则，旨在为企业高层管理人员提供一整套系统、实用的企业管理理论和分析方法，为其发现、分析和解决企业各类战略决策问题服务。由于语言通俗易懂，理论突出重点而又简练，分析精辟而独到，案例经典且有借鉴价值，因此本系列丛书不仅适合作为 EMBA 研究生主干课程的教材，同时也适合作为国际通行的高级管理人员培训项目 EDP(Executive Development Program) 或企业高级管理人员自学的教材。

此外，本系列丛书将在出版基础教材的同时，推出教学课件，包括教学 PPT、思考与练习题参考答案和案例分析示范等配套教辅材料，以尽可能地方便教师使用。

基于此，我代表编委会真诚地向各位读者推荐这套丛书，并希望这套丛书在今后能够持续地吸收来自读者的意见和建议，在可以预见的将来成为不仅能够充分地满足国内读者学习高层管理知识的需要，同时也因为它日益完善的本土特色而有朝一日成为国外读者了解和学习中国高层管理知识的首选。

赵纯均

全国 MBA 教育指导委员会常务副主任

2008 年 1 月 30 日

前　言

面对当前以经济全球化、全球市场化、消费个性化、竞争无界化、员工人性化、组织网络化、技术和产品生命周期超短化、政治和社会复杂化为基本特征的新环境,领导者面临一系列值得思考的问题:我们将面临什么样的未来？什么样的社会？什么样的生活和工作方式？什么样的制度和管理？经济全球化对我们有什么样的影响？全球市场化对我们有什么样的启示及作用？消费个性化带来什么样的管理新特点？竞争无界化带来什么样的压力？员工个性化会对制度和管理产生什么样的影响？社会网络化会带来什么样的新问题？政治经济社会的复杂化会带来什么样的挑战？

在新环境下,我们可以用空气、头马、木匠等形象来比喻领导者,用医生的某些行为来批评领导的一些行为。第一,空气的特点是看不见摸不着,好的领导也从来不以领导自居,不时时处处摆个领导架子。我们经常听见一些领导说:"你说了算还是我说了算,你是领导还是我是领导？"这样的领导其实没有力量。有力量的领导老是跟你商量:"啊,你看这事咋办？"商量完了你发现你老是跟着领导跑。实际上商量的结果不仅显示了领导亲民,而且整合了员工和下属的智慧。第二,空气有气压但人们不但感觉不到压力而且离不开这个压力。好的领导不给企业员工不必要的压力,而是通过指导、启发、诱导让员工自加压力,并像空气一样使这种发自内心的压力成为进步和工作的动力。第三,空气无处不在,知识经济环境下,组织和员工工作日益分散,好的领导者要善于将自己的发展理念和思路通过愿景、制度、文化等传递到组织的各个角落,无论领导在与不在,组织的发展都有条不紊地运行,正如中国人常讲的"无为而治",这也许是管理的最高境界。中国台湾有家化工企业,企业理念不是"今天工作不努力,明天努力找工作",而是"追求人生幸福"。老板如果看到有人晚上加班,就会说:"下班了你在这儿干什么？上班把工作做好就行了,下班了回家陪你先生(太太)去。你工作的目的是什么？目的是为了使生活更幸福更美满。下班了加班干嘛？"他不让人加班,大家也很少看到老板来,哪天如果看到老板在企业里转悠,就知道"呀,肯定是今天天气不好,外边玩不成了,跑到企业来转"。能做到这一点,企业肯定有一套非常完整的制度和体系了。第四,尽管空气看不见、摸不着,但它无处不在,人人离不开它。好的领导也是一样,不以领导自居,不给大家压力,无处不在,而且对发展的远见和驾驭对企业生存作用重大,企业离不开。但好的领导个人要做到随时可以离开企业而不使企业发展受到影响,即建立制度体系和文化,培养好接班人,即使自己离开,企业照样健康发展。第五,空气有自净化功能,好的领导也善于不断改革和调整,使企业持续充满生气和活力。

未来的领导者还应像一匹头马。头马一定是竞争出来的,赛出来的,而不是相出来的。头马至少要有两个本领：一是高瞻远瞩，知道什么地方有草有水；二是把信息传递给马群，并且让马群乐意相信、愿意跟随。所以作为领导用两个字概括就是"领"和"控"。

对于木匠和医生的比喻，有人也许不同意，说"木匠"只会按部就班地去做，缺乏创造性，怎能让领导学习？相反，"医生"望闻问切，洞察秋毫，怎能贬低？然而，事实上，木匠有很多值得领导学习的地方，医生的某些行为作为医生是正常的，甚至是值得提倡的，但对于领导却是大忌。

例如，木匠至少有三种行为很值得领导学习：一是凡事有整体思维，重筹划和预测。木匠做任何一件东西时，都有一个整体构思，即使不画出设计图，也会在头脑中有一个详细的轮廓。领导做事也讲究调查、分析、研究，现在还流行策划，如果没有事先进行这些周密的准备活动，到决策时只能盲目地"拍板"。这些道理大部分领导都懂，不少人实践中也比较注意。但注意观察一下你周围的领导及其行为，想一想我们自己的做法，就会发现大部分领导与木匠的事先构思比起来都会感到自愧不如。二是最佳的资源配置。木匠很会用材，在木匠眼中几乎没有没用的材料，即使是一块烂木片，也可用来做楔子等。没人能否认恰当地用才和有效地配置资源是领导的重要职责，但现实中由于种种原因，我们很多领导都做不到这一点，尤其是在用人上，一方面选人时关注的不是其长处，而是其缺点或过去的错误，这样就可能将一批人才埋没；另一方面，往往不能让合适的人做合适的事，结果只能造成许多错位：喜好的错位、技能的错位，最终导致工作热情和创造动力的不足。也正是在选人用人这一点上领导千万不能像医生，看谁都有病。到医生那儿一检查，没病都有病。对于医生来讲这种行为无可非议，人命关天，慎重为宜。对于领导来讲，事业为重，不能恰当用人，再好的事业设想也可能化为泡影，更何况其正确选择与否虽不决定一个人的生命，但却关乎一个人的职业生涯，有时处置不当甚至可能会葬送一个人的一生。三是富有成效的行动，用流行的语言说就是执行力。木匠不仅有"预"，会有效地"配置资源"，更重要的是不空谈，会通过努力将"预"变成现实，这也是我们任何一个领导都要好好学习的，不仅要会"拍板"，而且要利用资源有效地组织和实施决策。

综合来说，领导者要像空气，看不见、摸不着、没压力、无处不在，还作用重大、不断创新和制造活力；另外，领导者还要高瞻远瞩，通过事实让人信服，不仅善"领"，而且长"控"；再就是领导者在做任何事情之前，应该有整体的构思，像木匠那样画出草图，即使不画出来，心中也有谱；而且要善于配置资源，特别是不能光有想法或沉湎于空想，而是要像木匠那样，有高效的执行力。

然而，领导力像爱情一样，人人都知道她的存在，但很少有人能说得清楚。要提高领导才能，不仅可以从自己每天的生活和工作中感悟，也可以从书本和课堂中学习相关知识，还可从成功或失败的领导那里汲取经验和教训。因此，"学无止境"对领导者来说更是恰如其分，领导者的培养可以看成是一种"终身"教育，只有在管理实践的活动中，不断学习、感悟、操练、更新、提升，才能跟得上未来世界发展的步伐。未来的领导者更多的是需要通才，他们应该善于跨专业合作，在不同行业间掌舵，具有领导不同专业背景人才的团队建设能力。

领导是一门学问，有其理论的起源、发展与体系。当代领导学理论认为：不同环境下的领导者需要有不同的能力,不同的素质。同时,领导也是一门艺术,这表现在它具有很强的实践性和创新性。本书第一版《领导的科学与艺术》(西安交通大学出版社1999年版)就是根据这一思想组织各章节内容的,而第二版的内容也将继续延续这一思想。

本书把理论与实践融为一体,阐述了领导的科学与艺术。就像著名管理学家亨利·明兹伯格教授在《管理者而非MBA》一书中所强调的,对工商管理硕士(MBA)和高级管理人员工商管理硕士(EMBA)的培养,不仅要求有扎实的理论基础,同时也要求有丰富的实践经验。本书的第二版以生动活泼、深入浅出的文笔讲述了领导的最新理论与方法,在案例分析中强化了实践这个环节。本书在写作风格上,不同于其他领导学教材长篇累牍的叙事方式,而是在进行大量具体事例与案例讨论的同时兼顾了理论的深度和广博。书中所引用的理论知识,一方面来自于对国内外研究进展的分析与追踪,另一方面也来自于我们多年来在领导学研究领域的理论成果。同时,此次第二版的内容在案例方面作了较大的改进,每章后面的案例都是我们在科研或者教学实践中根据调查访谈或者资料总结撰写出来的。

本书的写作得到国家创新研究群体科学基金项目(70121001)、教育部"新世纪优秀人才支持计划"(06-0804)、国家自然科学基金项目(70872017)的资助,这些项目的很多研究成果成为书稿的重要素材。同时,我们感谢《管理学家(实践版)》和其他相关文献作者们给我们提供了撰写"管理实践"专栏的优秀素材,感谢接受我们访谈的所有企业和企业管理者,感谢在"案例研究"和"情景模拟"专栏撰写中给予我们帮助的所有个人和单位,感谢北京大学出版社林君秀和郝小楠在书稿出版过程中所给予的大力支持,感谢赵卫东、王国锋、刘璞、宁静等师生在书稿修订和案例整理方面的辛勤工作。

如果本书能为读者们在领导学的实践或者理论研究方面提供些微薄的帮助,那将是我们最大的欣慰。

席酉民
2009年5月于西安交通大学
井润田　秦令华
2009年5月于电子科技大学

目 录

第一章 概述 ……………………………………………………………… (1)
 第一节 领导的概念 …………………………………………………… (3)
 第二节 领导的作用 …………………………………………………… (8)
 第三节 领导者的权力 ………………………………………………… (15)
 本章小结 ………………………………………………………………… (22)
 练习与思考 ……………………………………………………………… (22)
 案例研究 人走茶凉,整垮小鸭 ……………………………………… (23)

第二章 全球化视角下的领导者 ………………………………………… (29)
 第一节 跨文化管理的观念 …………………………………………… (31)
 第二节 中国企业的国际化 …………………………………………… (37)
 第三节 文化冲突的处理 ……………………………………………… (43)
 本章小结 ………………………………………………………………… (48)
 练习与思考 ……………………………………………………………… (49)
 案例研究 合资模型的选择 …………………………………………… (49)

第三章 学者眼里的领导者 ……………………………………………… (55)
 第一节 经典领导学理论 ……………………………………………… (57)
 第二节 当代领导学理论的发展 ……………………………………… (66)
 第三节 和谐视角中的领导理论 ……………………………………… (73)
 本章小结 ………………………………………………………………… (77)
 练习与思考 ……………………………………………………………… (78)
 案例研究 IBM 的和谐主题变迁 …………………………………… (79)

第四章 动员大会上的领导者 …………………………………………… (85)
 第一节 企业文化的塑造者 …………………………………………… (87)
 第二节 企业文化的管理者 …………………………………………… (93)
 第三节 演讲技巧的实践者 …………………………………………… (97)
 本章小结 ………………………………………………………………… (100)
 练习与思考 ……………………………………………………………… (101)
 案例研究 十一设计院的企业文化建设 …………………………… (101)

第五章 谈判桌旁的领导者 ……………………………………………… (107)
 第一节 领导者作为谈判者 …………………………………………… (109)
 第二节 谈判过程与谈判收益 ………………………………………… (115)

  第三节 谈判的原则与策略 ·· (125)
  本章小结 ·· (130)
  练习与思考 ·· (131)
  案例研究 北京吉普合资风波 ·· (131)

第六章 办公桌旁的领导者 ·· (139)
  第一节 成功领导组织变革 ·· (141)
  第二节 提高变革沟通技能 ·· (152)
  第三节 减少变革人员流动 ·· (160)
  本章小结 ·· (164)
  练习与思考 ·· (164)
  案例研究 瑞通公司组织变革 ·· (165)

第七章 会议桌旁的领导者 ·· (175)
  第一节 决策与战略选择 ·· (177)
  第二节 团队决策的效率 ·· (200)
  第三节 会议组织与管理 ·· (207)
  本章小结 ·· (212)
  练习与思考 ·· (212)
  案例研究 成都公交集团的变革决策 ·· (215)

第八章 高尔夫球场上的领导者 ··· (223)
  第一节 权力距离的远与近 ·· (225)
  第二节 关系网络与机会识别 ·· (229)
  第三节 工作与生活的平衡 ·· (246)
  本章小结 ·· (258)
  练习与思考 ·· (258)
  案例研究 民营企业高层管理团队的内聚力 ···························· (260)

第九章 竞职台上的领导者 ·· (267)
  第一节 领导者的评价 ·· (269)
  第二节 领导者的激励 ·· (277)
  第三节 领导者的继任 ·· (284)
  本章小结 ·· (291)
  练习与思考 ·· (292)
  案例研究 楚州集团的领导更换 ·· (293)

第一章 概述

本章我们介绍有关领导的基本概念。首先，从领导的定义、领导与管理的异同等方面谈起，以使我们对领导的概念有比较明确的界定。其次，通过对领导作用的讨论加深我们对领导科学与艺术的生动、形象的理解。最后，我们对领导的实质——影响力进行了详尽叙述。

第一节　领导的概念

无论在理论研究方面还是管理实践方面，人们对"领导"这个词的认识都存在很大的差异。领导与管理之间又到底有何差异呢？透过许多案例，人们似乎发现成功的企业总是在受到一个杰出的领导者或一个小的领导团队的引领，因此"领导艺术"已成为人们最为热衷的管理词汇之一。

一、领导的概念

领导研究是一个迷人的领域，其迷人反映在自从有了人类文明以后，就有大量的哲学家、作家、学者及普通人在此领域进行了不懈的探索和努力。也正是由于这种研究的广泛性与悠远性，才使得领导科学的桂冠上出现了一道奇特的"光环"，使得领导的概念成为了某些神话，蒙上了一层神秘的色彩。

所谓神话，就是一种不科学的信念。下边罗列的12个神话在某种意义上不仅不够科学，实际上也不一定完全符合现实。

（1）好的领导必须要有超凡的魅力；
（2）领导永远不能错，要既"英"而又"明"；
（3）领导一词本身就意味着"持续性"和"始终如一"；
（4）领导总会在事先明确发展的目标；
（5）领导者比被领导者承担更大的压力；
（6）领导者必须会干被领导者要干的工作；
（7）在任何环境下领导者都应该能够带领着别人走；
（8）领导只能属于那些能从"上边"得到强有力支持的人们；
（9）领导者必须学会操纵或控制被领导者的不满和怨恨；
（10）因为群体努力的成败是由外部因素决定的，所以领导的作用是偶尔的或附带的；
（11）领导者们是很容易受到危害的人群，很多人会成为其职业的牺牲品；
（12）对于普通人来讲，领导的技巧太复杂了。

除了上述12个神话之外，还有一些常见的危害很大的思想障碍，那些想走上领导岗位的人应仔细分析并认真对待之。这里仅列出6个：

(1) 惧怕失败；
(2) 害怕难堪；
(3) 害怕得罪别人；
(4) 害怕现任领导不满或抱怨；
(5) 缺乏对现任领导的尊重；
(6) 缺乏自信心。

可见，上述"神话"是我们应该从头脑中剔除的观念，而"思想障碍"则是我们在成功地履行领导职责时应回避的"禁忌"。

二、领导的定义

在这里我们又一次深切地感觉到，最常见的、最普遍的事物也往往是最难以定义的。我们可以想象，从以下所列的这些有关"领导"或者"有效的领导"的定义中归纳一个全面的、能为众人所接受的定义是非常困难的事。

韦尔奇(Jack Welch)认为：领导是一种能将其想做的事或其发展设想形成一种视野(vision)，并能使其他人理解、采纳这种视野，以推动这种视野成为成功的现实的人。

马基雅维利(Niccolo Machiavelli)认为：有效的领导是权力的使者(power-wielders)，是那些能够利用技巧和手段达到自己目标的人。

韦伯(Max Weber)认为：有效的领导有一种魅力，即某种精神力量和个人特征，能够对许多人施加个人影响。

泰勒(Frederick W. Taylor)认为：有效的领导认为管理是科学。

德普雷(Max De Pree)认为：有效的领导认为管理是艺术。

德鲁克(Peter F. Drucker)认为：有效的领导应能完成管理的职能，即计划、组织、指导、控制。

阿普莱(Lawrence A. Appley)认为：有效的领导可以娴熟地组织别人做事。

麦克雷格(Douglas McGregor)认为：有效的领导理解组织中的人。

李克特(Rensis Likert)认为：有效的领导能够建立有效的管理系统。

布雷克(Robert R. Blake)和莫顿(Jane S. Mouton)认为：有效的领导能够选择一种领导方式，使之既适用于生产管理又适宜于人的管理。

赫塞(Paul Hersey)和布兰查德(Kenneth H. Blanchard)认为：有效的领导能够根据形势选择合适的领导方式。

艾柯卡(Lee Iacocca)认为：有效的领导能够依次集中注意力于3个P上，即人(people)、生产率(productivity)和利润(profits)。

布兰查德(Kenneth Blanchard)和约翰逊(Spencer Johnson)认为：有效的领导能够在一分钟做许多事情。

彼得斯(Thomas J. Peters)和沃特曼(Robert H. Waterman)认为：有效的领导应能够把100件小事做好。

布雷德福(David L. Bradford)和科恩(Allan R. Cohen)认为：有效的领导能够发现

人、利用人。

布洛克(Peter Block)认为：有效的领导能够控制别人。

麦科马克(Mark McCormack)认为：有效的领导能够用实践中的智慧弥补哈佛商学院学不到的东西。

坎特(Rosabeth Moss Kanter)认为：有效的领导不是一成不变的。

本尼斯(Warren G. Bennis)和纳纽斯(Burt Nanus)认为：有效的领导有广阔的眼界，并能将眼界变成行动。

索兹尼克(Abraham Zaleznik)认为：有效的领导是"生而处艰"(Twice-born)，而管理者是"生而处优"(Once-born)。

伯恩斯(James McGregor Burns)认为：有效的领导能够从容地指挥追随者。

孔茨(Harold Koontz)认为：领导是一种影响力，或叫做人们施加影响的艺术或过程，从而可使人们心甘情愿地为实现群体或组织的目标而努力。

海姆菲尔(John K. Hemphill)认为：领导是指挥群体解决相互作用的活动，是解决共同问题的过程。

斯托格蒂尔(Ralph M. Stogdill)认为：领导是为确定和实现目标而影响群体活动的过程。

理查兹(Max D. Richards)和格林洛(Paul S. Greenlaw)认为：领导是一种影响过程，即领导者和被领导者个人作用和与特写环境的相互作用的动态过程。

....

这个单子还可以继续罗列下去。尽管难以给出一个统一的、大家都接受的定义，但正如大家谈论美一样，上述定义指导着我们从方方面面对领导进行更加全面而准确的理解。虽然每个人的说法可能不同，但大家对于什么是美、什么是丑总有些基本的判断。对领导也是一样，各种说法有一定偏重，但大家心里都有一杆秤，同样也能鉴别出什么样的领导是好领导、什么样的领导是坏领导。李开复根据自己数十年来的领导经验提出，领导艺术应该包含宏观决策、管理行为和个人品质，并总结了处理这三方面关系的九大原则。第一，宏观决策是前瞻与规划的艺术。实施原则：愿景比管控更重要；信念比指标更重要；人才比战略更重要。第二，管理行为是沟通与协调的艺术。实施原则：团队比个人更重要；授权比命令更重要；平等比权威更重要。第三，个人品质是真诚与均衡的艺术。实施原则：均衡比魄力更重要；理智比激情更重要；真诚比体面更重要。

三、领导与管理

管理是100多年来伴随现代企业经营活动而产生的专门知识和技能，但随着市场环境的急剧变化，越来越多的企业组织不得不面对从较为固化的组织结构及指令模式转向更具环境适应性和应变力的根本变革。然而在这股潮流中，"领导行为"被认为是区别于管理行为的一个重要发现。在人们眼中，永远微笑着的比尔·盖茨代表了微软，而乔布斯一成不变的牛仔裤和黑色高领上衣则诠释了苹果独特、高傲的品牌内涵(正如其时尚的iPhone手机）。虽然领导的实质常被泛化为几乎所有重要的管理工作，但一般来讲，管理被认为是一个更广泛的职能，包括领导以外的活动，而领导是管理的一部分，而不是其全部。哈佛教授约翰·科特（John P. Kotter）明确区分了"领导"和"管理"的差异，把管理看成是组织秩序和规律性的来源，而把领导看做引致变革的力量，并将领导行为主要归结为三个方面的内容：

(1) 确定企业经营方向

领导的首要职责是确定组织的发展方向，对未来的情况高瞻远瞩，并为实现愿景目标制定变革战略。领导者要通过对组织内外环境、主客观条件进行调研，并对未来发展趋势进行预测来勾勒出组织的发展愿景。由于愿景主要是描述未来的存在状态，它是宏观的、模糊的，而影响未来的许多突发事件是很难预测的，愿景在细节上是不确定的。管理者的责任是在愿景指导下，设立具体的目标，并制定详细的实施步骤。

(2) 联合群众

对需要其合作的人阐明这一既定经营方向，以形成联盟，对愿景目标形成共识并投身于实现这一目标。目标确定了，需要有人做，联合群众非常重要。领导者需要对组织结构进行优化以推动变革和组织目标的实现。管理则强调对现有组织和秩序的维护，提高组织的运作效率，减少组织内部的摩擦与内耗。

(3) 激励和鼓舞

唤起人类基本但常未得到满足的需求、价值和情感，来使群众战胜变革的主要政治、官僚和资源障碍，沿着正确的方向前进。成功的领导往往能客观认识人性，有针对性地激励员工。他们总是有办法调动每个人内在的积极性和创造性，激发他们的热情和力量，为组织的共同目标而努力。

变革是组织机体应对复杂环境的一种必然现象，而就变革可能带来的种种影响而言，在组织结构、权力关系、作业程序，甚至是最基本的工作态度、热情等方面的改善上存在着广泛的抵触。因此，从上面的领导工作内容不难看出，除了在确定愿景目标上未必涉及广泛的群众基础外，领导的核心工作就是"阐明经营方向乃至联合群众"，"激励、鼓舞乃至唤起群众"，从而最终回到管理秩序所假定的经过设计的过程并出现所期望结果的规律性上来。

具体而言，领导与管理的区别表现在很多方面，参见表1-1。

表1-1 领导与管理的区别

管理	领导
无序向有序	有序向无序
解决问题	发现问题
通过物质利益调动下属	激发下属的内在动力
监督员工工作	指导帮助员工
控制工作程序	指引前进方向
……	……

科特还敏锐地指出，领导并非是领导者和拥护者之间的简单结构，它必须拥有更为广泛的基础，在组织的各个层面发挥"多重"作用。事实上仅有好的领导并不能保证事业

的成就,优秀的管理和优秀的领导的结合,才构成组织成功的关键基础。

四、领导的科学与艺术

领导包括科学与艺术两个方面。这里,"科学"的含义是指,为了解决问题所进行的有系统的分析。"艺术"包括言谈技巧、社交技巧、依赖别人和为人所信服的能力、巧妙地运用自身所具备的权威性及影响力的智慧等。领导的科学或称领导的理论,已经经历了数代人深入的研究和探讨,然而作为艺术的领导并没有得到充分的研究,许多研究的结论散见于各种分门别类的著述中,对于领导并没有多大的指导意义。

塞西尔·吉布(Cecil A. Gibb)指出:关于领导艺术的任何一种综合性理论,都必须包括与领导艺术有关的所有可变重要因素,并把它们综合起来,即个性。这些可变因素包括:成员及其态度、需要和问题;群体本身;由客观环境、任务性质等决定的情境;等等。然而,至今尚无真正令人满意的理论模式。早期的企业家通过他们指挥资本的权力以及他们把资本转化为生产性企业的能力和热情而取得领导的地位。领导者的能力或技术被认为是不可转让的,管理上的建议是以所管理的产业或公司为依据的。

随着美国工业的增长和"职业化的"、领工资的、非所有者的经理阶层的持续增长,科学管理时代出现。此时,人们习惯于把领导看做是一种知识的职能,最好的领导者是技术专家,泰勒的职能工长概念试图为工人提供专业化的监督,亨利·甘特(Henry L. Gantt)想象出一种由工业工程师组成的"优秀人士"的领导。

早期社会学家库利(Charles H. Cooley)、米德(George H. Mead)以及威廉斯(Whiting Williams)提出社会人概念,这一思想在梅奥(George Mayo)主义者的著作以及霍桑工厂的人际关系运动的开始阶段得到了支持。这一有关人的"新"观点认为,人不是受金钱,而是受人际关系和归属需要所激励的。这样,泰勒有关领导者必须在技术上最胜任的观点被社会技能才是最重要的观念取而代之。

梅奥主义者在有关领导和激励的问题上进行了大量研究并提出了许多思想。参与式的、民主的领导方式开始流行,人际关系技能被高度重视,而敏感的、有社会技能的领导者被认为是最好的领导者。在俄亥俄州立大学和密歇根大学的研究中,领导方式带有一种"情境"意思。它降低了领导者个人品质的重要性而强调领导者和被领导者在具体情境中的相互影响。

现代又发生了一次转变,人们认为激励存在于挑战、责任、自我实现意义上的工作本身中。领导的概念也改变了,(9,9)领导方式、四系统领导方式以及弗雷德·菲德勒(Fred E. Fiedler)的"权变"模式带来了新的领导概念。现代所要求的技能组合是适应的技能——选择适当的类型去适应工作结构、地位、权力以及领导与成员的关系等。现在的时代精神是和谐,在Y理论的自我实现概念中,把组织和人、组织生产率和人的需求的满足紧密地结合起来。

可见,领导既具备科学的特点,如客观性、实践性、真理性、理论性和发展性等,也具备艺术的特点,即要用巧妙的技能、经验才能运用知识达到某种效果。学会了所有的领导理论知识，不一定能有效地进行领导。这方面有点像钢琴琴谱和钢琴师的关系，琴谱是有严格规定的，不能弹错一个音，但钢琴师按键的轻重由自己掌握，效果好坏取决于钢琴师的发挥。在第三章中，我们力图用简洁的语言先来解释长期研究所得出的一些科学理论，进一步发展一些我们自身的观点，在理论中掺进一些艺术，以论证艺术与科学怎样才能互相协作。

第二节　领导的作用

日常生活中"好的"或"成功的"领导这些词汇包含了多层意思，但最基本的只有一点——即"好的"领导鼓励人们朝着真正给他们带来长期最大利益的方向努力，而不会引导人们走向绝境。"好的"领导不会浪费他们的稀缺资源，也不会造成人性的阴暗面。就这层意思来说，人们认为阿道夫·希特勒就曾表现出很强的煽动性，然而这种煽动性显然不是成功领导的作用。领导作用在研究上是一个难题，观点林立，众说纷纭。接下来，我们将围绕"领导的作用"这个主题论述几组常见的论断。

一、狮子王与头马

保罗·索尔曼曾形象地把当前企业的竞争比喻为商业战场上的交战。跟大多数其他战场一样，这个战场上，也会烟雾弥漫，枪炮声不绝于耳，参战的公司以及冷眼旁观的大众，全都搞不清方向，在战场上，公司往往很难抓住要点与方向，何时出击、如何出击，甚至出击谁，这些都是不易回答的。

（一）狮子王的"王者风范"

领导者正是由于上述理由而产生与存在的。首先，他要维持仪式上的"统率"地位。在电影《狮子王》中，尊贵的王者雄踞于阳光照耀的山巅之上，接受着百兽的朝拜与爱戴。这至高无上的王者所讲的每句话都代表着威严与哲理，他以自己稳健的步履度量着所驾驭的领地，他以震撼人心的长啸向臣民与敌人们宣告着神圣不可侵犯的雄风。

这是领导所具有的仪式上统率性的夸张比喻。

而事实上，领导者的确是必须具备这种威望的，他们与普通员工在地位上具有很大差别，这种差别表现在工作条件、头衔、衣饰、独享设施权等方面。这种差异是必然存在的，也是必须存在的，这是领导影响力的重要来源。

领导者自身也必须注重维持这种威望，与员工保持一种适当的距离。所谓距离产生美，这对于领导者的威望也是适用的，因为距离确实是产生威望和钦佩之情的重要影响因素。同时，当权者的领导也必须避免下属对他们的冷落、背后议论、刁难等行为，否则即使布鲁斯王也没有办法干下去。下属们很快了解了一切,并不再支持他。如果想让自己的管理工作卓有威望,就必须首先树立起自身的成效。哈利·杜鲁门(Harry S. Truman)曾将"伟人"理论归纳如下:"我不知摩西(圣经中领导希伯来人摆脱埃及人奴役的领袖)如果在埃及进行民意测验以后会怎么做?耶稣在以色列进行民意测验后又会怎样说教?如果马丁·路德进行民意测验后信义教派又会怎样做?当时的民意测验结果及公众舆论并不重要,重要的是大是大非和领导——那些坚韧不拔、诚实、主持正义的人们开辟了世界历史的新纪元。"

(二) 头马的"远见卓识"

上述狮子王比拟了领导者在仪式上的地位,其实在行动中的领导者也应是具有其统率性的。

匹兹堡大学教授、历史学家许倬云先生站在历史的角度讲了一段关于打破领袖神话的见解,他说有五种关于领袖的神话,一是领袖是一种难得、稀有的技巧;二是领袖是天生的;三是领袖有特殊的能力或特殊的非凡能力;四是领袖只在一个团体的最高阶层里;五是领袖是控制、指挥、管理的人。他认为往前看,往未来看,这些话都需相应修正。前三点是说领袖有一些"天生英明的地方",实际上没有一个人会一天到晚"英"而又"明"。任何人都有老的时候,糊涂的时候,都有睡觉睡不够发晕的时候。后两点则指领袖即居上位者。实际上领袖在任何层次都可以涌现,你若把自己培养好,教育到一定水平,能把自己领好,也是一种领袖。那么到底领袖是什么?我们应该看到现代社会的变化趋势,其基本特性复杂多变,这种环境下的领袖不只是要"创业"和"守业",更重要的是要有守业中的创业精神。在波澜壮阔、复杂多变的现代社会,我们的领袖应像马群中的头马一般,知道水源,知道风向。他带头走,其任务是"领",而不只是"控"(制)和"管"(理)。也就是说,他的远见卓识可以判断出什么事情可能发生、下步应走什么方向,然后预先作内部的调整或预先准备改变外在的环境。除了对未来的透视和远见,领袖还要将自己的见识告诉给同仁,像头马传递信号给马群一样,说服他们该怎么做。要做到以上两点,领袖自然还应具备许多优秀的品质,如善于学习,有坚忍不拔的精神等。正如许先生讲的,"真正的领导人是别人能熬九十分钟,他能熬一百分钟","领导人必须是最后一个叹气的人"。

(三) 大人物与大事情

这种具有统率性的领导是人人向往的,然而并非人人皆能为之。要十分完美地描绘出什么样的人才能成为领导或领导的全部特性是不可能的。除非世界上没有领导,因为不同的领导各有各的特征,不同的时代对领导也有不同的要求。但其最显著的特性似乎差不多,头马的比喻能大体反映。

研究企业家传记的人不难发现,企业家的行为特征颇似领袖的特性,实际上企业家也就是一个企业的领袖。他们重在发现机会和领路,从而开创更大的事业。当然一个企业的上层管理人员若均为企业家式的人物,即具有领袖特色,大家各自在"领",而无强有力的后盾在"控"和"管",该企业则多有动荡,甚至相互牵制。如一个马群只能有一个头马一样,其他人可辅助"头马""控"和"管"好马群,若真有另一个"头马",稳定的结局是又分出一个马群。

可以说,几乎没有人不想成为领导这类大人物,但遗憾的是社会上的大人物总是极有限的少数,绝大多数人只能成为一般人或凡人。所谓大人物也是相对而言,不同范围有不同类型的大人物,如有世界级的政治家,也有国家级和地域级的政治家;科学家、知名人士也一样,有不同的级别,如有的虽暂时还不是世界知名学者,但可在一个研究院或大学里成为知名教授。大凡人做了大事,自然就会成为大人物,但可能只有少数人是为了成为大人物才做大事,而很多人做大事的原本目的并不是成为大人物,甚至一开始心中并无大事的轮廓或做大事的计划,而是兢兢业业做具体的事,结果水到渠成,小事逐步发展成大事。大事与大人物一样,也是相对而言,有范围或领域之分,有的人认为自己在做大事,但可能会被别人嗤之以鼻,大事总是在其被称做大事的范围内有重大影响或后果。话说回来,为什么有些人能做大事,并成为大人物,而有些人似乎命中注定默默无闻地做小事,为大事添砖加瓦?有机遇问题,可能也有能力或性格问题。如科学研究,有些大科学家除了有扎实的工作基础外,还有过人的洞察力,其研究常显示出大家手笔,通俗地讲,就是经常树篱笆桩子,而很多人却只能跟在其后,修补篱笆。换句话说,也就是人各有所长,原则上讲,应各尽所长,各就其位,而不要盲目地做自己能力所不及的事,即使是大事。但如上文所说,没有人不想成就大事,成为大人物。人若无理想,就失去了动力,何况一开始并无法准确知道自己是否有能力成就大事,也不十分清楚是否有大事可供自己成就。所以,以我们的观点,人生自始至终都应有成就伟业的愿望,并为之而努力,然后在奋斗的过程,即在兢兢业业做大量小事的过程中,不断地探寻何者可成就大业,怎样成就大业,逐步弄清自己是否有承担此任的能力,这样就会把自己摆在一个恰当的位子上,尽量做到不会为失去机会而痛苦,也不会为无法承担重任而难受。一般来讲,成就大业的大人物首先要有成就大事的理想;其次要有成就大业的人品,聪明而人品不好的人只能成为聪明的小人,人品好即使能力稍差也会吸引和团结大批能人于周围完成伟业,当然,既聪明,又有人品,就更易成就大业;再次,要有敏锐的洞察力和完成大事的胆量、意志及能力,既然是大事,可能别人从来没做过或做好过,要敢于运用智慧勇闯陌生领域,第一个大学教师必定未上过大学;最后,一个有志成就大事业的人,还应知道限制自己,这是黑格尔说过的话。

二、将将与将兵

当年汉高祖问韩信,樊哙能带多少兵?韩信答,二十万人。高祖又问,灌婴呢?韩信说,灌婴善带骑兵,其他兵则不擅长。高祖接着问,我刘某本人可带多少人?韩信说,一千人左右差不多。高祖又问韩信,你呢?韩信自称多多益善。高祖很不高兴地说,既是如此,你何以沦落为我的部下?韩信这才讲,你能将将,我能将兵。

(一) 将才与帅才

这里第一个"将"字是动词，意指统领，第二个是名词。将将者是真正的领袖，其重要的作用是寻找机会把握方向和领将。而带兵的官只能冲锋陷阵，难以运筹帷幄。现代管理中各个层次既需有将将之才，也需有将兵之才。政府要有领袖，也要有料理日常事务的大小官员，企业的成功在于企业家和经理人员的密切配合，在现代大科学时代，重大科学进展也要靠科学帅才和将才的联手作战。从人才本身来讲，有的人适宜于做将将的帅才或领袖，而有的人却只宜于做将兵的将才。若硬要把将才当帅才，或无帅才能力的将才不甘于将才之位，硬要登上帅才宝座，最后可能会得到与韩信同样的结果，死于未央宫。韩信是带兵之人，而不是领将之人，因其无法领将而失败。所以每个想成就事业的人首先要认识自己，找到自己的恰当位置。这实际上不是一个简单问题，一是因为认识自己非常困难，有的人可能一辈子都未能有个清楚的自我认识；二是恰当的位置不是你认为你合适就可得到。处理好这两方面问题要靠自己的实践和奋斗。你是依据自我感受和别人的评价认识自己，而别人对你的认识则依赖于你的行为和表现。真是人才，就容易做到自我认识和外界认识的相对一致，也有更多的机会发现和得到自己恰当的位置。找到位置只解决了问题的一个方面，要真正实现事业的成功，将将之才必须与将兵之才有恰当的配置和合作。若一个单位最高层有多位将将之才，或缺乏必要的将兵之才，或将将者与将兵者之间难以有效合作，这个单位就无法有效运转。一个好的将将之才至少应能做到：第一，善于运用将才；第二，清楚每个将才的长与短，了解手下每个将才的特点及其适宜的位置；第三，明白手下将才中谁有可能成为将将之才，随时可以接替自己的职务；第四，可以与将才有融洽的关系和保持良好的沟通，将自己的见识和思想及时传播给将才并说服其坚决贯彻，如诸葛亮那样，有良好帅将关系，使未得奖者高兴，使受惩罚者心服，其中秘诀是使将官们对自己的设想和奖罚标准心领神会，而事后奖惩分明，公平对待。但愿将将之才能得其位并拥有更多的将兵之才，而将兵之才也能找到统领自己的将将之才，大家各得其位，共同发展。

(二) 将将的艺术

《史记·高祖本纪》中有一段记汉高祖刘邦与群臣的对话，这一段话把刘邦之所以能够打败项羽的基本要因作了一个重点式的说明。从这一段话中，我们也可以体会到所谓群策群力的管理哲学，现将其要点摘录阐释如下：

……天下大定。高祖都洛阳，诸侯皆臣属。……高祖置酒洛阳南宫。高祖曰："列侯诸将无敢隐朕，皆言其情。吾所以有天下者何？项氏之所以失天下者何？……"

高祖曰："夫运筹策帷帐之中，决胜于千里之外，吾不如子房。镇国家，抚百姓，给馈饷，不绝粮道，吾不如萧何。连百万之军，战必胜，攻必败，吾不如韩信。此三者，皆人杰也，吾能用之，此吾所以取天下也。项羽有一范增而不能用，此其所以为我擒也。"

刘邦认为他之所以能打败项羽，就是因为他能网罗各种不同的人才，而且充分利用这些人才的长处。他自认在计划谋略方面不如张良,在后勤管理及安抚百姓方面不如萧何,至于带兵打仗则不如韩信。但是,他能够使张、萧、韩三位人才都肯来投效他,为他奋斗,这三股力量加起来,当然能够领袖群伦、平定天下。至于项羽,他虽然也拥有一个优秀的人才——范增,但是却不予重用,当然敌不过刘邦。

从这一段简单的话中,我们可以体会到一个基本事实,那就是以刘邦而言,他本人在专业技能方面并没有什么杰出的表现,但是他会寻找人才,他找到了具有计划谋略专长的张良,找到了有后勤管理专长的萧何,也找到了有带兵打仗专长的韩信。他不但找到这三位"人杰",而且还会利用他们完成霸业,当然他就能够打败项羽而平定天下。

如果让刘邦单独奋斗,或是让张良、萧何、韩信他们三个人中的任何一个人来跟项羽相抗衡,恐怕都不是项羽的对手。

企业经营也像是一种霸业的争夺,在这个战场上,虽然没有刀光剑影,但是其竞争之厉害,并不比真正的战场逊色。一个企业经营者想在企业战场中击败其他的竞争对手而争得霸业,单靠个人的力量是不够的,他(她)必须集合各种专业人才,群策群力,才能发挥较大的效果。

在一个企业中,最起码应该有下列几种专才:

(1) 生产技术专才

以负责生产为宜,务求以最低的成本生产出合于要求的产品。

(2) 营销专才

负责营销的工作,这种人就如同能够带兵打仗、冲锋陷阵的韩信。

(3) 企划专才

企划专才负责企业短期活动和长期发展的规划,他的工作就如同张良,能够"运筹于帷幄之中,决胜于千里之外"。

(4) 管理专才

管理专才负责企业内部的管理,使企业的一切活动不会脱离常轨,而各部门间又能获得适当的支援与协调,使内部的摩擦减到最少。萧何的工作就是属于这一类。

这些专业人才在最高主管——企业经营者的领导下,朝着一定的目标奋斗。在奋斗的过程中,经营者任务是领导、控制与协调。经营者要树立一个稳固的领导中心,使这些专才的力量能够集中到这块磁铁上来。同时经营者要控制这些专才,使他们的努力方向不致发生偏颇。当这些专才的力量因为环境因素或个人情绪因素而发生摩擦时,经营者还要负起协调的任务,使这些力量不至于因为摩擦而互相抵消。

三、大事与小事

丘吉尔曾写过:"那些肩负最高指导重任的人必须坐在控制的山顶上,而绝不能滑到指挥个人或个人行动的山谷里去。"但1940年,他初任首相时,却劝告他的工作人员说:"成功而有效的管理应同样体现在大事和小事中。"亨利·明兹伯格对总经理的研究表明,他们在办公时间内没有休息时间。邮件(平均每天36件)、电话(平均每天5次)、会晤(平均每天8次)占据了他们从早上进入办公室起至傍晚离开办公室的全部时间。他们几乎没有一次真正的休息。咖啡是在会晤时间内喝的,午餐时间几乎总是奉献给正式或非正式会晤。好不容易获得一点空闲时间,无时不在的下级马上就来侵占。如果这些经理想缓和一下紧张的步调,他们有两种办法——视察工作以及通常在安排的会晤开始之前作一些轻松的讨论。然而,这些并非是正常安排的休息,而且即使是这样的"休息"也很少能与正在讨论的问题、组织的管理工作毫无关系。

因此,管理一个组织的工作可以说是艰巨的。一天里经理要做的工作是繁重的,步调也是紧张的。下班以后,总经理(也许还有许多其他的经理)似乎既不能摆脱承认他的权力和身份的环境,也不能摆脱他自己的思虑。这个头脑已经受过良好训练,会不断搜索新的情报。

为什么经理必须接受这样的工作节奏呢?一个主要理由是这个职务本身固有的广泛性。经理要为组织的成功负责,而实际上并无明确的里程表可以让他停下来并说:"我的工作已经完成。"工程师能于某天完成他设计的一个铸件,律师的案子总有一天会胜诉或败诉。然而,经理则必须永远前进,从来不能肯定他何时已经获得成功,也永远不能肯定他的组织会在什么时候由于某些失误而垮台。因此,经理永远是疆场上一位全神贯注的驰骋者。他从来不能自由自在地忘掉他的工作,他也从来没有这份福气,哪怕只是暂时的,知道他手上无事可做。不管他担任哪种经理工作,他总带着这样一个恼人的怀疑:他也许可以贡献得更多一点。因此,他在工作中必须采取永不松懈的步调。

社会上多数工作必然包含专业化和专一化这两种特点。机工可以学会做一个部件,然后几个星期内都做这同一个部件;工程师和程序编制员经常花费几个月的时间设计一座桥梁或一个计算机程序;推销员在他们的职业生涯中经常销售同类产品。然而经理则无法指望那样的专一化。相反,他们的活动具有简短性、多样性和琐碎性。有一位调查者发现,某车间主任平均每天得应付583件事,并评论道:非常有趣,车间主任职务的特性——中断性、多样性、不连续性——与多数计时工的工作截然相反。后者的工作高度合理化,重复,不受中断,并从属于传送带稳定而无变化的节奏。

明兹伯格的调查表明,总经理们每天平均有36个书面和16个口头联系,几乎每一次接触都涉及不同的事。一位下属来电话报告某个设备失火了;然后是处理邮件,有许多邮件是无关紧要的;又一位下属中途插进来谈一件与某公共团体有关、迫在眉睫的事情;一个将要退休的人被领进屋,接受一个名誉奖章;过一会儿又讨论对一个价值数百万美元的合同进行投标的事;随后,经理又埋怨某办公室空间的浪费。这些就是经理在一天之内所遇到的多种多样的工作。最最令人惊讶的是,重要的工作活动之中经常穿插着小事,并无特定的规范可寻。因此,经理在思想上必须对于迅速而频繁地转变心境有所准备。

因此,一位经理被描绘成乐队指挥还是木偶,要取决于他怎样管理他的事务。对于他自身来讲,他拥有两个重要的自决权:

(1)经理有权做出一系列原始决定,而这些决定随后就明确规定了他的许多长期义务。例如,他可以选择参加一个外部董事会或委员会。而且,一旦如此做了,他就必须将有关活动纳入他的计划。当然,他也可以提出一项决案。但一旦被采纳和实施,就可能需要他断断续续地付出时间,而且可能长达数年之久。他有权发展他自己的信息渠道,但这么做了之后,他无法或难以控制逐日流向他的信息。

(2) 经理贯彻自己意志的方法是通过控制,或者说善于用自己的工作目的来分析其所从事的那些活动。换言之,他可以利用他的职责。一个礼仪性的场合可以为一位精明的经理提供收集信息的机会。一个要求他予以批准的请求使他把自身价值注入组织。而由于履行职责所做的一次讲话也可能为某项目标提供游说的机会。

如果领导采取主动的态度,可能就不仅仅是简单地解决面临的问题,或简单地消除承受的压力,而是采取适当的途径或方法,在解决问题的过程中通过一些新主意把问题变成机会。

也许,正是通过这两种因素,我们可以很明显地判别成功的和不成功的经理。所有的经理似乎都是傀儡,一些人决定由谁以及怎样在幕后拉线,然后他们主动利用好被迫迈出的每一步。而另一些人未能利用这个高压环境,就被这个要求极为严格的职务所吞噬。

以下是关于经理工作特征的论述:

(1) 由于他们的职务使其工作具有无尽无休的性质,经理感到被迫以紧张的步调去完成大量工作。空闲时间少,休息是罕见的。特别是高级经理,下班以后也不能从他的职务中摆脱出来,因为他们带着一些工作回家,在"空闲"时间里他们还常惦记着工作。

(2) 与多数非经理人员所做的工作相比,经理的活动具有简短、多样和琐碎等特性。绝大多数的活动都是简短的,车间主任以秒计,总经理以分钟计。要完成的活动是极其多样化的,工作缺乏规范性,小事与大事交叉在一起。因此,经理需要随时并频繁地改变心境。总之,经理工作是琐碎的,受干扰是极其寻常的事。

(3) 实际上经理似乎喜欢工作中的简短和干扰。他们认为简短的工作量是理所应当的;他们理解自己时间的机会成本;他们始终意识到随时还有其他事可做,或者必须做。肤浅性是经理工作中的职业危险。

(4) 经理倾向于注重工作中更为活跃的组成部分:现行的、具体的、明确规定的、非例行的活动。处理文件被视为一种负担,但很注意关注需要采取行动的文件。通常欢迎非常新的信息(闲谈、传闻、推测),但对例行报告则不然。在时间上做出计划表明他们对肯定的和具体的信息的关注,而其工作倾向集中于具体的而不是全面的问题。工作的压力不利于他们发展成为计划者,而是促使他们成为具有适应性的信息处理者。在激烈竞争的环境里,他们常要对各种刺激做出反应,并优先处理那些具有实际意义的工作。

(5) 口头和书面的联系是经理的重要工作,通常有五种主要方式——邮件(文件的)、电话(纯口头的)、未经安排的会晤(非正式的面对面)、经过安排的会晤(正式的面对面)和视察(观察性的)。经理明显喜欢三种言谈手段,他们的时间大部分花费在口头联系上。

(6) 虽然他们必须经常处理各种各样的文件,但文件却常会受到草率的对待。文件常缺少"对工作具有现实意义"的内容;文件处理是极其耗时的;它的输送过程缓慢,要经过较长时间才能得到答复。文件包括许多一般化的数据和冗长的文字(报告、定期刊物等)以及一些不重要的然而却需要给予答复的请求。经理发出的文件比他们收到的要少得多,绝大多数发出的文件是对收到文件所做出的反应。经理处理文件的方式使人想到,与他们进行较少例行的口头联系的下属与那些在他们身边工作的下属相比,前者在接受信息方面显然处于不利地位。

(7) 非正式的沟通(电话和未经安排的会晤)是经理通常进行简短接触的主要方式,当双方相互熟悉并且必须迅速传递信息或请求时常会这么做。

(8) 事先安排的会议比任何其他工具更耗费经理的时间。它允许正式性质的、较长时间的接触,人数众多,并可在组织以外的地方举行。礼仪性、战略制定和谈判等活动通常在事先安排的会议中进行。但在事先安排的会议中也有一些特别令人感兴趣的事情,这就是每次会晤的开始和结尾都有一番广泛的讨论,这其中经常包含着重要的信息。

(9) 视察为经理提供了不经事先安排的、非正式的观察活动的机会。然而,经理却很少花费时间去进行无限制的视察。

(10) 可以把经理比拟为沙漏的颈部,处于他们的组织和外界接触的网络之间,以各种方式把两者有机地联系起来。外部联系要消耗经理在联络中花费时间的 1/3 到 1/2。这些联系是多样化的,包括与顾客、供应者、业务伙伴、同等地位的人以及其他人的联系。实际上,这些人起到了沟通网络的作用。非线性关系是经理职务中的一个重要和复杂的组成部分。

(11) 下属通常要占去经理联系时间的 1/3 至 1/2,最通常的是提出请求,发出或收到信息,以及制定战略。经理常绕过正式的通信渠道与下属进行广泛而自由的相互联系。

(12) 相对而言,经理与其上级(如果是总经理,其上级为董事)联系时间较少,通常只占 10%。

(13) 经理的职务反映了责任与权力的混合。对经理工作的表面研究虽然令人想到他们对自己的活动往往缺乏控制,然而,进一步分析却使人认为他们能以两种重要方式进行自我控制。经理对于许多工作的初步承诺负有责任,这些承诺继而把他牵入了一系列不断发展的活动,但经理可以通过获得信息、行使领导职务以及许多其他方式从他们的义务中取得好处。

第三节　领导者的权力

领导的一个重要作用就在于为达到群体目标而不断"挖掘"潜在的人的能力,这种"挖掘"通常都表现为言语或行动上的影响,因此卡茨(Daniel Katz)和卡恩(Robert L. Kahn)甚至认为行使影响的差别是鉴定领导的一种方法。这个方法承认在社会群体中存在着典型的个人之间影响的双边过程。具有顺差(即具有影响的净流出)的人被委任为领导者,而那些具有逆差的人则成为下属。显然,这一鉴定领导者的过程在每种群体中将要不断重复,因为任何群体中这种平衡根据情况会有所变化。

一般而言,**影响力(influence power)**是指一个人影响另一个人的能力,这种影响使后者根据前者的意愿行事。在很多情况下,**权力(power)**与影响力的概念可以互换。组织行为学把"权力"解释为一个人由某种地位或素质而获得的一种力量,可用来影响别人根据他的劝告、建议或命令办事。因此,权力就其本质而言也是一种影响力。

一、领导的影响力

(一)影响力的来源

领导必须具有影响力,否则领导只不过是有名无实。影响力的直接表现就是拥有追随者,他们愿意遵从领导的意志和指挥。有这样一句名言很好地阐述了领导的概念:"领导就是使人们很高兴地去做他们不愿意做的事。"重要的也许并不是让人们做不愿意做的事,而是能做到这一点的人,无疑是很具影响力的领导。坦南鲍姆(Robert Tannenbaum)、韦施勒(Irving Weschler)和马萨里克(Fred Massarik)把领导与影响力间的关系概括如下:领导是在某种环境中被运用,并通过沟通过程用以达到一个或几个特定目标的个人间的影响。领导常包含领导者(影响者)方面在一定环境下想影响下属(被影响者)行为的企图(Tannenbaum, Weschler & Massarik, 1961)。

在非正式的社会关系和正式组织中,影响的差异是明显的。一般来说,指派的职位拥有者在影响方面应确实具有顺差。但实际情况并不总是这样,一个"领导者"的职位权威可能不足以说服下属去从事适当的活动,影响企图失败了,领导也是无效的(McGregor, 1992)。

根据影响系统研究的影响源(influence source)和影响模式(influence mode)这两方面,可以将正确使用影响力分为四种方式,如图1-1所示。

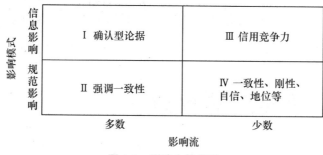

图1-1 影响力的使用

(1)确认型论据

当群体面临一个复杂问题,需要大量信息,而信息是由很多群体成员所拥有时,这个过程有效。

(2)强调一致性

可以概括为"群体思维(group think)"现象,尽管私下经常有许多细微的变化,但表面表现为很强的公众依从性,引入群体支持系统(GSS)可减弱这种现象。

(3) 信用竞争力

群体需要解决特定的任务,而一少部分人拥有所需的知识和经验,这使他们享受相当的权威。

(4) 一致性、刚性、自信、地位等

拥有上述特征的少数派会采用规范化影响,其中一致性在这种影响中占有举足轻重的地位,无论有无公众依从,这种影响都将是持久和深刻的。

管理实践

个人魅力与领导

"有人认为我不会搞管理,但我自认为还可以。"史玉柱说。对于人才的选择,史玉柱的方法是,选择战术型人才而非战略型人才,将他们放在领导岗位上,充分授权几个副总做好具体的日常管理工作。管理思想与方法则由史玉柱输出,副总只需追随自己的梦想。是追随而不是合作,是战术而不是战略。这种追随与被追随在史玉柱的团队里,表现得尤为明显。史玉柱与陈天桥同属网络游戏阵地,但史玉柱的手下没有一个像唐骏这样的具有国际化水准的职业经理人。他想得很清楚,大多数员工都是打工挣钱,养家糊口。于是他重奖重罚,用一种极端的方式进行管理。巨人员工固定工资在同行业中处于中等偏下,但浮动工资却相当多。脑白金战役时,员工们疯狂工作、疯狂加班,史玉柱动不动就在员工加班的时候发上几千元的奖金。史玉柱非常乐意看到员工拿得多,因为在巨人集团的工资体系里,员工拿得越多,证明他对企业贡献越大。

史玉柱.个人魅力与领导.财经界:管理学家,2008,5:14.

(二) 领导影响力构成

在《有效领导力》一书中,豪威尔(John P. Howell)和科斯特利(Dan L. Costley)写道,领导是领导者通过外显行为作用于追随者的心理反应,从而影响追随者行为的过程。中国科学院"科技领导力研究"课题组(2006)认为:"在这个过程中,追随者的需求决定其动机,动机决定行为,行为产生绩效,而领导者所确定的目标就是通过追随者的绩效来体现的。就此而言,影响追随者的根本是影响或改变其需求和动机。但仅仅影响追随者的动机还不够,追随者的行为对于领导目标的实现更为直接,而利益交换、情感交流、权力机制、沟通方法等都是影响追随者行为的有效途径。"他们就此提出领导影响力由动机管理、利益管理、关系管理、沟通管理和权力管理构成。

(1) 动机管理

动机是为实现一定目的而做出行为的原因。动机是个体的内在过程,行为是这种内在过程的表现。引起动机的内在条件是需要,引起动机的外在条件是诱因。在领导过程中,明确追随者的内在动机,是对其施加影响的先决条件。这样,才能将个人动机与组织目标相结合,实现领导行为。

(2) 利益管理

在现实的管理之中,领导者无一不围绕着利益进行。股东、员工、客户的利益,他们穿梭其中,不断地进行着平衡。对于领导者来说,更重要的是平衡员工与员工之间的利益。

(3) 关系管理

关系管理包括关系网络和对这个网络的管理。关系只是资源,只有对关系加以管理,才能更好地利用资源。关系管理是领导者实施影响力的重要手段,通过建立和发展组织内外部追随者和利益相关者的关系,赢得追随者的认同和支持。

(4) 沟通管理

掌握与追随者沟通的技巧和艺术,对领导者有着举足轻重的意义。通过沟通,信息在领导者和追随者之间得以传播。领导者与追随者之间沟通的过程就是领导者争取追随者支持的过程,使有效影响成为可能。

(5) 权力管理

建立稳固的权力基础是保证领导者工作有效性的基础。领导者行使职权并不仅仅是行使法定权、强制权、影响权、专长权等固定活动,还包括运用职权监督、考察下属行使职权的权力活动,即管理下属的权力活动效应的过程。因此,领导者应对本身和下属所从事的各种权力事务及其后果进行监督、检查、考核和评价。

过去的领导力更多地表现为领导者对下属的约束力和控制力,而 21 世纪的领导力将更多地表现为领导者对下属的非强制性的影响力。必须注意的是,这种影响力是相互的。当然,任何时候领导者都不能比追随者多,厨子太多煮不出好汤。领导者们应当知道他们对其追随者的影响。对自己有了解的领导者能有效地行使诸如计划、组织和控制等必要职能。而有时候,领导者相反的估计或不准确的自我认识常常削弱其行为的有效性。那么,怎样鉴别领导者的影响力是否有效呢? 在对有关领导行为的研究和著作的评论中,鲍尔斯(David G. Bowers)和西肖尔(Stanley E. Seashore)提炼出有效性的四方面。

(1) 支持

鼓励别人对个人价值和重要性有所感知;

(2) 促进相互作用

鼓励群体成员发展亲密、相互满意关系的行为;

(3) 强调目标

激励完成群体目标或获得优异成绩的热情的行为;

(4) 促进工作

通过调度安排、协调、计划之类的活动和提供工具、材料和技术知识之类的资源等,从而达到组织的目标。

其中,支持与促进相互作用这两项是对"人"的关注,这些方面鼓励个人继续支持群体努力,维持并改进人际关系以便配合工作。强调目标和促进工作是对"任务"的关心,这是和领导的途径-目标理论相联系的。

下面我们就来看看领导者的特殊影响力——权力。

情景模拟

VIA FERRATA 运动和领导能力

在欧洲有一项户外登山运动非常流行,被称为 VIA FERRATA 运动。VIA FERRATA 是意大利语,意思是"铁索"。顾名思义,"铁索攀登"就是要求登山者沿着事先在山脊间或岩壁上架设好的铁梯或吊桥,在有保护的情况下进行攀爬。该运动最初起源于第一次世界大战期间,目的在于训练士兵更安全更快速地翻山越岭,以便完成作战任务。

迈克尔·尤西姆(Michael Useem)是美国宾夕法尼亚大学沃顿商学院的领导学讲席教授、领导艺术与变革管理研究中心主任。他将 VIA FERRATA 运动应用在了沃顿商学院的高级管理人员工商管理硕士(EMBA)项目的教学过程,要求那些没有任何登山经验的企业管理者必须攀登类似意大利的道罗迈特斯山这样的高峰,然后从中感悟和体会领导学的本质和理论。以上训练被称为"高峰顶上的 EMBA 课堂"。

可能很多人会质疑,VIA FERRATA 运动和领导能力有什么关系。

沃顿商学院 EMBA 项目全球领先,很多年来一直高居《金融时报》和《商业周刊》排名榜榜首。能够参加该项目的学员都经历了严格的筛选,大多数来自于全球各地的著名企业,都是一些身经百战的商界精英,每个人都有很多不平凡的成功故事。试想,面对这样的一群学员,应该怎样给他们讲授领导学?

尤西姆教授认识到,要做到这点,首先必须要让他们意识到自己的弱点或困难,只有这样,他们的心目中才能容纳下别人。于是,他想到了 VIA FERRATA 运动。在 VIA FERRATA 运动里,随着攀爬高度的不断增加,那些平日里矜持自傲的领导者也会逐渐意识到面临的困难,对别人的帮助从拒绝转为开始接受。根据这些管理者的探险活动,尤西姆撰写了《登顶:商界领袖攀登高峰的九个故事》一书,回答了"我们为什么要攀登"这个最基本的问题。他总结认为:领导者要学会洞察对方的需要,当他们真心服务并使得个人利益服从集体利益时,他们的权威就是难以撼动的;领导者要学会像向导那样思考,在任何海拔高度上都能做出类似在平地上的决策,给别人一种可信的依赖感;登顶的挑战和激励就在于设定目标、超越自我,许多经历过此项训练的企业领导者都励志并成为行业的领先者。

很多人会认为,此时只有那些身体强壮的登山者才能成为团队里的领导者,因为只有他们才有能力在此刻给别人以帮助。其实,这样的认识是错误的。罗伯特·戈费(Robert Goffee)和加雷斯·琼斯(Gareth Jones)认为,暴露自身弱点对于领导者而言并非坏事,有时反而有助于建立信任,加强与追随者之间的团结。作为全球仰慕的企业英雄,维珍集团的创业者理查德·布兰森(Richard Branson)很懂得这点,他在接受电视采访时经常故意表现出局促不安、笨嘴拙舌。他用这样的行动告诉追随者:我是真实的人,是可以接近的人。同时,暴露自身弱点也有助于增强他人的同理心(empathy),营造出合作的气氛。雀巢集团的一位年轻主管被委任在全球分、子公司里负责开发和应用 ERP 系统,这对他而言显然是一件极其困难的事情,因为在系统推广的背后潜伏着激烈的权力争夺。有一次，在面对全球各地管理者的责难和挖苦、几乎陷入绝境的时候，这位管理者自曝弱点并彻底摊牌说："各位，你们知道我现在面临怎样的困境。很可能，今天会后我就会因为办事不力而被老板赶走，然后他会从你们当中选择一位接替我现在的工作。各位，如果将你放在我的位置上，你该怎么办？"没想到，他这两句感同身受的话竟然彻底改变了局面，原来反对他的管理者转而同情和支持他，ERP系统在雀巢集团内部成功得到了实施。

因此，在 VIA FERRATA 运动中，当面对同样的困难时，那些能够放下面具、用真心去交流的管理者会得到别人的尊敬和信任，也就更容易从对方那里赢得领导的权力。或许，这一点就是 VIA FERRATA 运动告诉我们的关于领导学的本质。

Michael Useem.登顶:商界领袖攀登高峰的九个故事.万卷出版社,2004.

二、领导的权力

一个人去买鹦鹉，看到一只鹦鹉前标："此鹦鹉会两门语言，售价二百元。"另一只鹦鹉前标："此鹦鹉会四门语言，售价四百元。"该买哪只呢？两只都毛色光鲜，非常灵活可爱。这人转啊转，拿不定主意。结果突然发现一只老掉了牙的鹦鹉，毛色暗淡散乱，标价八百元。这人赶紧将老板叫来："这只鹦鹉是不是会说八门语言？"店主说："不。"这人奇怪了："那为什么又老又丑，又没有能力，会值这个数呢？"店主回答："因为另外两只鹦鹉叫这只鹦鹉老板。"真正的领导人不是靠声音、外表这些表面的东西来表现自己的领导力的，领导力＝权力＋能力。可见，权力对一个领导是最重要的，它决定了领导是否能够实现下属归从的问题。

领导的权力分为两类：

（一）地位权力（或称正式权力）

地位权力（positional power） 来自于职位的权力，是由上级或组织所赋予，并由法律、制度、文件等明文规定的，它随职务变动而变动。包括：

（1）法定性权力

按组织的有关制度规定的正式权力，被组织、法律、传统习惯或常识所认可。它通常与职位联系在一起。因此又叫职务权力或位置权力。一个人被组织正式赋予了某种职务，就意味着拥有了这种权力，它随职务的接受而开始，随职务的免除而终结。职务越高权力越大。它主要由决策权、指挥权、人事权等构成。

（2）奖赏性权力

提供奖金、提薪、表扬、升职、称赞、认同和其他任何令人愉悦的东西的权力。源于被领导者期望奖励的心理。

（3）强制性权力

指通过精神、感情或物质上的威胁如解雇、下贬、批评等，强迫下级服从的权力。源于被领导者的恐惧心理。行使时往往会引起愤恨、不满,甚至报复行动,因此,必须谨慎对待。

情景模拟

领导者的强制性权力

拿破仑曾经讲到:"不想当将军的士兵不是好士兵。"尽管这句话受到很多批评,但依然很流行,因为它说出了许多普通士兵心里的梦想。

其实,领导者和被领导者之间也存在类似的矛盾。很难找到不愿意做领导的员工,就像很难找到不想当将军的士兵一样。但是,能够当上领导者的人毕竟是少数,大多数人只能放弃自己的愿望,成为被领导者,接受别人的领导。这里,放弃往往是被动的过程,是不情愿的结果。在领导者迫使被领导者放弃其领导意愿的过程中,权力是最关键的要素。这里,权力是引导或影响他人行为或信仰的能力。按照弗伦奇和雷文(French & Raven)的研究,作为社会权力的基础,权力来源可以分为强制权力、法定权力、奖励权力、参照权力和专家权力等五类。这里,强制权力即惩罚权,指的是通过精神、感情或物质上的威胁,强制服从的一种权力。接下来,我们看看领导者的强制权力是如何产生的,以及有什么样的影响。

如果你到美国芝加哥市旅游,导游会提醒你:晚上八点以后最好不要出门,白天出门结伴而行,身上现金不要超过100美元。有些朋友不以为然,依然选择晚上单独外出。不幸的是,芝加哥市社会治安的确不好,有时会遇到抢劫。突然间,冷不丁从墙角里窜出一个人,手里拿把刀,嘴里喊着"Your life or your money?"面对这种境况,大多数人只有无奈地拿出钱交给劫匪。此刻,面对对方的要求,我们放弃了作为领导者的意愿,成为被领导者。原因很简单,因为对方拥有强制权,控制了我们所需要的某些资源(如生命安全)。当然,强制权的生效也有其前提,作为领导者一定要确信掌握了对方所需要的资源,否则就会出麻烦。同样是一则劫匪的故事。有人走在山区的夜路上,不巧遇到一件很奇怪的事。有位劫匪端了把椅子坐在路中间,看到路过的行人,恶狠狠地说道:"把钱留下,甭想让我站起来!"很多人在漆黑的夜里听到这些话之后,惶恐之下会赶忙把钱丢下跑掉。但偶然也会有胆大的,断喝一声:"怕什么?你就站起来呗!"此刻,就听对方说道:"兄弟,算你胆大。放过我吧,我腿不好站不起来。"转眼间,领导者与被领导者的角色转变了,因为资源控制权改变了,只有那些确认控制了对方所需资源的人才能成为此时的领导者。

强制权在企业里同样可以使用,当然此时领导者能够强制的资源可能不是生命安全,而是工资奖金、工作机会或职业前景。例如,有些领导者喜欢在自己"新官上任三把火"的时候树立权威,通过当众斥责或者处罚某些下属来树立自己的威信。同样的道理,这一招成功与否的关键在于领导者要确认自己掌握了下属需要的某种资源,否则就可能鸡飞蛋打、自讨没趣。在中国独特的文化环境下,威权是领导者崇尚的一种风格。例如,有位政府官员规定下属手机必须24小时开机,接到电话后必须在2小时之内到他办公室,否则就有若干后果;有位民营企业的老板在讲话时看到下属在旁边接电话,恼怒之下将对方的电话抢过来摔在地上,全场愕然……类似这样的事情花样很多,大家称之为"塑造领导的执行力"。

的确,强制权的使用很气派、能奏效。但是,强制权的过度使用也会带来很多问题。例如,员工口服心不服,企业内部的监督成本增加;带来下属离心型的心理契约,一旦遇到更好的工作机会他们马上就会跳槽。

(二) 个人权力(或称非正式权力)

个人权力(personal power)不是由领导者职位产生,而是产生于领导者自身的某些特殊条件。它不随职务消失而消失。包括:

(1) 专家权力

即具有专门的知识或技术。

(2) 参照权力

指下属敬佩领导的个人性格、声誉等。

现在商业界普遍流行采用授权(empower)方式来管理员工,这与集权方式相反,要求高层领导者对能完成工作的员工下放权力。

本章小结

领导者与普通员工间的差别,首先直接地显示在他们所处的地位和所具备的行为上。所谓"王",上面一横代表天,下边一横代表地,中间一竖代表人,能贯通天地人三界者为王。而"王气",就是得"天时、地利、人和"。

从本质上来说,领导一词中最核心的概念是"影响力"。企业主管人员大多数都是领导者,但并非所有的主管都是领导者。换言之,有许多人只不过是别人的"上司"而已,但是他们的行为,并不能对组织的日常运行发生重大的影响,他们很多人只是企业外部的"监视者"。有效的领导者是一个能够对下属起到下列影响的个人:一是使下属取得较高的生产率;二是使集体具有较高的士气;三是使旷工率、变换工作和事故发生率降低;四是同时使下属得到发展。因此,如何看待领导者的影响力和权力对于领导者而言是非常重要的。

那么,领导才能是否也像某些绘画或音乐的天赋一样与生俱来,不可强求呢?如果是这样,我们大多数人将感到非常不幸了,因为这样的天才总是少而又少的。值得庆幸的是,管理理论正在越来越明确地启示我们:领导才能是可以通过训练而获得的。

练习与思考

1. 根据你自己的认识给领导下一个定义,并阐明这样定义的道理与意义。

2. 有人认为:"只要给予他们相应的权力,任何人都可以成为出色的领导。"如何评价这句话。

正文参考文献：

[1] 井润田:"浅谈领导权力的形成机理",《电子科技大学学报社科版》,2000年第2期第2卷,第49—52页。

[2] John P. K.:《变革的力量》。北京:华夏出版社,1997年版。

[3] Jon P. H.、Dan L. C.:《有效领导力》。北京:机械工业出版社,2003年版。

[4] Michael Useem:《登顶:商界领袖攀登高峰的九个故事》。沈阳:万卷出版社,2004年版。

[5] 李开复:"我眼中的21世纪领导力",《商业评论》,2007年第10期,第82—97页。

[6] 史玉柱:"个人魅力与领导",《财经界:管理学界》,2008年第5期,第14页。

[7] 斯迪文·哈沃德:《丘吉尔论领袖素质》。海南:海南出版社,2000年版。

[8] 席酉民、韩巍:"基于中国文化的领导",《西安交通大学学报(社会科学版)》,2001年第21期,第10—13页。

[9] 中国科学院"科技领导力研究"课题组:"领导影响力研究",《领导科学》,2006年第12期,第30—32页。

[10] Bass B. M. and Avolio B. J., "Transformational Leadership and Organizational Culture", *Randallstown: Public Administration Quarterly*, 1993, Spring, 112—118.

[11] French J. R. P. and Raven B. H., "The Bases of Social Power", in D. Cartwright (Ed.) *Studies in Social Power*, University of Michigan Press, Ann Arbor, MI, 1959, 150—167.

[12] Kaplan M. F. and Miller C. E., "Group Decision Making and Normative versus Informational Influence Effects of Type of Issue and Assigned Decision Rule", *Journal of Personality and Social Psychology*, 1987, 53(2), 306—313.

[13] Schein E. H., *Organizational Culture and Leadership: A dynamic view*. San Francisco: Jossey Bass, 1985.

[14] Urwich L. F., *The Elements of Administration*. Pitman, 1947.

[15] Williams and Clifton J., "Good Decisions: The Essence of Leadership", *Waco: Baylor Business Review*, 1995, Fall, 6—7.

案例研究

人走茶凉,整垮小鸭

一、案例背景

企业的高层领导团队决定着企业的命运,犹如战场上的将帅决定着战争的胜负,将帅频繁更替势必对组织效能产生严重损害。"一代天骄,小鸭圣吉奥"曾经响遍大江南北,今天却辉煌不再,究竟是什么原因导致了"小鸭"的惨败呢?其实,小鸭在其兴盛时期已经埋下了国企常有的隐患。有些业内分析人士认为是盲目的大规模扩张与并购给企业带来的沉重负担导致了小鸭的失败;也有管理者认为公司治理结构不合理是其失败的根源,公司虽然改制上市,但并没有对公司治理机制进行根本性变革。但除此之外,高层领导团队不稳定造成的全局动荡及政策多变同样是促使ST小鸭败走麦城的重要原因。

小鸭电器公司前身为济南洗衣机厂,自上世纪80年代以来,曾创造了许多国内同行企业难以企及的辉煌,在洗衣机行业拥有过许多第一:率先引进中国第一条滚筒洗衣机生产线,第一批中国驰名商标,第一批中国名牌产品……进入90年代后其发展更如日中天,主导产品的市场占有率节节攀升,1998年还保持在27.2%,居国内同类产品之首,是当时中国家电市场的"四大家族"之一,"小鸭,小鸭,顶呱呱"的广告语更是风靡一时。1999年9月,公司发行人民币普通股9000万股,11月在深圳证券交易所上市,2003年4月被转成ST股,2004年4月被重组。事实上,自上市伊始,小鸭的高层管理团队就进入了频繁更换期。

在不到四年的时间里,公司董事长、总经理和副董事长各分别更换了4人次,董事会和经理层也频繁调整,副总经理更换高达9人次。频繁更替使得公司高管人员平均任期皆不到两年,总经理平均任期仅有13个月,董事长平均任期也只有18个月。没有经过长远规划,在短期内由于形势所迫聘任继任高管人员是一种非正常更换行为,其典型方式是强迫辞职。ST小鸭的非正常更换涉及人数之多、频率之快在国内外上市公司中均属罕见,且绝大多数更换都是通过强迫辞职的方式完成的。例如2002年6月总经理被迫辞职,两名副总经理也是被迫辞职,同时,原某区域销售经理继任副总经理,但在当年11月就被免职了。出人意料的是,其在2003年4月却又被董事会任命再次担任同一职务,短短的十个月内就经历了两次更换。该公司的高层团队像自由市场,成员进出频繁,职务调整翻来覆去。高层管理人员就像声东击西的游击战士,今天分管生产明天有可能分管销售;今天分管A分公司明天有可能到B分公司任职,高层领导岗位变幻是"一切皆有可能"。这种频繁更替给局外人的感觉首先是,其大动干戈必定是发现了"新大陆",要实现新的宏伟目标。其次,其高管人员可能皆为管理全能,管理之事,方方面面,无所不能。然而,身在其中的相关人员却一片茫然,无所适从。ST小鸭就像一艘在海上航行的巨轮,迷失了航向,却借助于不断更换各色人等充当舵手,以期就此拨开云雾。殊不知,以此为之,最终只能在惊涛骇浪中倾覆。

公司高级管理层一经变动极易造成"牵一发而动全身"的后果,会带来整个公司高级管理人员自上而下的调整。所谓"一朝天子一朝臣",公司高层管理团队的更替自然会引起下属各分公司经理及部门经理乃至中下层管理人员的变动,从而引发整个公司管理人员一连串的巨大变动,颇具"谐振效应"。正如物理学上的谐振原理所述,许多混乱物体共振,达到其特定频率时会发生谐振现象。谐振会导致物体受到极大程度的毁坏。该公司由高层管理团队引发的管理共振最终导致了整个公司管理混乱继而走向经营失败的命运。

二、案例分析

ST小鸭高层管理团队频繁更替导致了全局动荡、政策多变,使相关人员没有安全感,难以形成长期共同目标。每任领导者都将工作重点放在个人的短期目标上,彼此没能形成协作风气,缺乏集体责任感。领导成员各自为政,甚至剑拔弩张、互相拆台,团队内聚力受到极大削弱,最终导致团队溃不成军。职务频繁更替使得公司管理人员像杂技演员在走平衡木一般,后脚未稳时前脚已行。高层管理团队的不稳定对管理者的个人成长和公司的长远发展极为不利,给企业发展造成了不可估量的损失。

首先,频繁更替导致公司经营业绩迅速下滑。领导班子调整期间,工人放假、车间停产是经常现象,有时长达一个月甚至更长时间,导致生产处于停滞状态。而新任领导由于不适应新环境往往做出一些不当的生产经营决策从而导致成本上升和效率下降。研究显示，董事长更换的公司在更换前后经营业绩显著低于行业平均水平。公司1999年上市当年每股收益为0.149元；但2000年就降到了0.037元，并且其主营业务收入减少近两成，净利润减少近七成；到2002年亏损高达2.09亿元。其中，一季度净利润为－2360万元，同比下降856.55%，上半年主营业务收入同比减少56.96%；2003年4月被转为ST股，2004年初，重组方案的通过意味着小鸭电器彻底退出资本市场。在高层团队频繁更替的几年间里，ST小鸭自1999年上市起其净利润就一路下滑，在2000—2003年间主营业务收入连续大幅下挫，在1999—2002年间每股收益一跌再跌，2002年创下－0.83元的纪录，依然不能摆脱亏损状态。

其次，频繁更替使得管理政策无法实施。ST小鸭高层团队调换频繁，使得企业管理者缺乏稳定感，无法安心考虑公司的长远发展，对市场的判断及治理政策的制定与实施难以保持连贯性。由于存在背景、能力和价值观等方面的差异，每届董事会、经理层的治理决策都有所不同，许多重大决策的执行经常反复无常。例如，2000年4月公司董事会通过了对农林机械杀虫机产品投资的方案，随后投入数千万元注册成立了"山东小鸭电器股份有限公司绿洲机械分公司"。2000年9月公司更换了总经理，新经理上任后即刻中止了该投资方案并注销了绿洲机械分公司。这种政策多变行为给公司造成的绝不仅是巨大的经济损失，还伴随着人力、物力及设备厂房等各方面的管理混乱。新任领导急于追求立竿见影的成效，上任伊始就对管理制度进行更新，采取新战略，实施新方案。但管理环境动荡不稳，人事变更随时出现，结果大都半途而废。管理者的频繁更替及管理策略的层出不穷使员工不知所措，往往是"上有政策，下有对策"，员工"以不变应万变"的应对方式导致管理层的号召力大大下降，政策实施力受到严重削弱，政策无论新旧都难以得到有效实施。

最后，频繁更替使得公司人才大量外流。大中专毕业生数以百计地流失，研究生和拥有中高级职称的专业技术人员数目更是以惊人的速度减少。高级工程师的人员比例五年内下降了50%。硕博人员比例则从4‰降到了零。

俗话说，"良禽择木而栖"，一些经验丰富的财务专家、获得过国家专利的技术拔尖人才及许多中高层管理精英都对局势动荡的公司环境失去信心而另寻发展空间；甚至有些掌控公司重要资源的技术专家和高层经理带领下属集体跳槽直接投奔竞争厂家或自立门户。2003年管理人员比例仅为1999年的59%，科研人员比例也下降了50%。ST小鸭为自己培养了强有力的竞争对手，这给公司发展造成了巨大障碍。

三、结论与启示

20世纪80年代以前，企业竞争是"个体英雄"的时代。学术界对企业领导行为的研究也主要是针对高层领导者个体，研究其领导风格与技巧等内容。进入80年代以后，竞争激烈、变化快速的市场环境对企业领导者的决策能力提出了更高的要求，以前个体决策的模式开始被领导团队群体决策的模式所代替。1984年，美国学者哈姆布里克(Donald C. Hambrick)和梅森(Phyllis A. Mason)提出"高层梯队"(upper echelon)理论，成为对高层管理团队系统思考的起点。所谓高层管理团队(top management team, TMT)是指企业在关键决策中发挥重要效用的管理者团队。研究表明，团队特征影响组织绩效与战略选择,团队成员不同的认知基础、价值观、洞察力以及这些特质的作用过程会影响到组织的竞争优势。例如,联想集团柳传志总裁在接受中央电视台《对话》栏目采访时讲到,他对一个企业进行投资评估时,首先要考察的就是其高层管理团队。

通过对ST小鸭高层管理团队的分析,不难得出这样的结论,即高管人员频繁更替会导致高层管理团队缺乏内聚力从而对公司发展造成恶劣影响,公司的持续发展离不开稳定的高层管理团队的并肩战斗。强烈的内聚力是企业高层管理团队稳定和成功的基础。领导团队必须在组织目标明确的基础上建立良好的运行机制,营造和谐的文化氛围,创造各种机会和条件,充分调动团队成员的积极性,促进成员的相互协作,使成员的个人发展与团队的整体发展协同一致,融合每个成员的力量形成强大的团队内聚力,使组织能更好地适应外部环境并取得良好发展。这一过程类似于将铁棒磁化的过程。自然状态下,铁棒对外显示不出磁性,是由于其内部分子都在杂乱无章的方向上自由运动,分子间的磁性相互抵消。然而,当对其施加固定方向的稳定磁场后,其内部分子就会作同向运动,铁棒对外显示出持续的磁性。就管理而言,运行机制和管理环境类似于磁化铁棒的磁场。只有在持续稳定的运行机制和管理环境下,才会形成团队内部强大持久的内聚力,使组织在有力地适应外部环境的基础上实现其目标并保持持续良好的发展。彼得·圣吉(Peter Sage)曾在《第五项修炼》中举过波士顿塞尔提克篮球队的例子,这支球队依靠队员的努力及协作取得了超乎寻常的成功,在13个球季中得了11次冠军。许多经营成功的公司都拥有稳定的高层管理团队,像海尔集团,其今天的成功离不开张瑞敏领导的高层管理团队的多年协作。再如GE公司,当伊梅尔特接替杰克·韦尔奇时,这家拥有120多年发展历史的公司才迎来其第8任总裁。

在日益严峻的竞争形势下,一个企业该如何进行高层管理团队建设?这关系到企业的长远发展,迅速变幻的商业环境需要稳定的领导者,应将内外环境和企业实际相结合,重点从以下几点进行考虑。首先,建立长期共同目标。将高管人员的个人追求融入企业的长远发展目标之中,为其个人发展提供机遇,确保他们能够共同致力于企业的长远发展。其次,健全公司治理结构。合理完善的治理结构是公司发展的根本保障,否则难以将公司的长远规划落到实处。再次,营造和谐的文化氛围,增强内聚力。个人如线,团队像绳,内聚力的大小决定着企业发展的成败。培养团队精神,促进合作,像宝洁、摩托罗拉等成功的国际知名企业,团队精神已成为形成其竞争优势的源泉;实施团队激励方案,使个人努力和奖惩与团队绩效相结合。最后,建立合理有效的公司制度。确保公司目标和治理政策保持稳定和连贯,使公司规划能始终如一地得到贯彻执行。美国前总统克林顿上任后做的第一件事情,就是对高级行政人员进行团队建设训练。他和内阁成员们认为,彼此之间需要相互学习和鼓励,发扬团队精神并相互协作。在他们的共同努力下,美国经济取得了良好的发展。上至国家发展是这样,下到企业经营也是如此。综上所述,稳定的高层管理团队是企业成败的内在关键,只有稳定的高层管理团队才会产生强大的团队内聚力从而带来企业持续长远的发展。因此,高层管理团队的建设对企业的持续发展有着非同寻常的意义。

案例参考文献：

[1] Dean Tjosvold、陈国权、刘春红:《构建中国企业高效团队》。上海:远东出版社,2003年版。
[2] 彼得·圣吉:《第五项修炼》。上海:三联出版社,1998年版。
[3] 斯蒂芬·罗宾斯:《组织行为学》。北京:人民大学出版社,1997年版。
[4] 席西民:《管理之道:林投集》。北京:机械工业出版社,2002年版。
[5] 中央电视台经济部《对话》栏目组:《CCTV对话》。海口:南海出版公司,2002年版。
[6] 朱红军:《高级管理人员更换的原因与经济后果:一项基于企业绩效的实证研究》。上海:上海财经大学出版社,2003年版。
[7] Hambrick D. C. and Mason P. A. , "Upper Echelons: The Organization as a Reflection of Its Top Managers", *Academy of Management Review*, 1984, 9(3), 193—207.

第二章　全球化视角下的领导者

2005年10月17日,著名国际咨询公司麦肯锡在《应对中国隐现的人才短缺》报告中指出,在未来10—15年的时间里,中国将需要7.5万名具备某种国际经验的经理人,但目前这类人才仅有3 000—5 000名。① 这一报告是麦肯锡全球研究院为履行其使命而进行的一项调查工作,即帮助全球领导人了解那些改变全球经济的力量,改善公司业绩,争取制定更好的国家和全球政策。可见,领导者具备在全球环境下有效开展工作的能力已经不容忽视。

第一节 跨文化管理的观念

过去三十年间,世界经济关系发生了巨大的变化,在全球环境下经营的领导者们至少应了解他所希望进入的国家的文化特点。杨格(M. Crawford Young)在1976年就指出多元化将是我们这个社会的显著特点。当前,西方来的管理者在我国经营时往往感到不适应,这些大都归因于中西方文化的不同。

一、中国文化的表征

通常,人们把文化、传统以及传统文化视为一组等同的概念,相互替代。实际上,这三者在含义上还是存在差别的,具体来讲,现代意义上的传统一词泛指一切历史上流传下来的思想、道德、风俗、心理、文学、艺术、制度等文化现象,亦可规定为人类创造的不同形态的特质经由历史凝聚沿传下来的复合体。文化的内涵则更为丰富,它既包括文学、艺术诸形式,也包括一个民族的风俗、习惯和礼仪,还包括意识形态等方面。从狭义上来讲,文化主要是指某个时期人们的经济观念、认识价值、成就价值、伦理道德等要素的总和。换句话说,文化就是头脑中聚集的程式,它将一个社会中的成员与其他社会成员在激励方式和行为上相区别开。在历史的发展过程中,文化演化是非常缓慢的,以至于我们在日常生活中根本觉察不到这种变化,然而从较长时间内来看,这种变化是非常显著的。促使文化演变的因素包括社会或物理环境、家庭结构、宗教教育、政治等。

中国传统文化源远流长、璀璨夺目,对世界的文明和进步具有巨大的推动作用,是我们民族、乃至全人类的骄傲。但同时我们也应看到,人类在创造社会和文化的同时,也往往受制于自己的创造物。我们的民族性格具有很多的优点,也存在一些不足。下面着重就与领导者直接相关的内容作些分析探讨。

---

① 杨利宏:"调理人才短缺的药方",《中国经营报》2005年10月16日。

（一）从个体性来看

1. "有见于齐"的中庸之道

在数千年的历史发展中,墨子所倡导的"有见于齐"的平庸思想深深积淀在我们的民族心理中。这种传统的平等思想的心理过程如图2-1所示。

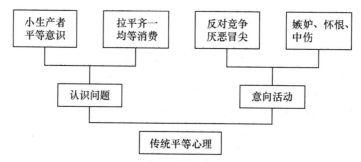

图 2-1 中国传统平等思想的心理过程

显然,这种观念对群体决策效果影响是非常大的,因为它在根本思想上是与群体决策相对立的。从系统的观点分析群体决策,我们认为它并非个体决策的简单加和,而应具有增效性。在复杂性的估价和评价不确定的情况下,群体决策往往比个体决策综合的效果好。我们借用俗语"三个臭皮匠,顶个诸葛亮"来形象地说明这个问题是最恰当不过了。然而,现实中我们所得到的却是这样的抱怨:"三个和尚没水吃","七爷子八条心","一个中国人是条龙,三个中国人是条虫"……曾仕强认为在组织内部,这种中庸思想就经常导致:不容易听信别人的话;不重视团队规范;不完全遵照上级命令行事;不认真接受工作规范;不能大家一致,总认为我应该特别;不相信企业规划;不能真正科学化;不容易完全标准化;等等。并以此作为中国式管理行为的基本特征。

当然随着当前社会经济的迅猛发展,这种观念正处于转变中。

2. 言不由衷、病态谦虚

如果一个美国人与中国人相处一段后,他就会很快发现交往中一个很大的障碍就在于很难领悟对方的"言外之意",这比西方的"体态语言"、"手势语言"还要复杂得多。相同的一句话,在不同的语气、不同的场合或不同的时间下表达的意思也不尽相同。"逢人且说三分话,未可全抛一片心",这是我国人际交往中普遍奉行的戒律,无疑给相互之间信息的沟通带来了很多困难。

例如,在学术会上,通常,每位学者在开题之前先要谦虚几句:"我的研究还很不行,只是为了抛砖引玉","我的分析很不全面,仅供参考","我的认识有限,所讲内容很不成熟"……学者们真心愿意承认事如其云吗?"局内人"自然明白其中的道理,但"局外人"特别是外国学者们听后总会大为困惑,既然不行,干吗要上台演讲?

(二)从决策思维来看

1. 注重系统与综合的思想

在我国,系统的思想可以追溯到远古时代,道教、气功、中医蕴含的观点就是明显的例证。这种思想在以后几千年的发展中潜移默化,成为我们思维过程中鲜明的特征。我们只要翻翻中外学者的论文,或许就会立刻感觉到两者的差别。我们的研究通常总是功能完备,面面俱到,然而分析的内容太少,概述的东西太多,缺乏说服力。我们在拜读一些国内的论著时,总会感到许多内容都似曾相识,大致雷同。"综合就是创造",然而,如果没有自己的分析和见解,只是简单的拼凑,是绝不可以称为创造的。

2. 原则演绎的思维模式

原则演绎是指习惯于传统的伦理道德或规章制度作为演绎的前提条件,一步步推演,从而得出对具体问题的评判准则。在归纳和演绎这两种使用最广泛的逻辑思维形式中,中国人更偏重于演绎的方法。演绎体现着从一般到特殊的思路,最具代表性的就是三段论和公理化推导。演绎的逻辑性很强,在科学证明、科学预见、建构理论体系等方面具有重要的作用。

然而,由于演绎的结果总是事先已蕴含在认识的前提中,因而思维的创造性不强,科学的方法应该是将演绎与归纳两者综合地加以运用。对此,杨振宁曾有这样的体会:"我在西南联大上学时学会了演绎推理,在美国求学时学会了归纳思维。"正是这两种方法的综合奠定了他成功的基础。

(三)从组织观念来看

1. 和为贵,注重情面和关系

可以毫不夸张地说,我们是最具优良社交心理的民族,以情为重,感情丰富而细腻,因此在人际交往中,"八面玲珑得月多",即要察言观色,见风使舵,这样才能皆大欢喜,不伤和气。一旦有人敢打破这种"和谐"的关系,就免不了被"秋后算账"或"穿小鞋"。

在普林斯顿大学的一次研究中,研究人员要求一百多名学生就某些种族罗列出其鲜明的特征来,结果表明:一半以上的学生认为美国人最重实利,德国人很勤奋,英国人很保守,而中国人则最注重家庭关系。由此可见,血缘关系与归属感比较强,也是中国人际关系重要的特征。这从中西方人们初次相见时的相互介绍中可以看出:欧美人总是直截了当,"这位是汤姆先生","这位是玛丽女士";而中国人往往在介绍姓名之前,总有一段插曲,"这位是王局长的大公子","这位是刘经理的小女儿"。这在现实生活中表现为复杂的裙带关系网,严重影响现代人际关系的正常发展。

2. 崇尚权威,盲目屈从

许多研究者认为,在中国文化中,"忍"字代表了一种普遍的民族心理,主张"曲则全",委曲才能保全。表现在群体结构中,就是对于上级唯命是从,只要不对自己利益构成很大的威胁,明知有错,也不愿公开发表反对意见,最多只是含糊其词搪塞几句。因此,在群体会议上通常表现为一种高度的"一致性"与"和谐",大家对于领导意见只是例行公事般地鼓掌通过。

分析产生这种"唯上"现象的原因,我们认为一方面是由于上述"和为贵,一团和气"的心理影响,另一方面则是因为某个成员一旦提出异议,那就意味着他本身要对"异议"可能引起的所有后果担负不可推卸的责任,这种不安全感的威胁也迫使他放弃自己的观点。相比之下,欧美人则具有很鲜明的个性,他们都认为自己不应"踢皮球"(the buck stops here),每个人都应担当其明确的责任。

二、文化对领导权威的影响

(一) 中西方传统文化的比较

由于自然地理因素以及历史渊源的不同,全球文化明显地分为了两大体系:东方文化和西方文化。同时由于历史和自然环境的原因,日本成为东西方化的交融地带。因此学者们在对文化作比较分析时,常喜欢用美国、日本、中国作为三种最典型的代表。

毋庸置疑,中西方传统文化的差别是很大的,常讲的东方与西方文化代表了两种不同的流派。"儒、道、佛"是中国传统文化结构的主要组成部分,在中国各阶层的人生哲学、生活情趣与审美情趣中都蕴含着儒家的伦理道德,佛教的因果思想及道家的自然恬淡、随遇而安的追求。然而,美国则是一种以自我为中心的社会(ego-centered society),强调个人利益和尊严,强调个人不可剥夺的权利与不可推卸的责任。维系美国社会道德规范、人际关系、组织关系的是人们在民族、宗教或事业等方面的信仰。霍夫斯塔德(Geert Hofstede)曾经对全球53个国家和地区的文化差别进行过比较分析,他认为文化主要表现在五个方面:权力距离(PDI),个体主义(IDV),男性化(MAS),回避不确定性(UAI)和时间导向(LTO)。由表2-1可看出,中美文化在三方面存在着很大差异:权利距离(PDI),中国内地80,美国40;个体主义(IDV),中国内地20,美国91;时间导向(LTO),中国内地118,美国29。而在回避不确定性(UAI)(中国内地30,美国46)和男性化(MAS)(中国内地65,美国62)方面则差异较小。

表2-1 10个国家/地区在五个文化维度上的分数(0=低,100=高)

	权力距离	个体主义	男性化	回避不确定性	时间导向
美国	40	91	62	46	29
德国	35	67	66	65	31
日本	54	46	95	92	80
法国	68	71	43	86	30
荷兰	38	80	14	53	44
中国香港	68	25	57	29	96
印度尼西亚	78	14	46	48	23
西非	77	20	46	54	16
俄罗斯	95	50	40	90	10
中国内地	80	20	50	60	118

美国、日本、中国三个民族之间传统文化的较大差别导致了三个国家人们在决策制定方面的不同。我们可作一个简捷的比较,见表2-2。

表2-2　美、中、日三国文化的比较

比较对象	中国	日本	美国
决策参与者数量	多	多	少
决策一致的可能性	视具体情况而定,有可能出现僵局	容易	容易
信息交流与反馈	少	自下而上,上下结合	中
决策行为	自上而下	多	自上而下
决策的理性程度	低	中	高
群体成员的沟通方式	间接,小道消息	中	高
行为规范	唯上,含蓄地控制	间接:you to you	直接:I to you
决策制定时间	长	长	短
决策执行时间	长	短	中

(二) 文化与人际关系

在对待人际关系,例如上下级关系问题上,东西方文化的观念迥然不同。在日本,绝大多数的交往场合需要和提倡使用仪式化的、明确的礼貌陈述,而美国相对来说礼节俗套要少得多。之所以会有这些差异,主要原因是日本人重相互依赖,重自我谦虚,重视把相互道歉认错用做改善关系的社会润滑剂。美国人往往倾向于彼此独立,坚持主见,还可能用直接对抗作为社会互动交往的中介。

从理念上讲,追求人与人之间的和谐关系本身就是中国人生活的目的,但在实际生活中,中国人也常常利用人际关系获取经济利益。不过,这种工具性的人际关系并不被看好,由此导致了中国人看似矛盾的关系行为既需要发展和保持某些有用的关系,又不能让人觉得这些关系是因为有用才发展与保持的。一般来说,中国人的人际交往以一种命定的联系(缘)为基础,它们外显为一种"以己为中心"由近及远的"差序格局",可分为家人关系、熟人关系和生人关系。不同的关系基础暗示着不同的交往原则和功能,代表着不同的关系水平,意味着进一步发展关系不同的难度或成本,这确定了关系基础在中国人际关系发展中的重要地位。在中国发展人际关系的诀窍之一,是要找对通向欲结交之人的"关系路径"——从低水平关系基础跃上高水平关系基础的捷径。在交往中,中国人讲究礼尚往来,重人情,重面子,通过物的东西(如礼品)表现非物的东西(人的情感)。赤裸裸地表现物的价值,反而是大忌。总的来说,中国人的存在就体现于人际关系之中,人际关系是人们参与社会的一种资源和一条便捷的路径。

(三) 文化与组织沟通

当前,人们花在与其他文化背景下的人们相互交流和沟通上的时间越来越多。在交往中由于东西方文化的差异而引起的沟通障碍是最显著的。就组织沟通而言,东西方文化的主要差别表现在表2-3所列的方面。

表 2-3　东西方文化下的组织沟通

特征	东方文化背景下的组织沟通	西方文化背景下的组织沟通
控制方式	间接控制	直接控制
权力距离	大	小
同事关系	信任程度低	信任程度高
沟通方式	间接沟通	直接沟通
下属态度	乐于服从领导	追求公平和透明度

松本厚治(1982)曾深入分析过日本公司和美国公司在组织沟通方面的差别。在分析过程中,他首先考察作为差别根源的日本文化价值观,然后对比依照这些价值观而构成的日本和美国公司的沟通模式。最突出的是以下四种价值观。

(1) 日本文化的倾向是和谐比正确或直率好,人们为了达到这一目标,会尽量避免与不同意见者直接照面,这种价值观造成日本上级管理者与美国上级管理者的差别。日本的经理人员把成为有效的调停者作为首要目标,而美国的经理人员一般想成为有效的领导者。日本的经理人员极为重视区别原则话和真心话的使用,前者意指台前之词,后者意谓幕后之语。在日本的公司里,解决分歧总在幕后进行,而在集体会议上仅考虑和讨论普通的事。不言而喻,在美国,绝大多数的组织会议上,经理人员的任务是鼓励大家对争执不下的想法展开坦诚和直率的对辩。

(2) 日本文化的倾向是偏爱情感沟通风格,而美国人则偏爱务实的沟通风格。日本人专注于怎么说,而美国人关心说什么。日本的上级管理者一般要顾及下级的态度和情绪,因此日本人会在酒吧或其他社交场合安排非正式相聚。大家置身于此种环境,互动的主要任务是更好地熟知和认识。在美国,上级极少同下级一起外出,即使有外出,多半也是在谈论工作。在社交场合,下级可以尽情表达他所关切的一切事和反对意见,上级则会倾听,不但不会用下级的想法来奚落他,反而会用这些想法去提高有关下级的兴趣。

(3) 日本文化的倾向是对口头言语多疑,不信任;而美国文化则认为信任就意味着一个人决不食言,会尽力兑现口头承诺。因此,76%的日本人确信"沉默者而非多话者最能成功"。这样一来,在日本,优秀的上级就是话很少的人;而在美国,优秀的上级会清楚明白地制定规则和任务,经常发指示和作评价。

(4) 日本文化的倾向是运用间接的中间沟通风格,美国人却偏爱直接风格。日本人觉得面对面直接交谈非常困难,非常不舒服,他们需要某种居中缓冲的东西,不管是社交场合还是小饮一番或吃饭,或是打高尔夫球之类的体育活动。日本人还广泛使用中间人,用他们来替自己说话,因为这些中间人更熟悉委托人想与之对话的对象;美国的经理们爱用直接沟通的方式,很少请另一个下级向某人转达自己的话,而一般是自己亲自向那个人说重要的事。协调和睦、内心关心、沉默少言和间接中间人,是日本的上下级沟通的全部特征。冲突、任务指定、坚持主见、直接沟通是美国上下级沟通的特征。由于这些差异,日本和美国的上下级之间的跨文化组织沟通变得非常麻烦和艰难。美国的下级认为日本上级的指示缺乏方向、信息量少和太绕圈子而难以明白地沟通,而且总是回避争辩和冲突。日本的下级则认为美国上级动辄驳回意见而引起冲突和争辩,且压制和专横过多,啰里啰嗦和过于直露。

第二节　中国企业的国际化

中国改革开放后的 30 年间,许多海外跨国企业凭借其发达的国际营销网络、先进的技术和工艺、卓越的管理经验进入了我国市场,其投资目的主要是通过转移生产基地而获取廉价劳动力,增加全球竞争优势,并打开我国的国内市场。这些企业刚开始往往都会选择与国内企业进行合资的进入模式,而国内合作企业凭借在原材料、劳动力、政府关系等方面的优势对新建的合资企业具有部分的管理控制权。当前,伴随着国内市场环境的改变,这些合资企业凸显出外资独资化的倾向。

与这些跨国企业不同,我国企业的国际化途径尚处于探索期。当前,国内许多企业的投资区域已经从以往的欠发达国家转向发展中国家甚至发达国家。在这些国家相对完善的市场里,我国企业必须面对不同的经营环境、政策制度和文化习俗,在国内所具有的技术和劳动力相对优势也不复存在,面临的市场竞争却更加激烈。显然,这些企业的国际化战略与跨国公司的市场开拓动机不同。更合理的解释是,这些企业希望通过获取新的资产(如技术转移等)来保护和提高未来的竞争优势,而不是利用自身的竞争优势获取当前的经济利益。

一、企业国际化进入模式

进入模式是指本国企业将其产品、技术、工艺、管理及其他资源安排进入外国(或地区)市场的一种规范化部署(Root,1998)。根据对海外市场、客户和供应商从低到高的控制权次序将进入模式划分为出口贸易、许可协议、合资企业、全资企业四类(张一弛、欧怡,2001)。特别是,可将其中投资类型的进入模式划分为新建企业(或称为"绿地投资")与收购企业两类,其差异体现在控制权、投资规模以及扩张风险等方面(Hill,Huang & Kim,1990)。一般的,当发达国家的技术密集型企业进入发展中国家时,往往采用高控制权的进入模式(独资经营或合资经营),并且采用低成本雇用当地的廉价劳动力,采用高控股保护专有知识和技术优势不会泄漏。

与海外市场开拓一样,组织学习也是企业国际化的重要目标,企业可以从国际市场竞争的研发、生产、营销等过程中汲取知识,学习新技能,巩固和发展现有能力,从国家差异、规模经济和范围经济中获得知识并成为企业竞争优势的来源(Ghoshal,1987)。通过与当地知识库的互动并不断面对新的创新系统,国际化增强了企业的知识储备。

一般认为,作为进入模式的两种主要形式,新建企业是企业将其技术优势向海外进一步扩张和应用的途径,而收购企业则往往是企业到海外寻求新的技术资源,不想自己内部开发相关技能(Hitt,Hoskisson & Ireland,1994;Wernerfelt,1984)。技术实力雄厚的企业没有技术学习的动机,也就更有可能通过新建企业来进行国外扩张(Hennart & Park, 1993)。技术能力较弱的企业则倾向于通过收购技术能力较强的企业而获得技术(Granstrand, Sjölander & Alänge, 1990)。因此,以技术学习为动机的国际化战略,应该选择收购技术先进企业的进入模式。事实上,这也是我国许多企业(联想、TCL、京东方等)的战略选择。但是,这样的战略选择其实是错误的。首先,就理论而言,收购技术先进企业并不能保证技术学习动机的实现,这其中很重要的是忽视了潜在的文化冲突对知识整合过程的影响,这两者间的矛盾最终会导致技术学习目标无法实现。其次,就实践而言,从具体事例(京东方收购 HYDIS 一案)我们也可以看到文化冲突对知识整合的影响。

根据国际化阶段理论,新建或者收购企业都是风险很高的高控制权进入模式,而新建企业比收购企业的风险更高。对于刚刚开始进入国际化阶段的中国企业而言,新建企业的直接对外投资方式风险太高,不太适合。

那么,收购模式是否适合中国企业呢?严格来讲,收购模式包括收购部分股份(即合资经营)和收购全部股份(即独资经营)两类。但在通常的应用场合里,收购仅指收购全部股份,合资是与其对应的一种类型。根据对收购和合资两种模式的归纳,我们得到表 2-4 所示的比较结果(王志乐,2004)。显然,两种模式各有优劣。合资企业并不能保证内部控制权(类型Ⅳ),但是投资规模由双方分担,因此投资风险较低(类型Ⅱ);由于海外合作伙伴在市场、销售等方面的支持,市场风险也不高。收购模式虽然投资风险较高(类型Ⅰ),但内部控制权较高,控制风险较低(类型Ⅲ),似乎更加容易实现技术学习的战略目标。正是基于以上思路,我国企业为了快速提高技术和管理水平,往往选择收购而不是合资的国际化进入模式。

表 2-4 两种投资类进入模式的比较

	收购模式	合资模式
投资风险	高(Ⅰ)	低(Ⅱ)
控制风险	低(Ⅲ)	高(Ⅳ)

以上思路的关键在于收购模式是否真正可以保证技术学习目标的实现。事实上,进入模式并不能自动转化为企业的技术学习优势,更无法保证企业获得市场竞争地位和较好的经营业绩。因此,不能简单地将收购企业等同于技术学习优势,它们之间存在许多干扰因素(McGrath, 2001)。其中,知识整合是一个很重要的概念。所谓知识整合就是指企业有效获取、理解并运用所学知识的过程(Hamel & Prahalad, 1993),将其从国际经营学到的知识不断深化,充分利用各类本地知识。知识整合对技术学习(广度、深度和速度)过程具有调节作用,收购企业的进入模式有助于技术学习的广度,而新建企业的进入模式与技术学习不存在任何关系(Zahra, Ireland & Hitt, 2000)。而来自当地社会和企业的文化冲突,总是与企业国际化战略相伴。

如图 2-2 所示,企业内部的知识可划分为显性知识和隐性知识两类(Gassmann & von Zedtwitz, 1999)。其中,显性知识是客观的、可编码的知识,通过讲授而传承;隐性知识是主观的,其学习过程只可意会不可言传。显性知识通常依附于有形的物质形态,可以通过标准化、组织规程或行政指令进行传递;隐性知识没有外在的有形载体,往往存放在员工头脑中,其转移过程只能通过组织文化或非正式沟通而获取。在汽车制造企业里,经验丰富的高级工程师在听到发动机的噪音后就能判断出什么部位出现了故障,在试驾某新款车型后就能判断出其市场前景。这些知识都是长期经验积累和感悟的结果,难以通过正式文本而进行传播。

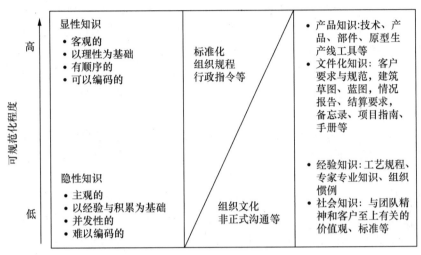

图 2-2　显性知识与隐性知识的转移途径

我们认为,文化冲突具有对知识整合的影响作用。与个体的自我学习不同,知识整合绩效取决于个体间信息共享程度(Cohen & Levinthal, 1990; Brown & Duguid, 1991)。只有通过充分的交流,隐性知识才能被理解,才有可能实现观点和知识的共同发展(Huber, 1991; Jelinek, 1979)。显然,跨国收购是一个充满矛盾和冲突的过程。在双方文化尚未充分融合的前提下,被收购企业必然会产生高度的紧张和敌对的情绪,不愿接受变革指令(Buono & Bowditch, 1989)。这会造成收购过程的组织惯性和强大阻力,导致他们不愿摒弃以前的理念、准则、文化和知识,去接受新的组织文化和管理制度(Prahalad & Bettis; 1986)。这些惯性和阻力会阻碍组织内部的信息交流和共享,从而影响知识整合过程。

二、京东方收购 HYDIS 分析

2003 年 1 月,京东方集团以 3.8 亿美元的价格收购了韩国现代电子技术(HYDIS)的液晶显示(TFT-LCD)业务。此次收购,是当时高科技领域最大的一宗海外收购案,很快引起了国内外的广泛关注。

2002 年,韩国"现代半导体"与美国"美光科技"之间的转让谈判破裂,现代集团决定出售除存储器外的非核心业务,其中包括由崔炳斗总经理领导的 HYDIS 公司。当时,HYDIS 的 TFT-LCD 年生产能力在 300 万片以上,占全球市场 3.5%,排名第 9 位。当时的京东方集团是 LCD 领域的小企业。公司与日本松下公司合资生产彩色显像管的成功使得企业认识到关键部件在电子行业的重要性,以及将来取代显像管的薄板显示器的重要性。然而,松下公司已经在2000年与上海广电集团成立合资企业,制造等离子面板,京东方不得不寻找新的合作伙伴。京东方与松下合资生产显像管虽然获得了市场上的成功,但在合资模式下京东方对核心技术的学习和掌握没有进展,重要的新产品和新工艺开发都是依托松下公司。根据多年的产业经验,京东方认为核心技术是LCD产业的关键因素,而这方面的生产和研发技术主要掌握在日本、韩国、中国台湾三个国家和地区的企业手中。HYDIS的技术优势明显,所拥有的AFFS(advanced fringe filed switching,超级边缘电场转换)技术使得TFT-LCD实现了真正的全色彩,在水平和垂直方向都达到180度的可视角度。该技术2003年赢得韩国茶山技术大奖,2004年赢得Jang Youngsil奖(韩国技术领域的最高荣誉)。

在比较合资、技术引进及全资收购模式后,京东方选择了并购模式。2003年1月京东方集团以3.8亿美元收购HYDIS公司,在韩国设立全资子公司(BOE-HYDIS)。同年8月,京东方斥资10.5亿港元,收购冠捷科技(HK0903)25.52%的股份,并成为第一大股东。冠捷科技是全球范围内唯一一家只有显示器组装、销售能力,但没有TFT-LCD制造能力的企业。两次跨境收购,京东方集团拓展了TFT-LCD的上下游资源,HYDIS可以专注于TFT-LCD的研发和生产,冠捷科技则专注于以此为核心的显示器的制造和销售,这样的产业链增强了其TFT事业群抵御外界市场环境影响的能力。

为了进一步扩大TFT-LCD的生产批量,京东方集团与BOE-HYDIS决定共同投资在北京亦庄开发区建设第5代TFT-LCD生产线,即京东方光电科技公司(BOE OT)。2005年6月,该公司成立,集团持股75%,BOE-HYDIS持股25%。

由于并购后液晶屏价格上涨,并购效果立竿见影。2003年集团净利润高达4.03亿元,2004年2季度高达5.21亿元,相当于2000—2002年净利润总和的2倍。但很快,从3季度开始,市场上主流17英寸液晶屏价格从高峰期的300美元跌至9月份的190美元,加之HYDIS成本竞争力下降,公司开始进入连续亏损。2005年,HYDIS亏损1 192亿韩元。2006年6月30日,净资产已为负值,以自有资产抵押的银团贷款余额折合人民币约11.29亿元,其中2006年7月24日应偿还人民币约1.66亿元,已经无法偿还。2006年9月19日,崔炳斗提出辞职申请并获得董事会批准。此前,就在9月8日,京东方发布公告宣称BOE-HYDIS为重整企业实现自救,按照韩国法律规定申请了企业回生程序(即法定重整程序)。

与此同时,作为母公司的京东方集团也步履艰难。2006年8月29日,集团公司半年财报显示,连续第7个季度亏损,亏损额升至12.6亿元。每股净资产从2005年底的1.52元降到2006年6月的0.72元。截至2006年1季度为止,世界上最大的8家TFT-LCD制造商的经营业绩比较,可以看出京东方集团的经营业绩已经非常不利。

伴随着外部市场的恶化,京东方集团与BOE-HYDIS公司之间的矛盾和冲突接踵出现。根据收购协议,京东方获得HYDIS的所有资产,包括三条完整的TFT-LCD生产线、建筑物、厂房和其他固定资产,技术专利及全球营销网络(包括IBM、夏普等在内的客户群),以及1 700多名韩国管理人员和技术人员。京东方管理层明确表示:"收购实际就是为了这支团队,他们研发能力很强,而且职业素养非常高。"收购后,集团将100多名韩国工程师调到北京总部,希望加强中韩双方的技术交流。但不料遭到韩国员工拒绝,他们认为:"知识和经验是个人所拥有的私有资产,是花费数十年辛苦工作摸索出来的,愿不愿意贡献出来那是他们自己的事情,和收购协议无关。"他们也担心,如果将技术教给中国员工后自己就会失业。在此期间,他们始终拒绝和中国员工一起合作。否则,他们将停止工作。显然,不同文化背景的企业合并成为一家企业时,原来有形的组织边界会溶解,新的组织结构和业务流程会很快建立,正式组织的行政命令对员工行为的规范作用开始生效。但是,企业文化的融合却需要很长时间,在此之前,固有的观念差异对员工行为的导向作用会持续很久。

20世纪80年代以来的"市场换技术"的合资企业实践,其效果越来越受到质疑(冯春丽、刘海云,2005)。随着我国加入WTO,原来国内的一些政策性保护措施逐渐取消,合资模式获取技术的途径愈来愈难。因此,就像京东方公司一样,许多国内企业将国际化作为获取先进技术资源的战略渠道。因此,建立在技术学习理论假设基础上的进入模式研究对我国企业更加适合。

京东方原本希望通过收购获得技术专利和工艺,但逐渐认识到这其实是件很困难的事情。按照收购协议,京东方拥有HYDIS的所有知识产权。但这些知识产权在转移到集团内部时会遇到政策和法律方面的限制,更重要的是,会遇到组织内部韩国员工的抵触。在HYDIS这样的技术密集型企业里,其核心技术除显性的专利登记等知识产权外,还有大量的隐性知识。这些隐性知识存放于韩国员工的头脑中。由于京东方公司的跨文化管理经验和准备不足,并没有建立起有效的正式和非正式交流机制;相反,由于感知偏见,组织内部的冲突和矛盾非常激烈,知识整合和技术学习无法实现。

三、中国企业进入模式选择

在第十届全国人民代表大会第四次会议上温家宝总理指出:"我们支持有条件的企业走出去,按照国际通行规则对外投资和跨国经营,在境外建立加工基地、营销服务网络和研发机构。同时,要建立政策支持和服务体系,完善境外投资协调机制和风险控制机制。"这样的政策对当前处于国际化进程中的中国企业具有现实的指导价值。为了顺利实现以上国际化战略,企业在进入模式选择中需要重视以下问题:

(一)慎重对待基于技术学习的国际化战略

在面临激烈竞争的前提下,我国企业进入其他技术先进国家时,很重要的国际化动机是为了获取技术资源。核心的技术资源除物化的流程和档案外,很多隐性知识是存放在员工头脑或组织文化中的。麻省理工学院(MIT)库苏马诺教授曾经讲道:"丰田公司甚至自己也不能在丰田汽车城外创造出同样的效率,他们在美国的汽车装配时间仍然要多出30%—50%;丰田系统复杂而独特,别人难以照搬。"此时,我们不能简单认为采用收购等高控制权进入模式就可以控制技术风险,以往这方面的研究结论存在不足,并没有充分考虑这方面的干扰因素。正如京东方案例所示,文化冲突会影响知识整合,进而影响技术学习过程。企业往往重视资金、技术、设备、员工等要素,而不重视文化冲突管理等类似的软实力。

管理实践

自己建庙,洋人念经

位于中国台湾地区台中县大雅乡大度山顶的乔山科技总部办公室,整整一面墙都是"MBO(目标管理)看板",上面贴满各种各样的表格,每天公布各部门各厂房的经营管理绩效,薪资、奖金与红利全部以此为基础。每个人都有KPI(关键绩效指标)。董事长罗昆泉说:"我希望员工的想法是,我替自己赚多少钱,而不是替老板赚多少钱。"乔山的每一个海外分公司也都有自己的营运目标,并且自负盈亏。因此,每一位海外职业经理人又都是老板,负责整个公司的营运。"这就好比乔山科技出资盖一座庙,聘请当地懂得念经的和尚来经营,和尚不必承担盖庙的钱,而且,一旦达成经营指标,即可大比例分享庙宇的利润。"这就是罗昆泉自己戏称的"盖庙理论"。1993年,乔山买下美国一家健身车行销公司EPIX,决定进军美国市场。但是,由于此前乔山的看家本领在生产,欠缺行销能力,且没有自主品牌,足迹未能走出台湾地区,并不真正了解美国市场。于是,罗昆泉聘请当地总经理Nathan Pyles冲锋陷阵,拿出10万美金作为美国项目的启动资金。几年后,不断增长的业绩证明了该模式的可行性。从此,罗昆泉每成立一家分公司,就任用一个新的总经理,美国四个品牌就有四个总经理。如今,他已经在十多个国家盖了近二十座"庙宇",由这些洋主持来操盘这些庙宇。至于为什么要请洋主持来念经,罗昆泉说,作为一个国际化企业,不可能懂得所有国家的法令、民情、生活价值观以及消费习惯,所以一定要整合国际资源,作国际分工。只要把各种激励设计好了,自然就会跑出好成绩。

罗昆泉.自己建庙,洋人念经.财经界:管理学家,2008,1:18.

(二)重视国际化过程中信息沟通的正式或非正式机制的建立

组织内部的信息交流和共享是知识整合的前提,也是避免文化冲突的有效机制。当企业扩张到其他国家时,充分的信息沟通可以有效预见和消除文化冲突,在企业内部建立起彼此相融和彼此依赖的文化观念,在双方员工之间建立起有利于隐性知识转移和共享的组织氛围。这方面的正式或者非正式机制包括:定期使用正式报告和备忘录进行学习总结、信息共享研讨会、跨功能小组的面对面讨论、通过专家和顾问进行知识共享、针对失败的国际项目进行正式分析、针对成功项目进行经验总结以及如何运用已学知识以最好方式设计新产品(或升级现有产品)的正式讨论。为了支撑企业的国际化战略,前期的人才储备和培训教育至关重要,管理者要学会如何理解和接纳文化的差异性。

（三）以长期动态的观念谨慎而科学地选择进入模式

如果企业限于当前的管理水平和国际化经验,选择收购模式并不能达到技术学习的目标,那么就应该根据国际化阶段理论,转而选择合资模式。否则,就会象京东方案例一样,造成沉重的投资负担。西门子、丰田、朗讯等跨国企业在初次进入中国时,都采取了低控制/低风险的试探性进入模式(如办事处、许可协议、合资等),获取在华经验并积累资源。随着我国市场经济的规范和开放程度的提高,这些企业不断调整策略,近年来的增资扩股和独资化趋势日益明显。"欲速则不达"。相比于以上企业,我国企业的跨文化管理技能和观念更为匮乏,选择先合资后独资的进入模式这样动态调整的控制模式显然更加稳妥。

第三节 文化冲突的处理

不同民族、组织和个体都具有不同的文化,所以国家与国家之间、组织与组织之间在文化的某个方面都会存在差异。文化的差异主要体现在：
（1）价值观的差异；
（2）传统文化的差异；
（3）宗教信仰的差异；
（4）种族优越感；
（5）语言和沟通障碍。

由于文化差异,不同的文化交织在一起的时候就可能会出现文化冲突。所谓文化冲突是指不同形态的文化或者文化要素之间相互对立、相互排斥的过程,它既指跨国企业在他国经营时与东道国的文化观念不同而产生的冲突,又包含了在一个企业内部由于员工分属不同文化背景的国家而产生的冲突。顾名思义,中外文化冲突是泛指中国文化和外方文化不同而产生的冲突(这里外方文化并非特指哪一个国家的文化,而是针对外方文化的整体而言)。文化冲突处理得好,则会给企业或是组织带来好处；处理得不好,可能会带来巨大的损失。可见,文化冲突在企业国际化过程中有很大的影响,近几年来在中外合资企业的管理中表现尤其突出。

随着中国投资环境的改善和经济全球化进程不断加快,中外合资企业得到了迅速发展,并呈现出一些新的特点：来自美国、日本、英国、德国等国家的投资方在中国建立的合资企业始终保持着持续、快速增长的态势；而来自巴基斯坦、卢森堡及埃塞俄比亚等国家的企业在进入21世纪之后也陆续在中国创办合资企业。是什么原因导致世界不同国家或地区的企业对与中国的合资表现出如此的兴趣？美国哥伦比亚大学商学院战略研究中心主任威廉·纽曼(William H. Newman)教授认为,国际经营战略的重点在于寻求特殊优势,精选具有长期发展潜力的国家作为经营落脚点。伴随着中国经济的进一步国际化,会有更多国家的企业到中国来投资,同时,也有越来越多的国内企业选择到海外进行投资。

一、合资企业的发展

合资企业(joint ventures)是按照《中华人民共和国中外合资经营企业法》及其实施条例而建立的企业。一般由一个或者几个外国公司、企业或者其他经济组织或者个人,按照平等互利的原则,经我国政府批准,在我国境内,同一个或者几个中国的公司、企业或者其他经济组织共同创办的企业。按照投入主体的国籍属性划分,合资企业可分为国内合资企业以及国际合资企业;从各方对该共有实体的投入性质上看,合资企业也可以划分为股权合资企业和合作企业。①

当前,在市场全球化和企业国际化的背景下,特别是伴随着中国加入WTO后国内企业经营环境的改变,合资企业越来越多地具有明显的战略优势,例如市场的迅速扩大、生产规模的经济化、新技术的获取、风险的规避、资源的有效共享等。中国《财富》500强中的大多数企业以及年销售额超过1亿美元的工业企业,都已经参与组建一个甚至多个国际合资企业。

在中国经济发展的进程中,中外合资企业至少在五方面起着重要的作用:

(1) 像其他发展中国家一样,中国在经济发展的过程中,资金也是首要问题。在建立中外合资企业的过程中,外国企业自然就要投资。从这种意义上来讲,合资企业的做法,代表了一个获得外汇的有效机制。

(2) 中外合资企业为中国引进国际上的先进技术提供了良好的机会。在中外合资企业发展的过程中,为了企业的发展,参加投资的企业会努力不断地介绍和采用新的技术以便提高生产能力。这种做法无疑也会提高中国的生产力。

(3) 中外合资企业能够使中国企业在营销方面获得很大益处。中外合资企业的各方一般会共享品牌优势,也会共同使用已有的产品分销网络。事实上,销往国际市场上的产品,多数都要使用多国企业已经建立好的分销渠道。

(4) 中外合资企业能够提供就业岗位。由于人口方面过去和现在造成的问题,中国在未来相当多的年份里,都要承受来自就业方面的压力。中外合资企业的发展,可以解决部分人员的就业问题,尤其可以解决素质较高人员的就业问题。

(5) 中外合资企业可以帮助投资各方分担可能产生的经营风险。历史上,合资企业一直被认为是一种分散风险的机制。尤其对于那些投资较大的低附加值产品以及原料开采的项目,比如说建设高速公路或从事煤炭、海洋石油开采等,企业一般都不愿单独承担项目风险。

---

① 我国合作企业在投入性质和法律上与国外的股权合资企业存在明显差别,合作企业股利分配并不一定按照各投入方的资本贡献比例,另外对合作企业外方的股权份额亦未规定25%的下限。股权合资企业和合作企业的差别并不显著,两种不同形式可能会影响投资水平的选取以及技术转移的选择等策略,但是对于正在进行中的企业运作影响不大。

二、合资企业文化差异

大部分合资企业的高层管理团队都具有跨文化的特征。在跨文化的管理团队中,由于内部成员有其独特的信念、价值观、态度以及相关行为,这会导致各自不同的组织观念、决策行为和协商机制等,文化和制度(例如所有制形式、管理体系、选聘制度)也会在一定程度上影响管理者的行为。世界上从事商业活动的每个人都是从其独特的文化环境中培养出来的。

近年来,人们越来越清晰地认识到对彼此文化的隔阂处理不当是合资企业失败的最关键要素。事实上,就像许多不幸的婚姻故事,合资的双方常常是因为"共同的利益或兴趣"而走到一起,但却往往因为"性格不合"而最终分手。例如,北京吉普合资企业就是在中美双方矛盾而痛苦地磨合了两年之后而最终宣告结束,美方经理将这段经历比喻为美国企业在中国"一段浪漫而短暂的姻缘"。同样,在与美国通用公司合资建立 NUMMI 公司之前,日本丰田公司也才刚刚结束与美国福特公司长达 13 个月的"恋情",而接下来与通用公司的"恋情"也是一波三折。正如这些合资企业的案例所表明的,尽管各个国家的企业和管理活动会有相同或者相似的目标,但在实现这些目标的过程中,管理者所采用的理论和方法却是有差异的。

我们可以从文化的四个方面来分析文化冲突是如何影响合资企业的管理的。

(一)价值观

根据行为科学的研究,文化决定着价值观,价值观决定着人的态度,而态度直接影响着人的行动。中外合资企业中,双方在管理决策上存在差异,更深层的原因是中外文化的差异。主要表现在价值观念上存在差异。外方在价值观念上主要表现为个人功利观,主要是以企业盈利为目的,不重视集体的利益。中方在价值观念上则表现为集体利益观,主要考虑的是集体的利益、国家的利益,而不是个体的利益。

(二)思维方式

研究发现,中方的文化观念中,其思维方式强调的是一种直觉思维,而非逻辑的推理。而外方则看重的是逻辑的推理,每项工作都强调逻辑关系,而非凭借直觉来做决定。所以中外双方思维方式的差异最终导致双方在管理决策和组织活动中出现冲突。

(三)人际关系

我国受封建传统文化的影响,人际关系在社会生活中占有非常重要的地位,在管理活动中更是如此。在组织管理和生产指挥中,认为维持人际关系比完成生产任务更重要,竭力维护组织的稳定。而外方在人际关系方面表现得比较淡化,工作和日常生活有严格界限,强调的是按照制度办事,完成生产任务是第一位的,人际关系是次要的。用日本学者三隅二不二的 PM 理论来说明,中方倾向于 M 型(以维持人际关系为特征),外方倾向于 P 型(以关注生产任务为特征)。

(四) 个体主义和集体主义

依据霍夫斯塔德的研究,个体主义和集体主义作为民族文化的一个维度,在不同的国家表现是不同的。我国主要表现为集体主义,而外方则个体主义思想比较严重。中方更倾向于集体的利益,而外方则强调个人成就和利益,所以最终会导致管理协调出现冲突。

管理实践

福特玛公司的"本土化"困境

福特玛公司总部设在瑞士,是一家全球著名的移动通信和嵌入式解决方案软件供应商。2005 年 2 月,该公司收购一家中国公司的手机软件业务后,在国内组建起福特玛中国公司。中国公司总部设在北京,在北京、上海、深圳设有完备的销售体系。进入中国后,与其他外资企业相同,福特玛公司也在努力推进"本土化"管理,但文化冲突和制度差异经常给他们的"本土化"进程带来诸多困扰。瑞士经理人面对冲突会采用比较直接的方式来解决问题,而中国经理人更强调职业技巧,倾向于回避冲突或采用其他迂回方式来解决问题。母公司对工会的认识和中国公司差异很大,由于欧洲工会权力很大,母公司基于种种顾虑一直不允许中国公司成立工会,直到中国公司人力资源主管专门聘请律师和总部沟通,总部才勉强同意。由于某些原因,中国公司要解聘一些刚招不久的本科毕业生,按照毕业生三方协议规定公司违约需支付学生一定金额的赔偿金。中国公司财务部向总部申请预算,总部完全不能理解,认为该做法不符合总部管理规范,坚持不予批准。就连最简单的中秋节给员工发放月饼的事情母公司也难以理解,中国公司的"本土化"进程陷入重重困境。

可见,在中外合资企业中,由于民族文化的差异、组织文化的差异以及个体文化的不同,文化冲突是在所难免的,这也就给管理人员带来一些问题。如何处理这些冲突是摆在领导者面前的主要问题。中外合资经营企业从现象上看,是不同国家的资本、技术、商品、劳务、管理的结合,而其更深的内涵则是中外两种文化的撞击、冲突和融合。也就是说,在合作中中外文化既有冲突的一面,又有融合的一面。对于领导者来说,关键就在于如何跨越文化差异的障碍,在两种文化的结合点上,寻求和创立一种双方都能认同和接纳的、发挥两种文化优势的管理模式。

三、合资企业文化整合

为了发挥多元文化的优势,合资企业内部文化必须经过整合。合资企业的文化整合过程可以分为四个阶段:探索期、碰撞期、整合期和创新期。整个过程如图2-3所示。

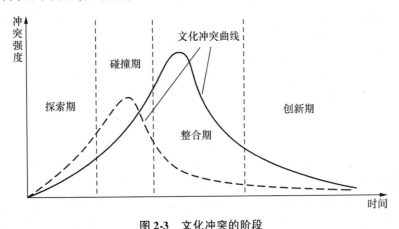

图 2-3　文化冲突的阶段

(一) 探索期

需要全面考察跨文化企业所面临的文化背景状况、文化差异问题、可能产生文化冲突的一些相关方面,并根据考察的结果初步制订出整合同化的方案。

(二) 碰撞期

碰撞期是跨文化企业进行文化整合的实施阶段,也就是文化整合开始执行的阶段。不同的文化在这个时期直接接触,必然会发生冲突。所以,制定一系列的管理制度尤为重要。管理学和组织行为学的研究表明:冲突问题的研究和冲突管理的训练在管理实践中是十分重要的。成功的管理者与不成功的管理者相比,前者花费了更多的时间用于冲突管理,前者更为准确地理解和把握了冲突管理。所以在这个阶段,进行跨文化培训是防止和解决文化冲突的有效途径。作为中外合资企业,要解决好文化差异问题,搞好跨文化管理有赖于一批高素质的跨文化管理人员。因此,双方在选派管理人员,尤其是高层管理人员时,除了要具有良好的敬业精神、技术知识和管理能力外,还必须思想灵活,不守成规,有较强的移情能力和应变能力,尊重、平等意识强,能够容忍不同意见,善于同各种不同文化背景的人友好合作,在可能的情况下,尽量选择那些在多文化环境中经受过锻炼的人及懂得对方语言的人。通常来讲,跨文化培训的主要内容应包括:① 对对方民族文化及原公司文化的认识和了解;② 文化的敏感性、适应性的培训;③ 语言培训;④ 跨文化沟通及冲突处理能力的培训;⑤ 对于中方人员来讲,还需接受对方先进的管理方法及经营理念的培训。

（三）整合期

　　整合期是不同文化逐步达到融合、协调、同化的过程,这也是一个较长的阶段。在这个阶段,主要是形成、维护与调整文化整合中的一系列行之有效的跨文化管理制度和系统。为此,企业应该做到:第一,在企业内部逐步建立起共同的价值观。作为文化重要组成部分的价值观,是一种比较持久的信念,它可以确定人的行为模式、交往准则,以及何以判别是非、好坏、爱憎等。第二,采用本土化经营策略,使外方的文化有效地适应我国文化的特点,双方文化彼此达到融合、同化。

（四）创新期

　　创新期是指在文化趋向同化的基础上,合资企业整合、创造出新的文化的时期。为此,企业应该在这个时期做到:
　　（1）认真地分析不同的文化,找出它们的优缺点,摒弃不同文化中分别具有的缺点或不适应之处,促进一个创新的、充满生机的跨文化企业有机体文化的整合形成。
　　（2）建立共同经营观,建设"合金"企业文化。
　　（3）培养和创造新鲜的企业文化,创新出独特的跨文化管理文化。
　　总之,在文化整合的不同时期,应该制定相应的管理战略和制度,找出文化的冲突之所在,通过有效的整合,使多元文化发挥应有的优势。在整合的基础之上,创造出新的企业文化、跨文化管理文化。

本章小结

　　随着科学技术的迅猛发展和经济全球化进程加快,现代领导者必须具有大局观,把握环境变化动态,从全球视野去分析和处理问题。在全球背景中,领导者们应具备跨文化的观念。不同文化背景下的领导者在交往中必须要了解文化是怎样在他们之间起作用的——它是怎样影响领导的观念,或者怎样影响领导的权威的,这种影响上的差异性会不会给他们带来沟通或协作上的困难或误解。作为两种典型的文化模式——东方与西方文化模式,它们在领导的观念、领导的权威方面的影响是明显不同的。
　　另一方面,随着中国经济愈来愈紧密地与世界经济融为一体,企业国际化已是必然的趋势。"走出去"战略正成为更多中国企业的选择,做大做强、走向世界是众多国内企业的必由之路。而国内企业要国际化,到底应该选择何种进入模式？是合资,还是收购？通过京东方集团收购韩国 HYDIS 公司一案,我们认为我国企业选择进入模式时,要重视文化差异及其在高科技产业技术转移中的作用,并由此提出以动态观点建立低风险进入模式。
　　至此,文化冲突在中国企业国际化进程中已经不断凸显出来。作为中国企业实施国际化战略的一种重要模式,合资企业获得了许多公司的青睐。但是,研究表明合资企业的失败率往往高达 50% 左右,而其中妥善处理彼此文化的隔阂是很关键的要素。本章第三节即对此进行了详细阐述。

练习与思考

1. 举例说明文化对人们观念或行为的影响;如果自己是一位领导者,在工作中应如何诱导或利用这种文化的差异性影响。

2. 京东方为什么采用收购而非合资方式进入韩国 TFT-LCD 业务市场?这样的收购方式有什么样的潜在风险?

正文参考文献:

[1] 刘璞、井润田:"中外合资企业的跨文化冲突研究",《管理学报》,2006 年第 3 期第 1 卷,第 113—116 页。

[2] 罗昆泉:"自己建庙,洋人念经",《财经界:管理学家》,2008 年第 1 期,第 18 页。

[3] 杨泉:"跨国企业中跨文化管理",《中国人力资源开发》,2002 年第 3 期,第 22—24 页。

[4] 张红玲:"中西文化冲突下的管理",《中外企业文化》,2000 年第 14 期,第 50—51 页。

[5] 张一弛:"我国两岸三地对美直接投资的进入模式:一项基于数据的分析报告",《管理世界》,2003 年第 10 期,第 33—39 页。

[6] Aulakh, Kotabe and Sahay, "Trust and Performance in Cross-border Marketing Partnerships", *Journal of International Business Studies*, 1996, 27(5), 1005—1032.

[7] Awadzi W., "Performance Implications of Locus of Control and Complementary Resources in International Joint Ventures: An Empirical Study", *Academy of International Business Conference*, London, 1987.

[8] Buckley P. J. and Casson M., "Models of the Multinational Enterprise", *Journal of International Business Studies*, 1998, 29(1), 21—44.

[9] Dunning J. H., "The Eclectic Paradigm of International Production: A Restatement and Some Possible Extensions", *Journal of International Business Studies*, 1988, 19(1), 1—31.

[10] Dunning, J. H., "Toward an Eclectic Theory of International Production: Some Empirical Tests", *Journal of International Business Studies*, 1980, 11(1), 9—31.

案例研究

合资模型的选择

一、案例背景

在当前市场全球化和企业国际化的背景下,特别是伴随着中国加入 WTO 后国内企业经营环境的改变,合资企业在许多方面都具有战略优势,例如市场的迅速扩大、生产规模的经济化、新技术的获取、风险的规避、资源的有效共享等。同样,合资面临众多困难,例如合资伙伴的选择、合资的经济动机、战略的互补性以及双方的合资经验等。一个合资企业要取得长久的成功,合资企业模型选择是一个最重要的因素。

乐山菲尼克斯半导体有限公司是美国摩托罗拉公司与中国四川乐山无线电厂组建成立的一个典型中美合资企业,也是一个非常成功的企业,其产品以世界级质量和同类产品的低成本水平销往世界各地。2003年产量接近170亿只,其中公司的SOT23产品已占有了全世界市场的35%—40%,销售额达到1.35亿美元,至2004年7月31日,产量已达到109.7亿只,销售额达8 017.4万美元。该公司目前已经成长为中国西部最大的外商投资企业。结合上面提出的合资模型理论,本文通过对乐山菲尼克斯公司案例的分析来探讨优势方管理合资模型的优越性。

1994年的摩托罗拉已是一个年销售额超过100亿美元的跨国公司,在中国天津的西青高新技术开发区成功地建立了第一个独资生产基地,当时的中国政府为了扶持国有企业,几乎是强迫摩托罗拉改变其在中国的独资经营方式,要求必须与中国的国有企业合资。尽管是被迫的,但是摩托罗拉在其中国的第一个合资项目上仍然是认真而谨慎的。认真表现在合资模型的选择上,以及为达到其战略目的所采取的谈判手段及技巧上;谨慎则表现在投资规模的控制以及所选择的投资技术上。

为了能够将摩托罗拉的优秀企业文化全部移植到新建的合资企业中去,解决好合资企业中高层管理团队的治理问题和跨文化管理问题,摩托罗拉选择了优势方管理这种成功率较高的合资模型,从而为其在中国的第一个合资企业的成功打下了坚实的基础。由于摩托罗拉有这样的战略出发点,根据优势方管理的合资模型,可以从理论上解释摩托罗拉当时为什么选择与投资环境很差的乐山无线电厂合资,以及对于中方来说是等同于银行承兑汇票的合资合同的优惠条款。

二、案例分析

国内外的理论研究和经营实践都表明,合资企业具有很高的失败率和不稳定率。波特(Michael Porter)等学者的研究表明这种失败率往往在50%左右。研究者们指出了合资所面临的众多困难,例如合资伙伴的选择、合资的经济动机、战略的互补性以及双方的合资经验等。一个合资企业要取得长久的成功,合资企业模型选择是一个最重要的因素。

(一)合资模型

彼得·基林(J. Peter Killing)通过对大量的合资企业进行研究,在其《合资企业成功的战略》(Strategies for Joint Venture)一书中,从母公司支配合资企业管理活动的角度,将合资模型归纳为三种。

第一种模型称为优势方管理的合资企业(dominant parent joint venture)模型。在该模型中,最主要也是最重要的特点是,合资双方中的优势方或者称为支配方将合资公司作为自己完全拥有的子公司进行管理。合资公司的董事会虽然也由各自的母公司的一些执行经理组成,但是在合资公司中所扮演的角色却大部分是一种象征性的,合资公司几乎所有的经营和战略决策完全由优势方的执行经理们做出,这些执行经理或者在合资公司直接任职,或者在其母公司担任执行经理。

第二种模型称为共同管理型的合资企业(shared management joint venture)模型。在该模型中,主要的特点是,合资双方都会在合资公司的经营管理中扮演相当积极的管理角色,合资公司的管理模式是执行董事会管理下的总经理负责制,公司总经理由合资公司董事会任命。合资公司的管理体系中对双方的生产管理体系都有所体现。

第三种模型称为独立型的合资企业(independent joint venture)模型。该模型中的经营管理仍然是执行董事会管理下的总经理负责制。与第二种的主要区别在于,双方参与合资公司的经营管理都不强。在该模型中,合资公司的经营较为独立,投资双方无论从管理资源还是从技术上都不会提供太多的支持,合资公司的经营完全依靠合资企业的管理团队自身。

根据基林以及其他专家学者的大量研究,在这三种合资模型中,成功率最大的是第一种优势方管理的合资模型。所谓优势方管理合资模型是指投资一方具有在管理、资金、资源、技术等方面的本身优势,同时在合资企业中又通过其自身的优势而取得在合资企业管理中的绝对支配地位的合资模型,而不是简单地以控股的多少(资金)来确定合资企业中谁是优势方。这一定义的目的在于区别在政府干预下产生的一些假的优势方管理模型。

(二) 管理控制权与合资企业绩效的关系

在研究发达国家之间的合资企业时,基林发现优势方管理型合资企业要优于双方共同管理型合资企业。

在对发展中国家一个合资企业案例的研究中,比米什(Paul Beamish)指出外方企业的主要控制权与合资企业的绩效负相关,而当地方合伙人控制合资企业时,两者则不相关。因此,合资企业所处的运营环境将决定控制权与绩效之间的关系。然而,利柯鲁(Donald Lecraw)的研究则表明,一个合资企业东道国的经济发展状态并不像比米什所说的那样重要。通过对五个发展中国家合资企业样本的研究,利柯鲁发现,控制权与绩效之间存在着正的、近似于线性的相关关系,这与基林(1983)的结论是一致的。其他研究者提出控制权与绩效之间的关系是间接的,因而受一些条件因素的影响。

(三) 乐山菲尼克斯合资模型的选择

优势方管理的合资模型的难点在于如何找到一个甘愿做被动方的合资合作伙伴。为实现其战略目的,摩托罗拉在对电子部所推荐的8家电子企业进行考察后,最后选择了规模最小、投资环境最差的乐山无线电厂进行合资,从而保证了摩托罗拉在管理、资金、资源、技术等方面具有了相对优势。尽管中方在主观愿望上已经愿意成为投资的被动方,但是摩托罗拉仍旧通过与中方在以下几方面的谈判,完完全全地取得了在合资企业中的绝对优势方管理地位。

首先,在股权上争取优势方管理地位。最初摩托罗拉提出从马来西亚芙蓉厂搬两条旧生产线安装在现有厂房里,但由于投资规模小而且是旧设备,中方为了引进摩托罗拉真正的管理和技术,没有接受该投资建议。实际上,由于马来西亚的生产线正在满负荷地生产以满足市场需求,摩托罗拉根本不可能从马来西亚搬旧生产线。所以当乐山无线电厂提出不同的看法时,摩托罗拉也同意建全新的生产线,投资规模也从最初建议的1 000万美元改为最后的5 300万美元,同时提出双方都以美元现金的方式投资,摩托罗拉出资2 915万美元,拥有55%的股份,乐山无线电厂出资2 385万美元,拥有45%的股份。在股权结构上,摩托罗拉就已经拥有了绝对控股权。然而,2 385万美元对乐山无线电厂来说仍然是一个巨大的问题,虽然政府帮助解决了一小部分,但大部分资金是中方无法解决的。最后,摩托罗拉答应帮助中方从国外银行贷款。如果单从合资企业的资金提供来看,摩托罗拉提供了91%的努力,而中方仅有9%的贡献,中方对此也是非常清楚的。因此中方让出合资企业的实际管理权而处于被动地位是理所当然的。

其次，在技术上争取优势方管理地位。SOT23这种产品是属于表面封装技术，在当时的中国还没有这种技术，尽管在国外已是一种成熟的大众化技术，乐山无线电厂则于1994年初才刚申请到为引进彩电国产化配套的片式器件生产线的资金。虽然当时也买了几台设备，但是没有生产技术，而摩托罗拉所提供的技术正是乐山无线电厂正在寻找的技术。由于中方没有技术，因此在技术管理上摩托罗拉100%拥有了主动权。

再次，在投资回报问题上争取优势方管理地位。乐山无线电厂争取到了合资公司以生产成本加15%的投资回报（投资回报的计算只以合资公司的20%注册资本作为计算基数，而其余80%的银行贷款是不作为计算基数的）的价格，将合资公司的产品再销售回母公司的方式来保证母公司的投资回报的合同条款。表面上摩托罗拉做出了巨大的让步，使乐山无线电厂的投资获得了基本的保证，但是乐山无线电厂的投资回报不是最大化的，而摩托罗拉的投资却最大化了——将原本属于乐山无线电厂的投资回报也转为己有。在这方面摩托罗拉充分利用了市场，当时中方完全没有该产品的市场，合资企业几乎100%的产品是以接近成本价回售给摩托罗拉。按照乐山菲尼克斯公司的合资合同，乐山菲尼克斯公司除了保证按照合资合同规定的15%的注册资本投资回报外，是不盈利的生产企业，那么产品的利润就完全体现在销售环节。从上面的合资形式可以看出，摩托罗拉将合资公司创造的绝大部分利润通过市场的方式拿走了，所以说摩托罗拉将其在乐山菲尼克斯的投资最大化了。

最后，在管理控制权上也要争取优势地位。在人事安排及董事会运作方面，合资公司总经理、财务总监、生产部经理、工程部经理、品管部经理、人事部经理、采购部经理完全由摩托罗拉委派，中方所委派的副总经理只是作为一个部门经理，负责后勤包括海关、商检、供水、供电等需要与地方政府协调的工作，副总经理不向中方直接汇报工作，而只是作为合资公司的部门经理向合资公司的总经理汇报工作。合资公司总经理每周向摩托罗拉亚太区的生产总监汇报工作，同时也于每星期一下午的固定时间与中方的副董事长开会，交流汇报工作。合资公司的其他部门经理除向总经理汇报工作外，仍旧要按摩托罗拉的规定向亚太区公司总部的相关职能部门经理汇报工作，合资公司的这些部门经理接受双重管理，管理模式完全与马来西亚的摩托罗拉独资厂一样，既要向当地工厂的总经理汇报工作，还要向总公司的相关部门经理汇报工作。

公司董事会每年定期召开两次，双方董事们都会参加。除了董事会外，另有两次定期的合资公司的内部管理会议。该会议通常只有摩托罗拉负责乐山菲尼克斯公司的有关职能部门可以参加，比如摩托罗拉亚太区的生产部主管、品管部主管，以及销售部主管等参加，中方都不参加该合资公司的内部经营管理会议，即中方不参加合资公司内部的经营管理。中方董事只出席一年两次的董事会，就合资公司的投资决策等重大问题做出讨论与决定。

虽然最初摩托罗拉是迫于政府压力而建立合资企业，但是在合资模型的选择上，摩托罗拉却是完全处于主动地位，并且最终完全实现了其经济目的。虽然乐山无线电厂在该合资模型中是处于被动地位，但还是达到了一些合资目的。首先投资的基本利益得到了保证（15%的投资回报），其次真正引进了摩托罗拉的生产管理技术，再次通过这个项目也开拓了国际市场。当然乐山菲尼克斯的生产管理经验也或多或少地在乐山无线电厂被应用,这对无线电厂本身的长远发展也是有一定帮助的。

三、结论与启示

从上面的分析可以看出,摩托罗拉于1994年选择乐山无线电厂作为其合资合作的伙伴是有其理论依据的,那就是优势方管理的合资模型理论,这个正确的合资模型的选择也为乐山菲尼克斯公司未来成功的发展奠定了坚实的基础。乐山菲尼克斯公司的运行管理也是完全按照这种摩托罗拉早已设计好的优势方管理模型在运作。

研究者们指出导致一个合资企业失败的关键问题就是合资双方或者多方所构成的管理层的文化冲突,以及冲突协调机制的缺乏。而摩托罗拉所选取的优势方管理合资模型对于解决合资企业中的高层管理团队治理及合资公司中的跨文化管理正好有极大的帮助。因为在这种合资模型下,乐山菲尼克斯公司被摩托罗拉公司完全作为自己的全资子公司,就等同于摩托罗拉在四川乐山设立一个新的生产工厂。作为一个全球通信领域中的领导者,生产工厂和分支机构遍布全世界的跨国公司,摩托罗拉有着丰富的治理公司内部高层管理团队的经验,同时也有在不同国家成功创建新工厂的丰富经验,无论是独资工厂还是合资公司方面的。在战略选择正确后,以人力资源所构建的合资公司的两个高层管理团队通过他们以身作则的管理作风,将优秀的企业文化以及先进的生产管理体系在合资公司中成功地建立起来,并使其有效地运行,使乐山菲尼克斯最终走向了成功。

通过对乐山菲尼克斯合资企业的分析,可以看出在优势方管理的合资模型中,优势方能很好地充分利用其自身的管理优势,解决好合资企业的核心管理问题:企业文化的建设,企业内的高层管理团队治理以及跨国企业中的跨文化管理问题。跨国公司本身对于公司中的核心管理问题——企业文化建设及高层管理团队的治理方面都各自具有独特的非常优秀的管理经验,由于是跨国公司,当然对于在不同国家子公司内的跨文化管理也有其各自的特点,合资公司在这种优势方管理模型中,是被作为其拥有的子公司来进行全面直接管理的,因此成功的机会很大。

案例参考文献:

[1] Janger A. R., *Organization of International Joint Ventures*. New York: Conference Board, 1980.
[2] Killing J. P., *Strategies for Joint Venture Success*. New York: Praeger, 1983.

第三章 学者眼里的领导者

领导包括领导素质、领导行为、领导环境和绩效等多个方面。仅仅就领导模式而言，见仁见智，各献所能，涌现出了一批有影响的管理学者。这章将分别介绍经典领导学理论以及当代领导学理论，最后提出在中国背景下的和谐领导理论。

第一节 经典领导学理论

几个世纪以来，管理学家以及哲学家们一直就领导是否具备"伟人"的品性而争论。是否松下幸之助、卡耐基、福特、艾柯卡、比尔·盖茨、张瑞敏等这些管理英才们都具有某些相同的品性？是否只有具有这些品性才能使他们对于企业乃至整个社会产生重大的影响？或者能否说，这些人并没有共同的特殊品性，他们的成功仅仅是由于碰上适当的时间或合适的地点？特质论、行为论与权变论是领导研究的三大类经典领导学理论。特质论认为：有一组能用来识别有效领导者的个人特质与特征，这些特质与特征是指领导者个人所具有的品德、能力、知识、修养和领导艺术等。行为论认为：领导者最重要的方面不在于领导者个人特质，而在于各种不同环境中领导人做些什么，有效的领导者以他们的特殊作风区别于那些不成功的领导。权变论认为：有效的领导者不仅取决于他们的行为方式，而且还取决于领导者所处的环境如何，研究的重点是想要分离出影响领导有效性的情境条件，这些条件包括领导者的特征、下属的特征、工作的性质、群体组织机构和强化方式。

一、特质论

特质论的研究强调领导者的品格特性、价值系统和生活方式。这种研究的典型方法是鉴定已委派领导的特性，包括精力、能力、方向与目的感、热诚、友好、正直、道德、技术特长、果断性、感性技能、知识、智慧、想象力、决心、坚持性、忍耐性、好仪表（身体和服装的丰采）及勇气。分析的问题是应包括什么和不应包括什么。然而遗憾的是对此结论并不一致，甚至对于那些较重要的认识也不一致。

组织行为学对领导学特质论研究的一项重要贡献是对"伟人论"的否定。半个世纪以前，许多人一直把领导者个人品质特征作为描述和预测其领导成效的因素，他们对领导者的探索，着重于探索有效的领导者与一般人在品质上的区别。他们认为，在领导者与被领导者之间、有效的领导者与无效的领导者之间、高层领导者与基层领导者之间，存在着个人品质的差异。有的甚至认为，领导者的品质与生俱来，领导者是天生的"伟人"。不具有领导才能的人，就不能成为有效的领导者。因而他们的研究着眼于领导品质和领导性格。然而，经过之后十多年的调查研究，许多研究人员却难以在对领导者们不同的才智、个性、身体等特征所进行的评价中取得一致意见。以研究领导行为而著名的菲德勒曾在比利时的海军中就领导品质进行过一次研究实验，他挑选了288人组成96个三人小组，在这些被试者中间，既有领导者，也有被领导者。实验内容是让他们做几件事情：草拟一封招募士兵的信；规划一个护航队的最短路径；口头指示别人怎样拆装一件武器。实验结果发现，领导者与被领导者没有多大差别，得到的分数基本近似。而且，一个具体的领导人员，虽然某一件事做得很好，但对其他任务却完成得不好。他的总结是，领导者没有一定比别人高明的品质，与被领导者没有显著的差异。

彼得·德鲁克在《有效的管理者》一书中指出："一般而言，管理者都具有很好的智力、很好的想象力和很好的知识水准。但是一个人的有效性与他的智力、想象力或知识之间，几乎没有太大的关联。有才能的人往往最为无效，因为他们没有贪图到不择手段。才能本身并不就是成就。他们不知道，一个人的才能，唯有通过有条理、有系统的工作，才能成为有效。"他指出："在我认识的和共事过的许多有效的管理者中，有性格外向的，也有令人敬而远之的，有年迈即将退休的，甚至还有遇人羞答答的。有的固执独断，有的因循附和，当然也有胖有瘦。有的生性爽朗，有的心怀忧虑。有的能豪饮，有的却滴酒不沾。有的待人亲切如家人，有的却严峻得冷若冰霜，也有的少数人生就一副能吸引别人注意的形象。有的具有学者风度，有的却像是无知之徒。有的具有广泛的兴趣，有的却除了他本身的狭窄圈子外其他一概不懂。还有些人虽不是自私，却始终以自我为中心；而有的却落落大方，心智开放。有人专心致力于他的本职工作，心无旁骛；也有人志趣全在事业以外，做社会工作，跑教学，研究中国诗词，欣赏古典音乐。在我认识的有效管理者中，有人能够运用逻辑和分析，有人却主要是靠他们本身的经验和直觉；有人能轻而易举地决策，有人却每次都一思再思，饱受痛苦。"他的结论是："有效的管理者，他们之间的差别，就像医师、教员和音乐家一样，各有不同类型。至于缺少有效性的管理者，也同样地各有各的不同类型。因此，有效的管理者与无效的管理者之间，在类型方面、性格方面及才智方面，是很难加以区别的。"

这些结论代表了对"特质论"的怀疑、否定。

20世纪70年代以来，一些心理学家对领导者特质的研究产生了新的兴趣。他们认为"伟人论"的观点当然不对，但有效的领导者必须具备一定的特质。同时，领导者的特质不是生而有之，而是在实践中逐步形成和积累起来的，可通过教育进行培养。此外，选择领导者需要有明确的标准。对领导者的使用和培训也需要有具体的方向和内容。学者们通过调查研究，提出了对领导者的特质要求。德鲁克称这种特质"是一种后天的习惯，是一种实务的综合"，"是可以学得的"。他认为有效的管理者的共同点，在于都具有能发挥群体有效性这一共同习惯，有效的管理者应具有必胜的能力。通常，有效的管理者必须具备以下"五项主要的习惯"：

（1）要善于处理和利用自己的时间，把认清自己的时间应花在什么地方作为起点。必须了解时间是一项限制因素，时间的供给永远没有弹性，时间永远是最短缺的。他们记录自己的时间，管理自己的时间，减少非生产性工作所占用的时间，善于集中自己的零星时间。

（2）注重贡献，确定自己的努力方向。他们并非为工作而工作，而是为成果而工作。

（3）善于发现和用人之所长，包括他们自己的长处、上级的长处和下属的长处。

（4）能分清工作的主次，集中精力于少数主要的领域，在这少数主要的领域中，如果能有优秀的绩效就可以产生卓越的成果。

（5）能做有效的决策，他们知道一项有效的决策必是在"议论纷纷"的基础上形成的判断，而不是在"众口一词"的基础上做出判断。

二、行为论

20世纪50年代起，行为科学家从天生品质的研究，转向研究领导者的行为。在领导行为的研究中，按照领导行为的基本倾向划分，提出了不同的理论模式。

（一）连续统一体理论

早期研究一般都认为领导者或者是独裁的，或者是民主的。主张民主者对独裁的领导风格大加斥责，而主张集权者又对掣肘制衡极为不满。在现实中，人们只好把"民主"或"独裁"归结为领导者的个人偏好，或者看做是性格和行为习惯所致。一旦要进行纵深思考，领导者往往陷入困境。从道理上，他们知道应该采取民主化的举措，使领导活动能够得到整个组织的支持和部下的配合，但是领导人的责任心和使命感，总会把他们放在居高临下的位置上，他们在内心深处会认为自己要比下面的员工站得更高，看得更远。否则还要领导做什么？

对此，坦南鲍姆和沃伦·施密特（Warren H. Schmidt）试图研究介于独裁和民主之间不同领导行为的联系，并用参量渐变的构思把他们统一到一个场域里。他们于1958年提出领导的连续统一体理论，认为应当分析研究一系列领导模式，而不应只是限于独裁与民主两种绝对化的领导模式，选择领导模式时还需要考虑影响因素，以及长远目标与当前需要如何平衡（Tannenbaum & Schmitt, 1959）。

连续统一体理论认为在独裁和民主两极端之间存在一系列连续分布的领导行为方式。这些连续分布的领导模式没有优劣之分，领导者要根据客观条件与要求，把两者适当结合起来。影响领导人进行选择的主要有三个因素，即领导者自身因素、部下因素和环境因素。根据这一理论，有效的领导者应是那些适应性强的人，有足够的灵活性来应付不同的情况，能够考虑到自己的能力、下属的能力和需完成的任务而将权力有效地下放，如图3-1所示。

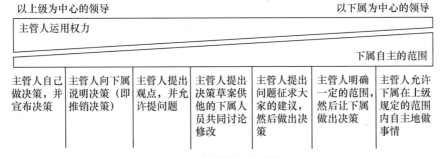

图3-1 连续统一体理论

该理论在领导研究上摆脱了两极分化的倾向,充分考虑了领导方式的权变性与综合性,反映出领导模式的多样化特征,比较符合实际。但是仅凭独裁-民主连续统一体这点判断领导风格显得过于简单。

(二) 管理方格理论

管理方格理论来源于领导方式四分图理论。1945 年,美国俄亥俄大学领导行为研究组在归纳了一千多种领导行为因素的基础上,概括出"抓组织"(结构)和"关心人"(体谅)两大类因素,每个因素又分为高与低两个区域,并由此建立了四分图理论(Hellriegel, Slocum & Woodman, 1983)。四分图理论首次从两个角度考察领导行为,并提出了理想的领导行为,认为"高结构-高关怀"的领导行为一般能够产生积极效果,一位两方面都高的领导人,其工作效率与领导的有效性必然较高。但相对静止的两维度模型忽视了其他维度的存在。

布雷克和莫顿在四分图基础上又提出管理方格理论。他们认为,领导行为的有效性应该体现在对工作的关心和对人的关心程度上。对工作关心的领导方式和对人关心的领导方式不同的结合,能够形成多种类型的领导方式。任何一个领导者的行为都会涉及这两个关心维度的方向和关心程度的高低。有的领导者偏于关心工作,有的领导者偏于关心人员,有的则能够兼顾二者。在关系程度上,由低到高也有相应的差别,如图 3-2 所示(Blake & Mouton, 1964)。

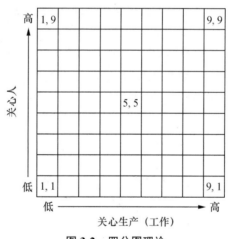

图 3-2 四分图理论

布雷克和莫顿认为,(9,9)型的领导方式是最有效的领导方式。企业的领导者应该客观地分析企业内外的各种情况,分析自己的领导方式,将自己的领导方式转化为(9,9)型,以求得最高的效率。

管理方格理论提供了一个解析领导行为的理论框架。我们应该运用管理方格理论的不同组合方式,来认知现实中的领导类型。管理方格理论的独特价值,除了它的理论意义外,主要体现在实践操作上,它提供给经理人员进行自我监测和自我训练的应用工具。管理方格理论在两个领导维度"抓组织"和"关心人"上的细化可以促进人们在组织范围内更加有效地互动,还能有效减少群体间相互合作时的摩擦,被广泛认为是组织中完善领导行为的有效途径。但它只为领导者风格的概念化提供了较好的框架,未能提供新的实质信息来解释在领导方面已有的困惑。

(三) 管理四系统理论

1947年以来,美国密歇根大学社会研究中心在李克特的主持下,对企业的领导模式进行了长期研究。作为一名学心理学出身的行为科学家,李克特的研究结果表明,采取怎样的领导方式在很大程度上可以决定领导水平的高低。效率不高、成绩不佳的企业往往采取创痛的领导方法,一切从完成工作任务出发,以任务为中心,监督严格,重视按照规定行事;而效率高、管理得法的企业则往往采取以员工为中心的领导方法,领导者、管理者重视工作中的人际关系,强调员工的情绪和态度,给予员工较大范围的自由选择权。

经过长期研究,李克特于1961年将企业管理的领导方式归结为四种体制:专权独裁式(exploitive-authoritative)、温和独裁式(benevolent-authoritative)、协商式(consultative)、参与式(participative)。这四种领导方式中,李克特认为管理效果最为显著的就是第四种参与式领导方式。在这种领导方式下,组织制定目标和实现目标的情况是最让人满意的,生产效率往往会高于采取其他领导方式的组织。领导者对下属的重视程度与组织的效率正相关。

但是,参与式领导方式在实践中会受到多种因素的影响。例如,有些依赖性较强的员工,不能形成有效的支持关系,因而也不适应参与式管理。还有一些领导人的个人风格会影响领导效果。所以,在现实中参与式领导不一定全部有效,这就使得李克特的理论受到一定限制。对于李克特的参与式领导方式,存在不少理论上的质疑。有人指出这一理论忽略了形成高效领导的其他因素,具有一定的片面性,并且认为李克特没有严格限定使用这一领导方式的条件,也就是说没有指出这一理论什么时候低效或者不适用,所以并不完善。

三、权变论

关于权变理论的研究,在20世纪40年代期间就已经开始,是迄今仍在继续探索的课题。越来越多的组织行为学家提出了下面的问题:某一具体的领导方式是否能在所有情况下都有效?他们认为,领导是一种动态过程,而且领导的有效行为应随着被领导者的特点和环境的变化而变化。因为领导是在一定环境条件下通过与被领导者的交互作用去完成某一特定目标的行为,所以其领导的成效有赖于领导者本身的条件、被领导者的条件、环境的条件这三个因素的交互关系,用公式来表示就是:领导 = f(领导者,被领导者,环境)。

这个公式把领导有效性的重点放在领导者与被领导者的行为及环境的相互影响上,

而不是放在领导者的品质上。因为难以提出一个可以适用于任何情况的领导模式,只能运用适当的理论和模式,帮助领导者探索在某种具体情况下,可能采取的相应的领导行为,实施适应性的领导。

特质论与行为论的研究表明,领导者有效与否不仅与其特质与行为有关,而且与其所处的环境相关性更大,权变论回答的正是领导行为应该在怎样的环境下才有效。具体讲,影响领导者行为的环境因素如图3-3所示:

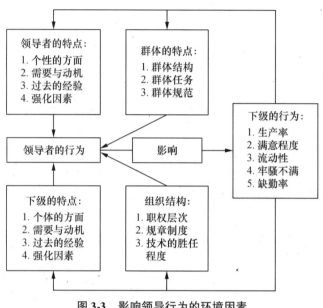

图3-3 影响领导行为的环境因素

权变论主要包括菲德勒权变模型、情境领导理论、目标-途径理论和领导者参与模式等。

(一)菲德勒的权变模型

菲德勒经过15年的调查研究,提出了一个"有效领导的权变模式"。他认为,任何领导形态均可能有效,关键是要与环境、情景相适应。因此,经理人员必须是一位"具有适应能力的人"。他指出,影响领导效果好坏的"情景因素"有三个:领导者与被领导者的关系、工作任务的结构、领导人所处职位的固有权力。菲德勒用很多时间对1 200个团体进行了调查分析,证明在最不利和最有利两种情况下,采用"以任务为中心"的指令型领导方式,效果较好;而对处于中间状态的环境,则采用"以人为中心"的宽容型领导方式,效果较好。例如,在工作任务有严格明确的规定,但领导却不为人们所欢迎,因而必须采取机敏手段这种情况下,"以人为中心"的领导方式可获得好的成效;在领导为下属所欢迎而任务却没有明确规范的情况下,这种领导方式也能具有实效,如表3-1所示。

表 3-1　菲德勒对领导形态与绩效的调查总结

对领导的有利性	有利			中间状态				不利
情景类型	1	2	3	4	5	6	7	8
领导者与员工的相互关系	好	好	好	好	差	差	差	差
工作结构	明确	明确	不明确	不明确	明确	明确	不明确	不明确
地位权力	强	弱	强	弱	强	弱	强	弱
生产率有关的领导方式	指令型			宽容型			指令型	

为了测定一个领导人的领导风格,菲德勒设计了一种调查问卷,这种调查问卷是让领导人对"最不喜欢的同事"(least preferred co-worker,LPC)作"正反两极"的评分。这种评分是用来测定一个人对其他人的态度。一个领导对其最不喜欢的同事仍能给予高的评价,那他即被认为是关心人或宽容性的领导(高 LPC),那些对其最不喜欢的同事给予低评价的领导被认为是以工作为中心的领导(低 LPC)。

按照菲德勒的模式,要提高领导的有效性,要么就是领导者改变自己以适应组织,要么就是组织改变自己以适应领导。但菲德勒不谈对领导者的训练,他认为训练不是有效的方法。权变理论的关键在于其使用方法的有效性和可行性。菲德勒权变模型在增加领导有效性方面,提供了一些相当实用的方法,并认为最好的方法是将合适的领导者与合适的情境相互匹配。不过,一些行为科学家对菲德勒所使用的 LPC 调查方法、研究中所选用的对象(如篮球队、比利时海军和学生)和讨论有效性时只考虑"最不喜欢的同事"的高低标准等方面提出了疑问。例如该理论认为一个人的 LPC 是恒定的,即作为个体的领导风格是不能改变的,这一假设与实际情况不符。

(二) 目标-途径理论

目标-途径理论(path-goal theory)是近年来在国外颇受重视的理论,是由罗伯特·豪斯(Robert J. House)最先提出,后来特伦斯·米切尔(Terence R. Mitchell)也参与了这一理论的扩充和完善。

目标-途径理论要求领导者:① 阐明对下属工作任务的要求;② 帮助下属排除实现目标的障碍,使其能顺利达成目标,在工作过程中给予员工多种满足需要的机会。这个理论认为,领导者的效率取决于他激励下属达成组织目标并在其工作中得到满足的能力。

豪斯通过实验,认为"高工作"与"高关系"的组合不一定是最有效的领导方式,还应该补充环境因素,他与米切尔在 1974 年发表的著作中对此作了完整的说明,并提出了四种领导方式:指令型、支持型、参与型、成就型。豪斯认为,这四种领导方式在一个领导者身上可能同时存在,可根据不同情况选择使用。选择时主要考虑两个方面的因素:

(1) 员工的个人特点

例如领悟能力、教育程度、对成就的需求、对独立的需求、愿意承担责任的程度等。有的人自视甚高,认为自己的能力和意志能控制事物的发展,能够影响周围的事物,这种人喜欢参与型的领导方式;有的人以为工作的成就是靠命运和机遇,自己无法控制,因而喜欢指令型的领导方式。

(2) 环境因素

其中包括工作性质、权力结构、工作小组的情况等。图 3-4 表示工作性质与领导方式的关系。当工作任务模糊不清、职工无所适从时,他们希望有"高工作"型的领导,帮助对工作做出明确规定和安排,反之就不满意。而对例行性工作或者图 3-4 中工作性质与领导方式的关系内容已经明确的工作,就希望有"高关系"型的领导。如果工作已很明确,而领导者还要喋喋不休发布指示,员工就会感到厌烦,甚至认为是侮辱。又如,如果组织有高的权力、严格的控制,则领导就不必对每件事都管。工作小组的活动若已走上轨道,领导也可以放手而不必事事过问。

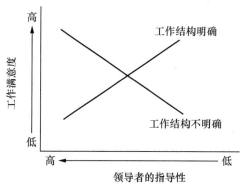

图 3-4　工作性质与领导方式的关系

目标-途径理论较好地解释了领导行为如何影响绩效和下属满意度,以及在特定情境下一些领导方式更好的原因。但是当任务本身十分明确或员工有能力和经验完成工作而无须干预时,该理论对领导者的作用缺乏足够解释。从坚持权变观点的角度看,豪斯与菲德勒也有一定程度的理论重合。但是,菲德勒把注意力集中于情境因素的权变,而豪斯则强调领导者本身的权变。

(三) 领导者参与模式

维克托·弗鲁姆(Victor H. Vroom)和菲利普·耶顿(Philip W. Yetton)于 1973 年提出了独特的、规范化的模式,指导领导者在规定的情况下做出有效的决策。他们用决策树方式绘制领导行为的规范模型,构建自己的理论框架,并不断搜集大量的管理案例,来检验这一决策树的有效性。有效的领导者应根据不同情况,让员工不同程度地参与决策,所以领导方式主要决定于让下属参与决策的程度。这种模式与菲德勒模式不同之处在于后者将领导者的行为特点看成是固定不变的,要通过调整领导者所处的环境以适应其特点,而这一模式则认为领导行为应该根据环境的需要而变化。

为了体现对员工的关注与重视,弗鲁姆根据下属参与决策的程度差别将领导风格分为三类:独裁专制型(autocratic)、协商型(consultative)、群体决策型(group)。同时,弗鲁姆认为,仅对领导类型进行分类是不能知道领导者如何正确决策的,毕竟现实中领导者不能仅凭经验做出决定，而且并不是每个领导者都久经沙场、经验丰富。因而，弗鲁姆用三个标准来衡量决策选择的有效性，即领导方式选择的衡量尺度：决策本身的质量、下级对决策接受的程度和决策需要的时间。

通过三类领导风格和三个决策选择标准的对应关系处理，就可以建立一个关于领导活动的规范模式，并进而衡量领导方式的有效性。弗鲁姆认为，在一般情况下，部下参与程度高的决策方式，虽然会耗费更多的决策时间，但能使决策得到较高的认可，人们有效执行决策的可能性也较大。但在不同情境中，不同的决策方式有不同的效果，不能完全否定或肯定某一种方法。

情景模拟

领导者的大事与小事

领导这个词非常美妙，导致人们头脑中的领导者形象都是在做些号令千军、运筹帷幄的事情。现实中的领导者经常会反思：在单位里，我是不是管得太细？我是不是应该只管些大事？丘吉尔曾经认为："那些肩负最高指挥任务的将领必须坐在纵观全局的山顶上，绝不能滑到指挥个人或个人行动的山谷里去。"领导学理论把那些事无巨细都在管理的领导风格称为事务型领导，认为这样的领导者表现不如变革型领导者。但不巧，亨利·明兹伯格教授的调查却打破了以上神话，告诉我们说，真实的领导者的工作性质是这样的：他们每天要平均进行36次书面和16次口头联系，几乎每次接触都涉及不同的事情，如合同投标、退休人员安置、设备失火、公共团体捐助、员工荣誉表彰、部门矛盾调解等；最令人惊讶的是，在这些重要的工作活动之中经常穿插着很多小事，并无特定的规律可循，领导者必须在思想上和心理上对于迅速而频繁转变心境有所准备。

那么，领导者应该如何看待和处理大事和小事呢？

一方面，同样重视大事和小事。丘吉尔曾经说过一句与上述观点自相矛盾的话，他在1940年初任首相时告诫下属："成功而有效的领导者同样体现在大事和小事上。"的确，领导者必须对大事和小事中的关键信息保持同样的敏感性。在创办联想公司之前，柳传志有每天上午读报的习惯。1978年11月的《人民日报》上登载了一则关于"群众创造了加快养猪事业的经验"的报道，这不禁引起他的好奇。在猜测为什么这样一份政府要报突然报道这些原本被看成是"资本主义尾巴"的东西后，他意识到了一个关键的历史转型时期的到来，这也成为他转而投身商海的重要原因。同样，电子第十一设计研究院的赵振元院长也是一位喜欢思考、眼光敏锐的领导者，他在2000年7月上任之初刚好看到国内关于《鼓励软件产业和集成电路产业发展的若干政策》《关于国有企业改革和发展若干重大问题的决定》等一系列的政策报道。设计院里的其他人早已习惯于对这些报道置若罔闻，很难将它们与自己的工作生活联系起来。但是，赵振元却从中看到了国内集成电路产业的未来前景，果断决定将设计院的设计主业从生物制品净化系统转向集成电路领域，并率先对单位进行企业化改制，成为国内首家整体改制的大型设计院，这些成为带动后期快速发展的历史转折点。"滴水识沧海、一叶知春秋。"领导者要善于捕捉这些小事背后蕴涵的可能商机，保持高度的敏感性和洞察力，这也是企业生命力的重要来源。

另一方面，学会兼顾大事和小事。明兹伯格教授的调查表明，领导者在办公时间里几乎没有休息，永远是疆场上一位全神贯注的驰骋者。他们很难自由地忘却正在做的工作，他们从来没有这样的福分，哪怕是暂时的。因此，领导者被描绘成乐队指挥还是木偶，关键取决于他们怎样管理自己的事务。显然，他们应该将主要时间和精力放在大事上。组织理论经常将领导者比喻成沙漏的颈部，处于企业与外界环境接触的边界上，领导者要学会以各种方式将组织与环境联系起来，并首先对组织环境中的不确定性进行处理和吸收。随着外部环境变得越来越动荡、真实信息变得越来越贫乏，领导者的作用也越来越重要。他们要学会在纷繁复杂的矛盾中找到关键问题并设法解决它，太多地聚焦于细节和小事会导致企业迷失方向。当然，任何领导者都不仅是工作环境里的人，也是生活环境里的人，不可能不做小事。很多领导者成为组织的傀儡，而那些帮助他们安排日程的秘书或助理成为幕后拉线的主人，因为他们似乎很难主动迈出一步。为了克服以上情景，精明的领导者会养成一些很有趣的工作习惯。他们在处理重要事务的同时喜欢做些很简单的事情，例如读读报、散散步、沏壶茶、浇浇花或聊会儿天。这些随意的活动其实就是他们的休息，在休息的同时他们头脑里却在回转着前半小时或一小时发生的事情，在谋划马上开始的一次会议的主题和要点。这样的习惯也使得他们能够在繁重的工作压力之中得到喘息和历练的机会。

第二节 当代领导学理论的发展

一、领导者-成员交换理论

早期的大多数领导理论都认为领导者以同样的方式对待所有下属。但是，在实际领导过程中，我们会发现领导者对待不同下属的方式可能存在很大的差异。特别是在中国这样一个注重关系和面子的社会，领导者对待自己圈内的人(in-group)可能会更好。正是在这个基础上，葛伦(George Graeo)及其助手于1976年提出了领导者-成员交换理论(leader-member exchange, LMX)。他们认为：领导者对待下属的方式是有差别的，组织成员关系的集合中往往会包括一小部分高质量的交换关系(圈内成员之间)，和大部分低质量的交换关系(圈外成员与圈内成员之间)。

(一) LMX 理论的基本思想

阿尔文·古尔德纳(Alvin W. Gouldner)的互惠规范理论(norm of reciprocity)以及彼得·布劳(Peter M. Blau)的社会交换理论(social exchange theory)是 LMX 理论的基础。

互惠规范是指社会交换遵循互惠原则,即在社会交换中受惠的一方会产生负债感,进而表现出回报行为。而社会交换理论则认为,一切行为都受到某种能够带来奖励和报酬的交换活动的支配。因此,人类一切社会活动都可以归结为一种交换,人们在社会交换中所结成的社会关系也是一种交换关系,所有的交换关系都可以分为经济交换(economic exchange)与社会交换(social exchange)两种类型。

LMX 理论认为,由于时间压力,领导者与下属中的少部分成员建立了特殊关系。这些成员成为圈内人,他们受到信任,得到领导者更多的关照,也更可能享有特权;而其他下属成员则成为圈外人,他们占用领导者的时间较少,获得满意的奖励机会也较少,他们的领导者-成员关系是在正式的权力系统基础上形成的。LMX 理论由三个要素构成。① 贡献:在双方关系中,个体所知觉到彼此投注于与工作有关系的活动的量、质和方向;② 忠诚:在双方关系中,对另一方的目标与个人特长所表现的公开支持;③ 情感:在双方关系中,基于人际吸引(而非工作或专业价值)对另一方所产生的情感。

LMX 理论还指出,在领导者与某一下属进行相互作用的初期,领导者就暗自将其划入圈内或圈外,而且这种关系相对稳固。领导者到底如何将某人划入圈内或圈外尚不清楚,但有证据表明领导者倾向于将具有下面这些特点的人员选入圈内:个人特点(如年龄、性别、态度)与领导者相似,有能力,具有外向的个性特点。LMX 理论预测,圈内的下属得到的绩效评估更高,离职率更低,具有更高的工作满意度。

(二) LMX 理论的实践应用

LMX 理论认为领导者对待下属的方式是有差异的,而且这种差异绝不是随机的。同时,圈内和圈外的不同地位与下属的绩效和满意度有关,因此我们从员工绩效和员工满意度这两方面来分析 LMX 理论的实践应用:

(1) LMX 与员工绩效

有关研究指出,较高的 LMX 可以导致较高的自我效能评价、员工的组织认同感和团队目标的达成。对员工而言,通过衡量自己到底是圈内人还是圈外人以及形成这种结果的原因,可以帮助员工实现从圈外人向圈内人的转换,促进员工与领导者建立更好的情感联系,获得更好的绩效评估以及更多的职业发展机会。

(2) LMX 与员工满意感

一般来说,LMX 的质量越高,领导者与下属的相互作用越积极,下属对于工作本身、工作环境、工作机会、领导者和组织环境等因素的满意度就越高;反之,则越低。通过领导力培训和员工培训,塑造以信任、尊重和支持为导向的企业文化以及真诚、开放和平等的组织氛围,可以提高组织 LMX 质量,提升员工满意度。

LMX 理论是一种比较新颖的观点,同时易于实践和运用。但 LMX 理论仅仅考虑了领导与下属之间的关系,其他因素均未提及。

二、交易型和变革型领导理论

伯恩斯于 1978 年在《领导》(*Leadership*)一书中提出交易型领导和变革型领导的概念。在对政治领袖的领导风格进行定性分类时,他在特质、领导风格、领导者-成员交换关系等研究的基础上,将政治领袖的领导风格划分为两种类型:交易型领导和变革型领导。交易型领导和变革型领导被视为一个连续体相反的两端。伯恩斯认为根据他们与下属之间关系的倾向,所有的管理者都可以将其领导风格划分为交易的和变革的。而交易型领导理论和变革型领导理论的构建是由巴斯(Bernard M. Bass)在 1985 年的《领导及其超越期望的绩效》(*Leadership and Performance Beyond Expectations*)一书中完成的。

伯恩斯认为交易型领导者与变革型领导者是有显著区别的,交易型领导者是出于跟下属交换某些价值,比如绩效奖励、相互支持、坦诚相对,才去建立某种联系的。而在领导风格量度另一端的变革型领导者是出于构建与下属之间更高水平的激励和道德而去建立某种联系的,不仅仅是出于传统的工具性交换。

而巴斯则把变革型领导风格和交易型领导风格看成是互补的,他承认两种风格都与期望目标的达成有关系并将两者合而为一,一个管理者可能既是交易型又是变革型的。交易型领导者是在既存的系统和文化下发挥作用的人。他们乐于回避风险,更加注重时间和效能的限制,更多地控制过程而非内容本身。交易型领导者在稳定的、可预测的环境中可能更加有效,因为这时详细的计划是最有效的策略。这种领导类型与公正的领导者-成员交换关系是一致的,即当下属的绩效达到了基本期望后领导者才会以交换方式满足其需求。变革型领导者则在面临风险时寻求新的工作方式和机会,不太喜欢保持现状,他们不仅对环境做出反应,而且试图塑造和创造环境(Avolio & Bass, 1988)。变革型领导者在适当的时候也会使用交易型策略,但他们也利用畅想未来和描绘愿景的手段来激发更大的努力,即通过提高对结果重要性的意识程度、提升个体需求水平、引发一种超越个体利益的团队信念等方式来达成目标。

(一) 交易型领导理论

1. 交易型领导的概念

伯恩斯认为**交易型领导(transactional leadership)**是指在领导者与员工之间存在一种契约式的交易,交易型领导通过奖励与员工工作进行交换来鼓励员工。他还认为这种领导的效果要视领导者与员工之间心理契约的状况而定。这与激发员工实现自我实现的目标是不一样的,是一种短期的交换结果。他认为交易型领导为员工提供的是纯粹的交换,成员与领导者之间的关系是互惠的,基于经济的、政治的及心理的价值互换。交易型领导是一种以履行约定义务为基础的相互交易过程,其表现是设置目标,监控和控制产出。交易型领导的主要特征为:

(1) 领导者明确角色和任务要求,指导和激励员工向着既定的目标行动。领导者向

员工阐述绩效标准,意味着领导者希望从员工那里得到什么,一旦满足了领导的要求,员工也将得到相应的回报;

(2) 以组织管理的权威性和合法性为基础,通过组织的奖惩影响员工的绩效;

(3) 强调工作标准、任务的分派以及任务导向目标,重视任务的完成和员工的遵从。

2. 交易型领导理论的基本思想

巴斯认为交易型领导是由领导者-成员交换理论和目标-途径理论为基础发展而来的,认为交易型领导是指通过在奖惩基础上的即时交换来影响追随者。交易型领导行为理论的基本假设就是:领导-员工的关系是以两者一系列的交易和隐含的契约为基础。在交易中,领导给员工提供报酬、实物奖励、晋升、荣誉等,以满足员工的需要与愿望,而员工则以服从领导的命令指挥,完成所交给的任务作为报答。交易型领导是指在了解员工需要的基础上,运用各种策略,通过澄清角色、工作要求和工作目标,促使员工努力完成工作,从而满足员工需要的领导行为。

巴斯将交易型领导行为分为权变奖励(contingent reward)领导行为和例外管理(management by exception)领导行为两种,并随着领导者活动水平以及员工与领导相互作用性质的不同而不同。

(1) 权变奖励

指领导者和员工之间的一种主动、积极的交换,领导者认可员工完成了预期的任务,员工也得到了奖励。权变奖励包括两个因素,其一为承诺的权变奖励,即领导者向员工保证,会按他们的表现给予应得的奖赏;其二为实质的权变奖励,这是领导者按员工的表现,提供其应得的奖赏。领导者与员工之间进行的是一种有价值的资源交易。

(2) 例外管理

是对员工的错误与不合乎标准的行为加以纠正、反馈或处罚的过程,并按领导者介入时间的不同分为主动的和被动的两种类型。主动型的例外管理领导者,一般在问题发生前,主动监控成员的偏差行为,并且修正其偏差行为,强化规则以确保员工达成目标。同时一旦发生问题,立即采取必要的纠正措施,当然也积极搜寻有可能发生的问题或与预期目标偏离的问题。领导者在员工开始工作时,就向员工说明具体的标准,并以此标准监督差误。被动型的例外管理领导者,平时并不会对成员的行为进行干预,只有员工发生偏差行为时才会采用权变式惩罚或其他修正行为。一般情形下,领导者一直等到任务完成时才对问题进行确认,并以此提醒员工,也往往在错误发生后才说明自己的标准。当员工所处的工作以及环境已不能为员工提供激励、指导和带来满意感时,这种领导行为才具有效率。

(二) 变革型领导理论

1. 变革型领导的概念

伯恩斯是以亚伯拉罕·马斯洛(Abraham H. Maslow)的需要层次理论来界定变革型领导的概念的。他认为,**变革型领导(transformational leadership)** 是领导者与成员相互提升道德及动机到较高层次的过程。在这个过程中,变革型领导者必须能定义并清楚描述他们组织的情况,员工则必须接受领导的可信性。以马斯洛的需要层次理论来分析,变革型领导重视提升成员内在动机,希望将员工的需要层次提升到自我实现的境界,从而超越原先的工作期望,而不仅局限在利益的交换上面。伯恩斯认为变革型领导者通过提出更高的理想和价值,以唤起员工的自觉,进而协助他们满足较高层次的内在需要,使员工能由"平凡自我"(everyday selves)提升到"更佳自我"(better selves)。变革型领导的主要特征为:

(1) 超越了交换的诱因,领导者通过个人魅力、智力激励和个人化考虑促使员工实现预期目标;

(2) 关注长期目标,强调发展的眼光,鼓励员工创新;

(3) 引导员工为了自身的发展承担更多责任。

2. 变革型领导理论的基本思想

巴斯认为变革型领导会使员工对领导者产生信任、尊敬及忠诚。他认为变革型领导是领导者通过改变员工的价值与信念,引导员工超越自我利益,以追求更高的目标。

变革型领导行为是一种领导向员工灌输思想和道德价值观,并激励员工的过程。在这个过程中,领导除了引导员工完成各项工作外,常以领导者的个人魅力,通过对员工的激励、刺激员工的思想、对员工的关怀去变革员工的工作态度、信念和价值观,使他们为了组织的利益而超越自身利益,从而更加投入于工作中。该领导方式可以使员工产生更大的归属感,满足员工高层次的需求,获得高的生产率和低的离职率。变革型领导行为的前提是领导者必须明确组织的发展前景和目标,员工必须接受领导的可信性。

总的来说,变革型领导理论把领导者和员工的角色相互联系起来,并试图在领导者与员工之间创造出一种能提高双方动力和品德水平的过程。拥有变革型领导力的领导者通过自身的行为表率、对员工需求的关心来优化组织内的成员互动。同时通过对组织愿景的共同创造和宣扬,在组织内营造起变革的氛围,在富有效率地完成组织目标的过程中推动组织的适应性变革。其主要特征为:

(1) 超越了交换的诱因,通过对员工的智力开发激励员工为组织的任务、目标以及发展前景超越自我的利益实现预期的目标;

(2) 关注长期目标,强调发展的眼光,鼓励员工发挥创新能力,并改变和调整整个组织系统,为实现预期目标创造良好的氛围;

(3) 引导员工为了自身的发展、为了组织的发展承担更多的责任。当然,领导者不能只是设定愿景、方向和价值观,而让员工们来实现。变革型领导者在告诉员工未来的方向后,自己也要参与到执行过程中来。

现在变革型领导已经不再只是局限于将领导看成是控制、协调等管理过程与技巧的使用,它更注重领导哲学的提升和领导理念的创新。变革型领导是通过领导者个人的人格力量与魅力的特质来影响员工,通过提升员工的需要层次和内在动机水平,激励员工不断地挑战与超越自我,为追求更高的目标而努力的过程。

巴斯和艾沃立欧在1993年提出变革型领导行为应包含以下四个维度:

(1) 理想化影响(idealized influence)

包括领导者的品质和行为。分别指领导魅力,领导是否感觉上很自信、强有力,是否看起来关注高层次的理想和道德要求以及领导以价值观、信念和使命感为中心的富有魅力的行动。

(2) 鼓励性激励(inspirational motivation)

指领导者向员工提供富有意义和挑战性工作的行为。包括明确描述预期目标,而且该目标受到整个组织目标的约束,同时通过积极乐观的态度唤起团队精神。

(3) 智力激励(intellectual stimulation)

指领导者启发员工发表新的想法和从新的角度寻找解决问题的方法与途径,鼓励员工采用不同的方式完成任务。

(4) 个性化考虑(individualized consideration)

指领导者仔细倾听并关注员工的个人需求。

研究结果表明,在中国文化背景下,促进合作(促进员工合作,使他们为共同目标而工作的程度)、提供个人支持(领导关心员工个人感受和需求的程度)和树立榜样(领导树立与之力求推广的价值观相一致的行为榜样)与中国文化特征和传统中国领导哲学相一致;有远见、寄予厚望和智力激励三种领导行为则在中国文化中不是很受重视。由此可见,变革型领导行为是一种动态性的结构,具有多维性,在不同的文化背景和工作环境下,它的维度具有权变性,并且有一点可以肯定。詹姆斯·库泽斯(James Kouzes)和巴里·波斯纳(Barry Posner)在其经典著作《领导力》一书中,给领导力下的定义是:领导力,就是带领其他人走到从未走过的地方的能力。可见,领导者的行为对组织和个人的变革效应有很大的作用。

巴斯和布鲁斯·艾沃立欧(Bruce J. Avolio, 1993)还讨论了第三种领导行为,他们称之为放任型领导。这是一种无领导的行为,对员工既不是变革型的领导也不是交易型的领导。放任型领导放弃决策,逃避责任,不行使职权。总的来说放任型领导被认为是领导行为中最消极和低效率的。

三、魅力型领导理论

20世纪20年代,德国社会学家韦伯将"魅力"(charisma)一词引入了社会学领域,用"魅力"来描述一种社会权威,即魅力型权威。1977年,豪斯提出魅力型领导理论。在领导理论中,"魅力"就是指领导者对下属的一种天然的吸引力、感染力和影响力,也可用以描述下属对领导者特殊的超越能力的才华的看法。魅力型领导理论是指领导者利用其自身的魅力鼓励追随者并做出重大组织变革。在组织情境下魅力型领导理论兴起的原因主要有两个:一是在复杂动荡的环境中,组织需要魅力型领导者设定愿景目标,鼓舞士气以促进变革的有效实施,使组织适应外界环境;二是组织面临着不断提高员工忠诚度和绩效的挑战,魅力型领导者与下属之间基于情感依附形成的领导者-成员关系,能够不断鼓舞下属,从心理的角度改变下属的价值观、信仰和态度,使其对领导者高度忠诚、信任和服从,进而取得超越组织期望的绩效。而在从计划经济向市场经济转型的过程中,中国企业尤其需要聚焦领导力开发,培养一大批魅力型领导者。

(一) 魅力型领导的基本思想

魅力型领导理论重点解释领袖的个人能力如何影响群体。魅力型领导的影响过程表明，领导者清晰地描述出组织的共同愿景，它将组织的现状同更美好的未来联系在一起，使下属有一种连续的认识；领导者向下属传达高绩效期望，并显示对下属达到期望充满信心，以提高下属的自尊和自信水平；领导者通过言语和活动传达一种新的价值观体系，并以自己的行为为下属树立起效仿的榜样；魅力型领导者会做出自我牺牲和反传统的行为来表明他们的勇气和对未来前景的坚定信念。

组织理论学家认为魅力本身不能单独存在于领导者身上或其个人品格中，而只能存在于领导者的性格与其追随者的需要、信仰、价值观等的相互作用之中。豪斯(1977)认为，魅力型领导具有极高的自信、对他人的支配能力和对自己信仰的坚定信念。他对领导特质、行为和情境因素进行了界定。本尼斯(W. Bennis)在研究了90名美国最有成就的领导者之后，发现魅力型领导者有一些共同的能力：令人折服的远见和目标意识；能清晰地表达目标并使下属明确理解的能力；对该目标表现出的一致性和全身心投入的执著以及了解自己的实力并以此作为资本的胆略。1987年，麦克基尔大学的康格(J. A. Conger)与卡纳果(R. N. Kanungo)对魅力型领导者进行了系统的研究，概括出魅力型领导者区别于无魅力领导者的下述特征：他们有一个希望达到理想的目标；能为此目标进行全身心的投入和奉献；反传统；非常固执而自信；是激进变革的代言人而不是维护传统现状的卫道士。

张建君认为，在有着人治传统的中国社会，"人格魅力"是领导者必备的首要特征，领导者的个人魅力起到了凝聚人心的作用。他将人类历史上被誉为具有个人魅力的领袖分为两种类型：一类是取得了非凡业绩从而受到追随者的服从、崇拜以致神化的人，如拿破仑、丘吉尔、毛泽东等；另一类是那些拥有并以行为实践了高尚人格的人，如甘地、诺贝尔和平奖得主特里莎修女等。与前一类领袖相比，后者并不一定拥有骄人傲世的外在业绩，但他们非凡的人格、包容的胸怀以及对世人的博爱，却令人由衷敬仰。

豪斯在魅力型领导发展阶段中引入了下属特征和领导情境因素，使得领导理论更加完善。但该理论过于强调领导者的特征，使得一些学者认为魅力型领导理论的本质是对传统特质理论的更新。

情景模拟

致加西亚的一封信

《致加西亚的一封信》(A Message to Garcia)，这本在科学管理年代成为管理时尚的书，在今天的中国仍然十分风行，数不清的版本都在讲罗文给加西亚送信的故事。

这个故事是说，美西战争爆发后，美国必须立即与古巴的起义军首领加西亚取得联系。加西亚在古巴广阔的山脉里——没有人确切地知道他在哪里，也没有任何邮件或电报能够送到他手上。于是总统把罗文找来,交给他一封写给加西亚的信。罗文经历千辛万苦终于把那封信送给加西亚。许多企业领导者对罗文的"忠诚"大为赞叹,推荐自己的员工阅读此书,也试图在自己企业里找到这样"忠诚"的员工,但是员工却不一定买账。这其中的缘由就是,领导者希望自己遇上一个像罗文一样的好下属,但是他自己是罗文一样的人吗?如果不是,那值得下属对他"忠诚"吗?

(二)魅力型领导的效能

董临萍和张文贤认为可以从个体层面、群体层面和组织层面来考察魅力型领导风格的效能:

(1) 个体层面的效能

魅力型领导是一种有效的领导风格,能够对下属产生积极的影响作用,提高员工的工作绩效,改善员工的工作态度。魅力型领导者对下属工作态度的影响主要表现在三个方面:第一个方面是下属和领导者之间的关系,比如下属对领导者的认同度和满意度。研究显示,魅力型领导者的下属能够知觉到更强的领导效能。第二个方面是下属对自身任务和角色的知觉,比如下属额外的工作投入、工作满意度及内在激励等。第三个方面是下属与群体的关系,比如下属对群体的认同感、对组织的承诺等。

(2) 群体层面的效能

魅力型领导风格通过改善群体成员的工作态度、增强群体凝聚力、提高群体效能感等途径,对于群体绩效具有积极的影响力。

(3) 组织层面的效能

一些研究发现,领导者的魅力能够对组织外部的追随者产生积极影响,进而影响组织的绩效。也有研究发现,领导魅力与组织绩效之间并不存在相关性。可见,魅力型领导风格与组织绩效之间存在复杂的关系。究竟是良好的组织绩效导致了领导者的魅力,还是魅力型领导者提升了组织绩效?这其中必须考虑更多的情境因素。

第三节 和谐视角中的领导理论

一、和谐管理理论的基本思想

尽管领导作为一门学问已经有近百年的研究史,但领导的实践依然经常陷入痛苦的泥潭中,例如面对快速多变的未来,许多企业家经常不知将脚步迈向何处;明知问题成堆,但因错综复杂的交互关系,常常不知从何处下手,或者非常笨拙和低效地应付着;随着知识经济时代的到来,知识工作者的管理严重挑战着传统的领导行为;等等。如何站在实践高度,更系统地认识领导行为和问题解决过程,为领导实践提供更有效的启示和指导,是当代管理研究面临的重要问题。和谐管理理论正是为了应对快变环境和复杂问题而诞生的一个基于整体性、应变性处理复杂不确定性问题的管理理论,其基本出发点是"问题导向",围绕"**和谐主题**",以"谐则"即"优化设计的控制机制"与"和则"即"能动致变的演化机制"双规则及其围绕和谐主体的耦合解决问题。也就是说,该理论将自身定位于管理问题的解决学,它以人与物的互动以及人与系统的自治性和能动性为前提,围绕和谐主题,以"设计优化"和"自主演化"双规则的耦合来应对复杂的管理问题,为我们提供了更富有现实性的理解、分析和解决管理问题的途径。该理论解决复杂问题的逻辑过程、对领导行为和过程的描述,特别是蕴藏在该理论各重要环节中的对领导作用的强调,对领导理论的发展极具启发,主要表现在:

第一,和谐管理理论主张管理活动的合目的性,并以此寻求管理问题的求解之道。由于管理活动是有目的、有组织的人类活动,而目的性的实现依赖于资源、活动的有效组织。在现实管理中,大量活动、任务、问题是相互联系的且会同时浮现在领导面前,领导者只有抓住关键问题或任务,才能保证领导的效率和效果。因而,和谐管理理论的"和谐主题"概念及其识别方法,对领导把握方向、抓住重点有重要价值。和谐主题是指组织在特定发展情境下,领导及其团队通过外界环境与自身状态的信息加工、过滤、判断和选择,提炼出来的在一定时期内的核心任务或关键问题。在实践中,管理者所熟悉的是"问题":大的、小的;重要的、次要的;紧急的、可延缓的;等等。它是从组织发展的具体情境所涌现的、需要觉察的、欠缺事物间确定关联的、由多方参与者对话形成的组织的一个核心问题。和谐主题的提出,使得管理问题的求解过程更具可操作性,并为管理问题的求解提供了明确的导向目标。

联系领导理论的发展,我们可以看到,到目前为止,所有的领导理论中都缺乏这一极其重要的判断,即缺乏对领导过程中一种管理问题导向性的考虑,也就是说,它们的假设始于领导者已经明确了自己要做的事情以及做事的程序,但这与管理现实不符,因为在大部分情况下,领导者面前会堆积大量需要迫切解决的问题,而领导者从何做起、如何安排事情的轻重缓急是一个非常关键的影响领导有效性的因素。和谐管理理论中"和谐主题"概念的提出,正是考虑领导如何在错综复杂的头绪中选择他认为应该首先解决的关键问题或核心任务,抓主要问题,纲举目张。不同的领导在选择和谐主题上的差异将导致领导最终的有效性迥然不同。

第二,和谐管理理论将与人有关的问题归结为"和"的问题,并依靠对人的行为及人际关系进行协调与控制的管理机制的设计来激发人的积极性和能动性。这方面问题是知识经济和未来组织发展中领导必须面临的重要挑战。和谐管理中"和则"研究的基本思路就是通过创造适当的环境和条件,以人的主观能动性去应对不确定性。和则的作用基础就是建立组织与组织成员之间的相互信任,在无法用监督和控制实施管理的情况下,组织成员能够在复杂快变的环境中自主地采取有利于实现组织目标的行动。

而在经典的行为领导理论中,"关心人"这一维度,在经过密歇根和俄亥俄州立大学研究总结后,普遍被学者们所认同。这类领导者更多地表现出以人际关系为中心、尊重和关心下属意见与情感的一类行为倾向,他们依靠建立高度信任的人际关系影响追随者来达成组织目标。在新近的变革型领导理论中,变革型领导包括理想化影响、鼓励性激励、智力激励和个性化考虑四个维度。这些都旨在揭示领导者调动员工能动性的途径和艺术,这种行为倾向的作用机理与"和则"所揭示的规律与路径不谋而合。"和则"不仅重视这一机理,而且给出了建立这种机制比较系统的原理和路径。

第三,和谐管理理论将管理中可优化或设计的问题归为"谐"的问题,它是指活动安排(规则)与资源配置(资源)的规范化和结构化过程。"谐则"通常表现为结构设计、制度安排、流程优化以及资源使用与分配机制的制定与选择等具体形式,这些内容的特点都可以使用设计与建构的思想方法事先安排。

在经典的行为领导理论中,"抓组织"或"关心生产"这一维度,是指领导以工作为中心。领导者通过设计组织机构,明确职责权力,确定工作目标和要求,制定工作程序、工作方法与制度等来引导和控制下属的行为表现。这种行为方式的作用机理与"谐则"所反映的运作规律相一致。和谐管理理论的"谐则"与"关心生产"的领导行为的结合点在于:依据"谐则"行事的领导者一定应该表现出从"关心生产"出发的行为方式,但"谐则"不是为生产而生产,而是将所有设计优化置于和谐主题的指导之下,这更体现了领导的价值和组织的整体性。

第四,和谐管理理论提出了双规则耦合的设计演化问题解决机制,其中和谐耦合是指"和"与"谐"的协调匹配与一定条件下的相互转化。也就是说,和谐管理面对复杂现实,既强调人类在物理领域积累的大量知识,又注重利用人理,重视环境诱导下其能动性和创造性的发挥,围绕"和谐主题",能够事先科学安排的,用科学设计和优化来解决;反之,让人发挥其能动性和创造性,权宜应变。追求耦合在于强调整体一致性的达成,也体现了领导驾驭全局、随时调整的敏锐性。

运用在领导理论中,除了考虑两种行为方式组合作用外,在导出作用结果时还受到作用对象特征的影响,即"下属"或"追随者"对领导行为的接受及响应程度,同时还关乎发展过程本身的合理性与环境的适应性。因而,在基于和谐管理理论思想考虑领导行为时,耦合代表领导的两种行为组合在下属层面以及组织发展中围绕和谐主题的相互作用过程,领导行为最终的有效性决定于一种"耦合"的效果,而非领导者的一厢情愿。

总而言之,和谐管理理论是一种反映组织内在运作规律的系统理论,它对发展领导理论的重要启示在于揭示了一种有人参与的复杂系统的运作规律。当把它引入领导理论领域的研究时,我们需要重新界定"系统"的范围,在这里我们更倾向于认定它是一种反映系统有效性的理论,而这一系统是领导针对问题解决的行为方式系统。

二、领导有效性整合模型

借鉴和谐管理理论的基本思想,我们在全面分析了现有领导理论的优点与不足的基础上,结合现实的领导过程,提出和谐(hexie)领导行为有效性整合模型,如图3-5所示。

从图中可以看到,组织和环境中生成一个由多种复杂情境构成的任务/问题集,领导

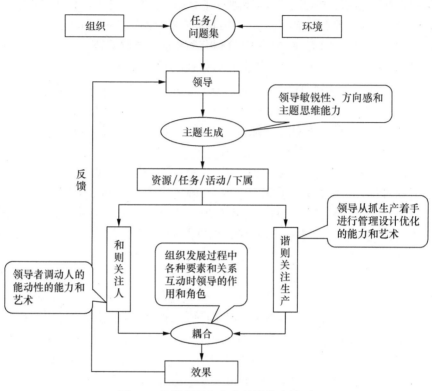

图 3-5　和谐领导行为有效性整合模型

者基于自身对组织和环境的理解,以及自身的特征,通过主观分析判断而形成和谐主题,即领导者将如何开展工作的核心任务或核心问题,主题生成与领导者的敏锐性、方向感和主题思维能力有很大关系;然后领导者会再根据对资源/任务/活动/下属的把握,从和则(即关心人,也就是充分调动人的主观能动性)和谐则(即关心生产,也就是领导者从抓生产着手进行管理设计优化)这两类行为路径展开行动;行动产生耦合作用,并最终表现出领导的效果;这一效果的好坏又形成反馈回到领导者身上。这一理论模型与以往领导理论相比主要特点在于:

第一,研究的视角不同。以往领导理论不考虑领导面临问题的复杂性和多样性,好像问题的解决程序不需要选择,只研究了在明确的一类问题下领导所应有的适当行为,但这与管理现实出入很大。特别是由于全球化所带来的复杂性常常会产生一种"弱情境"现象,即高复杂性和高不确定性情境下的决策更多地表现为一种非理性化的行为选择(Walter Mischel,1977)。在这种情形之下,是决策者的个人参照框架,而不是情境的客观属性变成了采取特定行动的依据。在我们提出的模型中,领导首先要做的是选择任务集的处理程序,即对和谐主题的搜索和判定。由于这一级判定将受到领导者个人主观性影响,而特定情境下所选择和谐主题的差异将极大地影响到领导最终效果的差异。

第二,该模型反映了一种新型的领导内涵。正如戴维·戴(David V. Day,2007)所说,以往的理论是一种基于角色权威的领导理论,它们单方面考虑领导应如何行事,而我们对领导的理解正在发生变化,新型的领导应该具有在个体、团队和组织之间相互依赖的社会系统中共享的特性,它涉及特定情境下的角色和影响过程。基于和谐管理理论所提出的领导行为有效性理论模型正是反映了情境、领导和下属的互动作用过程。

第三,该模型所涉及的要素和关系广泛。这是由于和谐管理思想是基于管理系统哲学的分析框架,在这里它旨在反映领导行为发生作用和产生效果的内在逻辑规律,因而使该模型较全面地反映了影响领导有效性的诸因素。该模型首先反映了领导的认知特点,即领导如何通过自身的选择性注意机制识别相应的和谐主题;其次反映了领导行为理论所关注的行为选择倾向,即针对不同和谐主题采用"和"或"谐"的运作机制;再次,模型还把领导与下属、发展全过程的调控联系在一起,一方面,让我们可以看到领导者-成员交换理论的关注焦点,当需要考虑领导在用"和"的机制影响下属时是如何基于领导价值观或心理契约来发挥作用的;另一方面还把领导自身特征、组织和环境特性纳入到一个分析系统中,从而更全面地反映领导有效性的诸影响因素的作用关系。

第四,该模型强调领导有效性决定于一种"耦合"效果。该模型强调领导者基于"和则"(关心人)的行为同基于"谐则"(关心生产)的行为是一个系统作用过程,该系统具有一种"涌现"的特征(肖宏文,2006)。这一特征是系统整体所具有的,而非和则或谐则单独起作用所能够产生的。耦合过程是一个在互动中不断地螺旋式推进的过程。从领导对任务集的判断形成主题,经行动,再到作用于下属,最后体现整体性和发展过程的调控的耦合,直至出现最终效果,这是一种从领导者行为过程对其有效性进行解释的系统分析框架。它不只看一个领导有效性的某些片断或某个局部,相比较来说,该模型更加全面和动态地反映了领导有效性的真实情况。

基于和谐管理思想的和谐领导有效性整合模型,是基于中国管理思维与西方领导理论研究相结合而提出的一套反映领导有效性的模型,该模型较好地解释了领导行为有效性的真实情况,并可以把现代领导理论所关注的影响要素和变量在不同的层次反映出来。它提出的领导从和谐主题的判定到对领导情境中资源/任务/活动/下属的考虑后,进而选择相应地以"和"为基础通过关心人的行为支持主题实现,或以"谐"为基础通过关心"生产"的优化设计行为支撑主题实现,并经作用于下属员工和整个发展过程的调控的耦合后达成领导效果,再反馈于领导,这一闭合环路反映的是一种系统、权变、动态的领导有效性作用过程。该模型涉及要素具有广泛的涵盖面,而且是在一个应变的情境下来综合考虑领导有效性问题的。

本章小结

领导作为科学研究已有近 80 年的历史。早期研究着重于某个方面,例如特质理论强调优秀领导必备某种特质,如智商、魅力、自信心等;20 世纪四五十年代行为理论名目繁多,重点是"以人为中心"还是"以工作为中心";60 年代的权变理论运用适应特定情境的动态并具弹性的方法来分析领导理论;到七八十年代,研究从静态发展到动态,从单一、阶段性发展到全面和长期,并将被领导者引入研究,试图从领导与被领导关系解释如何使领导更有效和杰出。而在中国环境风起云涌、复杂问题不断出现的特殊背景下,用以描述复杂问题的逻辑过程对领导行为和过程的影响的和谐管理理论对领导理论的发展极具启发。

练习与思考

1. 站在历史发展的角度上分析领导理论演进的意义;结合当前理论的新进展,就领导理论的未来动向进行展望。

2. 结合实例,分析在中国的特殊背景下,和谐管理理论在领导行为和过程中的具体应用。

正文参考文献:

[1] 陈文晶、时勘:"变革型领导和交易型领导的回顾与展望",《管理评论》,2007年第19期第9卷,第22—29页。

[2] 董临萍、张文贤:"国外组织情境下魅力型领导理论研究探析",《外国经济与管理》,2006年第28期第11卷,第20—27页。

[3] James K. and Barry P.:《领导力》。北京:电子工业出版社,2004年版。

[4] 李秀娟、魏峰:"打开领导有效性的黑箱:领导行为和领导下属关系研究",《管理世界》,2006年第9期,第87—93页。

[5] 刘文瑞、李洪佳、王莺等:"探讨领导模式的大师(下)",《财经界管理学家》,2007年第8期,第66—83页。

[6] 刘文瑞、李文凤、闻华等:"探讨领导模式的大师(上)",《财经界管理学家》,2007年第6期,第58—75页。

[7] 刘文瑞、齐燕、张丹妍等:"探讨领导模式的大师(中)",《财经界管理学家》,2007年第7期,第60—79页。

[8] Peter F. D.:《有效的管理者》。北京:工人出版社,1989年版。

[9] 戚振江、张小林:"领导行为理论:交换型和变革型领导行为",《经济管理》,2001年第12期,第33—37页。

[10] 尚玉钒、席酉民:"基于和谐管理理论的领导行为有效性研究"。

[11] 王雁飞、朱瑜:"组织领导与成员交换理论研究现状与展望",《外国经济与管理》,2006年第28期第1卷,第30—38页。

[12] 肖宏文:"和谐管理和则的模式、作用机理、构建途径及其应用研究"。西安:西安交大博士论文,2007年。

[13] 张建君:"个人魅力型领袖与'内圣外王'",《北大商业评论》,2007年第3期,第130—133页。

[14] 钟建安、谢萍、陈子光:"领导-成员交换理论的研究及发展趋势",《应用心理学》,2003年第9期第2卷,第46—50页。

[15] Bass B. M., Avolio B. J., *Multifactor Leadership Questionnaire*. CA: Consulting Psychologists Press, 1993.

[16] Bass B. M., "Dose the Transactional-Transformational Leadership Paradigm Transcend Organizational and National Boundaries?", *American Psychologist*, 1997, February, 52 (2), 130—139.

[17] Bass B. M., *Leadership and Performance Beyond Expectations*. New York: Free Press, 1985.

[18] Bass B. M., Waldman D. A. and Avolio B. J., et al, "Transformational Leadership and the Falling Domino's Effect", *Group and Organizational Studies*, 1987, 12: 73—78.
[19] Burns J. M., *Leadership*. New York: Harper & Row, 1978.
[20] Conger J. A., "Charismatic and Transformational Leadership in Organizations: An Insider's Perspective on These Developing Streams of Research", *Leadership Quarterly*, 1999, 10(2): 145—170.
[21] David V. D. and Michelle M. H., "A Multilevel, Identity-based Approach to Leadership Development", *Human Resource Management Review*, 2007, September, 27: 360—373.

案例研究

IBM 的和谐主题变迁

一、案例背景

IBM 自 20 世纪初创建以来近百年的风雨生涯中,曾三起两落。最近一次低谷出现在 1993 年郭士纳刚刚执掌 IBM 时,这家超大型企业已经步履蹒跚,亏损高达 160 亿美元,"一只脚已经迈进了坟墓"。我们首先研究在 IBM 奇迹般起死回生的过程中,所围绕的和谐主题是什么,该主题是怎样被辨识出来的,然后用和谐主题漂移的观点来解释 IBM 富有戏剧性的发展历程。

郭士纳及其领导团队的主观愿望是让 IBM 重返行业领导者的地位,因此在进入 IBM 之后不久,他就很清楚地向员工表明了这一发展愿景。郭士纳当时面临的首要问题是找到影响 IBM 发展的要害所在,即辨识出公司当时的和谐主题。按照我们构建的概念模型,对主题的辨识应基于对组织外部环境和内部特征的考察,如表 3-2 所示。事实上,在 20 世纪 90 年代早期 IBM 面临着极为不利的外部环境,组织在长期的发展过程中也遗留下来诸多亟待解决的问题。

表 3-2 影响 IBM 公司和谐主题辨识的要素

	环境		组织
宏观社会环境	IBM 受到政府、媒体和公众的广泛关注,它被认为是国家的财富,"IBM 的失败总是被视为美国的失败" 经济开始新一轮复苏(事实证明这是美国历史上持续时间最久的一次经济增长),意味着消费能力将大幅度提升	组织资源和能力	遍布世界各地的分支机构(分公司、子公司、区域总部等),构成一个其他竞争对手无法比拟的巨大网络 在电脑主机业务上具有传统优势:技术优势和市场优势(虽然市场在萎缩) 很强的研发能力,拥有一大批高级技术人才(包括诺贝尔奖获得者)和许多优秀的技术成果 这些技术成果商业化的能力相对不足,大量成果闲置

(续表)

	环境		组织
中观行业环境	个人电脑的兴起，改变了IT市场的结构：由大机构消费者越来越多地转变为小型商业机构、普通家庭或个人 电脑消费品种逐渐向台式电脑、膝上电脑和掌上电脑发展 消费者的需求更加多样化，对IT服务的要求更高 行业的价值和利润逐步从硬件向软件过渡，且有进一步向服务领域过渡的倾向 主机业务基础受到挑战，价格昂贵，市场容量萎缩 不断有新的进入者参与市场竞争 互联网出现端倪，市场看好	组织活动	产品（主机）销售对象是商业机构、政府以及其他一些机构消费者，90%以上的利润来自电脑主机业务 销售模式：销售人员兼做业务和咨询顾问，造成人才浪费和高成本（更多的消费者开始选择直接电话订货和直接销售，因此对销售人员的技术背景并无太高要求） 几乎没有关于客户和竞争的信息，也不运用专业营销知识，市场份额数据分析很不规范，"主要是根据自己的想象来界定市场" 广告代理机构多达70家，对公司品牌宣传不利，且造成广告预算支出巨大，浪费严重 许多技术开发人员不敢或不愿突破取得巨大成功的"S/360系列"的技术基础 高层经理人员习惯发号施令，是主持者而不是执行者 组织薪酬体系过时，员工福利待遇过高，激励效果不佳
微观竞争环境	众多竞争者通过拥有某种核心技术而在某一细分市场占有较大份额 竞争对手普遍表现出对市场敏锐的嗅觉和应变能力 个人电脑最高价值掌握在两个最强劲的竞争对手手里：微软拥有了操作系统，而英特尔掌握着微处理器，两者被业界称为"Wintel霸权"	组织惯性	结构惯性： 机构设置重复而臃肿，官僚体系庞大，保护各自为政，压抑相互合作 大量工作被条块分割，关键决策被延误，反应迟钝，资源浪费严重 组织结构惯性很大，变革十分困难
制度环境	克林顿政府把高科技产业的发展作为促进宏观经济腾飞的发动机，并出台了相关优惠政策（这使得IT业的竞争更加激烈） 快速、灵活、残酷、概念炒作、技术控制、推陈出新，给IT业带来一种全新的商业游戏模式 无行业协会，无行业自律或规范		文化惯性： 企业文化孤立封闭，员工对IBM的巨大成功沾沾自喜，变得懈怠、不愿意冒风险、迟钝、我行我素（而对客户需求的变化视而不见） "不"文化："尊重个人"已经演化成一种"对不合作行为的普遍性的制度性支持" 官僚主义作风严重，员工和部门都在努力保护自己的特权、资源和利益

二、案例分析

对上述信息的归纳、整理和综合分析，使郭士纳的思考逐渐明朗：IBM必须转型，而且这种转型必须以增强对市场的适应性和灵活性为核心，最大限度地满足客户需求，这是IBM衰落的根本原因，也是它能否重振雄风的要害所在。由此可知，20世纪90年代早期IBM发展的和谐主题是：以顾客为导向，增强对市场的适应性和灵活性。在辨识主题的过程中，作为IBM的CEO，郭士纳的智慧、经验、性格、知识结构、社会关系、思维方式、主观愿望等起到了至关重要的作用。之后的十年间，围绕这一主题，郭士纳在战略、结构、文化等方面进行了全面的变革（一些重要举措见表3-3），使IBM走上了一个快速、平稳、和谐的发展道路，IBM从一个纯硬件生产企业转变成了集硬件、软件、服务等为一体的巨型企业，在整个IT业不景气的情况下仍然保持了持续增长。由此也说明，企业的成功不能仅仅归功于单方面的变革(例如企图通过制定一个好的战略取得成功)，而应当强调多方面的调整、配合和协调一致，这一过程中，企业的和谐主题成为各方参照的中心。

表3-3　IBM围绕和谐主题的一系列变革

变革领域	重要举措
战略	第一次战略转变：1993年，IBM确立围绕网络计算进行生产的战略，从此IBM在硬件、软件、服务开始全面转型 第二次战略转变：1996年，IBM确立围绕互联网而生产的战略，同年购并了Lotus和Tivoli公司，夺得了网络管理及分布式软件相当大的市场份额 第三次战略转变：1999年，IBM确立了围绕电子商务而生产的战略，从而夺得电子商务时代的先机
组织结构	保持IBM的完整性，不进行拆分(当时来自公司内外关于拆分IBM的呼声很高) 打破地域分割、各自为政，强调互相合作，打造一支"全球性行业团队" 撤销一批重复、缓慢的管理机构，例如撤销"管理委员会" 对部分组织机构重新命名，更加透明也更易于被客户理解 设立软件和服务机构并委以重任
企业文化	用新的"八大原则"替代"三个基本信仰"，后"八大原则"简化为"三大原则"："力争取胜、快速执行和团队精神" 把"用我们的机器服务"转变成用人服务，强调恰当地引导客户、拓展他们的思维 强调关注行业变化并能主动采取措施有效应对 要求员工能够认同和"竞争对手"的合作 废除IBM传统的着装规范(白色衬衫和黑色套装)，要求根据时间、场合决定着装
相关其他	将拥有众多广告代理机构，转变为一家全球广告代理商，以对品牌进行有效整合 建立以绩效为基础的工资制度，强调以市场衡量绩效 推出新的领导能力标准，强调执行能力，增加高层领导人的流动性

三、结论与启示

由上文可见，确定一个好的和谐主题对于企业的发展具有举足轻重的作用。按照上述方式对IBM近百年发展历程分阶段加以研究，会发现在特定时期特定情境下，总有一个指导企业发展的中心工作议题。如果和谐主题模糊或缺失，将给企业发展带来灾难性影响。表3-4从主题漂移的角度勾画了IBM公司特有的发展历程，可以看出，每个主题都有其存在的合理性，但也有优劣之分。这里不探讨主题的评价问题，但把主题放在企业历史当中考察，孰优孰劣或者是否存在更好的主题，读者可自行品评。

表 3-4　IBM 公司和谐主题的漂移[①]

时期[②]	环境	组织	领导	主题	举措与结果
1914 1914—1916	经济形势看好,可预见对办公设备的需求越来越大	前身 CTR 公司债务巨大、员工涣散、濒临倒闭；生产计时钟、制表机、天平、磅秤等	托马斯·J. 沃森	重新建立规范的经营管理体系	一系列"沃森式"的管理方式被确立：三项基本信仰、租赁制、培训和教育员工、树立推销员的自尊、百分百俱乐部等。公司建立了可持续发展的管理基础,并积累了管理经验
1916 1916—1929	办公机械设备市场前景广阔	管理体系建立,经营走上正轨,公司开始盈利	托马斯·J. 沃森	以办公机械设备为核心调整业务范围并扩大生产	逐步放弃了原有的天平、时钟等产品,重点生产制表机,并开拓了打孔机、减法机等业务。公司逐步成长为办公设备市场的重要力量,为公司之后的长期发展奠定了业务基础
1929 1929—1935	经济停滞、股市暴跌、失业增加；许多竞争对手停产、减产、裁员	业务仍然保持增长,但已表现出动力不足	托马斯·J. 沃森	维持相当规模的生产	在市场萎缩的情况下,仍维持生产,在世界范围的分公司基础上进行专业分工,生产零件并贮存；公司在战后对政府的大规模订单应付自如并赚取了巨额利润。这一时期主题的确定主要来自于老沃森对宏观经济的预测和信心
1935 1935—1941	萧条过后经济持续增长,机构消费者的需求量迅速增加	前期贮存了大量零配件,生产潜力大	托马斯·J. 沃森	扩大生产规模,满足市场需求	生产和销售量高速增长,更多的工人被雇佣,1936 年控制了制表机、打孔机 85% 的市场份额,1939 年成为美国最大的办公机器制造商
1941 1941—1945	美国参战,政府要求企业予以支持	经过前期的扩张,建立了坚实的生产基础	托马斯·J. 沃森	为国家参战生产所需产品	在这一主题下,生产规模进一步扩大,生产打孔机、机关枪、轰炸瞄准器、高速计算设备等,工厂的 2/3 投入军需品生产

(续表)

时期	环境	组织	领导	主题	举措与结果
1945 1945—1952	战后经济繁荣，银行、保险和零售业等迅速发展（这是IBM最大的潜在客户）	生产规模在战争期间迅速膨胀了三倍，利润持续增长，经营运作非常顺利	托马斯·J.沃森、小托马斯·J.沃森	占领更多潜在市场	在生产能力巨大的情况下，通过推出乘法器、打字机等新产品并不断更新迅速占领更多潜在市场，同时成立世界贸易公司来巩固并扩大海外市场。公司的巨大成功也隐藏了一个危机，它没能对替代技术的出现给予足够的重视，这使得开始进军计算机领域的企业赢得了先机。事实上，老沃森的固执己见起到了较大的阻碍作用
1952 1952—1960	客户要求运算速度加快，穿孔卡片系统市场衰退，磁带存储技术出现；兰德公司垄断计算机市场	研发人员知识结构老化，不懂电子技术；穿孔卡片系统速度已经达到极限	小托马斯·J.沃森	放弃穿孔卡片系统，全力进军计算机产业	引进大批电子工程师，一系列计算机产品问世，例如IBM/701、IBM/650、IBM/704、IBM/705等，到1960年击败众多竞争对手取得计算机产业领导地位，占领计算机市场75%的份额
1960 1960—1970	众多厂商以IBM为目标穷追不舍，竞争激烈	建立了一套行之有效的研发体系	小托马斯·J.沃森、埃尔伯特·L.威廉姆斯、T.文森特·利尔森	以研发为中心，确保技术领先	最重大的举措是投资50亿美元进行IBM/360系列的开发，它的成功使IBM确立了在世界市场上决定性的、不可动摇的统治地位。一批技术专家型的领导人进入公司高层，完善了以研发为中心的组织和人事安排，为今后的发展奠定了基础
1970 1970—1985	技术突飞猛进，竞争对手跟进速度加快；PC机市场迅速增长	行业技术领导，大型机研发和销售得心应手	T.文森特·利尔森、弗兰克·T.卡里、约翰·R.欧佩尔	最大限度地攫取大型机市场的利润	IBM/370系列的发布，带来了新一轮的增长，IBM在大型机的基本硬件、存储设备、操作系统、外围设备等全面收割利润，1984年最高达到66亿美元。但这一主题使得公司忽视了PC市场的崛起，到了1981年才进入这一市场，显然为时已晚。事实上，1971年英特尔公司研制出世界上第一台微处理机时，PC机开始风靡全球

（续表）

时期	环境	组织	领导	主题	举措与结果
1985 1985—1993	计算机市场迅速分化,竞争对手迅速增加,PC市场精彩纷呈	在世界市场的份额迅速降低、利润下降,衰退出现端倪	约翰·R.欧佩尔、约翰·埃克斯	（模糊）	IBM对突如其来的衰退显然没有任何有效的对策,疲于应付,象征性地推出了几款PC机,但某种意义上来说是被别人牵着鼻子走。埃克斯不论是裁员还是意图拆分IBM,都是因为没有形成一个有效的和谐主题所致,因而公司陷入混乱,业绩持续下滑
1993 1993—2002	见表3-2	见表3-2	路易斯·V.郭士纳	以顾客为导向,增强对市场的适应性和灵活性	见表3-2及前文分析

注：① 本表目的是以主题漂移来勾勒企业发展的线条,故对于环境和组织的分析较为简洁,有兴趣的读者可进一步深入分析；② "时期"一栏的具体年份表示主题辨识的时点,时间段表示该主题持续的时间。

案例参考文献：

[1] Louis V. G.:《谁说大象不能跳舞》。北京:中信出版社,2003年版。

第四章 动员大会上的领导者

作为头面人物的领导者，经常需要在关键时刻（新员工入职教育、企业财务危机、年终表彰大会或战略规划发布）给员工进行思想动员。此时，领导者需要具有鼓舞和激励员工的视野，需要有感动和振奋员工的言辞，需要有规范和凝聚员工的价值观。所有这些都是建立在企业文化的思考基础之上的。

企业文化是组织在长期的实践活动中所形成的并且为组织成员普遍认可和遵循的具有本组织特色的价值观念、团体意识、工作作风、行为规范和思维方式的总和。企业文化具有社会性、继承性、创新性和融合性。根据文化"是一个复合系统，它既是一种新型的管理理论，又是一种价值观和信念，这是企业哲学、企业精神、企业制度和行为方式的辩证统一"（萧聚武，1996）这样一个定义，我们运用整合系统思维方式，围绕所考察的主体对象把企业文化分成以下三个层面的内容：

一是价值观体系。这也是企业文化的核心层。它是企业在长期而独特的经营过程中，为了适应竞争环境而形成的生产经营行为方面的选择标准、辨别标准和评价标准，如企业目标、企业哲学、企业精神、企业经营理念、企业效益观、企业服务观、企业质量观等。

二是制度规范。这对企业所倡导的价值观体系的实现起到保障和促进作用，并进一步转化为指导操作的行为准则和规范，因而它属于企业文化的介质层。它是由企业内部存在的管理制度、管理方法和管理政策构成的管理氛围，包括企业的管理体系、组织结构、管理制度、员工守则、岗位责任等。它可能是被明确表示或明文规定，也可能是约定俗成的。这些制度、方法和政策体现了企业关注的事和所奉行的原则。

三是行为模式。这是企业文化的外显层，企业在生产经营活动中会自觉或不自觉地形成一系列基本行为模式，譬如企业员工的着装打扮和言谈举止、习俗和礼仪、传闻轶事和工作风格等。它与企业所处的政治、经济或社会习俗背景有关。由于个体在加入组织时所遵循的处事原则不可能与组织所倡导的价值观体系完全吻合，组织有必要通过同化教育来推行其价值观，这时必须辅以制度规范来约束与价值观相背离的行为。但归根结底，外显的行为模式受企业价值观体系支配，表现价值观的选择和要求，是企业价值观的操作化和实践化。

企业文化需要长时间的沉淀，不是依靠某个人的主观意志，来一次"企业文化急行军"，就能在短期内快速形成的。强生公司总裁吉姆·伯克在公司信条颁布36周年时的讲话中仍谈道："信条就挂在这里。如果我们不愿遵守它，那我们干脆把它从墙上撕下来好了……我们要么遵守它，要么废除它。"

第一节　企业文化的塑造者

彼得·德鲁克在《未来的领导者》一书的序言中这样写道："20世纪20年代中期，在我上高中的最后一年里，大量关于一战的书籍突然出现在英国、法国和德国。我的历史老师是一战时的一名受伤老兵，他要求我们选其中的几本来仔细研读，并就我们选的书写一篇论文。当我们后来在课堂上讨论这些论文的时候，有一位同学说：'每本书都说第一次世界大战是一场军事上不完全的战争,为什么?'老师不假思索地立刻回答道:'因为死的将军还不够多,他们总是躲在战线后方让别人去冲锋陷阵。'"德鲁克写这些的用意是告诉读者:高效的领导者并不是布道者,而是实干家。随着环境的变化,领导者总是发现自己所在的企业的文化无法与组织共同发展,这时他们就不得不成为企业文化塑造的代言人。

在企业文化塑造中,领导者应做好垂范和牧师的带头作用。20世纪90年代,正是因为飞利浦电气公司CEO杨·蒂默采用一种休克疗法,使员工对企业目标全身心投入的文化取代了厌恶冒险的传统文化,飞利浦才被从破产的边缘给挽救回来。

美国著名学者埃德加·沙因(Edgar H. Schein)认为"企业文化的动态分析表明,领导是与文化的形成、发展、变化和湮灭紧密相连的。文化首先是由领导者的行动创造的;文化也由领导者来灌输和增强。在企业文化出现功能失调现象时,就需要领导来协助团体抛弃一些旧的文化假设,并学习新的假设……领导的唯一和最重要的职能是控制企业文化。"

第一,文化创造时期。领导者需要有眼光和能力来阐述并增强文化。这时候,领导者需要有恒心和耐力,往往承受和容忍焦虑,并能够提供暂时的稳定性和感情上的安定感。

第二,企业发展中期。此时领导者最需要的是认识文化能够促进或妨碍企业完成任务的方式,以及实现所期望的变化的干预技能。

第三,打破文化的僵化:企业成熟期。要打破已僵化的文化,领导者必须认识企业的文化和其功能失调的要素;了解自己在文化变革过程中进行干预的动机和技能,这种动机应表明自己愿意献身于团体或对团体承担义务;具有感情的力量,为解冻企业需要创造心理上的安全感;有能力通过阐明和宣传新的观点和思想来实现"认识的重新明确";倾听团体的意见,包容全体成员,使他们真诚地参与到改变中来;有深刻的洞察力,感觉内外文化因素的能力。

对此,沙因总结道:"文化是企业创始人、领导人,企业制度的建立者和社会建筑师的创业活动的结果……领导的中心问题在于能够发现文化需要变革并有能力促进其变化……在发展的不同阶段上,领导的作用是不一样的,并且只有发展成熟的企业在某种条件下才会发生改变文化的实际问题。"

一、长远目标的宣扬者

企业文化塑造最根本的作用就是升华企业员工的思想境界,使企业的长远目标与员工的个人目标趋向一致。具有优秀企业文化的企业实现了各级员工发展目标和价值取向的一致,内部冲突会大大减少,其管理更多的是依靠员工的自我管理。企业文化是一帖看不到的黏合剂,它把企业的员工紧密地凝聚在一起,为了共同的发展目标和价值取向共同奋斗。

领导者的首要任务就是确定组织目标,同时他要使自己的下属们认识到,企业所要达到的不是他个人的目的,而是由团体愿望和活动所产生的共同目的。而这种企业使命与目标的申辩与阐述,最有效的时机莫过于领导者作为头面人物站在演讲台上时。因此,明智的领导从不肯放弃这点宝贵的时间。

有明确的目标且有实现目标的可行计划,做起事就会有序有度,容易成功。没有目标,做起事来就显得混乱,没有头绪,自然也不易成功,甚至无法度量是否成功。这实际上是目标管理的理论基础。国内稍有学问的管理者几乎无人不知目标管理方法。但绝大部分人都是把它当做一种管理技术在使用,我们这里上升一个层次,把它作为一种管理哲学来讨论。

目标管理作为一种技术,其主要步骤是:确定目标及其度量指标,将目标按阶段和组织层次分解,按阶段检查各部门的完成情况,根据实际达到的水平与计划目标的差距及形势的变化进行适当调整,与此同时,对完成好的奖励,对完成差的批评或惩罚。

管理实践

胸怀多大,企业就多大

徐少春是金蝶国际软件集团董事会主席兼首席架构师。从个人奋斗一路到 2001 年金蝶在香港上市,徐少春说:"创业初期,企业家的胆子有多大,产量就有多大;公司规模化以后,企业家的胸怀有多广,他的事业就有多大。"随着金蝶开始进入规范化的管理阶段,金蝶的"饼"越做越大,徐少春的个人股份在逐步稀释,他的个人资产却仍在迅速增加。1993 年,徐少春和美籍华人赵西燕女士合资,其个人股份从 90% 稀释到 35%,成了第二大股东。时至今日,他回首这次合资事件时,仍坦率地说:"这绝对是一个很大的牺牲,但为了事业发展,我仍然坚持那样做。"徐少春非常重视"使命"一词。他说,任何一个企业组织的失败在于最高管理层缺乏远景规划与使命感。作为一个整体,企业组织必须要有清晰的远景目标并为这个目标奋勇前进。有了明确的目标,才可以根据目标评价每个员工的业绩表现。徐少春的使命就是"帮助客户成为受人景仰的公司,就像未来几年谈到我的名字一样,成为备受人们尊敬的一个角色,这是我努力追求的一个方向"。

高冬成,徐少春.胸怀多大,企业就多大.财经界:管理学家,2008,7:20.

因为目标管理的思想可用于任何管理活动中,将其作为一种管理哲学或方法论会具有更广泛的应用价值。对于个人、单位甚至国家来说,发展的道理都是一样的。一般来说,首先要有一个发展愿景或视野(vision),并要清楚、简洁地把它描述出来,以便理解、记忆和激励人们去奋斗。如我国要在本世纪中发展到小康社会,并从人均收入、住房等方面具体刻画了什么是小康社会。在确定了蓝图之后,接下来要分析的是肩负的使命(mission),如中国政府在实现小康蓝图中的使命是,在搞好精神文明的同时,如何把经济搞上去。使命明确后则要研究采用什么样的战略(strategy)完成使命,如改革开放就是中国新时期的战略。有了战略,还要确定各战略阶段要达到的目标(objectives),如中国当时定的 2050 年实现小康。从愿景的描述、使命的分析、战略的选择到具体实施目标的落实,实际上就是将目标管理作为一种管理哲学或方法论的主要应用思路。更形象地讲,好比人们走路,愿景或蓝图是目的地的描写,使命是目的和任务,战略是选择走什么样的道路和怎么走,各阶段的目标是道路上的里程碑。

尽管目标管理的应用有很多的具体技术问题,但其思想的理解和应用却并不难,无论小事、大事,都可从中受益。我们在工作和生活中,若能有意识地按照目标管理的思想行事,就会少走弯路,甚至事半功倍。

公司的使命需求能将个人目标与团体目标相结合,这就往往要求领导者不能把眼光仅仅局限于利润的动机,而要结合到一个更广泛的职业动机中:"我们为利润、为服务、为我们自己的发展、为创造某种事物的爱好而工作。的确,在任何一个时刻,我们之中的绝大多数并不是直接地或立即地为这些事情中的任何一件而工作,而是以尽可能好的方式把手头的工作做好……再回过头来讲专家,正是在这点上,难道我们不能向他们学习一些东西吗?专家并没有放弃金钱动机。不管你曾经多么经常地看到有关他们放弃了金钱动机的叙述……专家对于大笔收入也是相当向往的;但他们还有其他事情而宁愿牺牲相当多的收入。在我们的内心深处,我们都希望生活得丰裕些。我们可以纯化和提高我们的愿望,我们可以增加它们,但遏止愿望并不会造成个人和社会的进步。"(Drucker,2005)

二、价值理念的推销者

《韩非子》一书中记载了这样一个故事:齐桓公非常喜欢紫色的服装,齐国上下从大臣到百姓都模仿齐桓公穿紫色衣服。于是紫色的布料价格猛涨。齐桓公为此深感忧虑,他对宰相管仲说:"由于我喜欢紫色的服装使得全国上下都穿紫衣,紫色布料现在极贵,该怎样制止这件事情呢?"管仲说:"如果你想要制止这件事情,最好自己放弃穿紫衣的习惯。"于是齐桓公对左右的大臣说:"我现在讨厌紫色。"听了皇帝所说,那些常穿紫衣的大臣再也不穿紫衣了。过了一段时间,齐国都城也无人穿紫衣了,再过一段时间,整个齐国境内都看不到一个穿紫衣的人。企业文化的形成受企业领导者的价值理念的影响,尤其是在企业初创时。比如福特汽车公司的老亨利·福特,IBM公司的汤姆·沃森,微软公司的比尔·盖茨。这些具有鲜明个性的领导者,创造了一个个企业的神话,对各自企业产生了深远的影响。这些领导者塑造了各自企业的文化,并由继任的领导者维系着这些企业文化。

企业文化的核心是价值观。那些能够持续成功的企业,尽管它们总是不断地调整其经营战略和实践活动以适应不断变化着的外部环境,但其核心目的和核心价值观都保持稳定不变。企业价值观的一个重要来源是领导者自身的价值观。领导者都有指导其人生的信念。有效的领导者是价值驱动的,他们的价值观会影响他们的言行,他们将很大一部分时间用在将其价值观转变成行动上。更重要的是领导者应能够提升其追随者的价值观,使其不是停留在原地,而是上一个层次,从而导致新价值观的出现。从这个意义上说,领导者是一位推销员,当然这与一般的推销不同,他推销的是价值理论理念,而不是商品。领导者每天要宣传自己对组织发展的构思以及守时、效率、规范化等观念。好的领导者要成为能干的推销员,要使他的"顾客"都乐意"购买"自己的"商品"。

(一) 信念的轮子

信念是伟大组织成功的秘诀。世界上伟大企业的缔造者大概有三分之一是虔诚的信徒。亨利·福特、洛克菲勒、松下幸之助、杰克·韦尔奇等都是宗教信徒,安利的创始人杰·温安洛和理查·狄维士则是传教士。信念也可以用一个轮子来表示,其构成部分表示了领导的核心职能,见图4-1。

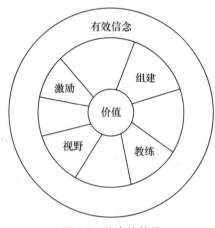

图4-1 信念的轮子

(1) 视野
描绘组织未来发展前景的蓝图。
(2) 教练
提供在职的培训,帮助下属获得实现组织蓝图所需的知识、技能和态度。
(3) 激励
帮助其他人在信念和追求上上升一个台阶,以促进组织蓝图的实现。
(4) 组建
组织一支队伍,使他们工作中能够相互合作,以实现组织蓝图。

这四个方面被领导的重要职能"价值"连接在一起。价值在这里是动词,意即建立一个人生活的首要原则,并以这些原则指导其人生。一次公开辩论中,一位牧师说:"除非你先加入教会,否则永远找不到天国之门。"另一位牧师却反驳:"不,除非你先有心灵找天国之门,否则就不属于教会。"组织和人一样,也有价值观,企业的经营与其价值观紧密相连。管理者要成为领导者就需要将个人价值融于经过思考的行动之中,他需要问自己三个问题:第一个与个人定位有关——我是谁?第二个与某一相对独立的群体有关——我们是谁?第三个涉及社会中某一公司角色的定位——我们的公司是谁?

（二）基于价值观的领导

20世纪90年代，豪斯教授及其工作组在其全球性领导研究项目GLOBE（Global Leadership and Organizational Behavior Effectiveness）得到的基本结论的基础上，总结了以往领导学及激励理论，针对上述领导学发展的新要求，提出了基于价值观的领导理论（value-based leadership, VBL），其定义如下：

持有明确而崇高价值观的领导者向组织注入核心价值观，并以此作为种子要素孕育组织文化，在此文化中通过沟通信仰、传递愿景和从事所有组织实践，强化领导者提出的核心价值观，使下属认可并内化组织核心价值观以形成持久的行为动机，激励下属做出岗位要求以外的努力。

从VBL的定义看，基于价值观的领导是指领导及其追随者在共同拥有的价值观的基础上而形成的新型上下级关系，这种关系能导致：领导者的理想得到追随者发自内心深处的认同；追随者对领导者的理想和集体有很强的认同感；追随者的努力和自我牺牲精神超过了岗位责任的要求而且完全出于自愿。

VBL将人看做是可以改变的个体，从价值观的改造入手去实现下属的自我激励。基于价值观的领导者本身持有清晰而崇高的价值观，通过向组织注入他个人的价值理念，对其所领导的组织和追随者产生巨大的影响，使组织成员意识到他们必须与领导共同分享价值观念及组织愿景。在此前提下，组织成员潜在的对美好未来的冲动被领导所倡导的共同愿景所唤醒，形成强烈的认同感，所有成员在此愿景下积极工作，气氛由此变得和谐，并且每个成员都充分感受到自己所在集体的巨大力量，他们也感受到组织对个人的支持，因而愿意将个人价值融入集体价值并为之奋斗。这是实施价值型领导带来的组织效果，其关键在于领导过程中领导情境的营造、领导行为的强化以及上下级之间的感受交流。对于价值型领导来说，激发下属内心的崇高情感是最重要的。在微软，大家对比尔·盖茨都非常尊敬和信服，尊敬到他说的话基本上都是对的，大家基本上完全按照他的方法来做，而在不同意的时候，也有足够的勇气当面告诉他。一次在开会时，比尔·盖茨的助手当众对比尔说"你错了"，比尔说"不，我是对的"，助手说"不，你错了。因为……"，接着比尔说"啊，对对对，你是对的，我错了"。这种沟通在微软非常普通，而且大家都认同这种沟通，都这么干。这就是文化，也就是人们所称的有比尔·盖茨特色的微软文化。

以价值观为本的领导行为，将提高追随者在实现集体愿景和为集体做出贡献时对领导者及追随者共同享有价值的认识；增强工作热情和自信心；增强综合性的自我功效及自尊，保持强烈的自我约束，以及与集体和集体愿景的高度一致。

吴维库教授基于中国环境的最新研究发现：

（1）以价值观为本的领导理论非常符合中国的政治、文化、经济背景，此理论所述的核心领导行为能导致下属的认同、满意和被激励；

（2）以价值观为本的领导行为能够直接导致员工的认同、满意和被激励，获得良好的绩效，从而使得领导行为有效；

（3）基于价值观的领导能够提升组织业绩和领导团队有效性，同时，企业所处环境对基于价值观的领导作用有调节作用；

（4）我国企业员工认可并推崇价值观型的领导行为；

（5）以价值观为本的领导行为在各类企业普遍有效；

（6）领导者通过向企业注入价值观和愿景，激励下属，引发下属内心深处的认同与追随，领导者与下属在拥有共同价值观的基础上，将形成一种新型的领导关系。

第二节　企业文化的管理者

2004年，联想并购IBM PC。柳传志谈到这次并购时，认为其中最困难的就是东西方文化的磨合，而不是管理及业务方面的磨合。换句话说，就是重塑联想作为跨国企业的文化。并购中的文化融合，无非是谁听谁的问题。但是，文化是执行力最根本的东西，也是最难形成的东西。在联想的并购中，文化的差异有东西方地域的文化区别，也有不同企业风格的文化区别，纵横交错。所以，柳传志指出判断联想集团作为一家跨国企业最后是否成功，就要看它是否能形成一个比较好的、所有员工认可的、完整统一的文化。在归纳联想文化的时候，联想管理层把它分成两部分：一部分是价值观，另一部分是方法论。方法论有几点要素，第一点就是做事前要把目的想清楚，一眼看到底，一切都围绕着目的走。在一些具体的事情中，柳传志也始终将文化放在重要的位置上。我们知道在企业遇到困难或业务变更时，从外部聘请一些有成熟经验、有一定名望的职业经理人，来担负起改变公司命运或开拓新业务的重任，这似乎是解决问题最为便捷的方法。然而，联想在建立新的企业领导班子时，并没有这样做。主要是因为若是外聘人员做得不好，离开之后，整个队伍就全散了。而内部人员对企业文化有较深刻的认识，这样可以使企业更长远地发展下去。他们后来甚至提出要做"没有家族的家族企业"。

从联想的例子，我们可以看到企业文化管理的重要性。企业文化管理蕴藏着对人性的一种基本看法，就是把员工理解为社会学意义上的人，即不同于其他管理要素的具有精神文化属性的主体，他具有非理性的心理意识，常常按愿望、激情、意志来行动，而不会为理性所证明的错误或正确所左右。如果说人所表现出来的不只是简单的个体行为，而是一种社会行为的话，文化恰恰是人适应环境而习得的一种行为方式。

企业文化管理是通过价值观认同，并结合规章制度对成员行为的规范，来促使行为习惯形成的。这种管理方法完全符合个体心理学所提出的社会学习（social learning）理论。它也反映出文化人类学所提出关于文化的两个基本功能：其一，文化的整合功能。即文化是通过观念的整合达到行为整合的，是通过个体的规范达到群体和谐的。它使每一个个体都能够在彼此的社会交往与互动关系中，分辨出和寻求到自身应当具有的角色位置与角色期望行为。其二，文化不仅具有整合的功能，而且具有控制的功能。它规范人们的行为，使其能够以社会和群体认可的方式来从事活动，并为防止各种社会越轨行为提供了一种泾渭分明的"标界"。文化的社会控制功能是一种潜移默化的、无形无息的作用。它所凭借的不是一种看得见、摸得着的实体力量,而是一种社会心理和群体氛围的强大感应力。

一、文化管理步骤

企业文化管理的实施具体可分解为以下几个步骤:

(一) 把经验加工成理念

只有把经验水平的价值观上升为理念性的价值观,企业管理者才能够去倡导并要求员工恪守,也才有利于价值观的稳定和传播。譬如企业员工对待售后服务态度的价值取向,实际上只是人们的价值经验,它可能过于简单、肤浅和粗糙,甚至是片面的观念,它只有经过一番加工制作,才能概括提炼出理念化的价值观,以使更多的人去分享并遵守。这里值得注意的是,企业价值观不等于空洞的口号。约翰·科特在《企业文化与经营绩效》中强调,企业文化产生的必要条件"在于企业成员在相当的一段时间里保持相互间交往并且无论从事何种经营活动均获得相当的成就"。由此提醒我们,企业文化一定是在企业员工长期的相互交往过程中形成的人际交往范式、价值观体系,而且它一定是与企业经营绩效挂钩,有助于企业的成长才被认可的。

(二) 把理念阐释为规范

阐释就是对价值观的丰富内涵做出解释和说明,即说明"为什么"和"怎样做"。因为高度概括抽象的理念价值观,如"IBM 就意味着服务"这简短几个字所表达的企业精神,要使它在广大员工中畅通无阻地传播,要使它不仅能被员工背诵、熟记,而且其精神内涵能被真正理解,并成为调节、支配行为的规范,就需要进行认真的阐释。

(三) 使价值内化为信念

由企业价值观到员工信念的转化过程,是价值观内化的过程,也是企业员工接受和认同企业价值观的过程。组织倡导的价值观,只有转化为普通员工的信念,才会成为企业实际的价值观。否则,只是口头上说的、墙上贴的、纸上写的东西而已。它不仅对企业组织无任何裨益,而且还会扭曲、损伤企业的形象。信念是认识和情感的"合金"。企业价值观一旦转化为员工内心的信念,就意味着员工对这个价值观的实质有了全面而深刻的理解,同时也会逐渐对它产生和积累丰富而又深刻的情感体验。因此,员工不仅对这种价值观所蕴含的意义坚信不疑,在任何情况下都不会发生疑惑和动摇,而且这种信念会唤起人们积极实践它的强烈意向,并在行为上矢志不移,只有在这时,我们才可以说,企业价值观已经真正被员工所掌握,员工的价值观真正被企业同化了。

(四) 由制度约束行为

企业制度是指企业在生产经营过程中,要求员工共同遵守的办事规程和行为准则,它本身也是企业价值观的具体化,体现着企业内部的标准化的管理行为模式。虽然信念能唤起人们积极实践价值观的强烈意向,但它并不等于人们的实践行为。从人们内心的信念到人们实际采取行动之间还要经历一个外化的过程。制度在这里起着规范工作行为的作用,以防止由于人类惰性而引发的机会主义。只有在工作的各个方面设定严格可操作的制度规范,才能对员工的行为实施监督和控制,随时把偏离的行为拉回到正轨上来。

(五) 使规范行为形成习惯

行为习惯的养成是一个行为自动化的过程,它有赖于同一种行为方式的反复采用。但当行为尚未形成的时候,重复以前的行为,需要行为主体付出很多体力,尤其是精力。这种补偿不能来自行为重复本身,而只能靠企业组织的积极强化和及时反馈以使人们预期有价值的行为再次出现。因此,成功的企业组织在向员工倡导某一价值观时,总是对于那些忠实于企业价值观的规范行为,采用多种方式进行表扬和奖励,一旦人们养成了某种行为习惯,就产生了对这种行为方式的强烈依赖。当某种行为情境出现时,人们会不假思索地去重复那种惯用的行为方式,否则会感到若有所失,甚至不知所措。一旦实现行为自动化,行为主体就既不需要选择行为方向,也不需要意志努力来控制自己的行动,这是心理学上所认定行为的自为阶段,它表现为行为主体的自律倾向。企业文化管理的各步骤都可以采用多种方法来操作,如员工培训、树立模范典型人物、公关典礼、娱乐活动、形象建设、奖惩措施等。但企业文化管理绝不能简单等同于响亮的口号或空泛的娱乐游戏,或设计精巧的徽章标志。企业文化是一个有机的和谐系统,它一定是植根于那些促进经营业绩改善的心得体验基础上,所提炼出来的价值观体系、制度规范和行为模式的总和。

二、文化管理预警系统

企业文化层级结构可表示为以下公式:企业文化 = 价值观体系 + 制度规范 + 行为模式。如此来看,企业文化就反映出以下关系的联结:

(一) 组织层与个体层的联结

我们知道"价值观体系"并不是每个员工的世界观、人生观的机械总和,它是高层管理者在整个组织中所倡导的观念体系。譬如企业发展愿景、企业经营理念、企业宗旨使命等都是组织层级的整体概念，而"行为模式"则是企业员工表现在外的待人处事方式，完全属于个体行为表现。这种员工个体的行为方式又是通过制度规范把价值观内容解释成一种成文或不成文的规则来约束个体行为选择倾向性的。

（二）思想意识与外显行为的联结

"价值观"属于思想意识形态领域的指导原则，即人们对于外界事物原则性看法的心理反应。而"行为"是人们对作用于我们机体的外在刺激经过头脑加工后的一种应激反应。这完全符合人的心理活动规律，即心理和行为是密不可分的，心理意识指导行为，行为反映心理。

（三）企业领导者与员工的联结

企业文化所涵盖的三个层级，使企业领导者与员工之间发生价值观和行为方式的相互交流和碰撞。领导者的经营哲学必须以一定的组织同化教育方式才能被员工内化为个人的行为指导准则，组织才能人心所向、行动一致。否则，在面对当今日益复杂多变的管理环境，组织讲究快速反应的情境下，仅仅依靠制度约束是很难准确完备地规范员工的应激行为的。

（四）管理各个部门的联结

由于"价值观体系"所反映的内容涉及企业运作中人、财、物、信息等管理的方方面面，因此从企业文化出发，以三个层级匹配程度为标准，即价值观体系所奉行的方针政策、制度规范所设定的规章措施、行为模式所表现的处事方式，就能够检验并了解企业人、财、物、信息等管理的运营现状如何。例如，企业文化倡导"顾客至上"的原则，但若制度规范不明确或员工未接受此理念，就可能出现员工怠慢顾客的种种表现。

由此，我们把企业文化视为一种良好的管理预警系统。它能把企业运作中的各种变化，从整体到部分、从内在思想到外显行为、从高层到基层，以及企业管理职能行使的各个环节等集于一身灵敏地表现出来。若能捕获这个聚结点所释放的信息，便可通过考察企业的运行状况来监督、改进整个系统的运行。难怪企业文化被认为是继人员、物资、资金和信息之后的第五大经营资源。这不仅表明一个成功的企业背后肯定有一个成功的企业文化支撑着，还显示出企业文化在其三个结构层次中是环环相扣、紧密联系来反映企业经营状况的。当哪一个层次或层级之间发生问题时，组织管理此环节的正常运作受阻，企业文化的和谐态遭到破坏，它就会在员工外显行为中表现出与倡导价值体系不相符，或与制度规范相背离的迹象，只要管理者善于捕获这种预警信号，必将可以把一些问题解决在萌芽状态。因而，对于企业管理者来说，绝对不能忽视企业文化所释放出来的如此丰富而详尽的经营信号。

企业文化管理是一种行之有效的人本管理模式。它把人放在企业文化的背景中,在尊重人的自主意识的前提下,强调只有企业员工的价值观与组织所倡导的价值观相符时,才能通过员工的自律行为来发挥人力资本的最大作用并且降低企业内部不必要的管理成本。正如 IBM 公司董事会主席小汤姆·沃森曾说:"就企业相关经营业绩来说,企业的基本经营思想、企业精神和企业目标远比技术资源或经济资源、企业结构、发明创造及相机决策要重要得多。当然,所有这些因素都极大地影响着企业经营的业绩。但我认为,它们无一不是源自企业员工对企业基本价值观念的信仰程度,同时源自他们在实际经营中贯彻这些观念的可信程度。"

企业文化管理作为一种和谐系统的管理思想,它既可以通过"外部规定——内在接受——外显行为"过程来发挥管理作用,同时也在管理方面表现为一种良好的管理预警系统。它可以通过企业文化自身所涵盖的三个层级嵌套关系的匹配情况灵敏地反映企业的动作状况。

第三节　演讲技巧的实践者

领导者在宣扬企业长远目标、推销企业价值理念时,必须做的一件事就是用明确、生动的语言表述出来,告诉全体员工实现目标和理念意味着什么。亨利·福特的整个创业史,都围绕着一个目标——为普通人提供个人出行工具。亨利·福特确定了他的这个目标后,向世界宣讲:"当我实现它时……每个人都将拥有一辆汽车。马将会从我们的马路上消失。"这种观念在当时无疑是一种领先的意识。亨利·福特最终为此创造了一种大规模生产系统,得益于此系统,他自己的工人也能买得起他们所造的汽车。好的演讲总的指导原则可以用威廉·佩恩(William Penn)的一句话来概括:"得体的讲话,用词尽量简洁,又总是通俗易懂,因为讲话的目的不是哗众取宠,而是让人理解。"

一、演讲术的发展

演讲术就是利用语言来教育、感动或使别人高兴的艺术。最早有关演讲术的论述始于公元前 5 世纪中叶的西西里人科拉克斯(Corax),遗憾的是他的论文并未流传下来,在以后数百年的岁月里,诸如古雅典的德摩斯梯尼(Demosthenes)和古罗马的西塞罗(Cicero)这样的实践家根据当时的标准和要求使得"演讲术"更趋完善。

后来的学者们出版了更多有关演讲术的著述,如亚里士多德(Aristóteles)的《演讲术》、昆体良(Quintilianus)在公元 95 年罗马帝国鼎盛时期所写的《雄辩术原理》,以及开创西方哲学思想先河的柏拉图(Plato)的《诡辩术》。

演讲术在其发展中演化为两种流派:一个流派为"诡辩学派",他们喜欢用华丽、复杂的风格,加入很多的花絮来增加乐趣。另一个流派为"雅典学派",主张通俗易懂,不加修饰的"演讲术",主张让内容本身来说明问题,反对不必要的修饰。

阿吉利和特劳尔(Argyle & Trower,1979)认为演讲应该做到以下几点:

(1) 用词和蔼可亲,同听众建立起友好的关系;

(2) 激起听众的情绪,如对某现象感到内疚、关注和焦虑;

(3) 举出强有力的事例,说明自己将采取正确的行动,解决大家所关注的问题;

(4) 对听众提出的异议都能熟练处理;

(5) 结论明确并提出采取行动的建议。

向公众发表演说既能体现自己的权威,也能争取到更大的支持。很多历史名人都是天才的演说家。德摩斯梯尼、马丁·路德、劳埃德·乔治、温斯顿·丘吉尔,甚至阿道夫·希特勒,无一不令其听众心驰神往。他们之所以这样,善于辞令功不可没,立论严谨也是主要原因。鲍拉(Cecil M. Bowra)在1970年这样描述德摩斯梯尼:"他毫无幽默感,风度也不潇洒,但他雄辩才能脱俗出众、不同凡响。当他号召自己的同胞奋起反抗暴君的统治时,字字铿锵有声,推理环环相扣无半分破绽。他竭尽以理服人之天赋……并提出缜密而可行的建议。"

二、演讲的技巧

进行演讲,需要从两个方面做好准备:一是材料,二是主讲者自身。阿戴尔(John Adair)认为,一篇讲话应由五个部分组成,即笼络听众人心的开场白、说明辩论的主题、论证自己的观点、批驳对立意见以及意在强化自己的论点和调动听众情绪的结束语。这份讲话"蓝图"至今仍备受推崇。

开场白的宗旨是抓住听众,使他们感到主讲人的报告值得一听。同时还应向听众说明讲话重点,以便他们在听讲过程中集中精力。如果主讲人事先点明将从三个方面论述自己的观点并驳斥两种对立意见,听众就会格外留神哪三个观点要树立和哪两个要批驳。

主讲人在论证自己的观点时要牢记自己的目的,即向听众灌输思想而不仅仅是罗列事实。对听众来讲,主持人列举的具体事例往往比他要阐明的观点更加生动,使听众印象深刻。一篇好的演说应力戒产生这种本末倒置的效果。假如演讲人是向社会推销产品,或者想说明工厂必须提高产量,他援引的事实(如产品售价、应该增产的幅度等)只能是借以强调自己的观点,使数据或标准更加鲜明。打个比方,这和准备一份巧克力的说明书很有相似之处:首先要列出一幅令人垂涎欲滴的巧克力的画片,并伴以"营养丰富味可口,馈赠佳品"等的文字注解;此外,还要列出配方主成分表和保存食物注意事项。虽说两方面的内容缺一不可,但是如果没有画片,仅仅一份配方成分表绝对无法唤起顾客的食欲和购买欲。

为了使听众便于记住讲话中涉及的各种概念并加深其对相互关系的理解,讲话人需要动用行之有效的手段突出重点。选用易于上口或押韵的关键词句就是很好的方式。例如,英文的"计划"、"进步"和"繁荣"的字头读音相同,就可以将它们连用,组成一个表现力极强的短语。另外,对主题进行高度概括、凝练成诸如"变革之风"和"扭转下降趋势"等言简意赅的短语也能收到同等的效果。如果有条件的话,还应该充分利用直观的教具,例如一个简单的图表就可以形象地说明各种概念之间的复杂关系。

登台演讲完全不带讲稿的人很少,其原因是为避免发言过程中出现丢三落四、张冠李戴,或者突然间忘记该说什么以及离题万里、信口开河的情况。要听众理解演讲的宗旨并非易事,如果演讲人再言不及义,势必增加听众的困难。一般来说,讲稿都应是提纲式的,重点一目了然,论据各随其后。至于那些有关的奇闻轶事和参考材料则可以以旁注形式列出,作为备用。在此指出撰写演讲稿的几项原则:① 首先确定重点;② 开场白别出心裁,引人注目;③ 适宜听众,为听众而写;④ 观点要明确;⑤ 辅之以生动事例;⑥ 用事实和数字证实观点;⑦ 用幽默使演说轻松自如;⑧ 精彩的结尾。

有些人在登上讲台之前往往怯场。这并非完全是坏事,它有助于激发斗志,使人们精神更加集中、思路敏捷从而踏上成功的坦途。但是过分紧张、丧失自信心,就只能导致失败。因为一个举止失措的人,不论他讲些什么,都难以在听众中引起反应。自我放松是克服怯场心理的一种方法。具体来讲,登台之时可以有意识地放慢脚步,集中精力努力使全身肌肉松弛下来。笑脸不仅使人放松,而且可以掩盖内心的紧张。调节呼吸的频率则是消除因紧张而造成的气短的最简便的方法,吸气时慢慢数到3,然后呼气,顺序数到9。接下来再按吸4呼12、吸5呼15逐步减慢呼吸速度。威尼弗雷德·马克斯(Winifred Marks)还提出了一种更复杂的做法,他在1980年这样描述:做几次深呼吸,气满胸腔,触动隔膜都可以使人放松。此外,也有人提倡一些难度更大的技巧。如以拇指和中指捏住鼻翼,食指放在鼻梁,然后通过拇指、中指的轮流使劲,强迫左右鼻孔单独呼吸等。

向公众演讲实际上也是登台献艺。主讲人给听众的第一印象对他们的听讲态度影响很大。研究表明,人们可以在不到0.15秒的时间里将他人归类,可以在不到30分钟的时间内对他人的性格做出永久的判断。讲演者必须突出自己的角色,并表现出高度自信,才能吸引听众以使他们愿意听下去。如何赢得听众,避免他们分心是一门学问。前面说过,开场白必须言之有物、简明扼要、引人入胜。但仅此还不足以达到目的,讲演者还应该使自己成为听众注目的焦点。实现这一目标的最佳措施是直视观众,即使他们并不友好,也要如此。此外,讲演者还需要树立一个精力充沛的形象。梅厄森(Mayerson)在1979年写道:"激情具有感染力。讲演者要说服别人,首先要对自己的主张坚信不疑。自信是一种催化剂,有助于观点的传播。同样一句'我们不能对废物无动于衷'的话,你可以边说边从裤子上摘掉一个线头,或者眼神游移、捂着嘴打哈欠、用手挠头;也可以身板挺直、加强语气,并稍做停顿、目视听众——效果绝对不同。"

讲演者不但要一登台亮相就抓住听众,还要吸引听众自始至终专心听讲。阿吉利1972年指出:"欲使听众情绪饱满、兴致不衰,就要援引一些轶闻趣事,调动听众的情趣。只要运用得当,即使夸张失实或滑稽可笑的例证也能为干巴巴的资料注入活力,易为听众所理解。但要切记,对这些不要发挥过度,千万不要对讲话的宗旨形成冲击。"

这段话的最后一点,在使用笑料时应引以为戒。当你准备、登台、演讲的过程中随机想到一个令人捧腹的事例并讲给听众的时候,必须牢牢把握一个原则:这样做的目的是为了帮助听众更好地理解你要说明的问题,笑料是用来强化主题的论证,决不能喧宾夺主、分散听众的注意力。

掌握讲话速度、选用恰当的语言是任何演讲者都要考虑的两个问题。向公众发表演说与平时和人交谈不同，需要放慢速度，否则语速太快，听众不可能听懂台上的人在讲些什么。此外，公开演讲还应一气呵成，切忌被人从中途打断，以便主讲人和听众都能从容地表达和消化演说的宗旨。在演讲过程中，适当调节讲话速度能够产生不同的效果。主讲人可以借此特别强调某项内容，也可以避免信口开河、废话连篇和不必要的口头语。

某位律师在向一般听众发表演说时，经常用"你们知道"或"照此看来"之类的口头语。于是，听众很快就把注意力集中在数这类废话出现了多少次，并在中间休息时边喝咖啡边相互核对谁算得最准确。最后一致同意"你们知道"这个口头语每16秒出现一次，而"照此看来"每47秒出现一次。至于律师究竟谈到哪些问题则知者寥寥无几。诸如此类的口头语，往往因思维和表达之间存在着瞬间的时间差异而脱口而出，填补空白。适当调整讲话速度就能克服这种弊端。行话或专业用语常使外行听众感到不知所云。但是大部分人都有自己的行话，所以讲演者必须选用听众都能听得懂的语言才能达到交流的目的。即使用词的字义并不难懂，如果讲演者有意炫耀自己的博学，也会引起听众的反感。不一定非要选用专业词汇来替代同义的普通词汇。

结束语与开场白同样重要。主讲人借此归纳自己的观点，加强其对听众的影响，并促使听众做出积极响应。为实现以上既定目标，演讲人可借助多种多样的方法。比如讲一个既能全面体现自己的观点而说服力又极强的故事，或者提出一系列尖锐的问题，使听众回味自己的演讲并从中得出应有的答案，或者直截了当地指出各种论点之间的内在关系等。

直观教具是增强演讲效果的有效工具。对任何人来讲，看到的东西比听到的东西更容易记住，更便于理解。但直观教具不能取代论证，滥用反而会冲淡主题。

最后给出几条图片使用原则以供参考：① 一分钟不超过2张；② 标题不宜太长；③ 条目不超过6条；④ 显示关键数字而不罗列数据清单。

本章小结

一位有效的领导者必须在至少两种环境中堪称能手：一是处于最高层次上的思想鼓动者；二是处于具体的最普通层次上的行为促进者。而存在于无形之中的企业文化就是领导者鼓动追随者的重要思想源泉。

在企业文化的塑造中，首先要设计好企业的未来，即企业朝什么方向发展，从而确定企业的长远目标，由此决定企业成员成长和发展的目标。有什么样的企业目标，就会决定企业塑造何种形式的企业文化。价值理念是企业文化最深层次的要素，我们结合基于价值观的领导理论探讨了作为价值理念的推销者的领导者。塑造价值观的领导者，首先要有高瞻远瞩的视野，这才能激发起几十、上百乃至成千上万的员工的激情和干劲来，这种成功与领导者是否具有超凡领袖魅力的个性，并没有太大的关系。相反，这种成功靠的是领导者去躬身实践他想要培植的那种价值观，持之以恒地献身于这种价值观，并以非凡的坚韧去加强这种价值观。这样，这种价值观就可以在下属间扎根发芽了。

企业文化管理是一种行之有效的人本管理方式。企业文化管理不但可以通过"外部规定——内在接受——外显行为"过程发挥管理作用，而且可以通过企业文化自身所涵盖的价值观体系、制度规范、行为模式之间层级嵌套关系的匹配情况反映出一种良好的管理预警功能。

有了激情与韧性，如果再懂得一些演讲的技巧，每个领导者都可以成为优秀的演讲家了。事实上，演讲中最重要、最难以把握的仍是如何表露出内心的激情去影响和感染台下的听众。这也就是为什么许多演讲家都是自起底稿，而且底稿也只是寥寥数语的纲要的原因，他们把连篇的妙语都留给了演讲现场中即兴的发挥了。

练习与思考

1. 领导者通过什么样的方法才能有效地在其组织中形成想要的文化？通常有哪些方法有助于一种文化的形成？
2. 衣着、形体是否会影响领导者的演讲效果？

正文参考文献：

[1] 埃德加·沙因：《企业文化与领导》。北京：中国友谊出版公司，1989年版。
[2] 德鲁克基金会：《未来的领导者》。北京：中国人民大学出版社，2006年版。
[3] 高冬成："徐少春：胸怀多大，企业就多大"，《财经界：管理学家》，2008年第7期，第20页。
[4] 尚玉钒、席酉民："企业文化管理与管理预警研究预测"，《预测》，2001年第5期，第9—13页。
[5] 思铭译：《哈佛商业评论精粹译丛——领导》。北京：中国人民大学出版社，2004年版。
[6] 魏新："重症不下猛药"，《财经界：管理学家》，2008年第2期，第18页。
[7] 吴维库等：《基于价值观的领导》。北京：经济科学出版社，2002年版。
[8] 吴维库等："以价值为本的领导行为与团队有效性在中国的实证研究"，《管理世界》，2002年第8期，第97—104页。
[9] 宣兴章："'信''戒'：蓝血企业的秘诀"，《北大商业评论》，2007年第8期，第148—151页。

案例研究

十一设计院的企业文化建设

一、案例背景

通常认为，国有企业往往存在制度与文化两方面的管理缺陷。在高度激烈的电子行业中，面对强大的国际竞争，传统的国有企业应该如何应对？如何强化它们的竞争优势？在这方面，电子第十一设计研究院给了我们很好的答案。

1964年5月，为了适应电子工业的未来发展，国家计委和国防工业办公室在辽宁锦州建立了第二个无线电工业设计院，取名为第四机械工业部锦州设计院，简称十一设计院。1966年3月，响应国家加强战备和三线建设的精神，十一设计院迁往四川绵阳。1988年6月，基于国家改革开放政策的需要，十一设计院进一步迁驻四川成都。当时，我国电子行业特别是电视机产业,正在迅猛发展。电视机的两大部件,即集成电路和显像管,成为产业发展的基础部件。这两大部件的生产都需要高度净化的厂房、复杂的设备及动力系统,根据当时电子工业部的决定,十一设计院主要负责其中的集成电路领域生产设施的设计任务。

集成电路(IC)对国民经济的贡献可以简单地用1:10:100来计算,即1块钱的集成电路可以支持10块钱的电子产品,10块钱的电子产品又可以带动100块钱的消费市场。2000年6月,一纸文件促成了如今集成电路设计业的繁荣,这就是《鼓励软件产业和集成电路产业发展的若干政策》(简称18号文件)。在这份文件中,明确提出国家对集成电路产业的态度,并在投融资政策、税收政策、进出口政策方面给予优惠,中国半导体产业扶持政策基本成型。由于18号文件的巨大导向性扶植政策吸引了大量国内外资本和行业外资本涌入国内半导体行业之中。中国各地开始如火如荼地上马芯片设计企业,促成了上海、西安、北京、成都、无锡、深圳、杭州等七个国家集成电路设计基地的建立,同时还诞生了很多地方性的设计基地。包括联电、台积电等制造大厂也纷纷来内地投资。

几乎同时,在十一设计研究院里也发生了一件很重要的事情。2000年7月,信息产业部任命赵振元同志担任电子第十一设计研究院院长,这标志着以赵振元为核心的新一届领导班子的成立。在历史的时间坐标上,这两件事情的不期而遇促使十一设计院进入了蓬勃发展的时期。

作为国有科研院所,在激烈的市场竞争环境下,如何把握机遇,适应环境,寻求生存和发展的空间,是生死存亡的抉择。2002年2月,赵院长提出改制想法,得到了主管部门电子信息集团(CEC)的认可与支持。经CEC同意,2002年3月,十一设计院正式提出改制方案,决定成立信息产业电子第十一设计研究院有限责任公司(EDRI),并成立董事会和监事会,重新聘任经营班子,建立法人治理结构。按照中电企〔2001〕232号文件,EDRI改制分两步走:第一步是由事业单位企业化管理改制为科技型企业,第二步是在条件成熟时改制为有限责任公司或股份有限公司,建立现代企业制度。经过EDRI领导班子的辛勤工作,这两步在短短三个月后就全部完成,并成为国内首家事业单位整体改制的案例,而此后他们所推行的全员持股计划也成为国内的典型案例。2004年8月,在由国务院国资委研究中心和中国经济体制改革杂志社等机构发起的"中国改革之星"评选活动中,赵振元获得第二届"中国十大改革创新人物奖"。

经过四年的改制,EDRI的合同额由2000年的1亿元增加到2004年的5.3亿元,净资产由6 000万元上升到1个亿,其中国有资产由2 100万元上升到3 500万元。这四年EDRI所获得的国家级奖项超过过去36年的总和,并连续三年位于全国勘察设计百强行列,被评为中国电子信息产业集团公司优秀企业。EDRI在国内集成电路、光纤光缆工程设计领域占有高达70%和90%的市场份额,在生物医药、液晶显示、电子工程、建材、民用建筑等领域实力激增,被国际同行评为"中国内地最有价值的高科技工程设计院"。

解决了制度问题之后,文化和观念障碍就成为EDRI面临的关键问题。在计划经济年代,设计院作为国家控制投资的机构,在基本建设中充当着非常重要的角色。因此,设计院员工会形成一种"说话算数"的"主人"意识。"我这样设计,任何人要想改都不行";"谁想要左右我的设计思想,特别是要更改已经完成的设计,都是对主人的冒犯和不敬"。

对于修改要求,首先想到的是拒绝。市场经济的浪潮,荡涤着一切与经济发展不相适应的旧思想、旧习惯。随着经济体制改革的不断深入,设计院的地位也从"主人"变成了"服务生",地位改变需要与之相适应的观念更新。

2002年11月和2003年4月,赵振元院长和冯孝康书记先后到海尔考察,学习海尔企业文化建设的成功经验,并切实体会到"没有企业文化,企业就走不远";"文化具有整合力,可以涵盖企业的许多内容";"文化是历史与实践发展的产物,文化必须精心培育";"文化主要不在于说,而在于行动,在于做";"文化建设是企业家与员工共同的事"。2003年6月,经过深入思考之后,EDRI对其文化理念进行了充实和完善,并形成《企业文化手册》第一版。同时,也对物质层面的文化表征通过表4-1所示的方面进行了总结和凝练。

表4-1 物质层面文化表征的具体内容

事务用品	统一的名片、工作证、请柬、贺卡、会议牌、纸杯、手提袋、礼品包装纸
服装服饰	统一的工作服、安全帽、工作鞋
环境空间	总院、分院的办公楼统一装修,统一配备办公设施
广告文宣	统一的文件格式、简报版式、宣传资料、网站建设
办公用品	文件柜、信笺、传真纸、便条、不干胶纸贴、资料袋等的统一设计

形成物质层面的表征之后,EDRI开始从理念层面思考企业存在的本质。在与美国IDC、德国M+W以及日本、中国台湾、马来西亚、新加坡、韩国等一大批国际化企业的竞争与合作中,EDRI深刻认识到客户服务的市场地位,转变了以往"客户就是利润源头"或者简单认为"顾客就是上帝"的看法。进而提出,EDRI最终受益的前提是永远让客户满意,明示利润不是EDRI追求的根本目的,客户满意才是追求的目标。EDRI的领导班子逐渐认识到:一个企业如果没有统一的行为规范,没有一种精神力量,没有一个共同的理念,是不可能搞好的。理念作为企业文化的重要内容,是针对企业自身发展状况明确扬弃的警句,其作用在于通过宣传贯彻,成为全体员工自觉的行为准则。作为国内本土立得住且叫得响的设计品牌,EDRI明晓自己在国内外市场的应对策略。如此细致深刻的剖析,不仅可以确保在竞争中处于有利位置,而且给予企业从精神和感情层面感动客户的睿智。EDRI提出"以振兴中国民族高端设计服务业为己任"的企业使命,并进一步凝练成为"诚信、敬业、协力、创新"的企业精神。

(1) 诚信

把诚信放在首位,使之成为企业文化的核心部分,充分体现出电子设计行业的竞争特点。招商引资是各级政府的重要职责之一,十一设计院一直把协助政府招商引资作为企业的社会责任,到目前为止,共协助全国各地政府引资20多亿美元。在此过程中,十一设计院在很大的利益诱惑下坚持诚信原则,放弃不当利益,坚决抵制和揭露有损国家利益的招商活动,显示出了高度的社会责任感。为了体现出诚信观念的整体性,赵振元在个人行为方面也特别注意言行一致,表里如一,严于律己,要求别人做到的自己首先做到。他认为:"诚信就是实事求是,实事求是包括对自己成绩和缺点的实事求是。不能只对成绩实事求是,而对缺点文过饰非。因此,院领导必须带头作批评与自我批评,全体干部也必须习惯于批评与自我批评,要勇于拿起这个武器。拿起这个武器,清扫自己如同大汗后洗澡,淋漓尽致。"诚信使管理层与员工之间建立了相互信任的关系,并让管理层赢得了员工的尊敬和爱戴。

(2) 敬业

干一行,爱一行,高度的敬业精神、严谨的工作态度、高标准的工作要求是EDRI奉行的准则。EDRI组织规模庞大,在全国各地都有设计分院并接受各地业务,由此带来的一个重要问题就是员工经常出差。由于项目本身的特点要求,员工经常两三个月甚至长达一年或更久地在外出差工作。无论是当初的老员工随时准备背包受命还是现在的员工积极服从组织安排,长期形成的"设计院文化"使得员工能够很好地理解和执行组织任务。

(3) 协力

行业特点导致EDRI的团队建设成为任务完成的重要保证。只有精诚合作,各施所长,才能形成企业战无不胜、攻无不克的竞争优势。协力体现在专业之间、部门之间、分院之间,同时也体现在员工之间。高质量的设计任务对员工技巧和经验的要求很高,这样的隐性知识是企业核心竞争力的关键,但这也往往是新进企业的员工最欠缺的技能。除常规的培训体系外,传统的"师傅带徒弟"的做法一直被企业继承并发扬起来,许多员工都清晰记得自己刚进企业时自己的师傅耐心指导他们的幕幕场景,直到现在每当逢年过节时,他们都还要到师傅家里坐坐。为了凝聚员工关系和分院关系,2007年9月在新员工进入企业之际,企业组织了"相知、相识、相爱"的活动,取得了很好的效果。

(4) 创新

创新要求企业不断挑战自我并超越自我,只有这样才能开拓出更广阔的发展空间。创新是EDRI不竭的动力,企业领导层敏锐地感觉到,我国社会已经完全融入世界经济的背景,国内市场也已经全部系于国际分工的体系,竞争多元化呼唤民族设计力量的复兴和崛起。只有不断创新,才能把握国际高科技发展的脉搏,引领高科技设计公司发展的潮流。企业将这种创新观念和危机意识贯穿于生产、经营、管理的全过程,促进了观念创新、制度创新、管理创新,取得了突破性成就。企业用短短三年时间完成了事业单位向科技型企业、科技型企业向有限公司的转制,为企业资本运作搭建平台;在制度上,企业冲破了几十年事业单位管理模式的禁锢,实行全员合同、竞聘上岗、绩效考核、评聘分开。企业在高端市场上成功中标电子工程、芯片工程等,捍卫了我国在国际高科技工程市场上的尊严与地位。

二、案例分析

有了企业文化体系和理念之后,文化建设能否摆脱"说起来重要,做起来次要,忙起来不要"的尴尬境地?要做到这点,需要EDRI在正确认识企业文化的基础上,正确对待企业文化。EDRI确定了企业文化建设的三个原则。首先,不要迷信企业文化。通过内外部的不断讨论,员工认识到:就短期而言,企业文化解决不了产品销售问题,解决不了人员报酬问题,也解决不了财务危机的问题。那为什么要建设企业文化?很简单,长期而言,企业文化能解决人特别是人的观念问题。"道不同不相为谋",这是中国人的古话,也是企业文化建设的核心。没有相同的观念,企业只能分崩离析,无法形成合力。其次,不要糊弄员工。不要以为企业文化只是说给员工听的,不要以为企业文化只是展示企业形象用的，企业文化就是领导层的做事风格，"上梁不正下梁歪"，企业领导以身作则是企业文化建设的关键，关系到企业文化的真实性和有效性。再次，不要貌合神离。有些企业说的是一套，但做的是另外一套，心口不一，内外不一，这样的文化不但不能凝聚人心，反而会削弱领导权威，破坏企业氛围。

更进一步，EDRI 需要将以上的文化要素逐渐制度化、稳固化。随着改制不断深入，企业快速发展，这其中涌现出了不少的先进事迹和个人。为了激励这些员工，企业一改多年"双文明积极分子"、"双文明员工"、"优秀员工"、"优秀干部"等评选内容，提出"年度最佳人物奖"的评选办法。在物质奖励上，实行重奖，增加了对员工的吸引力；在评选方式上，实行各单位初选、经营班子按照一定比例遴选、在一定范围内对入围人选实行公投，体现出公正性；在揭晓方式上，将评选出的"最佳人物奖"获得者的事迹制作成光碟，并在年度表彰大会上进行揭晓，增加了评选的新鲜感和神秘感，增强了获奖人员的自豪感和荣誉感。经过三年的实践，企业形成了一套个性化的奖励体系。用赵振元院长的话来说，"EDRI 企业文化的一大特点就是建立了以最佳人物奖为核心的奖励体系"。

"以院为家、院兴我荣、院衰我耻"的信念，让每一位员工与企业同呼吸、共命运。家的感觉在 EDRI 体现得尤为强烈，生活中的每一个细节、每一个难处，都可以从离退办、物管中心的工作人员那里获得帮助，工会还经常组织员工参加各种文体活动，分院间定期举办足球、篮球的区域友谊赛，丰富了员工的业余生活。除了年轻人参与的球类活动外，企业还组织家庭成员一齐参与的别开生面的趣味运动会，这些家庭式的竞赛活动，培育了员工团体拼搏精神，丰富了员工文化生活，增强了团队的协作意识，增进了干群友谊，陶冶了员工的情操，把家庭的亲密关系带到 EDRI 人的工作生活中，这样温馨的感觉在员工的心中留下长久而美好的回忆。

2001 年 9 月，企业投资 600 多万元，着手生活区域路面与生活环境的改造工程，原来的水泥路面全部披上新装，统一采用高质量广场砖铺砌，生活区和广场的绿化专门请专业园林公司设计、栽种。集草地、绿树、鲜花、小瀑布、小亭、水池、石凳、木椅、室外健身器材等于一身的爱德休闲广场的修建，为员工工作之余提供了休息放松、娱乐的场所，成为成都市最美的居住小区之一。企业餐厅每天为员工提供四菜一汤的免费午餐，一周内不重样，大家中午就餐的机会为各部门人员构建了一个相互交流的平台，同时也让院领导及时了解了员工的想法。这样的沟通没有过多的客套，更没有等级之分，大家彼此放松，相处更为融洽。

随着时间的推移，EDRI 企业文化建设的效果越来越体现出来，成为近年来企业快速发展的重要保证。赵振元院长在获得"成都市企业文化建设优秀奖"时讲道："我们企业文化建设方面做了一些基础性工作。但是，由于企业文化涉及面较广，且内容深刻丰富，必须靠企业经营管理层和企业家与全体员工共同建筑，才能形成企业自己的文化风格。可以这样说，在搞好物质建设的同时，企业文化是不可缺少的重要组成部分。因此，企业要在思想上引起重视，深刻认识企业文化建设的重要性，在行动上身体力行，精心培育企业文化，使员工的价值观念、信仰追求与企业的行为准则、经营特色和管理风格等形成一个整体，朝着铸造百年 EDRI 的目标努力。"

三、结论与启示

从 EDRI 案例,我们可以看到,领导者在企业文化的建设过程中有着重要作用。但同时也应该看到,企业文化不仅仅是领导者或老板倡导的文化。施沃茨(H. Schwartz)和戴维斯(S. M. Davis)就提出,企业文化是一个公司全体成员所共有的信念和期望的模式。由此可见,企业文化是企业全体成员的文化。企业文化的建设一定要让全体员工参与进来,发挥全体员工的主动性。

案例参考文献:

[1] Schwartz H. and Davis S. M., *Matching Corporate Culture and Business Strategy*. AMACOM, a division of American Management Associations, 1981.

第五章 谈判桌旁的领导者

卡恩(Robert L. Kahn)教授曾说过"人生就是一张谈判桌",领导者在工作中也要时时刻刻面对各种各样的谈判活动。在日常工作中,领导者常常要与同事、上级、下属、政府等个体或机构进行交往。在交往中,由于利益、关系、结构、价值观、过程、数据等方面的不同认识,导致领导者无法使他们采取与自己意愿相同的行动,这时领导者就必须进行无形的谈判活动。一般而言,谈判的成败取决于:该问题是否可以谈判;谈判者是否不仅乐于"取"而且愿意"给",愿意进行等价交换和愿意做出妥协;谈判双方是否能在一定程度上相互依赖——否则,过分的保证条款会使"协议"难以实现。

第一节　领导者作为谈判者

有些企业领导者认为,成功的企业就应该像一台高速运转的机器,企业运作的良好境界就是高度的制度化,即所有细节化的任务都可以做到有章可循,可以通过明确的工作流程来进行。但是领导者的作用不应只是完成组织的指令,每个组织都会面临外界的不确定性和矛盾,这就需要领导者不断地与其他组织或者组织内部的其他个体进行谈判。例如,在实施目标管理过程中,领导者与其上下级之间共同制定目标的过程,领导者为协调下属之间的矛盾与冲突所进行的协调活动等。对于基层领导者而言,谈判活动尤为重要,因为这是他们在组织内部进行横向联系时最主要的手段。例如,在当前以客户为导向的经营环境下,客户支持部门在处理外界顾客的售后服务要求时,有时需要生产或者设计部门的帮助。这点在高科技企业内部非常普遍。为了提高服务的有效性和快速性,同级部门之间的相互沟通与磋商就成为最重要的途径。当然,这里所说的谈判比通常所说的贸易谈判概念要广泛得多,它描述了在复杂的人际网络中领导者所扮演的协调性角色。作为"头面人物",领导者的出席往往使得谈判过程本方的信誉度大大增加,作为"发言人"的角色可以使得领导者向谈判对手更加准确地阐述清楚本方的立场、态度和价值观取向;更重要的是,"资源分配者"角色赋予领导者对组织资源更灵活的调配权,这点在谈判过程中也是至关重要的。

对领导者而言,谈判知识与技巧的学习与运用可提升企业的经营绩效:

(1) 对日常工作

组织活动冲突不可避免,但冲突并不可怕,问题在于如何处理冲突,如何转化为建设性的冲突。选择以谈判方式,迅速而有效地解决冲突,是领导者应具有的技巧。

(2) 对统御的执行

谈判的运用能促进组织内相互的信任、尊敬与沟通,满足成员的需求,进而建立彼此共通的情感,达成对组织目标及愿景的共识,执行有效的统御。

(3) 对团队合作的促进

领导者可用谈判化解组织与个人的怪异行为、非理性的抗争、对程序与资源分配的不满,进而维持良好的工作氛围,提高团队的工作效率。

(4)对经营业绩的提升

谈判技巧的运用可掌控议价的过程,通过讨价还价,不仅可达成自己的理想目标,也能给予对方较高的满足程度,增进当前及以后的时机与获利。

一、谈判的特点

谈判是一个朦胧而复杂的现象,人们对它做出各种解释,并提出与之相适应的定义。对谈判的众多定义进行分析之后,我们归纳出其共性如下:

(1)对参与谈判的各方来讲,谈判都是"施"与"受"的互动过程。在谈判出现了分歧意见时,很少见单方面让步的情况,通常是双方各自做些让步,以目前损失的较少利益来换取谈判成功后更大的利益收获。也就是说,谈判是一个调整局部以达到整体系统平衡的过程。

(2)谈判的各方之间是既合作又冲突的关系。只有谈判者之间努力本着合作的原则,才能使谈判最终达成协议,但同时谈判者之间的利益又是相互矛盾的。也就是说,对于谈判者之间协议的达成、利益的划分、平衡的确定不是一成不变的机械过程,也不是仅受一两个因素影响的简单过程,而是受多种复杂因素影响的辩证统一的过程。

(3)正因为影响谈判的因素是复杂而多样的,因此谈判结局对各方来讲是"互惠"但"并不平等"的。例如南北和谈中,由于发达国家可以在原料、技术、资金等方面对发展中国家进行控制和垄断,从而导致了谈判结果对发展中国家而言,虽然也能受益但却并非平等的。

(4)尽管谈判结果具有不公平性,但只要参与谈判的各方对谈判均有否决权,则谈判的过程就被认为是平等的。以上例而言,如果说南北和谈结果对发展中国家没有一点预期收益,它们完全可以不参与谈判。

二、谈判的实质

(一)谈判不是棋赛

人们常把谈判比喻为棋赛,其实这是个很错误的比喻。如果把谈判看做一盘对弈,就意味着以一种纯粹比赛的精神去谈一笔交易。怀着这种态度,谈判者就要竭力压倒对方,以达到自己单方面所期望的目标。即使他能巧言令色,说服对方"来一盘"这样的谈判过程,他也是在冒不成为赢者、便成为一败涂地的输家的风险。诚如美国女诗人埃德娜·圣文森特·米莱所说:"小耗子逼急了,也会鼓起勇气回头咬你几口。"谈判的目标应该是双方达成协议,而不是一方独得胜利。谈判的双方都必须感到己有所得。即使其中有一方不得不做出重大牺牲,整个格局也应该是双方各有所得。

（二）成功的要诀在于寻求平衡

从美国谈判学会主席尼尔伦伯格（Gerard I. Nierenberg）写出《谈判的艺术》一书至今已四十多年了,谈判学已经深入历史学、法学、经济学、社会学、心理学乃至控制论、普通语言学、对策及决策论、一般系统论等方方面面,然而迄今为止,还没有一种普遍的理论可用于指导一个人的日常谈判活动。我们不得不一再地采用"吃一堑长一智"这种笨拙的方法去学习谈判。一个人自称有三十多年的谈判经验,也许只是三十年来年年都犯同样的错误罢了（Nierenberg, 1986）。总结尼尔伦伯格、克罗斯（R. M. Krauss）、雷法（Howard Raiffa）、卡恩、斯科特（Bill Scott）、扎特曼（William Zartman）等几位谈判研究名家对谈判经验的总结,我们认为,谈判成功的要诀在于寻求平衡,这种平衡体现在合作与竞争的关系,风险与收益,经济利益、合作关系、自身声誉等各种收益间的平衡中。谈判就如走钢丝,既坚定又不强硬,既灵活又不显得随大流。

1. 合作与竞争关系的平衡

合作的方法有很多优越性。它使谈判的成果更加丰硕,使达成的协议更能经受时间的考验。人们从小就受到一加一等于二和二减一等于一的教育。在他们的一生中,大多数人往往都用算术原理去判断什么是合乎需要的,什么是令人失望的。所以,不难理解有的人会把"你输我就赢"的(加减法)算术概念运用于谈判活动。他只是用简单的等式来判断人的行为而已。前些年,美国有一位著名的职业运动员想要得到更高的年度合同酬金。接连几个赛季,他都试着自己去谈判,但都没能达成满意的协议。这位运动员虽然颇有几分家财,而且聪明伶俐,但他却很怕羞。他承认,自己斗不过那个不讲情面的总经理。再说,那个总经理手中还有一张王牌:一项使运动员不能跳槽的"保留条款"。

总经理一再迫使这位球员不得不签订低于应得报酬的合同。这位运动员对此已感到如此颓丧,以至于只敢用通信的方式同那个总经理谈判。甚至谈判还没有开始,他就已觉得给打败了。

这时,有个代理人找上了这位运动员。他提出了一个解决办法。诚然,那项"保留条款"使他不能以跳到别的球队相威胁,但这并不能阻止他退出体育界。

这位运动员虽然腼腆,但却讨人喜欢,模样儿也长得很不错。在影视界,扮相比他差得远的人还能上镜头。于是,他同一个独资的制片商开始谈判,拟订一项为期五年的合同。

这么一来,那个总经理突然受到了压力。假如这位球星挂靴而去,球迷们就会闹翻天,他的生意就告吹了。这位运动员的谈判终于使自己的报酬大为增加。到了下一个赛季,这个球队的其他队员也都如法炮制。他们毫不留情地尽最大可能向那个总经理"漫天要价"。

假如那个总经理在谈判中不是那么贪得无厌,不是那么专横,他本来可以朝着合作的目标去努力,改进这个俱乐部,而不是一味抵制正当的要求。人们可以从中汲取教训,切莫尽打自己的"如意算盘",得寸进尺,欺人太甚。

然而,合作无需摒弃竞争。竞争的作用体现为一个整体化的过程。竞争使每一个人得以估量自己同别人抗衡的能力和手段,使他们得到相应的报偿。实际上,竞争是合作的成果。

对于共同利益的追求是取得一致的巨大动力。富兰克林·D.罗斯福指出:"我总是把桥梁看做是共同意识的最好象征。"但是,让我们再加上罗伯特·班齐里所说的一句话:"在我看来,架桥之难在于开头。"

2. 风险与收益的平衡

谈判者在谈判中面临着两种风险:一是有可能由于要价太高,使得对方退避三舍,不愿继续谈下去,双方都丧失了可以到手的收益;另一方面有可能由于要价太低,甚至低于对方的保留价格,丧失了一些本可以努力而获得的机会收益。

谈判,每次都不相同。有时候,当对方处于讨价还价的有利地位,他就想要利益独占。有时候,你又不得不在谈判桌上尽可能有所挽回,不至于丧失全部利益。谈判,就是给与取。然而,每一方都时刻提防对方可能损人利己的任何苗头。

3. 经济收益与合作关系的平衡

合作关系在谈判过程中也是不可忽视的因素。精于谈判的专家们不玩谈判的游戏,他们晓得妥协和调解的艺术,知道在获取共同收益的同时建立良好合作关系的重要性。合作关系可以创造良好的工作环境,增进趋同情绪和信任,容易达成协议,同时也为长期的业务发展创造了条件。因此谈判中合作关系的追求并非蒙在经济收益上的幻境女神的面纱(Veil of Maya),而是一种实实在在的追求。戴维·拉克斯和詹姆斯·西本斯(David A. Lax & James K. Sebenius, 1986)称经济收益为谈判中的有形收益,合作关系则是谈判中的无形收益。这两种收益在谈判中都是必不可少的。

应该指出的是对于经济收益和合作关系两种收益的侧重观念,各个国家和民族不尽相同。一般认为,以美国为代表的西方文化更强调经济利益的实惠,因此认为谈判就是签订合同;而以日本和中国为代表的东方文化则更强调合作关系,因此他们视谈判为广结良缘的机会。

"和"(音 wa)在日语里意思是"和谐",这也是在日本做生意常关心的至关重要的问题。在日本人看来谈判就是通过相互理解、相互尊重、相互欣赏而建立一种"和"的人际关系。在建立牢固的关系之前,日本人都在收集着对方尽可能多的信息,判断双方是否相适应,是否可以建立"和"的关系,应该怎样去建立。然而,这种"和"的关系并不表示没有竞争性。我们知道,日本人是极富有竞争性的,这种"和"的人际关系只是为竞争性的商业谈判奠定了基础和条件。其他国家和地区的谈判者也都或多或少具备着这种特点(Foster, 1993)。

三、领导者的谈判风格

不同的领导者会表现出不同的谈判风格。对谈判者素质、个性以及其他个体因素的研究起源于20世纪50年代。1975年,杰弗里·鲁宾(Jeffrey Z. Rubin)和伯特·布朗(Bert R. Brown)出版了《讨价还价与谈判的社会心理学》(*The Social Psychology of Bar-*

gaining and Negotiation)一书。在书中,作者详述了200多项可能影响谈判结果的个体因素(例如年龄、性别、民族传统和文化、社会经济状况等),为该领域的进一步发展奠定了良好的基础。

新加坡资深外交家、曾担任驻联合国大使和第三届联合国海洋法大会主席的许通美先生,谈论过优秀谈判者的特征并且高度评价基辛格的个人智慧与能力。他认为,一个优秀的谈判者,不论是印度人、美国人、加拿大人、英国人、加纳人,还是什么别的国家的人,都有一定的技巧、才能与天分,会受到其脾性与气质的影响。有些美国谈判者让人难以与之合作,有些则很容易赢得别人的信任。具备什么样的品质才能赢得别人的信任与信心呢?这些品质包括人格方面的魅力及主导者所特有的素质。如果谈判者是享有能干、可靠又值得依赖的声誉的人,那么别人就会视其为主导者而信任并服从其决定。"领袖气质"一词没有什么用处,因为它不能准确地描述那些赋予某些谈判者而非别的谈判者主导地位的素质。例如,基辛格并不具备领袖气质,但他立场坚定,沉着、冷静,并且智慧超人,讲话语调平稳。1976年当海洋法大会在工业化国家与发展中国家之间形成僵局时,时任美国国务卿的基辛格尽管不了解海洋法的背景且对海底开采一无所知,但他只在纽约与美国代表团开了一上午的会,在下午会见了77国集团的领导人,然后在当天就创造性地提出了照顾到所有国家意愿和要求的协议框架。

(一) 谈判者个性的分类

早期的有关谈判者个性的研究存在一定的缺陷,表现在他们对于个性特征的选择主要出自"方便"原则而不是"真正与谈判活动相关"的原则。例如,许多个性变量仿佛是已经预先给定了的,因为只有这些变量才能在已有的个性研究中找到良好的量度指标和测试题目。这虽然使得个性测量变得容易,但却很容易遗漏更多对谈判有直接影响的因素。因此,20世纪80年代以后对个体特征的研究变得更加宽泛,而且变量的选择更趋合理。

谈判者解决冲突的策略研究和显性谈判都与个体差异有关联性,而且个体差异还表现在以上两点以外的其他特征上,例如谈判性质的认知、欺诈性、风险态度等。拉尔夫·基尔曼(Ralph H. Kilmann)认为处理一种冲突事项,有竞争、合作、回避、迁就和折衷五种解决的策略。谈判者具体会采取哪项策略措施,取决于其理性的判断,从而选择最有可能导致其期望结局的策略。

然而,现实的经验和系统的研究都表明这种选择也可能是出自谈判者个性的主观印象。判断冲突解决策略能否接受的指标主要是谈判双方对彼此收益的权衡,这分别体现在个性特征的两个方面:一方面可以用"坚持己见"表示谈判者对己方收益的追求,另一方面可以用"合作态度"表示协助对方获得预期收益的意愿。根据这些研究结论,基尔曼和肯尼思·托马斯(Kenneth W. Thomas)总结出解决谈判问题的五种不同个性特征,并分别归类其优点和缺点,如表5-1所示。

表 5-1　谈判者个性托马斯-基尔曼分析表

类型	优点	缺点
分配-竞争型	a. 雷厉风行、敢对峙、有威信、积极 b. 坚定、有弹性 c. 有首创性	a. 易激动、不耐心 b. 喜欢统治、独断专行 c. 缺乏灵活性 d. 心理准备不足
问题求解型	a. 眼界开阔 b. 有创造性、足智多谋 c. 无拘无束、正直 d. 有预见性、保证有把握	这种类型没有显著的弱点，但前提是谈判要便于这种类型在谈判空间内发挥
妥协型	a. 善交际、懂得灵活用手腕 b. 懂得利用场外活动 c. 容忍分歧	a. 可能被人视为软弱 b. 往往过分依靠机会 c. 接受不好不坏的结果 d. 过分注重交易
退却型	a. 慎重、懂得"听其自然" b. 往往是稳重的 c. 懂得必要的掩盖	a. 要求不高 b. 不够有弹性 c. 不热情、防守型 d. 悲观或过分玩世不恭
非常合作型	a. 懂得创造良好的气氛 b. 会排除夸张的成分 c. 心理反应敏锐 d. 坦率	a. 可能被人认为不现实、幼稚 b. 弹性往往不够 c. 太感情用事

由此可见，谈判者的个性不同，并且是各有优缺点的。谈判者个性的划分并非为了区别谁是"卓越的谈判家"，而在于为谈判者提供扬长避短的依据。

(二) 权力型谈判者

权力型谈判者的根本特征是对权力、成绩狂热的追求。为了取得最大成就，获得最大利益，他们不惜一切代价。在多数谈判场合中，他们想尽一切办法使自己成为权力的中心，我行我素，不给对方留下任何余地。一旦他们控制谈判，就会充分运用手中的权力，向对方讨价还价，甚至不择手段，逼迫对方接受条件。他们时常抱怨权力有限，束缚了他们谈判能力的发挥。更有甚者，为了体现他们是权力的拥有者，他们追求豪华的谈判场所、舒适的谈判环境、精美的宴席、隆重的场面。

权力型谈判者的另一特点是敢冒风险，喜欢挑战。他们不仅喜欢向对方挑战，而且喜欢迎接困难和挑战，因为只有通过接受挑战和战胜困难，才能显示出他们的能力和树立起自我形象。一帆风顺的谈判会使他们觉得没劲，不过瘾；只有经过艰苦的讨价还价，调动他们的全部力量获取成功，才会使他们感到满足。

权力型谈判者的第三个特点是急于建功，决策果断。这种人求胜心切，不喜欢，也不能容忍拖沓、延误。他们在要获取更大权力和成绩的心情驱使下，迅速地处理手头的工作，然后着手下一步的行动。因此，他们拍板果断、决策坚决。对大部分人来讲，决策是困难的过程,往往犹豫、拖延、难下决断。而这种人则正相反,他们对决策毫不推脱,总是当机立断,充满信心。

总而言之,贪权者强烈地追求专权,全力以赴地实现目标,敢冒风险,喜欢挑剔,缺少同情,不惜代价。在谈判中,这是最难对付的一类人。因为如果你顺从他,必然会被他剥夺得一干二净;如果你抵制他,谈判就会陷入僵局,甚至破裂。

要对付这类谈判对手,必须首先在思想上有所准备,要针对这类人的性格特点,寻找解决问题的突破口。正像这种人的优点一样,他们的弱点也十分明显:不顾及风险代价,一意孤行;缺乏必要的警惕性;没有耐心,讨厌拖拉;对细节不感兴趣,不愿陷入琐事;希望统治他人,包括自己的同事;必须是谈判的主导者,不能当配角;易于冲动,有时控制不住自己。

针对他们的弱点,可从以下三方面采取对策:

(1) 要在谈判中表现出极大的耐心,靠韧性取胜,以柔克刚。即使对方发火,甚至暴跳如雷,也一定要沉着冷静,耐心倾听,不要急于反驳、反击。如果能冷眼旁观,无动于衷,效果会更好。因为对方就是想通过这种形式来制服你。如果你能承受住,他便无计可施,甚至还会对你产生尊重、敬佩之情。

(2) 努力创造一种直率的,并能让对手接受的气氛。在个人谈判中,面对面直接冲突应加以避免,这不是惧怕对方,而是因为这样不能解决问题,应该把更多的精力放在引起对手的兴趣和欲望上。例如,"我们一贯承认这样的事实,你是谈判另一方的核心人物"(引诱其权力欲),"我们的分析表明谈判已经到了有所创造、有所建树的时刻"(激起挑战感)。

(3) 与此同时,要尽可能利用文件、资料来证明自己观点的可靠性。必要时,提供大量的、有创造性的情报,促使对方铤而走险。

第二节 谈判过程与谈判收益

一、谈判的过程

约翰·肯尼迪总统曾经讲:"我们永远也不要惧怕谈判。但是,我们永远也不要由于惧怕而谈判。"作为谈判者,你在谈判中是否曾经有过惧怕的感觉?谈判是不可避免的,谈判者的恐惧感也一样,是谈判过程的附属产品。如果你懂得恐惧源于某种形式的压力,也就不难理解为什么没有做好充分准备就会在谈判过程中突然遭遇恐惧感。任何交易都会由于不确定的感觉而被毁掉。

(一) 谈判的形成

要形成谈判,必存在一些先决的条件,具体来讲,包括:

（1）参与谈判的双方信任程度高。谈判涉及许多信用问题，如商品质量、交付条款、交货期、技术说明等，这需要双方相互信任，否则达成共识是很难的。

管理实践

信任评判的基础——风险

2004年，我国的彩电制造企业遇到多事之秋。美国"反倾销"法案、欧盟抵制"电子垃圾"等一系列不利消息已经使这些企业喘不过气来，而"APEX诈骗案"更使其中的长虹公司犹如雪上加霜。根据长虹董事会的公告显示，美国APEX公司4.675亿美元的欠款中，长虹可能收回的只有1.5亿，有3.175亿美元（近26亿元人民币）的损失无法挽回。这一数字高过自1999—2004年6年间长虹公司的利润总和。事后，中国商务部研究院柴海涛院长在《科法斯世界贸易信用风险手册》中文版发行会上指出，美国APEX公司在找长虹做出口产品代理的同时也曾经找过TCL公司。尽管TCL当时很希望自己的产品能够大规模进入美国市场，但他们对APEX的一些合同条款并不满意，特别是觉得赊销风险太大，所以对APEX的要求断然拒绝。

井润田.谈判桌上的信任与信任感.财经界：管理学家，2006，3：28—30.

（2）有充分的有效时间探究对方的需要、资源与抉择。孙子兵法讲"知己知彼，百战不殆"，谈判中也是如此，每次谈判前都应在理清自己的要求方案的同时，也要尽力弄清楚对方最关心什么以及有可能选择什么样的方案等。

（3）双方存在共同的利益。谈判应遵循"双赢原则"（win-win），双方在谈判中都能得利。如果只是一方获胜，一方牺牲，则失败的一方必会寻找一切的机会来推翻协议，导致谈判无效。

（4）要求承诺，而不是依从，以保证协议执行。谈判是双方的协商，而不是一方对另一方的"宣判"。只有双方都在价格、交货期、交货方式、付款方式等条款上诚心诚意地做出承诺，这样最终签署的协议或合同才是有效的，才是可以实现的。

邓东滨教授曾用图5-1描述了谈判发生的条件和过程。有时，你提出的条件对方会

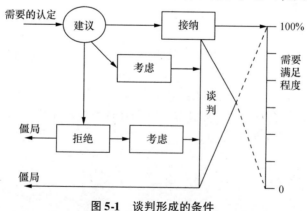

图5-1　谈判形成的条件

毫不犹豫地接纳，此时你的需求会得到100%的满足。值得注意的是，此时虽然你的需求会得到100%的满足，但很可能由此而引发所谓的"赢者的诅咒（winner's curse）"现象。所谓"赢者的诅咒"是指谈判过程中愿意出最高价格去购买的谈判者，往往是对产品或者服务最乐观的人；但如果拥有的信息不够，太过乐观，则有可能亏损。对这个问题讲述最清楚的是马克斯·巴泽尔曼（Max H. Bazerman）和玛格丽特·尼尔（Margaret A. Neale）的《理性谈判》一书，他们通过令人信服的实例说明如何避免重大的谈判错误。在现实生活中，这种丝毫不费周折而能完全满足需要的情况非常少见，因此可以不视为谈判。在一般的情况下，对方会表示对于你的建议要考虑。只要对方表示要考虑你的建议，那么谈判基础随之就建立了。在对方愿意考虑的基础上，协议可能最终达成，你的要求可以得到一定程度的满足；也可能陷入僵局，甚至趋于破裂，这时你的需求就丝毫得不到满足。

谈判刚开始，对方也有可能对于你的建议直截了当地拒绝，面对这样的情况许多缺乏谈判经验的管理者会立刻终止谈判，但这往往会丧失一些达成协议的机会。事实上，谈判对方的拒绝大多数情况下只表示对你的建议的一种自然反应，并非代表他的立场。假以时日，"拒绝"可能变成"可以考虑"甚至"接纳"。美国爆出"水门事件"丑闻时，民意调查机构调查1 600位选民对弹劾尼克松总统的意见，结果有92%的人反对，主要的反对原因是"这是史无前例的"。三个月以后，选民反对弹劾比率降为80%。再过几个月后该比率再降为68%。直到事件暴露一年以后，民意调查统计对该1 600位选民作最后一次意见调查，结果是反对弹劾的比率竟然下降到40%！这个比率下降的主要原因是：人们已经开始接受"弹劾总统"这一新的观念了。

商业谈判往往参与者只有双方，而政治谈判以及一些经济谈判、贸易谈判则会涉及三方甚至三方以上的参与者。谈判参与者的增加并不简单只是谈判对手数量增加的问题，它会极大地改变谈判的内在结构与过程。在多方的谈判过程中，我们就不能不面临如下的困难：

（1）联盟的出现

在更大的利益或权力驱使下，谈判参与者内部的一些成员有可能采取联合的策略或行动。这是双方参与的谈判问题所没有的现象。

（2）难以达成各方都满意的结局

正如一位剑桥大学的数学家所讲，当两个人分一项标的物时，我们可以通过一方掌握规则权，一方掌握决策权的分配策略来达到心理上的公平感；然而当超过两人时，这类利益分配问题就非常复杂，甚至是无解的。

（3）谈判结构的多元化

双方参与的谈判结构上只有一种，而最简单的三方谈判的结构就已经非常复杂。而且，更困难的是这些结构并非是稳定的，在谈判过程中会由于经济利益或合作关系上的改变而改变。

(二) 过程的四阶段模型

迈克尔·沃金斯 (Michael Watkins) 是哈佛商学院的教授,也是哈佛谈判项目的积极参与者,在《突破谈判僵局》(Breakthrough Business Negotiation) 一书中他提出谈判过程的四个阶段:

(1) 诊断情景

系统地评价谈判的组成因素,找出可能阻碍达成协议的障碍;

(2) 构画结构

分析影响谈判的其他参与者,确认要谈判的议题,备选方案有哪些,防止自己再掉进别人的游戏规则里;

(3) 管理过程

准备并开始面对面的交流,从而建立起谈判的态势;

(4) 评价结果

确立目标并评价实施情况,不断地分析和反思如何构画结构与管理过程。

四个阶段的具体内容如表 5-2 所示。

表 5-2 谈判过程的四阶段

	坐在谈判桌之前	坐在谈判桌之后
诊断情景	分析谈判结构,建立有关谈判对手的利益与方案的假设	不断学习、完善和修改有关的假设
构画结构	猜测可能的参与人员,目前的谈判问题与这些人员之间是怎样关联的	确定谈判的议程与框架
管理过程	规划并学会如何影响对手对谈判区域的感知	影响对手关于什么是可以接受的感知
评价结果	每次坐在谈判桌前时都先确立目标;在谈判议程取得阶段性结果时,评价实现情况	不断评价各项发生的事情,提醒自己适时调整目标与策略

谈判者需要决定谈判协议的最佳替代方案,这一点非常重要,以至于被专门写为缩略语 **BATNA (谈判协议最佳替代方案)**。BATNA 决定了谈判者离开谈判桌的时刻,这意味着谈判者会接受优于 BATNA 的任何条款集合,拒绝劣于 BATNA 的结果。奇怪的是,谈判者在两个计算上经常出错。

BATNA 不是谈判者最希望的条款,相反,它由严格的现实和外在因素所决定。在培训 MBA 和管理者时,司空见惯的问题是,谈判者不愿认清他们真正的 BATNA,他们寄希望于一些不切实际的设想。最好的准备方式是持续尝试改进你的 BATNA。策略之一是遵循巴泽尔曼和尼尔所提出的"相爱规则"。根据该规则,谈判者不应该过于钟爱一项事物,例如一幢房屋、一个工作或某些条件,而总是试图找到其他的两个或者三个选择。通过应用该策略,谈判者拥有准备好的可行备选方案集合,这些将决定他们现在的方案要价太高还是应被放弃。"相爱规则"很难得到遵守,因为大多数人很容易把他们的目光盯在一份工作、一幢房屋或一些条件上而排斥其他选择。许多谈判者不愿认清他们的 BATNA，并和他们一厢情愿的期望混淆在一起。谈判者的这个弱点很容易被对方影响和操纵。

谈判者的 BATNA 在谈判过程中不应改变，除非客观情形改变。许多有经验的谈判者试图隐藏并操纵对方对他们自己 BATNA 的认识。在开始谈判前形成 BATNA 以及在谈判中坚持它是非常重要的，如果谈判过程中你感到被诱迫在低于 BATNA 的框架下讨论问题，这时候就应该要求谈判暂停，进行更客观的再评价。

一旦谈判者已确认他的 BATNA，就很容易决定他谈判过程的保留点。保留点不仅由谈判者所希望的内容来决定，而且更准确地说，由他的 BATNA 内容决定。例如，有位刚毕业的 MBA 学生在找工作，她已经从 A 公司获得出价为 20 万元的工作，除此之外还有一些股票期权、用车费用和其他公司福利。该学生对从 B 公司获得什么非常感兴趣。因此，A 公司就是她的 BATNA。问题是该学生应问问自己，B 公司需要给我什么，这样我才会觉得和 A 公司所给的等价。这表示她的保留点，包括所有与工作相关的问题：不仅是薪水、股票期权、用车费用、福利，而且还有生活质量以及她对将要去工作城市的感觉等。保留点实际上就是谈判者 BATNA 的量化。

（三）谈判过程的准备

在正式坐在谈判桌之前，必须为谈判做好周密的安排。如表 5-3 所示，这些安排将决

表 5-3　谈判过程的准备

要素	策略
参加人员安排	将那些能支持你、增加潜在价值的成员邀请进来，不要包括那些反对你、可能阻碍协议达成的成员
界定问题	较早地影响议程 获得议程确定的控制权 包括那些能创造价值或者索取价值的问题 不包括那些不利问题
修改 BATNA	与潜在的力量（包括对方的利益群体内部）建立联盟 当协议无法达成时要找到更好的方案 使对方对他们所提出的方案缺乏兴趣和信心
确定决策规则	确定决策的制定过程
控制场所与氛围	形成能促进谈判胜局的环境
影响交互时间	控制谈判的步调 在适合己方的时候谈判 根据时间安排谈判的可能性进展
建立或断开与谈判的联系	在过去、现在与将来的谈判之间建立联系 为改善你的 BATNA 而引入其他方面的竞争 为消除限制而建立互惠的关系

定谈判的参与者、各项议题的日程,同时将对谈判场所、议程安排、决策过程以及物理环境等各方面产生重要影响。这些谈判的结构要素要提前规划,随着谈判的进行还需要不断修订。优秀的谈判者不仅擅长在谈判桌上的交流,而且也会花费很多的精力在谈判结构要素的前期准备上,这点当参与方处于相对弱势时尤为关键。

(四) 谈判团队的构建

要使得企业的全球商业活动取得成功,很重要的保障就是拥有一批熟练的国际谈判专家。在国际谈判团队的组建过程中,首先要考虑的就是语言。大多数情况下,许多管理者生活在国外并讲外语,他们前往美国或者在其他的活动中接受了外国文化的熏陶。越来越多的商学院开始重新强调语言培训和海外访问。有趣的是,从1908年到1909年哈佛商学院的年度教学计划上就出现了德语、法语、西班牙语等课程。

对参加国际谈判的管理者而言,自身所具备的诸如成熟、情绪、稳重、知识广博、乐观、可塑性、领悟力和精力等个人品质和能力很重要,同时那些跟随并且支持他们的技术专家也非常关键。对福特公司和AT&T公司的案例研究发现,团队协作、倾听技巧以及总部影响力等三方面特征对与客户谈判成功也很重要。

团队协作对美国的谈判者来说尤其重要,因为个体主义是美国的传统文化,美国人经常犯的错误就是独自面对很多的外国谈判者。谈判者的数量会对谈判产生影响,因为商业谈判是一个社会化的过程,社会的现实是大多数人达成一致所产生影响力超过单个最好的谈判者。谈判的时候,团队比个人更容易收集到详细的信息。例如,日本人很善于通过观察和详细记录来分析他们谈判对手的行为。过分地强调个人表现会妨碍团队谈判,这是许多美国人天生逃避的一点。

谈判活动很重要的一点就是倾听。谈判者的首要工作是收集能够增加谈判砝码的信息。这就意味着团队中的每个成员都需要详细记录而不用担心在会议上发言,对于完全理解他们的需要和喜好来说,懂得客户或合作者的语言是非常关键的。

听取上级主管的意见也很重要,因为总部的影响对于成功非常关键。很多有经验的国际谈判家认为谈判成功的一半都取决于总部。一种习惯性错误经常是"我对客户了解得越多,带给总部的麻烦就越少"。事实上,无论对客户有多么了解,及时汇报和索取公司总部的意见都是非常必要的。

另外,性别不是选择国际谈判团队的标准,这与跨文化研究里妇女角色不同。显然,女性谈判者参加某些商务娱乐活动是不恰当的。例如,在日本的高尔夫俱乐部,男女在同一房间里沐浴是无法接受的。然而,女性谈判者在餐厅或者其他非正式场所建立的个人关系仍然很重要。商务沟通专家认为,女性在国际谈判里具有独特的优势。

管理实践

谈 判 哲 学

重大谈判中的每一方往往是由不同背景的团队成员所组成。2004年12月8日,联想集团宣布以12.5亿美元收购IBM个人电脑事业部。联想集团此次派出的谈判团队由首席财务官马雪征与高级副总裁乔松为领队,同时包括了行政、供应链、研发、IT、专利、人力资源、财务等各部门的专业小组。每个专业小组由3—4名员工组成,团队总人数近100人。因此,在谈判双方间激烈竞争的同时,团队内部必须保持高效的协作和沟通。就此而言,我们会发现谈判其实与打桥牌很相似。王选院士曾经讲到:"打桥牌是合作默契的考验。"的确,打桥牌时除强调个人技巧外,更强调团队精神和内部默契,这反映在采用什么样的反击策略、欺骗战术、心理暗示等方面。

井润田. 谈判哲学. 财经界:管理学家,2006,8:96.

一般说来,女性更善于进行一对一的交谈。借助于会议发言,男性谈判者可以用语言建立起他们在团队中的威望,而对女性谈判者来说,此时目的往往是用语言保持亲密的关系。这方面的技巧可以被很好地利用。例如,女性谈判者可以不用等待会议开始,就试着在一对一的情况下提前进行一些沟通。日本谈判者习惯于这么做。相比较而言,美国女性谈判者的风格比美国男性谈判者的风格更接近于日本人。

二、谈判的收益

(一) 让步技巧

谈判者在谈判活动中会有各种各样的收益,例如金钱与财务安全方面、公众利益方面、产品质量方面、作为老练谈判者的声誉方面、维持工作关系方面、谈判的先例方面等。

谈判过程的收益可以划分为两种类型:工具性收益和内在性收益。所谓的工具性收益是指谈判者之所以关心这些收益是因为它们与其他的一些后续事情有关联;而内在性收益是指那些谈判者认为与其他事情没有什么关联的收益。认识到谈判过程的两种收益之间的差异性有助于协议的达成。再如,关系收益在许多谈判者来看很重要,甚至在有些国家(例如日本)被认为是首要的。罗杰·费希尔(Roger Fisher)与威廉·尤里(William Ury)认为每位谈判者都有两种收益,即实物收益和关系收益。那么关系收益到底是内在性收益还是工具性收益?首先,关系收益是一种内在性收益,谈判者本身希望有一个愉悦的谈判氛围;其次,在多次重复性的谈判中,关系收益也是重要的工具性收益。

情景模拟

哈佛原则式谈判

罗杰·费希尔(Roger Fisher),哈佛大学法学院荣誉教授,在1959年加盟该学院后一直在从事谈判理论的研究和实践经验的总结。在费希尔的倡导下,1979年哈佛大学法学院、商学院的一批学者成立了一个关于谈判的研究兴趣小组,他们定期聚会讨论谈判与冲突的问题，这就是著名"哈佛谈判计划"的雏形。在哈佛谈判项目所提出的众多理论中，最著名的就是费希尔在《达成一致，无妥协地达成协议》(Getting to YES: Negotiating Agreement Without Giving In)一书中所总结的原则式谈判。该书出版后迅速成为《纽约时报》最畅销的上榜著作，已被译成25种不同的语言文字。根据原则式谈判的思路，费希尔对谈判过程的关键要素重新进行了诠释，并提出处理这些问题的基本原则：① 区别：区别人与事，对事实强硬，对人要温和；② 利益：重点是利益而非立场；③ 选择：在谈判之前，应该制订可供选择的方案；④ 标准：坚持谈判的结果必须依据某些客观标准。

与收益直接联系的一个概念就是权衡。谈判者对谈判过程中的各种收益都有最好的预期，但他也经常会发现不得不为了得到某些收益而牺牲另一些收益，这就是权衡。权衡是件很困难的事情，其困难不仅在于谈判者必须放弃某些利益，同时也因为选择权衡的方式与技巧也是谈判过程中至关重要的问题，具有很强的科学性与艺术性。

谈判过程的另外一个很重要的环节就是让步。例如，通常所说的"与价格相比，质量更重要"。这样的让步原则如果不结合具体的质量与价格数据是无法操作的。虽然谈判双方在许多抽象的谈判原则上都是一致的，但落实到具体的谈判实例时仍然会有矛盾，仍有可能陷于僵局。对待让步问题，我们提出以下三个原则：

(1) 让步交换原则

老练的谈判者对待让步的态度就像对待生意本身，在某个问题上的让步肯定是希望换取对方在其他问题上的让步，通常情况下不作单方面的放弃。否则，那将是"妥协"而不是"让步"。

(2) 逐渐逼近原则

看到双方在某些问题上的认识偏差，谈判者应该沉着，而不是着急地设想如何在一两个回合中就要解决所有的这些差异。通常，双方采取的稳妥策略都是步步为营，逐渐逼近。

(3) 窘况避免原则

谈判者应该机智地预见并避免双方可能遇到的窘迫尴尬的景象。当发现谈判过程开始有这样的苗头时，谈判者可以通过要求"短暂休息"或其他措施缓解会场的紧张气氛。然后，重新整理思路，思考如何引入其他要素或者问题，使得接下来的谈判过程能顺利进行，从而给双方都留下体面的印象。

斯科特认为可以通过画"彼此让步图"来提前对谈判过程进行规划和准备。如图5-2所示，每次己方的让步幅度和要求对方的让步幅度应该协调，同时也可以估计可能的谈判回合和时间进度。

即使价格同样从"￥5 500"降为"￥5 000"，卖方完全可以在连续的多轮回合中采用不同的让步幅度。这些连续的让步信号会给买方带来强烈的心理暗示，暗示卖方是否还有让步的余地？继续讨价还价是否会面临僵局？等等。同时，还需要注意的就是让步的时间，恰到好处的时间安排会使得让步效果达到最佳。对对方心理的影响和把握是谈判者在让步时首先要考虑的因素。

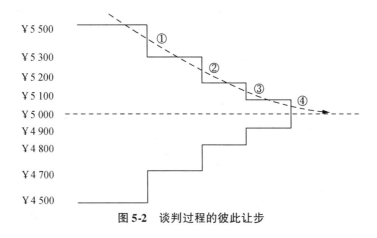

图 5-2 谈判过程的彼此让步

(二)谈判舞蹈

现实生活中,买方往往不知道卖方的最低价位。因此,有时所给的最终价格有可能比对方所能接受的底线还低,此时谈判面临危险的境地。如果将谈判的讨价还价过程,按照时间的序贯性画在同一个坐标轴上,就会得到图 5-3 所示的结果。双方所给出的价格就像五线谱上的音符,有起伏、有节奏,同时维持一定的主旋律。雷法教授形象地将这个过程称为"谈判舞蹈",用以描述双方在最终价位附近进进退退、遮遮掩掩的讨价还价过程。

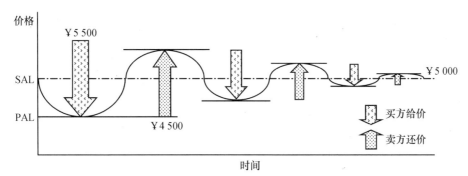

SAL: 卖方可接受的最低价位
PAL: 买方期望的最理想价位

图 5-3 谈判舞蹈

不同文化、不同个性的谈判者面对这种情景,也会有不同的反应。例如,观察北美人、日本人和巴西人在开始谈判后半个小时时间里的表现,发现:巴西人平均说了 83 次"不",而日本人只有 5 次,北美人 9 次;日本人会有 5 次以上长达 19 秒钟的沉默,北美人平均 3.5 次,而巴西人从来没有;巴西人打断对方话语的次数是日本人和北美人的 2.5 倍;日本人和北美人没有身体的接触,而巴西人平均为 5 次。

以下给出的是欧美经理在与日本经理谈判过程中的真实感受。尽管会遇到种种不适,但是谈判双方必须尽量在彼此都能够接受的范围内不断讨价还价,不要轻易放弃谈判的任何机会。

欧美经理们在与日本谈判团走到餐桌边时,往往肠胃由于饥饿都快打结了。飞机明天早上就要起飞,公司繁忙的事务催促他们尽快吃完这顿饭,但内心却矛盾重重。当前的谈判看上去还要拖上几天,许多重要条款都还在讨价还价阶段。深感受挫的西方经理们很疑惑:这些日本人在干什么?难道他们不知道时间就是金钱的道理吗?

这样的问题经常困扰着与日本人谈判的西方经理们。由于渴望同日本人做成生意,进入日本的国内市场,这些经理们不得不忍受这些复杂的仪式,忍受那些看似漫无目的的一轮又一轮的谈话、喝酒、聚餐。实际上,这套礼仪是日本人在做国际业务时才采用的。谈判者表面上在履行这些繁文缛节,并表现出令人觉得备受折磨的模样,但内心里却确定了获得最好谈判结果的目标。

日本人这种复杂谈判方式的最大特征就是需要花费大量的时间。泰帝公司无线电部门的主管伯纳德每年和日本都有超过2亿美元金额的合同。他总结说,日本谈判者可能会在对手已经对谈判表现出厌倦时才进入正题。在澳大利亚,保罗·大卫律师给他的客户总结出的规律是,和日本人做生意需要花费的时间是平常的5倍。尼桑汽车厂曾经花费15个月,同美国田纳西州政府商谈价值6.6亿美元的轻型卡车组装项目,而这个生产厂打算在6月份就要开始生产。田纳西州的国际市场公司总裁约瑟夫·戴维斯回忆说:"日本人在谈判中可以就同一个问题让四五个人问十多次,大大拖延了谈判的时间。"

日本人谈判时间长的原因是每一位低层经理都希望按照本国习惯,由主要大股东请大家饱餐一顿。当西方经理发现他要面对一个10到15人的日本谈判代表团时,肯定会觉得很震惊。但这还只是开始,这种局面会随着每次开会都有不同专家加入而变得更加复杂。日本谈判人员在谈判前往往会得到有关对手各方面的详细资料。一位英国公司的管理者参加过与本田公司的谈判,他惊奇地发现日本谈判者似乎比他们更了解本地的劳动力市场和管理问题。

谈判初期,日本人往往表现出对要谈判的业务满不在乎的样子,他们的谈话多是关于社会或者家庭的话题,很少提及产品和价格问题。美国和德国的经理们总是喜欢直接进入谈判主题,而日本人则希望先创造出一些私人的氛围,这主要是因为他们希望这个协议能够长久地执行,而欧美经理们更注重短期的经济利益。哈佛商学院乔治·怀特教授比喻说,美国人认为买马时如果没有问这匹马是不是瞎的,那是买马人的错误,此外的双方关系是无足轻重的。而对日本人而言,买马的生意牵系双方长期利益。对长期利益的追求不可避免地要通过一起吃吃饭、喝喝酒来实现。日本人把签订合同和吃饭都看做洽谈业务的一部分,许多日本经理花费在这方面上的钱比他们的薪水还高。

日本公司在谈判遇到麻烦时,会突然停止谈判。2002年5月,日本第二大钢铁厂KOKAN公司的领导者突然停止收购福特钢铁厂,原因就是没能同美国工厂员工达成劳动力安置协议。福特钢铁厂副总裁托马斯·佩奇说,日本人想要的劳动力就像是在日本工厂那样,完全对组织认同和完全服从命令。

日本商务研究专家为外国谈判者编写了许多谈判的实用准则,其中第一条就是女士不能参加正式谈判。日本社会里,女士没有平等的商业地位,一般都被排除在大公司管理层之外。更重要的是,日本人谈判时安排的社交活动都是适合男性的。另一条准则就是,不要派 35 岁以下的年轻人参加谈判。许多美国高科技公司管理者有这方面的体会,如果你派一位年轻人同日方一位 65 岁的高管人员进行谈判,这本身就是对日本对手的不尊敬。

外方谈判者必须注意不要把日本人的礼貌误解为对所谈条款的同意。日本民族是"点头"民族,总是在说"嗨",但这并不表示说他同意你的意见,只是表示谈判可以继续下去的语气词。当日本谈判者在思考某个问题而陷入沉默的时候,也常常会使外方很迷惑,以为是自己弄错了什么。堪萨斯大学霍尔(Lavinia Hall)教授在日本 ITT 公司担任了 17 年的高级经理。他回忆起同日本公司的一次谈判中,日方代表在合同签字前忽然陷入了沉默。此时,ITT 公司总裁以为是由于自己过于坚持触怒了对方,于是赶快表示还可以有些让步。当双方高高兴兴地签完合同后,霍尔告诉总裁,如果当时他能够再等几分钟,就会给公司再节约 25 万美元。

逃避推脱是同日本人谈判时遇到的另一个麻烦。为了不受束缚,日本人经常试着换个角度向老板表达自己的意思,所以谈判桌上日本人也经常会用谈判对手想要的方式表达自己的意思,使得谈判对手误入歧途。

成功的日本商人和西方商人的谈判,看上去就好像是两个日本人之间的谈判。参加的谈判人员应该永远都不让别人猜透他的心思,要非常有耐心,还要非常有礼貌。总之,要表现得就像是一个日本人,只有这样才能更好地完成谈判任务。

第三节 谈判的原则与策略

谈判是一个谈判者不断调整自身行为和期望,从而达到需求平衡的过程。谈判者所坚持的原则与所采取的策略,会对谈判实现和谈判结果产生举足轻重的影响。韦塞尔(Milton R. Wessel)在《明智的规则》(*The Role of Reason: A New Approach to Corporate Litigation*)一书中阐明了一些在谈判中全部谈判代表应一致遵守的行为准则。这些准则对于意气相投的、文明的、合作性的和建设性的相互交流是一个理想的行为模式。即使实践中人们的行为会大大偏离这个理想模式,但是铭记这个理想模式也能促进人们的实际行为。

一、谈判沟通原则

西方有句谚语:上帝之所以赠给我们每人两只耳朵与一张嘴巴,是希望我们多听少说。多听少说的确是谈判人员应具备的一种修养。谈判顾名思义,似乎最重要的是谈。事实上,谈判中"听"与"谈"具有同样重要的价值和意义。我们要尽可能为谈判双方创造有利于倾听的环境,防止干扰、避免误听,不要认为不说话就是倾听。要主动地向对方反馈,即以口语、面部表情、动作向对方表示你对他的话语了解的程度,或要求对方澄清或阐明他的话语。要了解听和说不能同时进行,要克制自己避免分心。将对方的讲话作归纳、预测对方未说出口的话也会经常分心。作笔记是帮助自己专心听讲的一个方法,一般人听话及思考的速度大约是讲话速度的 4 倍。因此,只要听时不走神,总能跟上讲话人。关键是不要听不进别人的话,包括主观上不乐意听的和客观上难理解、冒犯或话音奇特的话。不要急于打断和反驳别人的讲话。

(一) 谈判沟通过程

随时可能发生的谈判破裂风险是限制谈判虚夸报价的一个因素,同时也是阻制虚假游戏的因素。多年合作的供应商伙伴或者希望达成长期合作关系的谈判者间往往不存在虚夸报价行为。事实上,想长期隐藏自己的真实价格以及进行欺诈性行为是件非常困难的事情,而且自己报价条件太苛刻也给予了同行竞争者可能得手的机会。因此,相对于长远收益,谈判者通常不愿舍本求末,追求一次投机获取的蝇头小利。如图 5-4 所示,谈判双方的信息根据透明程度可以分为四类,其中Ⅳ所代表的未知领域可以通过自己的搜索能力、处理能力和思辨能力而获取,而Ⅲ中的信息往往取决于对方是否愿意公开。

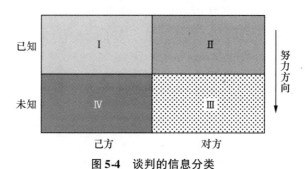

图 5-4　谈判的信息分类

(二) 谈判沟通技巧

1. 倾听技巧

听与说在谈判中所具有的价值和风险是不同的。谈判桌上每讲一句话都须考虑其适合的语调、背景、语气、停顿等,是否能达到讲话想要达到的预期效果。在这种紧张而敏感的环境中,说是需要慎重而三思的。相反,听则简单得多,只须专注地竖起耳朵就是了。精于谈判的老手从不肯慷慨地付出太多的言辞,而习惯于倾听。

在谈判中,所谓听,不光指运用耳朵那种听觉器官的听,而且指运用眼睛去观察对方的表情与动作,运用心去为对方的话语作设身处地的构想,以及运用自己的脑去研究对方话语背后的动机。这种"耳到、眼到、心到、脑到"的听,我们称之为倾听或聆听。

2. 发问技巧

谈判中,发问的主要目的是要谈判对方打开话匣,以利沟通。发问有多种用途:

(1) 收集资料:"您能否谈谈您所需产品的规格和性能?"
(2) 提供资料:"您不知道吗?我们要的原料都是小包装的。"
(3) 透视对方的动机与意向:"承蒙您们厚爱,您为什么千里迢迢来我厂购买这种产品?"
(4) 鼓动对方参与:"您对我们的发货计划有什么建议?"
(5) 证实:"让我归纳一下您方才提出的要求,您看是否如此?"
(6) 测定:"这次让步幅度与您所期望的差不多吧?"
(7) 启发:"您是否认为,如果我们的供货条件再优惠一些,您的购货量就再增加一些?"
(8) 引导:"刚才大家对价格和付款条件发表了许多意见,我提个方案,看大家能否采纳?"

要使发问取得好的效果,还需注意:
(1) 发问的时机。注意对方的情绪,在他适宜做出有利于你的答复时发问。
(2) 发问速度。注意用正常速度发问,太急,似乎不耐烦或有审讯感;太慢,令人疑惑或感到沉闷。
(3) 发问准备。注意事先对主题、范围、可能的答复进行构思,不要问得漫无边际,多此一举,引起误解。
(4) 发问对象与背景。注意有针对性,防止问及禁忌问题。
(5) 发问前对敏感问题先作解释,或先打招呼,以防出现不妥。
(6) 发问前先取得同意,尤其是向较陌生的谈判者或大人物、贵宾提问题时。
(7) 由广至专。有些问题不妨先打外围战,缩小包围圈,有助于缩小沟通距离,否则中心突破会遇到顽抗。
(8) 发问先后次序,要有逻辑性,不要跳跃,但有时恰当地变换一下问题顺序,会有意想不到的效果。

3. 语言技巧

成功的商务谈判是谈判双方出色运用语言艺术的结果,以下是四种常用的语言策略:

(1) 针对性强

在商务谈判中,语言的针对性要强,做到有的放矢。模糊啰嗦的语言会使对方疑惑、反感,降低己方威信,成为谈判的障碍。针对不同的商品、谈判内容、谈判场合、谈判对手,要有针对性地使用语言。另外,还要充分考虑谈判对手的性格、情绪、习惯、文化以及需求状况的差异。

(2) 方式婉转

谈判中应当尽量使用委婉语言,这样易于被对方接受。要让对方相信这是他自己的观点。在这种情况下,谈判对手有被尊重的感觉,他会认为反对这个方案就是反对他自己,因而容易达成一致,获得谈判成功。

(3) 灵活应变

谈判过程中往往会遇到一些意想不到的尴尬事情,要求谈判者具有灵活的语言应变能力与应急手段,巧妙地摆脱困境。当遇到对手逼你立即做出选择时,你若是说"让我想一想"之类的语言,会被对方认为缺乏主见,从而在心理上处于劣势。此时你可以看看表,然后有礼貌地告诉对方"真对不起,我得与一个约定的朋友通电话,请稍等五分钟",于是,你便很得体地赢得了五分钟的时间。

(4) 无声语言

商务谈判中,谈判者通过姿势、手势、眼神、表情等非发音器官来表达的无声语言,往往在谈判过程中发挥重要的作用。在有些特殊环境里,有时需要沉默,恰到好处的沉默可以取得意想不到的效果。

二、谈判的策略

谈判的本质是什么?是讨价还价?是建立关系?瓜分经济蛋糕?把蛋糕做大?这些都有道理。但是用意大利外交家 Daniele Vare 的话来说:谈判就是让他人为了他们自己的原因按你的方法行事的艺术。

首先,要画一张图,其中包括所有潜在的会使问题复杂化的各方,如律师、银行家和其他代理。考虑一桩交易的全面经济性是必要的,但还不够。不要忘记画出内部有不同利益的小集团,他们的影响不可忽视。

其次,评估利益。最佳谈判者对自己和他方的最终利益非常清楚。他们也清楚可作为交换的稍次一点的利益。他们在手法方面异常灵活,富有创造性。谈判一般谈的是有形的因素,如价格、时间和计划书。但是一位老资格的谈判专家观察到,大多数买卖达成的要素,50%是感情上的,50%是经济方面的。决定性的利益往往是无形的、主观的,如谈判中的感受、对方的信誉、沟通理解的程度等。

再次,评价你预想中的协议的最佳替代物。也就是说如果提出的协议行不通,你将会采取的行动。这包括从散伙、转向另一个对手直至更严厉的任何手段。

最后,解决双方共有的问题。一家小技术公司及该公司的投资人与一家大型战略收购公司的谈判受阻,原因是小技术公司要一个高价,而对方只同意一个低得多的价格。经过更深入的沟通发现,收购公司本来可以支付技术公司所要求的价格,但是它在这一领域还有好几个收购计划,因此非常担心在这个快速发展的产业领域把预期价格抬得太高。解决方法是双方同意开始时采用一个有节制的现金收购价,然后把这个信息广为宣传。其实该解决方案还附带灵活的后续措施,保证了事后有一个更高的价格。

为了解决共同的问题,要采用三维的做法。一维的谈判是最熟悉的景象:人际过程,包括诱劝、文化敏感性、研究报价等。二维谈判从人际过程前进到创造价值的实质:设计能创造持续价值的协议框架。但是这两者都有局限:当有关各方面对面地在一个定下来的日程讨价还价时,模具的大部分已经铸就。

最佳的谈判者采用三维的方法。他们的做法就像创业者。他们往往在谈判桌外预见到了最有前景的结构和行动,而且付诸行动。他们把最合适的各方带到谈判桌边,以适当的次序谈判适当的问题,在适当的时刻通过适当的过程,直面适当的最佳替代方案。

三维谈判者不只是按照规定的方法来做游戏,他们是建立游戏的大师,并且改变规则,以求最优结果。

总之,把谈判视做一个三维问题,会提醒你解决他方的问题就是解决你自己的问题。在画出一个买卖关系图,全面评估各方利益并决定最佳替代方案后,你的策略就是判断他方是如何看待他们的基本问题的,然后他们为了他们自己的原因选择了你要的东西。目标是创造并获取可持续的价值。

在商务谈判中有很多常用策略,例如:底线探测策略(在商务谈判中,对方的底价、时限、权限及最基本的交易条件等内容,均属机密,谁掌握了对方的这些底牌,谁就会赢得谈判的主动,因此,在谈判初期,双方都会围绕这些内容施展各自的探测技巧)、拖延和谈策略(目的是为了清除障碍、消磨对方的意志或等待时机,防止恶意拖延,要充分了解对方信誉、实力,乃至实施谈判者的惯用手法和以往事迹;充分掌握有关法规、市场、金融情况的现状和动向;预留一手,作为反要挟的手段,如要求金本位制结汇,要求信誉担保,要求预付定金等)、赢得好感策略(谈判是一种论争,是一个双方都想让对方按自己意图行事的过程,有很强的对抗性,但大家既然坐到了一起,想为共同关心的事达成一个协议,说服合作还是基础的东西,但是,任何形式的融洽都必须遵循一个原则,私谊是公事的辅佐,而公事决不能成为私利的牺牲品)以及时机性策略、打破僵局策略等。

管理实践

夜市地摊上的消费心理

霞湖世家服饰有限公司总裁郭长棋是福建市福清人,因为小时候家庭贫苦只上到初中,而且初中上了五年,因为其中断断续续的打工经历。也因此,社会成就了他敏锐的市场洞察力和心理敏感性,成就了他后来打造霞湖世家的领导才能。初中打工的时候,福建家乡夜市上卖袜子的商贩很多,他到市场上仔细观察了一下,发现所有商贩都会把各种价位的袜子整整齐齐地摆放在地摊上,并且分类标价。例如,进价1.5元带花边的童袜标价2—3元,进价1.2元的普通袜子标价2元,等等。夜市上真正的买主不多,摊位往往冷冷清清。好不容易碰到的买主往往对价格都很敏感,经过半天的讨价还价之后,1双袜子最多赚到5角钱,1天下来也就30多块钱。看到这样的情况后,他也决定摆摊卖袜子,但他要换个方式。他到市场上批发到1.5元、1.2元、1元甚至8角、9角的很多袜子,然后把这些袜子通通混到一起,一口价通通定为1.5元。在所有袜子里,只有大概30%的袜子成本价是1.5元,其他都是低于1.5元。结果,那些很在意价格的买主都被他1.5元的袜子吸引过来,摊位上围得满满当当。大家在买的时候,往往不是一双一双单买,而是几双几双地一起买,那些便宜的袜子也就被1.5元的袜子搭便车买走了。他的摊位成为夜市里最热闹的一家。过了一段时间,当其他摊位商贩也学会了这个卖法以后,他又有了新的花招。

谈判的技巧受到谈判的目的、方式、原则及理论等各种条件的制约。灵活地运用各种谈判技巧,发挥自己在各方面的知识和经验,在谈判活动中通过反复采用以达到迅速、精确、自如,这是领导者在谈判技巧方面修炼的最高境界。总的来说,商务谈判的基本功可以总结为沉默、耐心、敏感、好奇、表现。

(1) 保持沉默

在紧张的谈判中,没有什么比长久的沉默更令人难以忍受。但是也没有什么比这更重要。另外还需提醒自己,无论气氛多么尴尬,也不要主动去打破沉默。

(2) 耐心等待

时间的流逝往往能够使局面发生变化,这一点总是使人感到惊异。正因为如此,我们常常在等待,等待别人冷静下来,等待问题自身得到解决,等待不理想的生意自然淘汰,等待灵感的来临……一个充满活力的经理总是习惯于果断地采取行动,但是很多时候,等待却是人们所能采取的最富建设性的措施。每当我们怀疑这一点时,就应该提醒自己有多少次成功来自关键时刻的耐心,而因缺乏耐心又导致了多少次失败。

(3) 适度敏感

在谈判中出现的话题有时会十分敏感。越是敏感的话题,谈判双方对此话题的争执越多,越难达成共识。因此,对敏感的话题,双方都应该非常明白,懂得其中的症结和解决方法。

莱夫逊公司的创始人查尔斯·莱夫逊,多少年来一直是美国商业界人士茶余饭后的话题。数年前,广告代理爱德华·麦克卡贝正在努力争取莱夫逊的生意。他第一次去莱夫逊总公司,看到这位化妆品巨头富丽堂皇的办公室显得华而不实,并且给人一种压迫感。麦克卡贝回忆道:"当莱夫逊走进这个房间时,我准备着听他来一通滔滔不绝的开场白。"可是莱夫逊说的第一句话却是:"你觉得这间办公室很难看,是吧?"麦克卡贝完全没有料到谈话会这样开始,不过总算咕咕哝哝地讲了几句什么我对室内装修有点相同看法之类的话。"我知道你觉得难看,"莱夫逊坚持道,"没关系,不过我要找一种人,他们能够理解,很多人会认为这间房子布置得很漂亮。"

(4) 随时观察

在办公室以外的场合随时了解别人,这是邀请"对手"或潜在客户出外就餐、打高尔夫、打网球等活动的好处之一。人们在这些场合神经通常不再绷得那么紧,使得你更容易了解他们的想法。

(5) 亲自露面

没有什么比这更使人愉快,更能反映出你对别人的态度。这就像亲临医院看望生病的朋友,与仅仅寄去一张慰问卡之间是有区别的。

本章小结

《韩非子·外储说右下》有则寓言:有父子二人驾车经过造父耕地旁边的马路,马因为受惊而不往前走,儿子下车牵马,父亲下来推车,马仍然不往前走。于是,他们请造父帮助推车。造父是一位御马驾车的高手。他停止耕作,走过来先检点缰绳,然后拿起马鞭,还没有使用,马就奔跑起来了。对此,韩非子发表了一篇议论,认为驾车与管理有相通的道理,驾车须有术,管理也需要讲术。谈判亦如此。谈判是一个谈判者不断调整自身行为和期望,从而达到需求平衡的过程,例如经济利益与合作关系的平衡、收益与风险的平衡、当前利益与长远利益的平衡等。谈判者应该把剑术家的敏捷与艺术家的敏感结合于一身。

日常工作中,领导者不可避免地要常常与自己掌控之外的人进行谈判,领导者的不同谈判风格会对谈判产生不同的影响。在商务谈判中,领导者可以根据谈判的过程来准备谈判、构建谈判团队,同时在谈判中使用一些方法使己方的利益最大化。最后,谈判者所信奉的原则和所采取的策略,会对谈判实现和谈判结果产生举足轻重的影响。

练习与思考

1. 谈判是解决观念或者利益上的冲突,结合自身的经历或者现实生活中的事实,阐述领导者是如何施展其谈判技能的。

2. 谈判者的仪表、策略、技巧和个体素质在你所经历过的谈判中的贡献占多大比例?

正文参考文献：

[1] 邓东滨:《谈判手册——要领与技巧》。台北:长河出版社,1988 年版。

[2] 井润田、席西民:《国际商务谈判》。北京:机械工业出版社,2006 年版.

[3] Nierenberg G. I.:《谈判的艺术》。上海:上海翻译出版公司,1986 年版。

[4] Bazerman M. H. and Neale M. A., *Negotiating Rationally*. Macmillan,1993.

[5] Fisher R., Ury W and Patton B, *Getting to Yes*: *Negotiating Agreement without Giving*. New York: Penguin Books, 1991, 2nd ed.

[6] Hall L., *Negotiation Strategies for Mutual Gain*: *The Basic Seminar of the Harvard Program on Negotiation*. Newbury Park: Sage, 1993.

[7] Raiffa H., Richardson J. and Metcalfe D., *Negotiation Analysis*: *The Science and Art of Collaborative Decision Making*. Cambridge: Belknap Press of Harvard University Press, 2002.

[8] Raiffa H., *The Art and Science of Negotiation*. Cambridge: Harvard University Press, 1982.

[9] Rubin J. Z., Brown B. R., *The Social Psychology of Bargaining and Negotiation*. New York: Academic Press, 1975.

[10] Scott B. et al., *Negotiating*: *Constructive and Competitive Negotiations*. London: Paradigm, 1988.

[11] Watkins M., *Breakthrough Business Negotiation*: *A Toolbox for Managers*. San Francisco: Jossey-Bass, 2002, 1st ed.

[12] Wessel M. R., *The Rule of Reason*: *A New Approach to Corporate Litigation*. Addison Wesley Publishing Co., 1976.

案例研究

北京吉普合资风波

一、案例背景

在中国人的心里,北京吉普之于中国汽车业,犹如同仁堂之于中国药业,有一种难以名状的历史情结。2005年6月,作为中国第一家中外合资制造企业,走过22年沧桑的北京吉普,化身为北京奔驰-戴姆勒·克莱斯勒汽车有限公司。历史即未来。20年前颠簸前行的北京吉普,或许可让今天众多的合资企业用另一种视角审视自己。

1983年5月5日,经过长达4年多的谈判,北京汽车厂与当时美国的第四大汽车厂美国汽车公司(AMC)正式成立北京吉普有限公司,开始了艰难的首航。

(一)好事多磨达成协定

北京吉普成立时,北京汽车厂主要为部队生产BJ212型吉普车;AMC则以生产四轮驱动多用途车辆而著名,公司利润很大程度上由单一的高利润产品——吉普车维持着。1978年,在中国开始强调从西方特别是美国获得科学和技术的大环境下,北京汽车厂向AMC传达了合资意向。

1979年1月AMC应邀来北京洽谈。尽管北京汽车厂当时有些设备看上去比较落后,但AMC一方总体感觉还不错,于是在1月26日,双方签订了宽泛的谅解备忘录,同意调查以美国技术制造新吉普的前景,预定1979年底完成。同年5月,北京汽车厂和第一机械制造部管理人员到美国的底特律、纽约和洛杉矶以及加拿大等地考察AMC的运作。

一切似乎都很顺利,然而天有不测风云,1979—1982年中国经济进入紧缩阶段,与国外公司签订的许多协定被中止或取消,合资计划陷入困境。就在AMC高管感到绝望时,曙光初露,中国经济形势开始好转。1983年4月双方解决了细节和协议语言问题,5月正式成立了合资企业——北京吉普有限公司。总资产5 100万美元,北京汽车厂出资3 500万美元,占股69%,其中2 840万美元是北京汽车厂的现有车间和设备,660万美元以人民币支付;AMC投资800万美元现金和价值800万美元的技术,占31%的股份。董事会中中方代表7人,其中1人任董事;美方代表4人,前3年由美方代表任总经理和CEO,之后轮换。

双方协定:北京吉普初步仅生产老式吉普BJ212,之后尽快开发新式吉普——"轻型、越野汽车",一些部件来自AMC吉普CJ系列。为确保成功,出口销售优先。出口所得外汇用于从国外购买部件,直到新式吉普部件完全由中国制造。

对中方来说,这份协议是一个里程碑,北京吉普成为当时中国最大的制造合资企业。而对正陷入财务困境的AMC来说,吉普交易产生了巨大的短期意外收获。在12天的时间里,AMC的股票涨了40%,从7.5美元升到10.5美元。

(二)运营前争端频频

北京吉普计划于1984年1月开始运营。1983年夏秋,AMC的过渡期团队频繁穿梭于中国做筹备工作。协议签署时,双方已经接触了4年多时间,但糟糕的是双方的经营理念仍大相径庭:美方认为中方会适应美国公司的文化——强调利润、市场和节约,而中方认为美方可以适应中国的工作单位制度:由政府供应原材料和补给,产出归政府所有,领导决定工人的住宿、医疗和培训。于是,争执还是不可避免地出现了。

第一个争端围绕AMC的8个雇员的居住问题。根据协定,北京吉普中方应该为外方提供住房。AMC认为如果不提供体面的公寓,将雇不到优秀的美国汽车专家。中方承诺按西方标准为他们建一幢全新公寓,同时提出过渡方案——美国人暂居友谊宾馆。友谊宾馆是老式苏联风格的宾馆,位于北三环西路,虽然现在属于繁华地带,但在当时算是北京的西郊,离国际学校和外国人购物的友谊商店较远,且居住条件简陋。

美国人起初不愿意,但后来还是勉强同意在新房建造期间暂住友谊宾馆。不料,1983年12月董事会会议上,中方抛出重磅"炸弹":由于安排新公寓非常困难,所以将友谊宾馆作为美方长期住所。美方极其愤怒,强烈反对改变计划,但最后还是无可奈何,答应住进友谊宾馆重修的8套西方式公寓里。

第二个争端涉及如何处理中方高层经理的4万美元年薪。在协定谈判时,中方要求同工同酬。美方通过调查得知,中方干部即使是高层,带回家的薪水也不超过100美元/月。美方要求知道那些额外的钱将如何处置,没有得到回答。为此,美方添加了保留条款:直到中国颁布有关法律规定额外的钱归谁所有,才会支付给中方高层经理4万美元的年薪。第二年,中国颁布了新法律,双方的薪水之争才告一段落。

1983年底董事会议上,双方商定1984年1月15日为合资企业正式成立日期。但在合资企业正式成立前一周,特别难缠的财务问题出现了:什么资产和设备应包括在中方的出资里?1980年一家香港公司估算了北京汽车厂设备的价值,该评估成为1983年双方签订协定的基础。但在北京吉普成立前的几周,中方发现这个评估存在问题:自1980年评估以后,北京汽车厂又安装了600万美元的新机器设备,支付了额外的资金。美方认为根据协定,这部分资产应包含在用于制造BJ212的中方设备里。但中方坚持这是北汽车厂额外的"新"资产,不然有争议的设备应归还北京汽车厂。最终美方同意折中,在几年内北京吉普将支付北京汽车厂有争议资产价值的70%。

(三) 运营中摩擦激烈

经过8个月的准备,1984年1月15日,中国第一家汽车制造合资企业——北京吉普有限公司开始正式运营。运营过程中,双方的摩擦更是激烈。

1. 新吉普式样和制造方法上的矛盾

根据1983年的协定,5年后不再生产BJ212,AMC将帮助设计和制造全新的吉普。然而,在新吉普的式样和制造方法上,双方存在根本差异。但在签约时,双方皆掩饰了这一点。中方希望新吉普在设计上参照军车,如四门、顶棚可拆卸等。而美方并非真的想设计全新的吉普,谈判时他们就认为不可行。他们想让新吉普和AMC销售的切诺基尽可能地接近,以使部件可以互换。在美方看来,中方简陋的汽车厂很难造出世界标准的部件,因此希望从美国进口部件到中国进行组装。中方强烈反对这种方式,认为这是把中国当作殖民地的行为。

在这期间,AMC被法国雷诺收购,总部处于混乱之中。新CEO对AMC进入中国并不热衷。1984年中期,北京吉普的美方管辖权从AMC国际部转到制造部。制造部否决了在中国制造新型吉普的协议,并得到了新CEO的支持。

1984年9月,AMC包括制造、产品开发、财务和采购的"副总访问团"来到中国,企图说服中方:设计新吉普绝对不可能,既不经济,也浪费时间,中方所要的新吉普事实上和切诺基很接近。并且,切诺基属于崭新的技术,美国市场也才引入不久。如果接受制造切诺基,北京吉普有限公司将在一年左右开始生产汽车,比制造新吉普提前两到三年。

此时上海汽车厂也正在与大众签署协议组装大众桑塔纳。因此,尽管不愿意,但在竞争的压力之下,10月10日中方同意生产组装产品。美方承诺,合资企业会致力于用中国造的部件替代美国部件。经过几个月的争论，双方最终敲定在1985年10月1日推出切诺基。

新设备从美国发运过来后，需要在工厂主体车间打开装运箱，然后运到装配线。但是主管主体车间和装配线的管理人员都推托职责，拒绝配合清理主体车间。美方主管愤怒了，开始自己动手清理车间。他们亲自动手的消息很快传遍工厂，毕竟当时在北京吉普工作的美国人大部分只做计划和文书工作，并不从事这类体力劳动。第二天晚上他们继续工作时，中方制造副总和同事从他们手中夺下扫帚帮忙打扫地面，几天后其他员工也加入进来。工作之余，中方管理人员还带来啤酒、西瓜和冰激凌。

正所谓"不打不相识"，1985年整个夏天，生产切诺基前的几个月，公司员工的士气高涨，中美双方关系非同寻常地融洽。AMC派出近四十人的强大工作队伍，完成推出切诺基的各项工作。一些成员连续工作四五十天而没有休息。在短时间内取得了巨大成就，双方都看到了进展，双方由于太忙而没有多少的争吵和抱怨。中国人很兴奋，他们不再挑战美国人。他们想学如何使用新的技术，有时一看就是数个小时。一些AMC专家简直不敢相信，每次，美国人安装一台新机器，好像半个北京城的人都在注视着他们。

2. 企业内东西方文化的碰撞

在运营中，双方都发现：文化的差异比合资以前所预期的更大。

美国人觉得在北京吉普，工作制度就是个摆设，没有人愿意遵守。比如，曾有一中方工人一次为自己及朋友打了12次卡；规定工作时间是上午8:30到下午5:30，但实际上工人平均每天工作时间只有四五个小时。安全规则被完全忽视：一些焊工工作时不带防护镜；工人在禁烟区，甚至易燃材料旁吸烟。设备因很少维护而很快损坏，损坏后没有备用部件，不得不停产。中方主管根本不想维持纪律，车间主任往往将大量时间花在人事和福利上。

在美国，工作中的问题通过公司就可以解决，但住房、医疗、教育等不属于公司的责任；而按照中国那个时期的惯例，工作中的问题想要解决还要靠分管部门或政府，工作单位则要给工人提供住房、幼儿园、医院和食堂等。

中方工人和干部同样也抱怨：美方人员工资非常高，1986年AMC在华人员的薪水、租金、差旅费、度假费和电话账单等加起来大约有22万美元/年；一些人与中国人谈话很傲慢，有歧视嫌疑，甚至会带些难听的、粗鲁的话；还有一些人根本不考虑中方的建议，觉得中国人说的任何事都是愚蠢的；一些AMC派来的顾问水平也不够高，他们来中国好像是出于逃避国内的麻烦或者为了高薪酬，而且，中方无权对他们的工作做出评价。

3. 五月外汇协议解决资金分歧

1985年10月，曾在福特工作11年的加拿大人皮埃尔担任北京吉普总经理。在接手的最初几周里，他就已看到北京吉普处于麻烦中。切诺基的生产刚开始，然而要害之处是它不能赚钱，至少这钱不能从中国带走。前几年，双方将差异放在旁边，忙于建立新的装配线并推出切诺基产品，但他们在进行这项工作时，目标是不同的。

对美国人来说，组装切诺基是AMC在中国运作的焦点。美方知道中方想让他们帮助设计四门吉普、生产部件替代进口，并出口切诺基以赚取外汇。但美方认为最好的办法是让切诺基正常生产，以后再解决这些问题。他们试图说服中方同意组装大量切诺基在中国市场销售,到1990年达到4—5万辆/年。从何处获得外汇却是AMC未真正考虑的问题。中方一直为产品的生产而高兴,也把以后的问题放在一边。中方董事会成员之一,后来成为总经理的陈旭林承认中方目标很简单,就是获得美国技术。通过获得装配线设备和部件、参与生产、组装切诺基,也接近了目标。然而只想进口少量部件,只要能够观察这项技术即可。

目标的迥异终于导致了严重的分歧。1985年秋,在消费热潮及其引起外汇储备下降的情况下,中国严格限制外汇使用。公司赚取外汇的方式只有从中国出口商品,然而中国工厂很难生产出符合出口质量的产品,特别是在生产初期,质量差,成本也出奇地高。

因此,切诺基推出后两天,资金问题出现了:1986年的产量?进口部件比例及价格?内销产品的价格中有多少需要买者以外汇支付?这些决策取决于中方,因为中方控股,而且中国企业需要政府批准的进口许可证。同时还存在其他问题:为生产"本地化"部件制定的高昂资本预算由谁来支付?8个AMC代表搬进了新近完工的合资旅馆,不仅花费更多,而且以美元支付租金,谁为他们支付费用?中方停止支付所增加的费用,双方无法达成协议。

北京吉普最初生产的200辆切诺基已移交国家物资局,用于中国国内销售,但由于外汇问题,国家物资局推迟支付所欠200万美元。包装好的1 008件部件还在美国等待发运,但皮埃尔没有外汇支付。合资企业生产的数千辆BJ212上交国家后被分配给中国其他单位,这笔大约900多万美元的款项本应由北京汽车厂收回后交给合资企业,但它没能支付。结果,皮埃尔发现北京吉普不仅缺外汇,连人民币也没多少,生产受阻。

1986年5月,在中国国家经济委员会的协调下,双方协商:中国政府正式许可进口部件组装切诺基,四门吉普将不再设计;"本地化"部件制造切诺基的比例至少每年递增10%,至1990年切诺基80%的部件由中方制造。中方承诺第一年至少购买2 000辆切诺基部件,第二年3 000辆,第三年3 500辆,第四年4 000辆,到1990年中方认为能够制造绝大多数的部件,没有必要再进口时,中方保证1.2亿美元的外汇用于支付。中方同意用国内市场销售所得外汇进口部件;当国内销售不能赚取足够的外汇时,可通过人民币所得以官方汇率兑换美元。

中国政府第一次同意提供必要的资金用于重要的资本项目。如果解决了如何出口吉普、销售吉普给旅居中国的外国人,或者"本地化"计划提前完成,允许美方产量超过12 500辆。中方同意北京吉普支付在华AMC员工的所有花费,以及中方员工的住房费用。中方甚至愿意在部件装运5个月前支付资金给AMC。"五月外汇协议"的签订,使得北京吉普得以恢复运营。

(四)变革阻碍

1986年秋,AMC被派发30万美元股息,第一次获得投资回报。根据美国税法,一旦AMC至少获得一种美元形式的股息付款,公司就可将它在中国所有的收入,包括人民币收入,作为账面利润。北京吉普有限公司于是成了一个双方都承认的西方公司与中国公司成功合作的榜样。

合资企业总体财务状况很好,双方的关系有很大发展。但是当AMC试图在北京吉普做出重要变革时,却受到了阻碍,改革的提议被耽搁、冲淡或失败。

比如，总经理皮埃尔发现，中国的高层经理和最不熟练工人之间的工资差异很小。公司副总陈旭林工资接近270元/月，只要有足够的资历，即使是一些普通的不熟练工人都与此相差不多。相反，一些有才能但资历浅的年轻人，即使美方把他们提到管理岗位，薪水却达不到平均水平，大约200元/月。皮埃尔相信有必要拉大收入差距激励员工，特别是在管理者和工人之间。他特别想给那些中方经理、工程师和主任等对公司重要的人大幅加薪。

1986—1987年，皮埃尔一直在试图推行新的薪酬体系。但中方表现出了明显的抵制，陈旭林就是最大的障碍之一。他同意差别工资的总原则，但要求不能造成太大的差异。他认为如果他拿了太多钱，处理与工人的关系就更困难。在北京吉普，每个人都知道其他人的工资是多少，工资大幅度的增加会招致怨恨。皮埃尔将差别工资的提议提交给国家经济委员会和市政府的高层官员。最后，皮埃尔的新工资等级系统只是得到了原则性的同意，他所期望的高差别工资仍难以实现。

再比如，在美国，造一辆汽车大约需要26人工时，在北京吉普却需要86人工时。在美国，每个工人只做一辆汽车的一小部分，产量很高，因此工人总是很忙碌；而在北京吉普，工人在每辆车上有很多工作要做，产量很低，因此有很多空闲时间。AMC的产品主管舒力兹认为工人的懒惰不是因为文化，而是因为体制：工人太多，而工作激励太少。舒力兹决定在运作上做些改变，推行五天工作制，认为这将有利于工人节约开支、减少能源浪费。

他相信让工人多休息一天，将减少缺勤率，工人能够也愿意提高速度，工厂仍可造出同样数量的吉普。五天工作制将为公司节省开支超过32.5万美元/年。舒力兹与许多中方管理人员商讨。节约成本的想法对他们很有吸引力，但对给工人多一天时间休息很犹豫。渐渐地，舒力兹意识到，中方不愿意给工人更多的自由时间，是因为对这种方式的社会后果感到不安。在美国，工厂仅仅为了生产，但在当时房子小、街道拥挤的中国，工厂有作为社会管制的作用。

1987年3月，克莱斯勒和雷诺签订协议，以2亿美元购买雷诺在AMC 46%的股份。克莱斯勒董事长艾科卡声称："对克莱斯勒来说，最有吸引力的是世界上最有名的汽车商标——吉普。"在接管的混乱之中，北京吉普的形势稳步上升。中国仍将BJC看做模范合资企业。1987年春末中国严格限制汽车进口，可用外汇逐渐增加，北京吉普现在供应国内所有四轮驱动汽车。切诺基成为身份的象征。需求量是如此之大，以致订购一辆后需等一年后才能交付。BJC工厂产量也提高到12辆/天、3 600辆/年。8月，克莱斯勒兼并了AMC，尽管路途颠簸，但北京吉普仍完成了它的合资首航。

二、案例分析

学者余凯成依据心理契约的概念提出了合资企业的动态均衡模型，认为企业合资的基础是互利和双赢，一方的实力和优势对另一方有吸引力，才使双方合到一起。图5-5是发展中国家与发达国家企业间建立合资企业的动态均衡模型。在合资企业中，一方的优势会因合资企业的运营被另一方内化为对方的实力，使己方的优势减弱或消失。在这一过程中，合资企业中必然发生冲突。而对跨文化合资企业而言，文化冲突便是不可避免的了。北京吉普在运营前和运营中屡次因经营理念、文化和双方合资目的的不同发生冲突。

图 5-5　合资企业的动态均衡模型

不过,应该看到的是,冲突不一定都是破坏性的,如果处理得当,有时破坏性会化为建设性冲突。一般的,冲突分为两类。一类是认知冲突,这类冲突与组织目标相关,产生在团体成员就某一问题有不同理解的时候,冲突的焦点是在目标任务而不是个人。另一类是情感冲突,认知冲突得不到妥善处理常常会演变成情感和个人冲突。这时,每个团队认为其他团队有问题,而不是将重点放在问题本身。因此,冲突双方应该采取有效措施防止认知冲突转化为情感冲突。在合资企业中,任何一方企业都不应企图独占利益或只看到短期利益,而要感知对方的新期望与新需求,不断调整,及时创造与提供对对方有吸引力的新实力与新优势,从而使合资企业的实力在合作过程中得以保持和巩固。

三、结论与启示

由北京吉普的合资风波可见,国际谈判受到文化现象的双重影响,即除了把谈判者隔开的分歧外还有文化的差异。为了取得寻求中的协议我们应该弥合这种差异。谈判人员还应克服其他困难以便正确地预见对方可能做出的心理反应和精神反应,从而制定相应的策略和战术。按照这两项要求,我们要注意做到以下四点:

（一）揭示对方行为

谈判对手的行为大致上受四个基本因素的影响:文化基础、个性、谈判习惯以及形势和环境。谈判者在谈判前和在谈判一开始时都应该不断地探索对手的文化背景及其自身性格的影响(显著或扭曲的)。在真正开始辩论之前应该搞清三个问题:谁是真正的谈判代表?他的本钱、兴趣和真实目的是什么?他的实力和实际代表权的大小?回答这三个问题除了分析要客观外,谈判者要同时运用心理嗅觉和所有的经验。从同样过程的谈判吸取经验,这可以是两个(或多个)人之间的谈判,也可以是两组(或多组)人之间的谈判。要预料到社会的相互作用,要借助于看、听、问。

（二）接纳不同的文化

文化接受的根据是"我们往往把外国人看做是不安和危险的因素,而外国人也是如此看待我们的"。那些依照我们的文化而被我们视为怪诞、矛盾或过时的现象反过来也对我们产生影响,我们与之谈判的那些外国人也正是如此看待我们的。因此,国际谈判者应该超越这种排外的原则,承认文化的不同是个明显的事实,对它采取积极、真挚的接受态度而不是简单的容忍或漠视。因而我们应该尊重礼节、习俗和禁忌,要明确地接纳不同的思想意识和哲学。当地的习惯往往是复杂的,尤其对背离被视为基本原则的行为是很敏感的,我们要正视这种情况,要保持头脑清醒,要去掌握它,常常需要仔细。

(三)使自己为对方接受

国际谈判实际上具有对称的特点:各方都把对方视为有害于其文化的"外国人"。双方相互接纳的过程要求各方都放弃最初的冲动,并承认在这种环境中,自己也完全是个"外国人"。为了使对方能够在承认文化自身的多样性、独特性和丰富性的基础上接受自己,关键是做到不以自我为中心。要使对方能接受自己涉及从两方面去促进这种关系:采取积极的态度和避免消极的破坏。首先,在关系到谈判共同目标的问题上要注意采取一致的(可能是暂时的或部分的)行动去实现目的和利益。为此我们应该迅速地阐明有关形势和建议各种可能引起对方兴趣的东西,在提出和说明问题时应显示出对在政治、经济或社会利益,甚至威望等方面做出努力的热忱。争取对方的接受还需要避免有害双方关系的行动和反应。

(四)审慎交往

交流的失败往往是由于有关各方没能有意识地去适应不同的感知世界。在现实生活中,如果我们对背景情况全然不知而要去理解对方的词句,经常会使本着坦率和同情做出的努力归于失败。

案例参考文献:

[1] 王国锋、井润田:"北京吉普的颠簸路",《北大商业评论》,2006年第1期,第96—101页。

[2] 张丽华、李元墩、杨德礼:"合资企业的跨文化冲突及其管理",《大连理工大学学报(社会科学版)》,1999年第80期,第25—33页。

第六章　办公桌旁的领导者

今天好的组织是能够在发展的过程中不断地改进自己,好的领导是自己能够娴熟地掌握这种不断革新的技能,不但自己有能力推动组织的革新和完善,而且能提倡和鼓励下属进行这种革新和改进。IBM 曾花费数百万美元用于培训它的领导人,但却是以一种 IBM 的信仰进行培训。这种信仰认为过去使 IBM 获得成功的方法在将来也能给 IBM 带来成功。甚至在 IBM 已经放弃这种信仰之后,仍有许多公司还在效仿这一做法。一些成功的企业如索尼、联合利华、西尔斯百货和通用汽车面对巨变时,没有及时进行自我改造和变革,并为此付出了沉重代价。这是因为那些曾给这些公司带来最初成功的观念随着时间的变化却变成了使企业思想僵化的惯性,正是那条曾让它们繁荣发展的道路将它们带入了困境。

领导者要在办公桌前成功领导组织变革,我们认为三个工作非常重要:一是发动全体员工进行变革,二是不断提升自己的沟通技能以增强变革领导力,三是减少组织变革期间的人员流失,为企业留住优秀人才。

第一节 成功领导组织变革

组织变革(organizational change)是指对组织功能方式的转换或调整。所有的组织都会不断地进行一定的变革。组织管理部门需要不断调整工作程序,录用新的干部或员工,设立新的部门或机构,改革原有的规章与制度,实施新的信息技术,等等。组织总是面临来自竞争对手、信息技术、客户需求等方面的各种压力。因此,组织变革已经成为管理的重要任务之一。组织变革可以大致分成三类。

(1)适应性变革

是指引入已经经过试点的比较熟悉的管理实践,属于复杂性程度较低、确定性较高的变革,适应性变革对员工的影响较少,潜在的阻力较小。

(2)创新性变革

是指引入全新的管理实践,例如,实施"弹性工时制"或股份制,往往具有较高的复杂性和不确定性,因而容易引起员工的思想波动和担忧。

(3)激进性变革

是指实行大规模、高压力的变革和管理实践,包含高度的复杂性和不确定性,变革的代价也很大。

一、组织变革的重要性

一只青蛙住在路旁水并不多的水沟里,住在旁边深水池中的朋友劝他从小水沟里搬出来,对他说:"你那里水太浅,又很危险,过来住吧,这里水深,安全又有食物。"但是他在潜水沟里住习惯了,不习惯搬到别处,也不愿意离开熟悉的环境,于是拒绝了。不久,一辆卡车经过水沟,把那只不愿搬家的青蛙轧死了。当环境发生变化,如果你还懒惰成性,反应迟钝,感觉麻木,那么你和那只不愿搬家的青蛙有什么区别呢?彼得·德鲁克在1992年就指出,每个组织将不得不把变革管理建立在每一个结构当中。

现代组织处在不断发展变化的社会环境中,组织和企业的规模不断扩大,技术和产品不断更新,国内外市场不断拓展,企业间竞争不断加剧,国有企业改革不断深入。所有这一切,要求企业不仅做出技术、结构的变革,而且包括组织成员思想上和心理上的变革。只有不断进行有效的变革,组织才能适应不断发展的形势。但是残酷的现实也告诉我们,约70%的变革均以失败告终。因此,如何引领变革是领导者必须学习和研究的重要课题。

一个组织的生存与发展,必须跟上环境变化的步伐,但组织变革不是为变革而变革,要么是为了解决组织所面临的重大问题,要么是为了迅速抓住未来的发展机会,但不管出于什么样的原因,组织变革的目的都是为了提高绩效、多出成果。正是由于大众公司在1960年左右发起的变革,汽车工业才转变成为一个全球性市场。

要做好组织的变革,必须清醒地认识到组织所面临的挑战与机遇,必须能够创造这样一种组织环境,在这种环境中,变革被视为机会,而不是威胁。正如彼得·德鲁克所指出的:"以为明天会像昨天一样,这一错觉最可能使组织受到最大的伤害。"

在认清组织所处的环境和促使组织变革的关键因素之后,管理者必须能够为计划和领导组织的变革努力。正确地区分组织能够改变什么和不能够改变什么,是成功领导组织变革的基础,没有这种清楚的认知,组织的变革将会陷于迷途,最终导致变革的努力完全失败。强生公司不断地对自己的组织结构提出质疑,并改进和修补其生产程序,但同时却坚持着自己的经营理念。

一般而言,组织能够改变的内容包括:

(1)组织的使命与战略目标

组织应当不断地询问自己:我们的事业是什么?它应该是什么样子的?对这些问题的回答可以引导组织改变使命与战略目标。

(2)技术

组织可以为提高效率、降低成本而改变它们的技术。

(3)人员/行为改变

可以培训管理者和员工,以提供新的知识和技能,或者,可以更换员工的岗位或裁员。

(4)任务/工作设计

组织中工作的方式也是可以改变的,比如可以采用新的程序和方法。

(5)组织结构

组织可以改变它们的结构方式,以期能够更好地对外部环境的变化做出反应。决策应该在何种层面上制定也包括在内。

(6)组织文化

组织也可以尝试改变它们的文化,包括管理和领导风格、价值观和信仰等。

在一个组织中,有些元素是组织不应该改变的。这些元素主要存在于人员/行为领

域,包括:

(1) 认可的需要

员工为组织做出的贡献是需要得到认可的。尽管组织可能需要变革,但必须让员工确信他们是在"正确地"做事情,并让他们知道,正在进行的变革既不是他们绩效的结果,也不是他们绩效的反映。

(2) 尊重的需要

无论组织需要进行什么样的变革,组织中的个人都必须继续获得尊重。以尊重对待员工的一种方式是不断地与他们沟通为什么变革是必要的。

(3) 信任的需要

员工必须继续信任他们的管理层。在变革发生之时维持这一信任的一种方式是与员工沟通,告诉他们组织将会保留什么,并提醒大家,变革是与组织的使命和战略目标相一致的。

(4) 感到有生产力的需要

根据马斯洛的需求层次理论,人类追求自我实现,需要能够运用他们的知识和技能进行有意义的工作。实施中的变革必须表现出,它是与组织的方向和远景以及员工的贡献相一致的。

(5) 成长的需要

组织必须继续向其管理者和员工提供学习和成长的机会。变革可以成为一个很好的契机,为员工提供个人学习和成长的机会。

对组织面临的环境有了清楚的了解、对组织需要改变什么和不改变什么有了准确的把握之后,剩下的问题就是怎样进行变革。怎样进行变革是研究得比较多的问题,因此在理论上可以寻求一些指导,如科特的组织变革模型。但这个问题更多的是属于实践问题,需要领导者关注各种因素的相互作用,需要不断地聚集变革的力量,不断地消除阻碍变革的力量和因素,从而向组织成功的目标迈进。这个过程往往是动态的、复杂的和多变的,可运用的手段也是多样的、不可预设的,需要领导者的智慧、灵活、毅力和决心。

管理实践

变革之舞

当 2003 年联想将企业标志更名为"lenovo"时,杨元庆就意味深长地表示"一定要看清产业布局"。2004 年,联想随即开始了大刀阔斧的组织调整。首先是统一了中央市场部,在这个平台上将原有的华南、华中、华东、西南、西北、东北和华北七个销售大区进一步分为 18 个销售大区。原有的六大业务组群调整为三大业务组群:A 组群(信息产品业务群,包括 PC、笔记本业务),B 组群(移动通信业务群,主要包括移动、通信业务),C 组群(IT 服务业务群,主要包括各项 IT 服务业务)。

在这个业务群的设计上,联想使其区域管理和指挥日趋贴近市场,以求扩大份额。对于那些分区经理,他们则会发现上头的领导少了,只需要通过大区副总裁,他们的要求就能最终直达杨元庆的办公桌上。这是动力,也是压力。杨元庆对记者表示,"分区总经理有权在自己认为值得的产品和客户上投入,但是最后交账的时候,营业额和利润是衡量他们业绩的唯一标准。"

莫士.变革之舞.财经界:管理学家,2007,3:24—25.

二、组织变革的驱动力

促使组织变革的动因可以分为外部和内部两个方面:

(一) 外部环境的变化

外部的动因是指市场、资源、技术和环境的变化,这部分因素是领导者控制不了的。市场变化如顾客的收入、价值观念、偏好发生变化,竞争者推出新产品或产品增添功能等;资源的变化包括人力资源、能源、资金、原材料供应的质量、数量以及价格的变化;技术的变化如新工艺、新材料、新技术、新设备的出现等,这些不仅会影响到产品,而且会出现新的职业和部门,会带来管理和人际关系的变化。

(二) 内部环境的变化

组织成员的工作态度、工作期望、个人价值观念等方面的变化,如果与组织目标、组织结构、权力系统不相适应时,也必须对组织作相应的变革。它们之间不相适应或相互矛盾主要有下列几种表现:

(1) 组织成员要求在工作中有个人发展的机会,但组织仍然倾向于简单化、专制化的管理方式,从而限制了成员发展的机会。

(2) 组织成员希望彼此以公平、平等的态度对待,但组织仍然等级分明、地位差别大,使组织成员产生强烈的不公平感。

(3) 组织成员的工作热情逐渐转向以工作本身所产生的内在利益、人的尊严和责任心为基础,但组织却仍然只靠奖罚手段推动成员工作。

(4) 组织成员希望或注重从组织中获得尊重、友谊、信任、真诚等情感的满足,但组织只强调任务是否完成,不注重人的感情。

(5) 组织成员随着自身素质的变化和生活水平的提高,要求组织采用新的管理制度或管理方式,但组织领导仍然习惯于老一套陈旧的制度或工作方法。

总之,无论是环境的变化、组织运作效能的降低,还是组织成员的心理、行为变化,都会导致组织系统的失衡,从而在组织内部产生要求改变现状的变革推动力量。

（三）组织变革的征兆

如同医生为患者诊断一样,领导者要根据企业的生命体征来判断企业是否需要变革。一个组织在什么条件或症候之下,需要实行变革呢？管理心理学家西克斯认为,当组织面临下列情况之一时,就是组织必须进行变革的征兆。第一,决策失灵。当组织决策经常出现错误,或决策过于迟缓,以致无法把握良好机会时。第二,沟通阻塞。组织内意见沟通不良,上下级常常不能进行顺利、有效的意见沟通,以致造成活动失调、人事纠纷等严重后果时。第三,机能失效。组织的主要机能不能发挥效率,或不能起到真正的作用,无法保证达到组织目标,组织成员的积极性无法充分发挥出来时。第四,缺乏创新。组织墨守成规,因循守旧,难以产生新观念、新制度、新方法,以致阻碍组织目标的实现时。一旦出现上述情况,必须进行诊断,找出发生问题的症结,以确定从哪些方面进行组织变革。

三、组织变革的程序

组织变革是否能够保证取得最大的成效,对变革程序的考虑是不可缺少的。关于组织变革的程序,许多学者提出了不少方案。归纳起来,变革程序可有四个步骤:确定问题,组织诊断,实行变革,变革效果评估。

（一）确定问题

组织是一个开放的社会系统,它是处在动态的环境与结构之中的。因此,有时组织也会变得无活力与无效率,这时,组织当局就必须研究和分析造成这种状况的原因,看是暂时的,还是长期的,然后,分析研究组织的内外环境因素,这时可采用心理学的调查方法,如市场调查、消费行为调查、民意测验等来确定问题。但要注意,在确定问题阶段,不仅要对正在发生的环境变化做出正确的估计,而且要注意这种变化对组织以及对整个社会的影响,判断这种影响会对其他环境因素带来什么变化。一般情况下,人们如果没有感觉到紧迫性,就不会有足够的动力去进行变革,人们常常会认为现状还可以,根本没有变革的必要,因此确定问题实际上就是为组织变革找到一个好的理由。

（二）组织诊断

通过分析研究组织的内外环境因素确定了问题后,组织便可以借助于许多工具和方法,对组织当前的状况进行诊断。通过这种诊断可以确定组织是否能应付环境的变化,从而可进一步确定问题的所在。常用的组织诊断方法有以下几种:

1. 组织问卷

通过组织问卷可以了解各类人员的职位及功能，其中包括职位、工作部门和性质、责任与职权的大小、工作流程等。

2. 职位说明

其主要内容包括工作名称、主要功能、职责、权力，以及该职位与公司其他职位的关系、与外界人员的关系。

3. 组织图

以图的方式表示某一时间内的组织直线职权与主要机能，以及组织内部的纵横关系。

4. 组织手册

通过职位说明与组织图的综合，来表示直线单位的职权和责任，每一职位的主要机能以及职权、责任、主要职位间的关系。

5. 实地调查法

其实，单靠以上几种组织分析工具，很难真正诊断出组织存在的问题，主要是难以了解非正式组织中的人际关系及影响关系，所以还必须要借助一些成熟的心理学方法。例如，士气调查、满意度调查、工作态度调查、领导行为的评价等。这些调查研究，不仅可以起到诊断的作用，而且也是确定问题所必要的手段。

（三）实行变革

对组织存在的问题进行诊断后，接着就是研究如何进行组织变革的问题了。然而，实行变革并不是一件很容易的事情，它必然会受到来自各个方面的阻力。我们知道，变革很可能会打破旧的观念，改变现行的规章制度、工作程序和管理方式，调整组织机构等。特别是当企业决定彻底改造时，这时不是要改变现有的东西，而是要创造现在没有的东西。当哈根达斯公司决定让顾客和员工每一次光顾自己的欧洲冰激凌店都成为一种愉快的享受、一段难忘的回忆时，就不仅仅是"做"一些事来提高自己的竞争力了。而对于这一切，往往有些领导难以接受，于是，变革的阻力首先就来自上层领导。但是，对于广大组织成员来说，由于不了解环境的变化和变革的必要性，也可能对变革不理解而持消极态度，从而使变革再次受阻。因此，为了实行变革，就必须要进行宣传教育，提高对变革意义的认识，使全体成员都能积极参与到变革中来。

为了使变革能够顺利地进行，在提高认识、消除阻力的同时，还必须依据对组织的诊断结果来制订切实可行的变革计划。在制订变革计划时，让组织成员充分参与到计划的讨论和决策过程中来，从而使变革的计划成为全体成员的计划，而不是少数领导的计划。当变革计划制订以后，可先在部分单位试行，以检验计划的可行性。然后根据试行的结果对计划再进行修改补充，取得经验后再在全体组织内试行，从而在实行中不断改进。

(四）变革效果评估

变革的成败取决于变革效果。很多公司管理层在推行变革时,关注的是变革的过程而忽略了变革的结果。例如,一家金融机构希望通过推行全面质量管理以提高企业绩效并赢得顾客的忠诚。公司为此与上千人进行了沟通,并培训了上百名员工。该方案结束时的报告总结道:"……成立了48支工作团队……完成了两次质量改进。员工们对这一过程的积极性十分高……"大家对这些结果感到比较满意,而报告中关于利润方面的任何改进都未提及,因为其利润改进微乎其微。事实上,在变革实行过程中,对变革的反馈结果进行研究分析,不断整理在变革中出现的问题是非常重要的。为了获得反馈信息和对变革效果进行评估,对外要进行定期的市场调查、消费者行为调查、社会心理调查和民意测验等。对内需要进行态度、士气、满意度调查以及工作绩效的评价。由此可见,心理调查方法和社会调查方法以及其他软科学的研究在组织变革中是不可缺少的工具。

四、组织变革的阻力与对策

人们常常相信自己会做出理智、客观的决定。但事实并非如此,人们总是更偏爱维持现状。在一次实验中,实验者给两群人分别发放了两种价值大体相等的礼品——杯子和巧克力,并告诉这些人可以用手中的礼品去交换另一种礼品。只有十分之一的人这么做了。试想一下,手中的礼品不过是几分钟前才得到的,但对人们维持现状的影响仍然这么强大。而面对组织变革这样的大事件,其中所要遇到的阻力便可想而知了。

（一）抵制组织变革的原因

组织变革作为战略发展的重要途径,总是伴随着不确定性和风险,并且会遇到各种阻力。管理心理学研究发现,常见的组织变革阻力可以分为三类。

1. 组织因素

在组织变革中,组织惰性是形成变革阻力的主要因素。这是指组织在面临变革形势时表现得比较刻板、缺乏灵活性,难以适应环境的要求或者内部的变革需求。造成组织惰性的因素较多,例如,组织内部体制不顺、决策程序不良、职能焦点狭窄、层峰结构和陈旧文化等,都会使组织产生惰性。此外,组织文化和奖励制度等组织因素以及变革的时机也会影响组织变革的进程。

2. 群体因素

组织变革的阻力还会来自群体方面。研究表明,对组织变革形成阻力的群体因素主要有群体规范和群体内聚力等。群体规范具有层次性,边缘规范比较容易改变,而核心规范由于包含着群体的认同,难以变化。同样,内聚力很高的群体也往往不容易接受组织变革。库尔特·勒温(Kurt Lewin)的研究表明,当推动群体变革的力和抑制群体变革的力之间的平衡被打破时,也就形成了组织变革。不平衡状况"解冻"了原有模式,群体在新的、与以前不同的平衡水平上重新"冻结"。

3. 个体因素

人们往往会由于担心组织变革的后果而抵制变革。一是职业认同与安全感。在组织变革中,人们需要从熟悉、稳定和具有安全感的工作任务,转向不确定性较高的变革过程,其"职业认同"受到影响,产生对组织变革的抵制。同时一些人会有因循守旧的心理,如求稳怕乱、求全求美、依赖现成、怕担风险等。二是地位与经济上的考虑。人们会感到变革影响他们在企业组织中的地位或权力,或者担心变革会影响自己的收入,或者,担心变革会破坏工作中形成的社会关系,产生对于组织变革的抵制。但也有些时候,人们之所以对变革产生抗拒实际上是因为人们对变革可能会带来的利益变化的防御行为。比如,一个对工作充满热情,而且有知识和能力轻松地做出改变的员工却可能令人奇怪地拒绝任何改变。他拖延一个计划,可能只是害怕计划实施后必须承担更困难的、可能难以胜任的工作。

管理实践

重症不下猛药

2000年,魏新临危受命,接受一个久病沉疴的"身份特殊"的重量级企业——一家受政府各级领导和社会各界高度关注、曾经辉煌过但又有一大堆问题的校办企业。该企业占据着全国校办企业综合收入的1/4,但是自1999年以后,"政变"、"逼宫"、"办公室政治"等一些危言耸听的词不断刷新着大众的视线,两年一次的集团高层人士地震也在挑战人们的心理承受能力。是激进,还是温和?魏新经过冷静的观察与思考,意识到"认识地震"不完全是企业的体制问题,而是与企业高层对重大问题的认识不统一以及个别高层领导人得不到大家的充分信任有关,于是他选择了一条先简后繁、先易后难、先有形后无形的冷静的集权式变革之路。变革的第一件事情就是从确定核心理念体系入手。为了严格控制联名越级上告,同时又有正常的民主生活,互有意见却能够沟通,魏新在集团高层甚至建立了独具特色的董事生活会,在生活会里作批评和自我批评。将大家积淤的问题摆到桌面上来,使之透明化。魏新说,我们需要判断有多少人接受这种变革的思潮。如果判断只有20%的人接受,那么强行去推就肯定出问题。怎么样变成80%的人去支持你的工作和想法?我们需要去吹风,让大家明白为什么需要变革,变革的路径以及阶段性目标是什么?当大部分人都接受的时候,才可以去推。变革的过程,就是一个不断洗脑的过程,只有改变了人们的思维习惯,才能改变行为习惯,同时将旧有文化中不好的部分去掉。如果企业文化没有到一定程度,管理起来就会非常费劲。所以说,企业文化是推动改革的驱动力。

魏新:重症不下猛药.财经界:管理学家,2008,2:18.

（二）克服对组织变革的抵制

1. 采用"力场分析"方法

这是勒温创造的方法。他认为变革遇到阻力时，如果用强硬的手段压下去，可能一时平息，但是反抗的因素会汇聚力量，卷土重来。因此他主张把支持变革和反对变革的所有因素进行排队，分析比较其强弱程度，然后采取措施，把支持因素增强，反对因素减弱，促成变革的顺利贯彻。

2. 争取合作的策略

管理心理学提出了若干有效的途径，以克服对于组织变革的抵制或阻力。

（1）参与和投入

人们对某事的参与程度越大，就越会承担工作责任，支持工作的进程。因此，当有关人员能够参与有关变革的设计讨论时，参与会导致承诺，抵制变革的情况就显著减少。参与和投入方法在管理人员所得信息不充分或者岗位权力较弱时使用比较有效。但是，这种方法常常比较费时间，在变革计划不充分时，有一定风险。

（2）教育和沟通

适用于信息缺乏和环境未知的情况。其实施比较花费时间。通过教育和沟通，分享情报资料，不仅带来相同的认识，而且在群体成员中形成一种感觉，即他们在计划变革中起着作用。他们会有一定的责任感。同时，在组织变革中加强培训和信息交流，对于成功实现组织变革是极为重要的。这既有利于及时实施变革的各个步骤，也使得决策者能够及时发现实施中产生的新问题、新情况，获得有效的反馈。这样才能随时排除变革过程中遇到的抵制和障碍。《哈佛商业评论》高级执行编辑苏茜·韦特劳弗（Suzy Wetlaufer）曾就福特汽车公司转型中遇到的挑战而采访其CEO雅克·纳赛尔。雅克提道："我们必须改变我们的基本方法……我们的DNA。讲授法比我们知道的任何其他方法都更行之有效……随着几年来讲授计划的执行，雇员们在财务上已经为福特创造了20亿美元的价值。"

（3）组织变革的时间和进程

即使不存在对变革的抵制，也需要时间来完成变革。干部员工需要时间去适应新的制度，排除障碍。如果领导觉得不耐烦，加快速度推行变革，对下级会产生一种压迫感，产生以前没有过的抵制。因此，管理部门和领导者需要清楚地懂得人际关系影响着变革的速度。

（4）群体促进和支持

许多管理心理学家提出，运用"变革的群体动力学"，可以推动组织变革。这里包括创造强烈的群体归属感，设置群体共同目标，培养群体规范，建立关键成员威信，改变成员态度、价值观和行为等。这种方法在人们由于心理调整而产生不良抵制时使用比较有效。

组织变革是近年来企业发展最强劲的呼声之一，国内外的管理专家都提出了许多更新的管理理论和管理模式。但是，在运用这些理论或模式于具体实践中时，并非每个企业都获得了预期的成功。这里我们提出一些在实践中总结出的心得：

（1）变革是高度个人化的。许多公司低估了员工的力量，变革时只是把全部重任交给少数几个管理者。而组织变革实际上可以释放人才潜能、提高组织效率、降低组织成本，这将是影响未来企业核心竞争力的重要方式。任何组织要使变革发生，每个人都会以多少有些不同的方式进行思考、感受或行动，在大型组织中，这依赖于数以千万计的员工充分理解组织的战略并将这种战略转化为适当的行动。在这样的组织中，领导者必须赢得每个员工的认同，使每个员工自愿成为变革的主力军，让所有员工参与公司应对主要挑战的相关工作。试想一下：具有不同生活经历的几十、几百、几千，甚至上万人，从不同的地方出发，要在几乎同一时间到达某个预定的地点，这会是一种什么局面？所以，在几乎每个公司的日常工作中，变革是极为困难并且时常是令人沮丧的，这并不足为奇。我们所遇到的问题是，对变革的管理并不像我们曾经遇到的其他管理任务那样简单。可能我们具备处理所有具体复杂作业问题的技能，而处理变革问题时，这些技能一一失效，让人感到非常力不从心。对于变革而言，我们必须处理的是一个系统问题，而非一个片断。变革的关键不在于孤立地处理每个片断，而是要理解各个部分之间如何平衡、如何通过改变一种因素而改变其他的因素，弄清楚次序和步骤是怎样影响整个结构的。

（2）传统中，把个人感情带到工作场所一直是被禁止的。而人们实际上很难做到将工作和生活截然分开，像机器人一样不带一丝的私人感情来工作。人们在长期的工作中，对办公室、对同事、对工作方式，甚至对座椅的高度都产生了非常浓厚的感情，要改变一个人的感情难度远远高于改变一个人的行为。几十年来，管理者和工人都被告知，要在公司门口检查一下自己的情绪，意思是不要把个人的情绪带到工作环境中，这是个特大的错误。如果说，对管理者来讲，员工的行为要比情感更容易处理是有一定道理的话，那么，说情感在工作中没有作用，那无异于痴人说梦。变革在根本上是离不开情感的。让人们聚在一起发泄他们的感情，的确容易引发消极的情绪氛围。但正确的做法应该是简单、有力地告诉他们："你可以谈论悲伤，但悲伤是没有用的。"当人们在变革的过程中痛苦、抱怨、相互倾听和交流的时候，他们会开始谈论解决严峻形势的办法，逐渐的，当他们彼此开始交流自己的小胜利的时候，他们就开始感觉到了自己是获胜团队的一部分，当项目结束的时候，他们对自己和对组织的感觉比开始的时候就会更好了。

（3）变革意味着充分的信息沟通。有很多组织都是这样开始变革的：部门领导人说，我们必须做一些变革，某某和某某被任命为工作组，由他们提出我们新的工作方案，工作组必须在30天以内向我汇报。接下来，工作组开始工作，把自己关闭起来完成任务，和组织中的其他人员没有任何来往。他们努力工作以设计出自己理想的方案。他们认为，没有必要让别的每个人都获知变革方案的信息，这是他们难以提供的奢侈品。一旦工作的期限到了，就该向老板汇报了。这种方式大都预示着失败。当工作组拒绝和组织的其他人员交流工作的时候，实际上就是在说："我们正忙于设计你们的未来，我们会在设计好了以后告诉你们。"然而，谁不会对自己的未来抱有莫大的关心呢，谁不会希望控制自己的未来呢？而他们的关注在正式渠道没有任何的结果。这时，大量的猜测、流言就飞升出来塞满每一个角落，重要的不是这些猜测、流言的正确性，而是它们会极大地影响组织的情绪和士气。

(4) 就像传说中的龙凤一般,完美的结构重组努力仅仅存在于想象中间。在现实生活中,人们所面对的常常是几个难分伯仲的选择方案。当这种事情发生时,就需要坚定而果断的领导了。如果领导者不够果断坚定,通常没有人会对这种结果满意。此时,领导艺术就像刀刃上的平衡。

我们在第三章介绍过变革型领导理论。存在变革倾向和风险承受趋势的组织容易接受变革型领导者。因此,革新、风险承担和开放性较高的组织与结构稳定、秩序井然的组织相比,前者对变革型的领导者更具有吸引力。

管理实践

组织变革的领导行为

位于乐山市的嘉华集团创建于1939年,是四川省最早的水泥厂。2001年9月,企业面临严重亏损,账面资产6 000多万元,但减值严重,评估资产仅为130多万元。在原领导班子任期届满之后,来自企业外部的许毅刚开始担任新的总经理。为了稳定产权、提高活力,许毅刚决定实施管理层收购。改制过程也遇到了很多阻力。有些员工不接受补偿方案,将许毅刚在办公室里围困了两天一夜,不能回家,甚至无法上厕所。此时,他表现出异常的耐心和宽容,不厌其烦地一遍遍听取员工的控诉或者谩骂,但同时立场坚定,坚持原定方案毫不妥协。此时所有高层管理团队成员表现出高度的一致性和团结精神,第一时间赶到事发现场,一方面与员工进行对话;另一方面,联系当地警察去员工家中,向家人告知对抗事态可能造成的严重后果,由其家人劝导围攻者回家。在这个问题的处理上,许总强调不能创造政策,一定要严格按照法律规范来办事,符合法制方向,这样即使出现冲突也能够理直气壮。在两天一夜的围攻中,许总与员工说话的时间极短,因为言多必失,在过程中引导员工走法制方向,比如申请劳动仲裁等,甚至请来政府官员告知他们如何申请等。因为这个过程中的所有程序都是合法合规的,所以在这个时候能够理直气壮。最终,变革取得圆满成功,企业经营业绩不断提升,同时员工福利也明显改善。

变革型领导行为的许多因素,包括领导魅力、智力激励和个人化考虑都与工作绩效有紧密的联系,并能预测员工的工作绩效。事实上,变革型领导行为鼓励下属完成较为困难的目标,从全新和多种不同的角度去解决问题,同时促进了员工的自我发展。作为领导影响力的一个结果,员工出于对领导的承诺,从发自内心的工作动机出发,根据自身的发展水平以及目标实现和任务完成的潜在意义,会加倍努力工作,最终导致其超额完成预期的绩效。也就是说,变革型领导行为通过引导下属超越自我利益,向下属灌输共同的组织价值观,可以帮助下属达到最高的绩效水平。同时,变革型领导行为对员工的组织承诺感、组织公民行为有较为直接的影响,这些指标又可以用来预测员工的工作绩效。

第二节　提高变革沟通技能

走进美国通用电器公司,人们会发现公司内从上到下直呼姓名,互相尊重,人与人之间关系融洽。这主要归功于公司总裁杰克·韦尔奇实行的面对面的"情感"管理。韦尔奇喜欢把通用公司称做"杂货铺",他经常走进员工中间,现场解决问题,极富人情味,以因人因地因时管理而取胜。他要求公司的各级领导都实行"门户开放",欢迎员工随时进入办公室反映情况,并对他们的来信、来访予以妥善处理。有的企业为了能使员工经常保持愉快的心情,还专门设置了让职工发泄愤懑的场所。他们认为,只有让员工把心中的不满情绪尽快地发泄出来,才能让他们卸掉思想包袱,轻松愉快地投入工作。对领导者而言,变革可能不仅意味着企业的机遇,还可能意味着自己的机遇。而对大部分普通员工而言,变革可能意味着混乱和强人所难。因此,当变革成为企业的常态,领导者沟通技能的重要性就日益彰显。

一、沟通问题

明兹伯格的研究表明,领导者工作大都花在找人谈话中,其次是看材料、写东西,用于其他活动的时间很少。

卡尔森(Sune Karlsson)教授研究了一名法国和九名瑞典的总经理的工作状况。资料是根据以下分类收集的:① 工作现场;② 与个人或机关团体的来往;③ 沟通联络方法;④ 处理问题的特点;⑤ 有关的活动种类。

除了一个以外,这些事例研究的时间都用了四周。资料是由被研究的经理本人、其私人秘书或个人助手以及门房和电话接线员记录在特定的表格上。通过广泛地访问这些经理人员和熟悉他们工作的其他人员而获得了补充资料。

卡尔森教授强调指出,研究的结果不应该被解释为瑞典经理人员的典型,"而只是对个别事例的观察描述以及对这些事例进行的分析比较"。被研究的经理人员每天大约工作9—10小时,他们大约有32%的时间花在公司以外的事务上。在公司内部的大部分工作时间又被访问者和会议占据了。在办公室不受访问者干扰的时间相差很大。有一些经理人员达到1—2小时;还有一位经理比任何人都早到办公室两小时,那么他有3小时的不受干扰的办公室时间。经理独自一人在办公室的时间不是持续的,而是由一些短暂时间段累计起来的。卡尔森教授对于这个问题作了如下的评述:"这是个带有特征的情况:这些经理人员中很少有人认为他们在一天中能有一小时或一个半小时的'单独'时间。他们只知道,在他们受访问者或电话打扰之前,他们难得有时间去着手做一项工作,或者坐下来抽一支烟。"

这一研究表明,在大多数事例中,经理人员的工作是负担过重了。除了他们的平日工作外,周末在家里的时间很多也用于工作。除了一位经理以外都认为他们不可能长期这样紧张地干下去。在他们看来,他们的工作负担使他们没有足够时间用来看书、上剧院,以及从事其他的文化、社交活动。

对经理人员同公司内外的人员进行来往的各种方式进行了调查,这些经理人员很少利用信件同公司外的人联系。他们中有些人每周只口授或签发一两封信;最多的是每天两三封。他们很少同顾客或供货商交往;这一类的交往联系一般是由较低一级的管理人员承担。大多数瑞典经理人员定期地出席至少四种不同类型的委员会和讨论会。正如卡尔森教授所指出的,要分清正式会议和非正式的特别会议是困难的。据报告有一位经理在一年中只出席了 12 次会议,而有一位经理出席会议的次数却在 350 次至 400 次之间。

这些经理人员在办公室会客和商谈的平均时间接近于 3—4 小时,其中大部分时间是被下级占去的。下级也在工厂与总经理接触,在办公室接受总经理的访问。被研究的大多数经理人员几乎每天都同他们的某些下属人员共进午餐。他们还每隔一定时间在自己家里款待下属人员。总经理给下属人员的书面通信是少见的,这类通信通常是由外部写来的。一般来说,他们的内部通报系统的工作做得很好,但是也有人抱怨报告数量有增长的趋势,而且无法系统阅读它们。

处理打来电话的方式有很大的不同。有一些经理亲自接外面打来的所有电话,另一些经理则由秘书或电话接线员先接电话。虽然这方面的记录不完全,但是看来公司内部的电话比外部来的电话问题少。下级是不会随便打电话找经理的,除非是要求安排个人约会或为了特殊事情。

人们之间的沟通模式既有似乎是自发地发展起来的非正式关系,也有一些可能是正式建立起来的,例如,团队成员私下交换看法是由非正式关系发展而来的,而对一个特别委员会指派一个主席的时候,则是正式建立起来的。

1. 正式沟通

1992 年,当马丁内斯接手西尔斯公司进行变革以前,公司绝大多数员工认为,在西尔斯有的只有服从。这是一个充满"客套和遵从"的公司,高层下达指示,下属尽最大努力完成。如果下属出于对上级的尊重而过分拘谨,自由的意见交换就无法实现。对此,西尔斯同时采取自上而下和自下而上的沟通方式:马丁内斯帮助公司高层管理者直面西尔斯过去业绩不佳的事实,而员工沟通大会(town hall meeting)的形式则培育出全新的直接交流方式。

从沟通的方向性上来讲,沟通可以是领导向下属推进的下行沟通(如指派任务、指挥工作、提出问题、评价绩效等),也可以是下级向领导推进的上行沟通(如汇报工作、反映问题或困难、反映意见或情绪等),还可以是同级之间进行的横向沟通(如兄弟单位的参观访问等)。然而,现实中的沟通不是单渠道、单形式的。各种沟通方式组合起来,成为沟通网络,常见的有四种形式:

链状沟通是单一渠道的垂直沟通,这种直线形状反映了职权的严格从属关系;轮状沟通也是一个主管与其他多人间的沟通,通常是在上下级间发生的;Y 型沟通其实是链状与轮状沟通的结合,是较复杂的沟通;环状沟通则是沟通图中的人两两之间的沟通,它可以是纯粹的上下级或同级沟通,也可能是这两者的结合。

由这四种基本结构还可以构成更复杂的沟通关系,如交错型沟通等。资料表明,领导者看来总是在最中心的位置,即他们会经常出现在轮毂轴、Y 交叉点,以及链带的中点上。

巴夫拉斯(A. Bavelas)和巴瑞特(D. Barrett)就不同的沟通网络的优劣性进行了研究,结果见表 6-1。由此可见,不同网络各有利弊,领导者要根据具体问题来选用。

表 6-1　各种沟通网络的比较

指标	链状	Y 型	轮状	环状	交错型
速度	适中	适中	快	慢	快
正确性	高	高	高	低	适中
士气	适中	适中	低	高	高
核心人物出现率	适中	适中	高	无	无

2. 非正式沟通

所谓非正式沟通,俗话说就是小道消息、传言,其信息常不是沿着正式沟通渠道而传播的。

从管理上说,有计划的沟通联络渠道只是整个组织实际的沟通联络渠道的一部分。从上级经理是否进行了组织工作这一角度看,大多数的沟通联络系统是非正式的。下属常更改计划好的渠道,并且产生未经计划的渠道。威得·贝克(E. Wight Bak)教授对某大型电话公司作广泛的研究后得出结论说:"即使是在计划好的范围内,我们的对方也不是按照计划好的沟通联络的系统做出反应;他们按照经他们更改过的计划程序做出反应;此外,这一点也是同等重要的,即他们按照他们自己创设的非计划程序做出反应。"

关于非正式的沟通联络问题,有着各种各样的观点。一些领导者把这种沟通联络看成是应该加以消除的有害的东西。另一些领导者则把它看成是组织中沟通联络的重要促进力量,是一种补充。还有一些领导者处于这两个极端之间。评价非正式沟通联络的问题部分是属于语义学上的问题。有些领导者似乎把"流传小道消息"一词(它通常被认为是非正式的沟通联络)看成是"谣言、流言飞语"的同义词。确实存在着把这个词解释为散播有害公司利益的信息的情况。此外,有些领导者似乎认为"流传小道消息"存在于工人之间。这种概念认为非正式的沟通联络只会散播错误的、有害的信息。然而,他们未考虑到非正式沟通在组织生活中所起的积极作用。确实,如果缺少这种沟通网络,组织能不能生存都很成问题。

基思·戴维斯(Keith Davis)教授从某皮革制品制造公司经理沟通联络的实验性研究中,对非正式沟通联络渠道的性质取得了意义重大的见解。戴维斯把非正式沟通联络渠道划分成四个基本类别,即单线式、流言式、偶然式和集束式。单线式的联络是通过一长串的人把信息传递给最终的接受者,例如 A 告诉 B,B 告诉 C,C 告诉 D,等等。流言式的联络,顾名思义,就是 A 积极主动地寻找和告诉别人。偶然式的联络是一个不规则的过程,A 在过程中按照概率规律,把信息传递给别人(如 E 和 B,然后,E 和 B 又按同一方式告诉别人)。集束式的联络是 A 把信息告诉经过选择的人,此人又依次把信息转告其他经过选择的人,管理人员中间大多数的非正式沟通联络者是按照这一类沟通方式进行的,即在散播所谓小道消息给别人时是有高度选择的。以下的实例着重说明了这点。

办理雇员集体保险合同的某公司的本地代表,为公司领导者安排了一次郊游野餐会。该公司总经理决定邀请36位较上层的经理出席。小道消息立即流传起来,把这一信息散播出去,但是在未被邀请的31位经理中只有两位得悉了这个信息。小道消息传播者认为这个信息是机密的,于是只把信息告诉那些他们认为可能被邀请的人。

在非领导者之间有哪几种非正式的沟通联络链环呢?有充分的理由可以相信其形式与领导者之间的非正式沟通联络相似。在传递某种信息时,下属们有高度的选择性。因此,霍桑研究的那个装配线的小组就严禁其成员告知上司任何会对他们中某人有不利影响的事情。这种约束部分是"社团"由于面对管理权力而进行自卫的努力。在牵涉到工会的情况下,这种努力也可以用来反对管理层利益和维护工会利益。同样,工人可能倾向于议论有害于组织和管理层利益的事务。因此,尽管类型可能相似,但是工人采取的非正式沟通联络的手法会受到与管理人员不同的动机的影响。

管理实践

善于与员工沟通

GE公司有一个让员工充分发言的机制。一天,一个员工反映,他工作时必须戴手套,每月要用坏几副。当时公司领用手套的程序是,先走很远的路到另一栋楼的物料室去填写申请单,然后要在工厂里四处找主任批准,再把批准后的申请单送回供应室。这个流程每次要花一个多小时,于是每个月中他都要有好几次暂时关掉机器,去走这个流程。当工人提出这个问题后,总经理不解地问:"为什么要这样做?"有人回答说:"几年前,曾经丢失了一箱手套,所以就对手套采取了严格控制的做法。"总经理决定:以后把手套箱放在工厂里,让员工便于取用。其实手套的问题存在已久,但是一直没有机会得到解决就是因为缺少对话,增加了对话的机会,就增加了解决问题的可能。

谢文新.魅力型领导的五种有效行为.财经界:管理学家,2006,2:107—109.

有研究表明,小道消息的正确率大约在75%,不能算高,但也相当不低。然而,它确是比较活跃的一种沟通形式。

传言的出现是有其原因的。研究表明,小道消息通常是在出现以下几种情况时的反应:情况对人们具有重要性;现实情况令人有模糊感;现实情形令人焦虑。这三种情形在组织中是经常会发生的,再加上组织中有着秘密和竞争,小道消息就特别有市场。

传言至少可以满足人们几个方面的目的:减低焦虑;理清各种支离破碎的信息;作为联合团体或其他人的一种手段;作为拥有地位、权力、本事的象征。乐于传播小道消息的人往往是因为他们会从中得到某种满足。

二、上下级沟通中的难题

在上下级沟通中,有两个常见的问题影响沟通的效率和效果,它们是与工作相关的压力和雇员自我意识低落。工作相关压力(job-related stress)发生于两个或更多的上级向下级发出不一致连贯的信息之际。有传播学家发现,一个人从若干对自己有重要关系的他人那里接收信息以后,他的想法和行为会受这些信息的折中价值的影响(Woelfel & Fink, 1980)。这就是说,如果两个或三个上级向下级发出几条相互矛盾的指令,下级就可能采取一种体现三种观点互为折中、平衡或让步的行动方针,并将遭受心理压力。因此,工作相关心理压力可定义为,人在面临上级多重矛盾的期望时所承受的心理和情绪上的影响。

根据许多学者研究,工作相关心理压力极为普遍和常见,身心疾病、心血管疾病,以及过量饮用咖啡、抽烟、暴食、酗酒和吸毒等,都与工作相关心理压力有关(Rosenman et al., 1975; Caplan, 1971; Lazarus, 1977)。研究还表明,遭受高度角色矛盾心理和角色冲突意识困扰的人,与人交往沟通时往往有欠开放,时常表现出社会退缩症(social withdrawal)(Pettigrew et al., 1982; Albrecht, 1982)。

既然上级多重矛盾的期望是高度工作相关压力的一个标志,那么调整上级发出的信息,使之趋于一致,应该是人际沟通的方向。人际沟通可以从两个方面努力,以减轻工作相关压力。一方面,通过坦率开放、正式和非正式的多种沟通渠道,通过组织内所有层次的人员之间频繁接触,双方有机会对上级期望分歧之处进行磋商和谈判,最大程度地增加和扩大雇员互动。另一方面,为建设性地讨论雇员受挫、抵触情绪和想法、不安定情境等问题,提供一切机会和创造融洽环境。总之,努力用沟通作为减轻心理压力和提高一个组织集体精神的手段,是毋庸置疑的。

另一个有待我们讨论的组织沟通问题就是众所共知的"蓝领沮丧"(blue collar blues),一种与工作相关的自我意识低落。一个工人将其所有精力倾注于某一方面,却发现这方面微不足道、毫无价值可言,此时就会产生自我意识低落。一个雇员尽管尽其最大努力,花费大量时间和精力,却突然发现自己的努力、时间和精力全都付诸东流,于是,这个人就变得对自己的工作产生疏远感,不再对工作抱有自豪感。

现在出现的趋势是,一桩错综复杂的工作任务,例如制造汽车、电视或是某种器械设备,往往分为简单易做的多道程序来完成。这样,留给人们处理的复杂性工作极少,大多数都被细分,变成极普通的、惯例化的工作。结果,文化程度很低、缺乏训练、年纪很轻、经验很少的人,也能从事这种简单的常规性工作。

三、领导者的沟通忌讳

如果你想成为出色的经理,你就必须知道沟通中的忌讳。犯了以下任一条戒律,都会使你的管理陷于不利。

（1）不了解传递信息,可能招致误解。由于每个人经验、价值观、态度与知觉特点的差异,他们对信息的理解很可能不同。因此,在沟通时,必须牢记:你的信息可能被误解。

（2）不可只注重影响对方,而忽视表达清晰的信息。对于沟通,最重要的目的在于信息的传递,而不在于展示权力。然而经理们往往只顾及使自己的信息显示得有影响力,却忽略了确保对方能接受到正确的信息。

（3）不可误用沟通媒介。一再使用某种固定的沟通媒介,会形成一种难以改变的习惯。事实上,对于媒介,应有所选择,如电话、便条、信函、会谈、集会、电传等。经理人应根据具体情况选择最能有效传递信息的媒介。

（4）不可疏忽作进一步确认。有效沟通必须使信息接受者能正确理解信息。因此有必要借助反馈来保证对方接受无误。

（5）当心误用非语言沟通。研究表明,78%的信息内容是来自非语言沟通——例如音调、脸部表情、手势与姿势、时机等。这些非语言信息可能歪曲真正要传递的信息内容。

（6）避免不能帮助信息接受者把握信息要点的情形。不要把你想要传递的信息表达得让人难以捉摸,好像难扭的魔方。应当把那些重要的观点以清晰的方式烘托出来。记住,发言的座右铭是:"先告诉听众你将说些什么,然后再演讲;最后还要再提醒听众,你究竟讲了些什么。"

（7）不要把沟通视为对员工的一种福利。沟通是管理工作的核心部分,它既不是鼓舞士气的煽动伎俩,也不是用来掩盖问题或息事宁人的手段。良好的沟通不仅是一种优点,也是有效管理的必备条件。

四、言谈技巧

人际关系并不全都是甜言蜜语,有的时候,你必须坚定不移,而有的时候,你必须和蔼可亲,平易近人。良好的劳资关系的实质就是:你不得不开除那些必须撤换的人。大家不是傻瓜,他们会明白的。例如某个员工毁坏了组织优质商品的声誉,如果他被允许继续留在公司,整个组织的声誉将遭受损害。

我们大多数人通过日复一日与领导者打交道,已经积累了感受领导者态度的经验,往往会对批评自己工作成绩的领导者采取消极态度。对重视雇员自尊感的领导者来说,批评雇员的行为无疑是他们面前的一道难题。

从自我确认过程来看,上级和下级都应该有意识地向对方表达自己的观点。上级应该在评价活动一开始就向下级表明自己的观点,阐述个人意见,通报自己的想法、感觉、期望和想做的事。上级还应该鼓励下级表达观点,请下级发表个人意见,通报他们的想法、感觉、要求或者所做的事,从中征求和获得下级的观点。

为了说明这些人际沟通技巧如何实际应用于雇员评价工作,这里假设一个例子。在这个例子中,张经理需要(或者她自己希望)对她的下级小王的工作表现作以评价。假设小王的工作表现一直不好,上级感到其主要缺陷是合作性太差,因此张经理把小王请到自己的办公室。张经理先就小王的长处谈了几分钟,或者先讲了一会儿打趣的话,之后,她就把话题转到小王的缺点上。

　　张经理:好,小王,现在请允许我说,你在有些地方还可以干得更好一些。我想坦率地点出来,你常常和其他人争吵,这是不好的事。我想至少已经有两次我不得不亲自去流水线那里,调解你和另几个雇员的争吵。究竟为些什么呢?

　　小王:噢,张经理,我想按自己的想法干,可张伟和李娜偏要照他们的主意干。我是真心实意想把工作做好。

　　张经理:我们想的一样,小王。但实际上我以为他们的一些主意很不错,至少他们搞出了我想得到的成果。你现在对这种事怎么看呢?

　　小王:事情到后来总还是按他们的想法做。也许我做得太过分了。

　　这时上下级交谈已经达到彼此观点的准确了解,但以双方都可接受的方式调整这些观点的境界还有一点距离,上下级光凭暗示和倾听还没有如愿地得悉某些信息。为了使一方更确切地知道对方对自己信息的理解程度,上级和下级需要进一步发展他们的暗示和倾听技巧。

　　上级应该征求下级对上级观点的确认,同时确认下级观点的适当之处。让我们回到上面的例子。

　　张经理:小王,你想把工作做好,这很好。可公司的想法也很重要。我还希望大家能同心协力地工作。建设性意见一直受欢迎,但是激烈的争吵会扰乱他人,影响大家完成工作。我说得明白吗?

　　小王:明白。不过每当我提出如何做出最佳成果的时候,我其实不是认为我的方法是最好的或唯一的方法。也许当我认为自己的想法无懈可击的时候,没有注意到大家一起把工作完成好是一件重要的事。下次我会尽量记住这一点。

　　张经理:很好!我很高兴你能认识到合作与做好同等重要。如果你要与流水线的那些人增进合作,你希望发生什么样的情况?

　　小王:我想看到出现什么情况?我希望看到我的建议受到更多的重视。我有一个好主意,说不定就能做出点新成绩。

　　张经理:我想我可以安排一下。我会找张伟和李娜谈一谈,让他们尽量多按你的想法去做。如果他们出于某种原因没能这么做,我会敦促他们告诉你理由。你要告诉我你的主意是否经过了周密的思考。

　　小王:那太好了!我肯定我时常会冒出点好主意。

　　在上面的例子中,如果上级和下级双方或有一方不能确认各自的观点,两人之间的关系就会崩溃。例如,张经理如果对小王说,她感到这位下级没有严肃认真地做工作,工作也做得不好,而小王却不这样认为。他可能反驳说,上级对改进工作的建议和雇员们的想法一向漠不关心。这样就会损害双方关系,而且这种相互批评可能在其他人面前发生,以致双方陷入更为窘迫的境地。值得庆幸的是,在上述例子中,上级没有这么做,而是努力运用人际沟通的常识和技巧。

张经理和小王的对话,勾勒出人际沟通的一般状况,这一状况导致人际关系的发展和稳定。上级和下级以感受被确认的方式彼此了解和对待,不失面子地解决分歧。看起来小王仍将愿意继续为张经理工作,双方会继续以相互确认的方式寻找两人工作关系中的共同之处。

上级可以开展建设性评价,这一认识告诉我们,某个下级的工作成绩的认可与评价与上下级双方都有关。由于每一个下级对上下级关系的认识各有不同,上级应该努力将评价的方向适当地指向被评价人所认识的关系,使他们建立起良好的工作态度,以及出色的表现。

专家认为,人的感觉印象77%来自眼睛,14%来自耳朵,9%来自其他感官。听觉印象在3小时后仅能保持70%,3天后保持10%;视觉印象在3小时后可保持72%,3天后可保持20%;但如果同时使用视觉和听觉的话,获得的感觉在3小时后保持85%,3天后仍可保持65%,如图6-1所示。

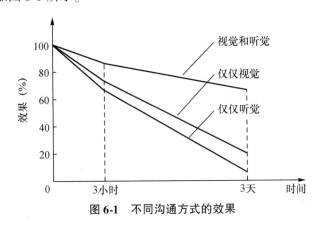

图6-1 不同沟通方式的效果

在行为学和心理学研究中有一个传播公式:

口头表达能力 = 7%的言辞 + 38%的声音 + 55%的面部表情

这就是说,讲一句话的效果7%来自说的话本身,38%来自所采用的口气或音调,而55%来自当时的面部表情。

信息沟通论中,理查德·米德(Richard Mead)认为,一项行动,从最初的目的、动机直到终止的全过程,伴随着我们既以自己的观点、又以他人观点来对实现目的的评价。谈判过程中更是如此,我们既要以自身的收益观来评判每个方案的优劣、每项条款允许的变动范围等,还要以对方的收益观来判断他的可能措施与反应。在这个过程中,信息反馈是我们澄清己方与对方收益观的重要途径,也是我们重新组织行动的依据。

根据库什曼(T. Cushman)的观点,信息反馈分为正反馈与负反馈两种:正反馈依赖于个人去获得行动组织新方法的信息,它允许将一种微小的、几乎是随机的、向着不现实方向进展的动因认做有益的东西,然后将个人的旧行动方针调整为新的具有最大效益的行动方针。判断一项新的行动方针是否有益或值得追求的尺度,仍然是自我的收益观。负反馈功能在于当一个人的行动偏离既定的目标时去纠正这种行为。负反馈提供了个人有关本人向目标进展的信息,也提供了如何调整个人的行动表现以达到目标的规则。

数十项以上研究表明,我们能领会16%—54%的他人信息;六项以上研究表明,我们能使16%—54%的信息适应他人的观点。同时,研究表明,在一个人自我观点强度与克服自我焦虑、控制他人、达成与他人的同感等能力之间,存在着实在和必然的联系。其实,不论我们是参加演讲会、讨论会,或是在任何公开的场合,都会发现"非言辞的表达"扮演着重要的角色。大部分的情况是无法以言语来交谈的,必须借助于行为或姿态的观察。说得更恰当些,人、言语和身体的动作是一种复合的过程,在人际交流中,必须将这些因素结合起来,才能真正地了解和沟通。

第三节 减少变革人员流动

国内外研究表明,组织环境会影响内部员工的心态和行为,变革期的组织内部往往会面临更低的组织忠诚和更多的人员流失问题。下面我们从组织承诺、工作满意度、员工离职倾向三个方面来探讨如何减少组织变革期间的人员流动。

一、组织承诺

组织承诺(organizational commitment)是当代组织行为学中的一个重要概念,它是指员工对企业的认同和投入,愿意承担作为企业的一员所涉及的各项责任和义务,反映组织成员对组织的忠诚度的一种态度。这个概念的提出主要是为了解释员工为什么会留在或离开所在的组织。对组织承诺的认识,有两种较为流行的观点:一种是行为说,即认为组织承诺是指员工为了不失去已有位置和多年投入所换来的福利待遇而不得不继续留在该企业内的一种承诺;另一种是态度说,它认为组织承诺是个人对组织的一种态度或肯定性的内心倾向,是个人对某一特定组织感情上的依附和参与该组织的相对程度。现在大部分研究都是从态度这个角度来进行阐述的。

组织承诺主要有三种形式。

1. 情感承诺(affective commitment)

指组织成员被卷入组织、参与组织社会交往的程度。它是个体对一个实体的情感,是一种肯定性的心理倾向,它包括价值目标认同、员工自豪感以及为了组织的利益自愿对组织做出牺牲和贡献等成分,员工对组织表现出忠诚并努力工作,主要是由于个体对组织有深厚的感情,而非物质利益。

2. 规范承诺(normative commitment)

是指由于受长期社会影响形成的社会责任而留在组织内的承诺,个体在社会化的过程中,不断地被灌输和强调这样一种观念或规范:忠诚于组织是会得到赞赏和鼓励的一种恰当行为,以至于在个体内心中产生顺从这种规范的倾向,同时从组织那里接受利益或好处也会使员工内心中产生一种要回报的义务感。

3. 持续承诺(continuance commitment)

是员工为了不失去已有的位置和多年投入所换来的福利待遇而不得不继续留在该组织内的一种承诺,它是建立在经济基础上的、具有浓厚交易色彩的承诺。员工进入一个组织,都有一个期望,这种期望反映了员工三个方面内容的需要:维持生活、发展自我和承担社会责任。组织尽力满足员工的需要,同时也希望员工忠于组织,努力工作,这种相互作用的关系,造成员工在组织中形成了技术技巧、人际关系和所具有的资历地位等的积累。如果员工离职,所有这一切都将丧失。

组织承诺的影响因素可以分为两类:组织因素和个人因素。组织因素包括岗位认同、组织发展前景、人际关系等。个人因素包括性别、年龄、学历、专业知识等。以往的研究表明:组织因素方面,岗位认同、组织发展前景、人际关系、福利待遇、个人在组织内的发展前景、离职舆论和障碍、组织期望与现状比较、晋升机会等与组织承诺同方向变化;个人因素方面,女性员工的组织承诺高于男性员工,年龄的大小与组织承诺正相关,学历越高组织承诺越低,专业知识越稀缺组织承诺越低。

管理实践

采购环节的创新团队

单力是国内一家著名电子设计企业的采购中心经理,该企业在集成电路工程设计领域享有盛誉,目前正在向多晶硅生产领域进行转型。由于多晶硅制造工艺尚不成熟,相应的对原材料采购和运输过程就提出了很多特殊要求。例如,多晶硅晶芯细长而且材质较脆,很容易在运输途中断裂。为了解决该问题,单力与他所带领的采购团队设计出专门的"多晶硅晶芯转运车",不仅申请了发明专利并且与其他企业联合进行车型开发与商业化。类似这样的发明专利在该团队里还有很多,例如"籽晶晶向测试工装夹具"、"净化服的烘干技术"以及"籽晶喷砂技术"等。在访谈中我们发现,该团队包括20多名来自不同专业的年轻人,虽然个性和能力不同,但大家能相互体谅、相互弥补。团队成员养成了很好的工作习惯,每天早上都有例会。例会由每位成员"轮值主持",这样做让每个人都知道大局是怎么样的、自己接下来该做什么。单力认为,虽然年轻人没有经验,但是更有激情和热情,可以让他们大胆去做,"只有经历过才会有经验"。团队成员认为,管理创新和技术创新是相辅相成的;工作在实施过程中可能会遇到各种困难,但只要团队有热情、有凝聚力,那么事情一定会往好的方向发展。进一步访谈发现,该团队能够将规范的工作流程和宽松的创新氛围有效结合起来。技术创新过程都是反复进行、持续改进的,七八位成员会坐在办公室的大桌子周围,采取"头脑风暴"的方法集思广益;大家对有意义的改进措施不断提出积极建议,同时保证每步改进严格按照流程,对于脱离工作目标的行为及时纠正。任何成员在工作中遇到困难,都可以召集相关成员开会,争取做到"你中有我,我中有你"。浓郁的创新氛围和规范的管理制度是保证团队成功的关键,该故事也改变了传统观念里认为"采购环节不需要创新"的认识。

二、工作满意度

工作满意度是个人所表现出来的喜欢他的工作的程度，表示在组织内从事某一工作的满意水平。领导者关于人的基本观念对员工满意感有很大的影响。积极的观点，如 Y 理论，会诱导我们重视员工的新型需求、自我实现需求、内在奖励和内容丰富的工作；而悲观的观点，如 X 理论，则会诱导我们侧重生活需求、安全需求、外在的奖酬和工作条件等。俄亥俄州立大学经过大量研究发现，在结构和关怀维度方面均高的领导者常常能使下属取得高工作绩效和高满意度，一般来说"高结构-高关心"领导风格能够产生积极效果。密歇根大学研究者从关系角度考察，认为关系导向的领导者重视人际关系，他们总会考虑到下属的需要，并承认人与人之间的不同。关系导向的领导者能导致高群体生产率和高工作满意度，而任务导向的领导与低群体生产率和低工作满意度联系在一起。

随着变革型领导在实践中运用越来越广，变革型领导行为对员工满意度的影响也逐渐得到关注。中国台湾学者郭家祯（Chia-Chen Kuo）认为变革型领导行为可以提高团队的有效性。变革型领导通过表现出有魅力的行为和鼓励性的行为，要比预想的更能激励下属。提高了追随者的任务的意义性和内在价值，也就增加了下属对任务的卷入水平，从而提高了工作的绩效。另一位台湾学者陈立岳（Li-Yueh Chen）调查了 84 家台湾公司、1451 位员工，分析了变革型领导和交易型领导对员工行为、组织文化和组织承诺的影响。研究发现，理想的领导力能促进组织承诺；而通过训练管理人员运用变革型领导，员工承诺、工作满意度和绩效都会提高。2006 年，陈立岳教授又调查了上海 12 家从事 IT 研发公司的 150 名员工，认为变革型领导行为会影响下属的工作满意度。

总的来说，影响员工工作满意度的因素主要有以下几个方面：

（1）工作本身

员工对工作本身的兴趣、工作的挑战性、学习机会、成功机会等。员工工作满意度在很大程度上取决于对工作的兴趣，具有一定心理挑战性的工作会避免员工产生对工作的厌烦感。同时，工作本身的学习机会和成功机会对员工工作满意度的影响较大。

（2）报酬

主要指报酬的数量、公平性及合理性。报酬是决定员工工作满意度的重要因素。报酬不仅能满足员工生活和工作的基本需求，还是衡量员工业绩大小的重要指标。

（3）晋升机会

晋升为员工提供个人成长的机会、更多的责任和更高的社会地位。晋升的公平性与合理性对满意度影响较大，只有当员工认为晋升机会是公平、合理的时候，才会提高他们的工作满意度。

（4）工作条件

包括工作时间的长短、机器设备及工作环境等。良好的工作条件能够给员工带来生理上的舒适，从而提高员工工作的效率和工作满意度。

（5）领导风格

管理者的领导风格一般有两种分法：一是关心人还是关心生产；二是专权式领导还是民主式领导。一般来说，以员工为中心的关心人和民主参与式的领导风格能够给员工以更高的工作满意度。在这种领导风格下，员工感到自己是被重视的，真正是组织中的一分子，这会大大提高他们的工作积极性和满意度。

（6）人际关系

主要是与同事的关系、与领导的关系以及与家人的关系。这种需要的满足能在很大程度上影响员工的工作满意度水平。

（7）个体特质

员工的不同人格特质会对其工作满意度产生不同的影响。

（8）企业的发展状况

企业的经营状况、管理机制、发展前景会导致企业员工工作满意度的较大差异。

三、离职倾向

面对经济全球化的压力，企业之间的竞争日趋激烈，很多企业逐渐意识到人力资源对于增强企业核心竞争力的关键作用。对组织而言，员工高的离职率，往往意味着将增加组织的人事及培训成本，对留任员工可能造成士气上的打击，以及组织核心竞争能力的丧失。同时，随着大量外资企业的进入，给择业者提供了更多的选择机会和与自己的知识和智能相应的公平机会。外资企业以较高的待遇福利、良好的培训计划和先进的人力资源管理方法吸引了大批的人才。不过，近几年外企员工的流动也日趋频繁，它们同样开始面临人才短缺。

员工离职将增加组织的成本，但是往往未受到重视，因为离职成本包括直接成本和间接成本，且大多数是隐藏的成本。离职成本包括招募、重置及与工作相关的培训、额外指导等成本，另外还包括新进员工的无效率等，会使企业蒙受直接经济损失，影响工作的连续性和工作质量，也影响在职员工的稳定性，最终将影响企业持续发展的潜力和竞争力。

研究表明，影响员工离职的因素可以分为社会经济、组织、个体三个方面。社会经济方面指的是经济发展水平、劳动力市场状况、用工制度等因素。在组织层次又可以分为组织因素和工作因素，其中组织因素包括组织变革、组织特性和文化、组织公平性等。组织无论是解散、合并还是分割，都会对离职率产生影响。组织特性包括企业规模、工作领域、企业年限、企业所在的地理位置、所有权形式等，也会对员工离职产生或多或少的影响。同时，当员工感到雇佣关系不公平时，会表现出愤恨情绪和较低的组织承诺，从而影响离职行为。

员工对工作的不满意也会引发寻找其他工作的动机，并可能经过对其他工作机会的认知评估导致最终的离职结果。工作因素包括工作特性、工作满意度和人际关系等。近年的研究表明，工作中的人际关系对员工的离职行为有直接或间接的影响。对与上级、同事、下属间关系的满意感，会令员工感到受支持和认可，从而提高工作满意度和组织承诺，降低离职的可能性。相反，对于工作中人际关系（管理者、同事、客户）的失望则可作为员工后来离职的警示信号,其中与上级的关系对离职的影响显得尤为重要。

在个体层次主要是指个人的传记性特征如年龄、性别、教育背景、婚姻等。多数研究显示年龄和离职成负向相关,即年龄越大,越不容易离职。新员工的离职率往往比较高,表明了任期与离职之间的关系。通常认为员工在一个组织中获得的经验越丰富,资历越深,更倾向于留在组织中。多数研究显示年龄和离职为负向关系。

企业的活动说到底是人的活动,而企业领导者的个人影响力非常大。日趋激烈的市场竞争、文化的交融、组织成员面临的不稳定环境,导致组织成员产生焦虑、紧张和对管理层及领导的不信任,员工满意度、归属感都容易逐步下降。如何建立新型的上下级关系,以减轻组织焦虑,帮助下属重建信心,恢复员工归属感,是领导理论需要解决的问题。

对企业变革期可能出现的人员流动,领导者应该通过有效的沟通向员工传递更多的变革信息,尽可能减轻由于变革给员工造成的种种压力和不满情绪,并从提供良好的晋升途径、与业务相关的各类培训、较高的收入以及采取公平有效的激励方式等多方面着手,提高组织变革期员工的适应能力和心理承受能力,防止企业人才的流失,并尽量减少由此给企业造成的损失。

本章小结

现代社会日益复杂多变,提升自身和组织的应变能力已经成为个人或组织的一种核心竞争力。领导是引导变革的力量,如何驱动变革、带领全体员工实施变革、克服变革阻力成为领导者的重要任务之一。

组织变革最根本的是员工观念的转变,员工观念转变的程度影响变革的成败。员工观念的转变不是靠领导者们拍桌摔椅、大声呵斥和复杂繁琐的监控制度就能解决的,而是源于相互之间很高的期望,以及同事间多方的沟通。因此,在变革的推进过程中,领导者应不断提高自己的沟通技能,使员工了解变革的原因、方向、采取的措施以及可能的结果,对变革抱有坚定的信心。

在组织变革过程中,当变革措施引发的结果不符合个人或组织预期时,人员流失率就会提高,甚至一些核心人员也会离开。本章从组织承诺、工作满意度、员工离职倾向三个方面考察了变革期的人员流动。

练习与思考

1. 结合实例,回忆您的公司是否曾经面临一场组织变革?当时公司的决定是进行变革还是不进行变革?您如何分析和看待当时的环境?您是否认为变革(不变革)的决定是对的?

2. 请结合组织变革相关理论,就变革过程中如何处理员工关系提出建议。

正文参考文献:

[1] Kotter J. P.:《变革》。北京:中国人民大学出版社,哈佛商学院出版社,2000年版。

[2] 季枫:"关于江南供电局监控中心一次组织变革的研究",电子科技大学 MBA 学位论文,2005 年。
[3] 李蕾、李东红译:《哈佛商业评论精粹译丛——公司大转折》。北京:中国人民大学出版社,2004 年版。
[4] 李文:"变革,从项目化开始",《北大商业评论》,2007,8:32—40。
[5] 卢嘉、时勘、杨继锋:"工作满意度的评价结构和方法",《中国人力资源开发》,2001 年第 1 期,第 15—16 页。
[6] Maury Klein:《变革者》。北京:中信出版社,2004 年版。
[7] 莫士:"变革之舞",《财经界:管理学家》,2007 年第 3 期,第 24—25 页。
[8] 孙震、赵新洁译:《哈佛商业评论精粹译丛——文化与变革》。北京:中国人民大学出版社,2004 年版。
[9] 谢文新:"魅力型领导的五种有效行为",《财经界:管理学家》,2006 年第 2 期,第 107—109 页。
[10] 张庆瑜、井润田:"组织变革期企业的人员流动影响因素的实证研究",《管理学报》,2007 年第 3 卷第 4 期,482—487。
[11] 郑晓明:《组织行为学》。北京:经济科学出版社,2002 年版。
[12] Bauer T. K. and Bender S., "Technological Change, Organizational Change, and Job Turnover", *Labor Economics*, 2004, 11 (3): 265—291.
[13] Berelson B. and Steiner G. A., *Human Behavior: An Inventory of Scientific Findings*. New York: Harcourt, Brace and World, 1964.
[14] Chia-Chen Kuo, "Research on Impact of Team Leadership on Team Effectiveness", *The Journal of American Academy of Business*, 2004, 9: 266—277.
[15] Goodstein L. D. and Burke W. W., "Creating Successful Organization Change", *Organizational Dynamics*, Spring 1991, 19(4): 4—17.
[16] Li Yueh Chen, "Examining the Effect of Organization Culture and Leadership Behaviors on Organizational Commitment, Job Satisfaction, and Job Performance at Small and Middle-sized Firms of Taiwan", *Journal of American Academy of Business*, 2004, 9.
[17] Meyer S. P., "Allen N J. Testing the 'side-bet theory' of Organizational Commitment: Some Methodological Considerations", *Journal of Applied Psychology*, 1984, 69: 372—378.
[18] Robbins S. P., *Organizational Behavior*. Prentice Hall, 2004, 9: 607—646.
[19] Schermerhorn John. R., "Managing Change Problems: A Case Study of Some Neglected Leadership Challenges", *Academy of Management Proceedings*, 1978: 137—141.

案例研究

瑞通公司组织变革①

一、案例背景

当企业管理过度时常常无法对环境的巨大变迁做出反应。只关注内部的管理而对环境变化反应过慢的企业,由于其一贯的经营方式已维持较久而且不能适应环境的剧烈改变,欲变革时往往为时已晚,企业内部再多的管理制度也无法力挽狂澜。因此,此时最需具有领导能力的变革灵魂人物,能创造、沟通愿景与策略,并且能将员工的潜力发掘出

---

① 案例中人物均为化名。

来,使中高层管理者负责日常管理的工作而领导者则扮演触发变革的角色。由此可见领导与管理二者是一个企业组织变革中不可或缺的要素,企业更应注意培养能够带领组织达到更高绩效点的管理者的领导行为,通过宣传新的价值观,在成员中建立信任,发掘成员的希望与理想,以产生惊人的爆发力,从而使得企业在变革中重新茁壮成长。很多变革企业的高层主管通过运用这些理论,来发现和培养具有远见卓识的变革领军人物,组成强有力的变革团队,带领组织成功发动变革。下面我们就来看看瑞通公司的组织变革。

瑞通公司是一家总部设在芬兰的著名跨国集团在中国投资建立的合资企业,主要从事电梯、扶梯在中国市场的制造、销售、安装和售后服务,该集团占了90%以上的股份。瑞通在中国的业务始于1996年,其业务发展历经了缓慢起步、快速上升、停滞徘徊到目前的稳步高速增长阶段。整个集团在2004—2005年之间,由于竞争环境风云突变,集团经营出现前所未有的滑坡和停滞状态。在2005年一季度集团高层总结在2004年共有五项不足之处:利益率差强人意,美国盈利率不佳,销售增长缓慢,亚洲市场份额不足,扶梯性能不佳。当时瑞通公司的业务量占据了整个集团在亚洲全部业务的70%,从2004年下半年开始,瑞通公司的市场份额出现倒退现象,营运利润勉强维持,各项业务举步维艰,团队气氛紧张、消极、悲观,特别是销售团队丧失信心,从上到下人心惶惶,订单指标月月降低但仍然不能完成。在企业面临发展瓶颈、决定何去何从的关键时刻,集体总部及时做出调整,高薪聘请诺基亚的常务副总裁担任集团总裁兼CEO,副总裁上任之后立即和他的核心团队通过认真分析当时集团的优势和劣势,随即提出三点长期目标和五项改进策略。瑞通公司在企业竞争环境改变、集团经营战略调整的背景下,顺势顺时发动了一场针对中国市场的组织变革,变革涉及瑞通总裁及各大业务部长、各大核心经理。

2004年7月1日,为配合集团的变革整合,瑞通内部从业务角度拆分成两大块:供应线和前线,但对外宣传、法律义务、参加公众活动仍然是以中国瑞通一个公司的形象出现。电扶梯制造工厂组成供应线单元(Supply Line),所有分公司、办事处和密切配合支持分公司业务开展的总部职能部门构成前线单元(Front Line),总部非直接支持营运业务的职能部门如传播及公共关系部、中国人力资源部(包括员工培训及发展部)同时成为供应线和前线的共享职能部门,其部长向前线管理总裁报告。研发和IT支持合并到集团总部,工作地点仍在中国,主要负责支持亚太地区产品研发和IT支持。前线单元和供应线单元分别有各自的利润指标,拆分后前线是供应线的大客户,供应线在保证前线产品供应的前提下同时向东南亚提供产品服务。前线的第一负责人职位叫管理总裁,也是瑞通在中国地区的法人代表,直接向亚太区的高级供应线总裁报告。下面是瑞通前线单元(FL Unit)——营运业务的组织变革过程。

瑞通的组织变革始于2004年7月,即瑞通管理总裁王之赞上任伊始点燃了变革之火,至2006年2月整个变革处于稳定状态,公司进入良性高速发展阶段。

(一)前期沟通和关键岗位的人力准备

瑞通管理总裁王之赞于2004年7月1日加入公司后,并没有立即开始大刀阔斧的改革行动。他在进公司的半年之内,一方面频频和芬兰及亚太管理高层沟通,积极汇报瑞通的现状和争取高层的变革支持,同时和瑞通当时的两大权力集中人物营运部长和财务部长多次坦诚交流,通过利弊分析赢得他们的支持和理解。终于在2004年11月瑞通原营运部长因身体不适主动离职,原人事部长平调担任财务部长,而原财务部长担任业务发展部长,实际是虚职。至此排除了个人层面的最大变革阻力。同时瑞通总裁制作了非常漂亮的演示文稿,列出瑞通必须变革的几大危机、竞争对手的种种优势,构建公司发展的目标和未来的营运模式,单枪匹马开始逐一到11家分公司进行演讲和宣传,并当场要求所有员工畅所欲言,奖励提出问题的员工,并邀请所有当地员工共进晚餐。王之赞把自己的发展思路及组织结构设想和各个分公司经理分享,听取他们的意见和建议,既近距离观察和了解这些分公司经理是否可以继续承担变革之后的重任,又在为未来区域总经理物色人选。王之赞的举措在瑞通掀起一股震动,员工心中涌起阵阵暖流,因为瑞通前线员工感受到了尊重和看到了公司的希望,这是瑞通历届老总不曾有过的行动。在这期间,王之赞还和猎头公司密切联系,凭借丰富的行业经验和广泛的人脉关系,王之赞亲自整理了一份人员名单,要求猎头公司定点挖人才,名单中包括刘天行和曾泽。至此王之赞为下一步行动计划已做好了充分人才准备。

(二) 变革的三大核心推动人物

瑞通变革过程的顺利推进得力于其组建了强有力的变革领导团队,此团队由三人组成。管理总裁王之赞先生,在瑞通业务发展最艰难的时候加入瑞通。他在正式加入瑞通前的半年内,已经从各种渠道了解瑞通企业文化、组织特点和发展瓶颈及障碍。并在电梯界工作了十多年,虽然是正宗的美国人却能讲一口流利的中文。此人的最大特点是深谙中国的中庸之道,擅长用人,不喜欢个人作决定,外表温文尔雅,很精通中国的人际关系和处世哲学,属于典型的协调型领导,在变革冲突和矛盾尖锐的情景下,他始终面带微笑,扮演各方矛盾的润滑剂,他的意图和决定需要亲信下属来挑明和表述,但他会非常聪明地全力支持确保被贯彻,因此尽管处于风口浪尖的位置却仍然赢得得势人物和失势人物的尊敬和感激。营运副总裁刘天行先生,他曾经在竞争对手的公司和王之赞一起共事,并向王之赞报告。刘天行和王之赞有非常紧密的私交关系,王之赞到瑞通半年之后力邀刘天行加盟,于是刘天行顺理成章地再次成为王之赞的得力合作伙伴。刘天行是美籍华人,在电梯业界声名卓著,具有丰富的业务营运经验,先后在奥的斯公司及其关联企业担任营运副总裁、营运总裁等要职。此人是典型的目标导向型领导,做事雷厉风行,富有创新和战斗精神。性格鲜明,喜怒变化无常,在开拓市场和业务发展上很有自己的独到之处。他给人的印象是非常独断、强势、威严和充满激情。前线人力资源经理曾泽先生在加入瑞通之前,在奥的斯公司担任人力资源经理。他也曾和王之赞一起共过事,并向王之赞报告。曾泽先生也是在王之赞加入瑞通半年后被王之赞请来协助他的重要人物。曾泽先生擅长复杂沟通和组织发展,头脑聪明意志坚强,对管理心理学运用自如,很懂得激励策略和激励时机,在派系林立意见不一的高层管理沟通中,他能够谈笑风生,兼顾各方意见感受,同时坚决地推行王之赞的建议和策略。同时他富有政治斗争的天赋,知道隐忍妥协和随时树立王之赞和刘天行的威望,因此深得王之赞和刘天行的信任和依赖,是瑞通团体维持的黏合剂。在瑞通变革推进过程中,三驾马车心有灵犀、密切配合、各司其职。刘天行排除障碍、全力以赴抓业务,是黑脸角色;曾泽寻找人才和维持团队稳定,是红脸角色;王之赞广泛沟通愿景和颁布关键任命,是既唱红脸又唱黑脸的不二人选。

(三) 重新构建总部职能部门

王之赞在进瑞通之前已经知道瑞通总部职能部门设置不合理，和分公司的协作关系颠倒。在走访了11家分公司后他才明白问题远比他原来掌握的情况严重，总部的工作效率和服务态度遭到所有前线人员的投诉，尤其是直接负责支持分公司业务开展的职能部门，在分公司看来简直是大爷，分公司敢怒不敢言，夹在客户和总部之间的前线人员，工作很累又无可奈何。随着需要的骨干人员陆续到位，王之赞觉得时机成熟，在2005年2月颁布了瑞通前线总部新职能架构，此架构主要参照业内O公司的模式来设置：将安全及质量从原人力资源部中剥离出来，独立成为一个职能部门；将维保业务（SEB）从原营运部门中分出来独立；将原市场部拆分成产品策略部和传播及公共关系部，并重新定义这两个职能部门的工作重点；新设置业务发展部、法律部以增加对分公司的支持；所有分公司及办事处归属于营运部职能领导，但营运负责人空缺。为谨慎起见，除产品策略部长由芬兰推荐的一个老外担任外，其余新产生职能部门的负责人基本上由瑞通变革前的职能经理担任，只是没有给予部长的头衔，以经理相称。如原人事部长虽然已担任财务部长，但仍然兼任人事部长，而此时已入职的曾泽的头衔是人力资源经理，向人事部长报告。王之赞特意如此安排，以避免矛盾激化。

(四) 区域划分和设置区总标志新架构建立

在2004年11月，王之赞在总部安排了一次面试，为区总物色人选。被选中的面试人员均是原来业务完成很好、业务量较大并且在瑞通服务时间较长的分公司经理。这次面试实际上是一次更深入的沟通，以加强双方的信任和了解。王之赞内心已经确定好了区总人选，全部来自于瑞通六个大分公司的经理，只是等时机宣布罢了，这样安排的目的是稳定军心同时最大程度地化解公司经理的猜疑和顾虑，期望通过改造和培训来使他们尽快适应新的业务挑战和运作模式。王之赞的风格决定他不会走激进路线，喜欢逐步推进观察动向再进行调整。2005年2月下旬，刘天行正式加盟瑞通，王之赞信心大增，在3月1日立即宣布，原来12家分公司合并成六大区域，分别由瑞通原来在这六个地区的业务量较大的分公司经理担任区总，同时他们也兼任原来分公司经理的职位，分公司经理向区总报告。同时宣布任命刘天行担任营运副总裁，直接管理六大区域和总部销售、安装支持两大业务部门，曾泽仍然担任前线人力资源经理，但直接向副总裁报告。原财务部长不再兼任人事部长。至此瑞通组织变革的第一阶段宣布完成，基本搭建起功能齐全的框架。

(五) 定目标、建流程、换负责人

刘天行到任之后王之赞退居幕后指挥，主要负责和集团高层沟通确保变革行动得到芬兰总部的理解和支持，刘天行获得王之赞充分授权和信任继续推动变革，曾泽配合刘天行负责协调和支持行动。刘天行从3月开始和曾泽一起走访了所有区域及分公司，主要做三件事情：一是了解业务现状重新分摊指标，二是洗脑贯彻他的业务思路和销售策略，三是摸清现任区总分公司经理的脾性是否和自己对路。刘天行首先否决了本已在2005年1月分配下去的销售指标，原来的指标是按以前惯例制定的，仅在2004年实际完成的基础上净增长20%，刘天行要求各区域各分公司主动分摊销售台量，同时根据各地

市场容量强行下达任务,最后确定的2005年指标是在2004年基础上净增加60%。各地反应激烈,销售团队感到压力很大,非常缺乏信心。针对这种现象,刘天行每到一家分公司就召集所有销售代表和相关人员开会,要求人人关注支持销售,帮助各地分析市场容量树立信心,严肃指出瑞通在中国市场的处境非常危险,如不改变只能被对手消灭。刘天行明确提出新的目标:要彻底改变瑞通在中国市场排名第八的位置,计划用三到四年时间必须进入前三甲,而且目标是第二位。刘天行和曾泽每到一家分公司就开始现场办公,不仅对销售代表提出的任何问题几乎都当场解决,而且恩威并重鼓励优秀销售人员再接再厉,提醒业绩变化不大的人员在三个月内如不改进将被淘汰。建立起全国销售人员日销量排名通报制,每天早上9点左右,所有业务管理人员都能知道本区域本公司包括每个销售人员的业绩排名,每个前线业务人员的神经都被高度绷紧,分公司再也看不到松散和悠闲的现象,每个人的心情都随业务变化而变化。刘天行和曾泽还根据反馈意见遥控总部职能部门修改流程,要求流程向精简和高效变化,凡是涉及业务的规章制度都要求每个职能支持部门确定反馈的时间限制,逾期不理者刘天行亲自追究责任,甚至当场解职了好几位总部反应迟缓的销售支持人员。很快全体人员就切实感受到变革带来的便捷和压力,每个人的反应也不尽相同,尤其是核心业务经理层的反应明显分成三类:一部分人迅速改变观念,坦然接受新的挑战,利用新的机遇全力以赴参与竞争;一部分人持观望态度,也积极配合新行动,但内心在怀疑这些新政是否在瑞通行得通,说不定哪天又恢复原状;还有一部分人完全不适应变化,信心尽失,口是心非地应对新政,暗地里已开始寻找新的出路。刘天行和曾泽的变革经验很丰富,尤其是曾泽可以说是这方面的专家,他们观察得很清楚,一面强势推行新架构、新模式、新指标,一面开始不动声色地撤换阻碍变革的人。从2005年3月至9月,6个区总换掉3个,分公司经理换掉3个,总部职能部门负责人换掉3个。到9月末,配合3月初公布的新架构的各关键岗位负责人全部重新确定下来,至此瑞通组织架构的调整才真正意义上全部实现。

(六) 专注于各项业务指标

瑞通变革领导团队非常清楚,要获得集团高层的支持,必须要用业绩来证明变革的正确性;要得到员工的拥护和增加他们改变的信心,也必须要用业绩来鼓励和赢得他们的认可。刘天行要求各级将指标层层细分,每个月区总要两次向他通过电话或者面对面回顾当月预测指标的完成情况,而每周各个销售人员要向分公司经理报告项目进展,其余部门全部围绕业务来开展工作,有任何懈怠之处都可能招致刘天行的破口大骂或者当场解职。那时无论是区总还是普通销售人员,经常被刘天行训斥得无地自容,笔者曾经的直接领导某区总被刘天行当面痛骂1个小时(后离开瑞通),笔者本人在2005年兼任过某分公司销售经理,因一个市政项目竞标失败,被刘天行在电话中足足责骂了近半个小时。当时的感觉是痛并快乐着,每个人都历经变革的阵痛和切身感受到变革带来的可喜业绩变化,到2005年底,销售实际净增长48%,安装和维保指标也全部超额完成,利润和现金流非常好,超过了芬兰总部的预期。梅花香自苦寒来,变革取得的业绩极大地鼓舞了瑞通人的士气,以至于在2005年12月分配2006年的营运指标时,各区总纷纷主动认购,刘天行很轻松地将8 000台的任务分配下去,而此任务在2005年的基础上又净增50%左右。

（七）调整薪资、改善福利、建立激励

刘天行和曾泽参照 O 公司的奖励政策，在 2005 年 4 月颁布了针对区总、分公司经理、销售团队的奖金政策，每个人随时可以根据完成的业绩来计算自己的收入。区总及分公司经理按年度考核，销售团队按季度考核。无论是新设备销售人员还是维保销售人员，都迅速品尝到因业绩优异带来的收入变化，个人成就感和积极性越来越高涨。

（八）强化变革成果

为稳定变革成果和继续深入推进变革行动，瑞通变革管理团队从不同途径来加固变革战果，鼓励员工再接再厉。首先完善区域职能和逐渐加大授权力度，在区域建立了新设备销售支持部门，设置区域人事行政经理和区域成本总监，以进一步加大对各分公司一线人员的支持和对客户的需求快速做出反应。同时更加强调区域和分公司的重要性，对总部职能部门的要求越来越严格，总部各职能模块必须定期收集分公司的反馈意见并做出改进承诺。除财务部门外，总部其余职能部门和分公司之间逐渐形成服务与支持的合理关系，彼此定期沟通形成惯例。瑞通管理层每月末召开管理沟通会议，各个区总也是与会人员。每季度职能部门组织所有基层业务经理开会，传达行业最新动向，通报公司业绩进展，分享成功实践，制定下一季度改进行动措施。

瑞通的传播及公共关系部门，在宣传公司的发展战略、传达集团的最新动向、拓展公司品牌方面做出了巨大贡献。包括编制瑞通内部通讯杂志，及时翻译并发送给全体员工来自芬兰 CEO 的信函、集团邮报、全球销售业绩增长信息等。组织大型项目的签约仪式、产品路演和各种规模的品牌推广活动。其中最出色的作品是制作了精美的集团新价值观的宣传材料，设计成中英文对照并有纯正中文配音的宣传短片，深入浅出地诠释了集团新的价值观，通过实地采访集团 CEO 和世界各地子公司管理总裁，分享他们对新价值观的感受和在各地取得的卓越业绩。碟片制作的质量很好，声音富有煽动性和感染力，所有资料全部来自于集团真实的变革实践，很有说服力和吸引力。此短片被发到每个区域、分公司办公室，并要求当地管理人员组织员工反复观看，领悟并结合自身岗位写出观后感言和具体行动计划。同时在公司组织的任何会议上，首先就是播放新价值观的宣传碟片，尽管很多员工看了好几遍，但大家并没有感到枯燥，反而是在一次次的感动中加深对新价值观的理解和增加对公司的信赖。同时，瑞通公司提出了新的价值观：愉悦客户、求新求变、追求卓越、携手共赢。

二、案例分析

（一）变革过程中的领导者行为

科特认为成功的组织变革有 70%—90% 是由于变革领导成效，还有 10%—30% 是由于管理部门的努力。他还提出管理重在建立秩序，其工作是计划与预算、配置人员和解决问题，而领导重在产生变革，其工作是确定发展方向、整合与激励相关人员。管理创造计划和预算，领导创造愿景和策略，为组织描绘未来图景，指明方向。二者的差异决定了变革必须以领导的心态来执行。同时，二者有互补性。管理太弱会令组织失控，目标无法按期实现，领导过弱则会使组织僵化，缺乏创新精神。因此科特认为企业在变革管理中，更应该注重领导的作用。现在，企业实施组织变革，要面临比以前更复杂、变化更快的商业环境。以前，一个强势领导者就可以领导一场成功的变革，但是，在现今的商业环

境中做决策,变革需要获得更多的信息,更迅速地做出反应,只有一个变革领导者是很难做到这些的。为此,变革管理大师约翰·科特提出建立领导团队来领导变革,这样,当市场形势变化很快,情况有变动时,变革领导者可以从其他人那里迅速获知信息,并且快速做出反应。瑞通的成功变革实践证明了变革领导团队在变革过程中的重要地位和作用。瑞通由于其自身的固有特点——家族企业、文化保守、高度集权、程序繁琐、跨文化背景、空降兵指挥,因此变革阻力很大,由王之赞、刘天行、曾泽组成的核心变革团队在这次变革管理中发挥了重要的领导作用,是促使其变革取得显著成功的根本原因之一。分析王之赞、刘天行、曾泽的领导行为特点,结合他们的职位、专业、风格、能力,可总结出由王之赞、刘天行、曾泽组成的核心变革团队具有以下的共同特点:

(1) 位高权重　王之赞是瑞通管理总裁,公司一把手;刘天行是公司营运副总裁;曾泽是公司人力资源部经理。可见变革领导团队需要有足够多的关键人物参加,尤其是那些部门经理,以便在变革的过程中,剩下的那些人不足以阻碍变革的进程。

(2) 术有专攻　王之赞负责综合协调,刘天行抓业务,曾泽负责协调关系确保稳定。可见组建团队时,要考虑吸纳不同工作经验、不同工作任务,以及持不同观点的人员,这样可以使决策者们获得更全面的信息,做出明智的决定。

(3) 富有魅力　瑞通的三人核心变革团队均有丰富的从业经验,在业内享有盛名。虽然都是空降瑞通的新兵,但具有人未到威先至的魅力,各自的领导风格伴随他们的上任迅速在瑞通刮起推崇之风。足见变革团队中的成员必须在企业中具有良好的口碑,做出的决定能被大部分员工接受。

(4) 领袖才能　王之赞属于倡导者,预见未来愿景,刘天行和曾泽属于管理人,帮助实现愿景。团队中不仅需要管理人员,还需要有领导人,以推进变革的进程。

(二) 变革中跨文化团队冲突的化解

跨文化环境中高层管理团队的冲突,是制造组织混乱、阻止变革成功的重大障碍。因此,跨文化组织变革中要注重选择化解冲突的处理方式,尤其是高层文化冲突的处理模式。瑞通公司的管理层由部长级别员工组成,共同商议公司的重大决策。管理层共有成员10人,分别来自美国、中国香港、新加坡,出身于其他非电梯公司和著名电梯公司。他们中有的人偏重业务,强调灵活授权的管理模式,有的人热衷管理理论,强调专业规范管理模式,有的人偏重利润和成本,强调一切以利润为导向的管理,因此在公司重大决策中,常常意见不一致,有效沟通显得非常必要。瑞通约定俗成的做法是任何重大决定由发起者自行掂量此问题要达成一致的难易度,确定足够的提前酝酿时间,如一周、两周甚至三周先发邮件给各位部长,并抄送公司总裁,邮件详细附上未来要当面讨论决定的所有内容,并请大家自由发表意见。从发出邮件到正式开会前的这段时间,是真正意义上的沟通期。邮件发出者广泛和每位持不同意见的部长沟通,包括组织两三个人的小型讨论会,并不断向所有将参加决策的与会人员反馈最新的意见和建议,同时及时向总裁汇报沟通进展和方向,将总裁的观点融入意见中,等到最后正式开会时只需要半小时到一小时时间,将整理后的决定,在会上通过正式的方式颁布,并具体落实,迅速地执行计划。高层的意见一致,自然中低层管理员工不会反对,瑞通的各种新政被层层贯彻下去。瑞通的这种沟通方式表面看来似乎效率不高,实际上它的沟通效果和决策质量很好,有效避免了面对面的高层冲突，并且一旦决策意见宣布，它有一个专门的团队来严格推动和检查执行的精准度，通常执行效率和效果都较好。瑞通高层的跨文化沟通是典型的一种协调式管理，它综合应用了五种冲突处理方式：将总裁的观点融入沟通主题，是强制模式，避免偏离方向；需要听取各方意见，是合作方式，以达成共识；参与讨论的人员位高权重，需要回避正面分歧，以避免破坏高层和谐；更注重决策质量，采取了克制的态度；为避免矛盾激化，保持业务稳定持续发展的现状，采取了妥协的方式。这种化解高层冲突的方式是瑞通管理总裁着力倡导的管理风格，能够始终保护他本人任何时候不会处于风口浪尖，不会有棘手的系列重大决定等着由他来拍板或者签字。

三、结论与启示

变革组织尤其是复杂变革组织要注意分析不同领导者的领导行为，可以根据变革领导的四大特点来挑选合适管理者组成强有力的变革领导团队，强化团队的专业分工与协作，致力于创造和沟通公司战略、变革愿景、变革策略，带领组织完成革命式的内部改进和蜕变。

另外，瑞通的系列经验说明在跨文化组织变革时，在克服高层沟通障碍和化解冲突时可以从如下几方面入手：

（1）高层沟通的会议主持者要能充分领悟和坚决贯彻老板意图，位高权重，能够控制和打破僵局，人缘较好，是一位灵活拿捏尺度的沟通高手。

（2）综合应用多种冲突化解方式，维持高层的和谐和避免高层拉帮结派，同时能够树立一把手的权威和避免一把手成为矛盾的焦点。

（3）高层沟通需要提前做好功课以避免正面文化冲突，开会不是决策的开始，而是决策的结果。不要期望在开会时来讨论出结果，特别是重要决定和决策，需要事先起草好提纲，广泛征询意见并不断修正提议以能包容多数人的意见，不要用自己的价值观来分析和判断周围的一切，抛开种族偏见和歧视，要换位思考，要有同理心，要从态度和认识上提高敏感度，提高大家的全局意识。只有带着虚心和平静的心态与态度才能真正听得进去，有效沟通才能发生。要学会培养接受和尊重不同文化的意识。

（4）掌握不同文化的知识和外语工具，多了解自己文化和其他文化的差异，这样才会提高跨文化沟通的有效性。瑞通高层的沟通都是在全英文环境下进行，如果中方人员英语不能达到一定水平，在高层会议中压力很大；相反外籍人员都热衷于学习中文，期望能够更多地理解中国文化。

（5）在行为上不断训练自己和不同文化背景的人交往，锻炼自己的能力，尤其是倾听能力，确认自己听到的是对方真正的意思。这些都是每个管理者终生不断提高的追求。

（6）有意识地激发冲突来平衡各个非正式组织的利益和权力。一谈到冲突很多人容易想到冲突给组织带来的负面效应，如冲突降低组织绩效，冲突妨碍组织最佳绩效的发挥，冲突破坏组织的和谐关系，等等。但组织中冲突的存在不是没有好处的，它有很多潜在好处，如冲突之化解可增进个人声望与地位，可凸显问题之所在，促使决策者对问题作深入的思考，可导致创新或变革。

案例参考文献：

[1] 黄光瑛:"瑞通公司组织变革的策略及其分析",电子科技大学 MBA 学位论文,2007 年。

[2] 麻兴斌、蒋衔武、尹燕霞:"企业组织变革管理中的矛盾分析与对策",《山东社会科学》,2002 年第 4 期,第 5—9 页。

[3] 瑞通公司内部刊物,《通力邮报》,2005(1):1—2。

[4] 王雪莉:"领导变革矩阵:企业组织变革成功的因素分析",《经济管理》,2002 年第 20 期,第 19—21 页。

[5] "组织变革:领导团队化",中国人力资源网,2006。

[6] Kotter J. P., *Force for Change: How Leadership Differs from Management*. New York: Free Press, 1990.

[7] Kotter J. P., *The Leadership Factor*. New York: Free Press, 1988.

第七章　会议桌旁的领导者

许多领导者慨叹:会海茫茫,何处是岸,冗长而枯燥的会议会使许多领导者感到头痛。怎样避免陷于这种文山会海之中,避免别人占据自己的时间而使自己处于被动呢?专家们指出,作为领导如能做好以下四件事就大体掌握了安排会议的技能:首先明确目的并确定主题;事先拟订议程并分发给与会人员;采用与目的和内容相适应的方式;休会前做好备忘录。这四点中关键在于主题的安排上,即关键在于澄清几个观念:会议性质是什么?会议要解决什么议题,如何解决?借助会议进行决策是领导者经常遇到的问题。本章首先介绍科学决策与会议的主要议题——战略选择,然后是高层管理团队如何提高会议效率,最后一节就会议的组织与管理技巧作了进一步的阐述。

第一节 决策与战略选择

彼得·德鲁克在《创新与企业家精神》一书中说到,一般而言,公司会举行两次经营会议:一次专注于问题的解决;一次专注于机遇的探讨。一家医疗产品供应商分别在每个月的第二个和最后一个周一举行两次会议。第一次会议专门讨论问题,第二次管理层会议注重机遇。该公司的 CEO 认为,公司的成功主要得益于此。在会议中挖掘机遇的确非常重要,但更重要的是要对机遇做出良好的决策。这就是领导者在会议中经常要进行的战略选择问题。

在领导活动中,领导决策居于核心地位。诺贝尔奖金获得者、西方管理决策理论学派创始人,美国学者赫伯特·西蒙(Herbert A. Simon)在《管理行为》一书中明确地指出"管理过程是决策的过程"。而在领导活动中,领导工作的过程便是决策的过程。领导的一系列决策贯穿于领导工作的始终,正是这一系列的决策指引和保证着领导工作决定各项事业成败的关键所在。

当今世界已进入生产社会化、经济市场化、信息全球化的知识经济时代。任何组织、个人总在不断地进行着种种决策。传统的经验型决策已经越来越不适应新的社会发展的要求,必然被现代的科学决策所取代。根据美国一家世界著名咨询策划公司统计,世界上 1 000 个破产倒闭的大型企业中,就有 850 家(即 85%)是由企业家的决策失误所造成的,可见科学决策的重要。

诚如前面所言,领导者是组织的神经中枢,因此只有他才有足够的资料来做好决策的依据。况且领导者又必须对组织内的所有员工负责,因此,也只有他才能做最符合全体利益的决策。由此观之,决策职责,舍领导者其谁?在决策方面,他所扮演的角色如下:

(1)他是一个企业家

领导者随时随地都得考虑如何使组织发挥最大的效益,使组织更为茁壮地成长。此外,他还要引导组织,使之能够适应变化中的社会,这些都有赖于领导者作最明智的判断和最适切的选择。

（2）他是一个障碍的排除者

有很多外在和内在环境的变化都会影响到组织的发展,给组织发展带来形形色色的障碍,又无法回避这些环境影响,所以领导者必须设法去排除这些障碍,或防范其发生。

（3）他是一个资源的配置者

企业的资源不外乎人力、资金、机器、厂房、物料等,如何将这些资源作最有效的配置,推向最有利的目标,这也是领导者的职责。

一、理性决策

预期是人们对未来形势的一种期望或估计,它实际上是人们对未来在心理上的一种假设。人们做出决策的时候,并不能确切地知道每一方案或行为的具体真实后果,只能进行估计。这一估计根据什么做出是难以说清楚的。一般的,人们对世界有两种看法,一种是因果的世界,一种是概率的世界。前一种认为未来是过去和现在的延续,因此可以凭借一种所谓长期的趋势来预期未来;后一种认为事物发展服从于一定的概率分布,因此可以从大量的经验中总结规律,预期未来。在西方经济学里有一个重要的流派就叫做理性预期学派。

人毕竟不是先知先觉,人的有限理性会破坏人们预期的准确。有限理性是西蒙的研究结论。西蒙是著名的管理学家和社会学家,1943年博士毕业于芝加哥大学,先后在加利福尼亚大学、伊利诺伊工业大学和卡内基梅隆大学任计算机科学及心理学教授,从事计量学的研究,还担任过企业界和官方的多种顾问。他倡导的决策理论,是以社会系统理论为基础,吸收古典管理理论、行为科学和计算机科学等内容而发展起来的一门边缘学科。由于在决策理论研究方面的突出贡献,他被授予1978年度诺贝尔经济学奖。

根据西蒙的最新解释,**有限理性(bounded rationality)**一是指行为者具有理性意向,二是指其理性会受到实际智能的限制。简言之,个体的人由于自身的经验、阅历、知识水平、技能等限制,做出决策(选择)时往往陷于一种并不完全理性的预期之中。人们的预期只能根据自己已有的知识和信息做出,但个人的知识和信息是有限的,即人们的预期不可能做到面面俱到的完全理性。

情景模拟

决策中的"取"与"舍"

"二战"中,丘吉尔做出了许多战略决策。战争决策和企业决策在形式上非常相似。那么,在战争决策方面,丘吉尔是如何进行思考的,是如何进行"取"与"舍"的呢?丘吉尔认为有三个可"取"的思考因素,有三个须"舍"的错误。三个积极因素是:要牢记当前的核心问题或问题的最重要方面;知道如何权衡决策正反两面的可能性以及如何处理这些因素;在新的事实面前要反应灵活。三个常犯错误是:试图预见很远的将来;试图追求完美;为决定而被迫决定,试图永远推迟决定或最好不做决定。这三个常见错误实际上是对度的把握问题——人应该前瞻,尽可能地做出最好的决定,并能轻松地做出必要的决策。但这三个方面做得太过则是危险的,而畏首畏尾也同样具有危险性。

斯迪文·哈沃德.丘吉尔论领袖素质.海南出版社,2000.

西蒙认为,决策贯穿于管理的全过程,决策程序就是全部的管理过程,组织则是由作为决策者的个人所组成的系统。全部决策过程是从确定组织的目标开始,随后寻找为达到该项目标可供选择的各种方案,比较并评价这些方案,进行选择并做出决定,然后执行选定的方案,进行检查和控制,以保证实现预定的目标。这种管理理论与学派,对决策的过程、决策的准则、程序化的决策和非程序化的决策、组织机构的建立同决策过程的联系等作了分析研究。在西蒙之前,微观经济学家对个人在市场中的行为也进行了深入的研究。微观经济学认为,个人具有完全的理性,完全按效用最大化的原则进行选择。这一命题暗含的前提是,个人已经知道了可供选择的全部方案,并且对这些方案进行效用排序,决策者可从中做出效用最大的选择,这一选择理论又被称为完全理性的经济人行为理论。西蒙认为,完全理性的经济人模式有两个缺陷:其一,人不可能是完全理性的,人们很难对每个措施将要产生的结果具有完全的了解和正确的预测,相反,人们常常要在缺乏完全了解的情况下,在一定程度上根据主观判断进行决策;其二,决策过程中不可能将每一个方案都列出来,这一方面是因为决策者的能力有限,另一方面也是由于决策过程的成本限制,人们所做的决策不是寻找一切方案中最好的,而是寻找已知方案中可满足要求的。

作为决策的主体,决策者在组织中起着核心和动力作用,对组织的影响很大。决策者是决策系统中体现主观能动性的要素,在决策活动中占有特别重要的地位。在特定社会组织的决策活动中,决策者本身已经发展成为一个群体,而不再是个人。即使是作为个体存在的决策者,也不再是仅仅代表其自身的个体,而是代表群体意志的个体。在一项具体的决策过程中,可能会由某一负有责任的个人最后决断,但是个人作为组织中的一员,作为整个组织结构中的一个节点,无论他在组织中的地位如何,他所做的决策都必须代表他所处的群体的整体意志,否则他将被这个组织所淘汰。一个企业的总经理,在指挥企业的生产经营活动时做出的各种决策,都必须以企业的发展和壮大为目标,否则他将无法使其决策被企业成员所接受,更无法贯彻执行下去。因此,现代社会绝大多数组织中的决策者往往不是一个人,而是按照一定规则组织起来的一个群体,即决策者之间的相互联系、相互作用所构成的决策系统。

决策准则是决策者在决策全过程中应该遵循的原则,其中包括决策的思维方式、决策组织、拟定备选方案等方面的原则要求。按照"经济人"模式,人们在对各种可行方案进行评价和选择时,总是采用"最优化的原则",即人们总是希望通过对各种可行方案进行比较,从中选择一个最好的方案作为执行的方案。对于这种决策准则,西蒙认为,它需要满足以下几个条件:

(1) 在决策之前,全面寻找备选行为;

(2) 考察每一可能抉择所导致的全部复杂后果；

(3) 具备一套价值体系，作为从全部备选行为中选定其一的选择准则。

也就是说，在采用最优化原则进行决策时，决策者在进行决策之前，必须要找到所有可能的决策方案，同时必须能对每个方案实施的结果进行预先估计，最后还必须有一个统一的价值准则能对各种方案结果的优劣进行连续而一贯的排序。

但是，最优化原则的这几个条件在现实生活中却是经常不能具备的。由于知识、经验、认识能力的限制，使得人们不可能找出所有可能的行动方案。即使有充分的能力来寻找所有可能的行动方案，由此所花费的时间和费用也会使人们感到这样做是得不偿失的。既然由于各种各样的原因使得人们不可能找出所有可行的备选行动方案，而"最优"的方案可能恰恰就在这些被遗漏的方案中，这就使得人们不可能真正贯彻最优化原则。假设第一个条件有可能成立，即人们有可能在决策之前找到所有可能的决策方案，第二个条件也是经常不能成立的，即人们很难对各种备选方案的实施结果给予预先的估计。

这涉及两个方面的因素：一是未来变化的不确定性使得人们很难对各种方案的实施结果进行预先的估计；二是认识能力的有限性也使得人们很难对各种方案的结果进行预先估计。即使第一个条件和第二个条件能成立，贯彻最优化原则的第三个条件也是经常不能成立的，即人们要对各种方案结果的优劣进行连续而一贯的排序是很困难的。

这是因为各个决策方案执行所实现的结果往往是多目标的，而在这多个目标之间有时又是相互矛盾的，所以决策者很难以一个统一的价值准则对各个方案的优劣进行排序。这样决策者就难以从各备选方案中选择一个所谓的最优行动方案。由于贯彻最优原则的三个条件经常不能具备，决策者在进行决策时贯彻所谓的最优原则就失去了其现实性。所以决策理论学派的学者提出要用"满意的原则"来代替"最优的原则"。所谓满意的原则，就是寻找能使决策者感到满意的决策方案的原则，即对于各种决策方案，决策者不是去探索能实现最优效果的决策方案，而是如果有了能满足实现目标要求的方案就确定下来，不再继续进行其他探索活动。西蒙和马奇指出：无论是个人还是组织，大部分的决策都同探索和选择满意的手段有关，只是在例外的场合才探索和选择最佳手段。

决策的核心在于选择，而要进行正确的选择，就必须利用合理的标准对各种可行方案进行评价。由于决策者在认识能力上和时间、经费及情报来源上的限制，不可能具备这些前提，因此，事实上人们不可能做出"完全合理"或"最优"的决策。人们在进行决策时，不能坚持要求最理想的解答，常常只能满足于"足够好的"或"令人满意的"决策。因为人们没有求得"最优化"的才智和条件，所以只能满足于"令人满意的"这一准则。在这种情况下，人们不得不折中，正如美国谚语所说的"半块面包胜过没有面包"。

二、领导者的战略决策

决定胜负有"道、天、地、将、法"五大因素。"道"原指道路、坦途，后逐渐演化为道理，用以表达事物的规律性。在于做人，道是一种意识形态，是指导你该去做什么不该做什么；术是行为，是指具体做什么，如何去做。

《孙子兵法》将"道"独排第一。"道"之外,兵法权谋中更多的则是集中在操作层面、带很强目的性和功利性的"术"。就企业发展而言,"术"的东西或许在较短的时间内可以让企业获得生存的可能性,但却无法解决长期扩张问题;而"道"回答的是终极的问题,如"为什么要做企业?你的战略是什么?你的商业模式是什么?你的品牌和市场如何定位?"等实质性问题。

术于外,而道于内,执著于术的表面浮华,终难成道。只有那些真正的执著于道的人,才会最终取得成功。换句话说,有术无道者可能会成为聪明的小人,而有道者即使术不强也可能成就一番大业!做人做事皆守此理!

商场就像战场一样需要英明的统帅——一个能全面理解和运用战略策略的指挥官。作为领导者,重要的领导行为之一就是确定企业经营方向,即确定战略愿景,对未来高瞻远瞩,为实现愿景目标制定变革战略。因此,领导者必须拥有战略思维。了解决策理论,领导者可以更好地避免偏差和陷阱,并更好地理解他人的决策。

情景模拟

领导者的概念技能

罗伯特·卡兹(Robert Katz)教授在描述企业不同层级管理者的技能时,认为概念技能对于高层管理者即领导者是最重要的。所谓概念技能(conceptual skills)是指领导者对复杂情况进行抽象和概念化的技能。小时候在农村,家里的铜壶或者铝锅表面不平整时,会等到村里来了铜匠再修理。这件事看似很简单,只要对着凸起来的地方用榔头敲一下就可以解决问题。其实不然,很可能这一榔头下去,凸出来的地方凹下去了,但旁边凹的地方又凸出来了。因此,铜匠的手艺很好,能够很好地掌握着力点和所用的力度。究其实质,这就是概念技能,要在复杂的矛盾之中发现解决主要问题的概念与思路。

有位软件开发公司的总经理抱怨企业内部管理问题太多,自己的工作太累。他时常在办公室里加班,不断处理各类突发事件。例如,有一天他收到某客户对公司技术服务人员服务不周的投诉,立刻命令技术服务部好好调查此事,但技术服务部经理认为该客户要求增加新功能,应该由软件部重新开发;询问软件部经理时,他们认为此事是因为市场部在签订合同时没有给客户交待清楚技术条款所致,而市场部则认为这是软件部和技术服务部推诿,签合同时曾经咨询过他们的意见。一波未平,一波又起。这边客户投诉尚未解决,人力资源部又汇报说有位骨干技术人员提出了辞职申请。情急之中,这位总经理断然要求人力资源部经理,无论花费怎样的代价,也不能让这位骨干员工跳槽。显然,在该案例的最后,这位忙乱中的总经理已经在做一件很危险的工作,因为他不惜代价保留这位骨干员工的命令,很可能导致第二天他的办公室里坐满要辞职的员工。

领导者经常抱怨企业里问题如潮水,很容易陷入一团乱麻,无法自拔。此时,概念技能非常关键。这位软件公司总经理在一件件地解决所面临的问题时,却没有看清楚这些问题(甚至包括潜在的其他问题)背后千丝万缕的联系。他在解决一个问题时,很可能引发出或者埋伏下更多的问题,很多现在面临的问题就来源于他以往的决定和命令。因此,就像铜匠的手艺一样,当领导者面临复杂的决策问题时,首先要有认识这些问题的概念和思路,只有这样,才能掌握好解决问题的着力点和所用的力度。

"商场如战场。"管理者经常形象地把当前企业的市场竞争比喻为战场上的交战。和大多数其他战场一样,这个战场上也会硝烟弥漫,枪炮声不绝于耳。参战的企业和冷眼旁观的民众都搞不清方向,而战场上的指挥者也往往很难抓住战局要点——何时出击,如何出击,甚至出击谁,这些都是不易回答的问题。

领导者概念技能的建立不仅与其决策能力有关,也与面临问题本身所依赖的行业或者技术背景知识有关。决策能力可以通过理论学习而锻炼,但行业和技术背景知识则需要通过长期的经验积累才能获得,有效的领导者总是能够将以上两者很好地融合。

战略思维是一个思想过程,通过这个过程领导可以形成其发展战略和对发展前景的描述,这样追随者才会明确跟着你走向何方、是否值得。1992 年,当埃尼公司首席执行官弗朗哥·贝尔纳贝带领意大利大型能源工业集团埃尼公司从一个政治泥潭转变成一家准备好第一次公开招股的、廉洁的、由市场力量驱动的企业时,他遭遇并克服了具有破坏性的、突然的危机。对此,他说:"……我一直都在全面彻底地思考问题。我非常仔细地审查我面对的所有问题,从各个角度分析它们。你问我为什么每天步行上班?因为这给了我额外的半小时来思考问题。战略性思维是一个领导者必须具有的最关键的技巧之一。你必须全方位地看待每一个问题。你必须知道自己的长处和弱点,还有你的机构、你的敌对方和你的支持者的长处和弱点。"

战略思维一般有如下几大步骤:

(1) 环境分析和估价

好的战略应能使组织成功地面对环境的变化。所以战略思维的第一步首先是对环境及其变化趋势做出准确的分析和估价。好的领导在这一方面有很敏锐的洞察力和知觉。

(2) 确定组织的战略要素

分析和明确组织中哪些因素或组成部分至关重要,具有战略意义,即关系到组织的生死存亡。

(3) 形成相应的战略和发展概念

战略要素是组织发展的关键,围绕这些要素可以形成组织的发展战略,并尽可能简洁表达战略,使组织成员容易理解、记忆和明白其中隐含的新的发展概念,从而使其得到顺利实施。

(4) 描绘战略蓝图或愿景

将战略转化成为战略实施的蓝图及其实施后可能达到的景象。这不仅会对组织成员起到激励作用,也会有助于组织活动的协调和组织。

(5) 预计战略可能隐含的问题

好的战略也常会引导组织误入歧途,主要原因是事先未能从管理上仔细分析除了成功的好处外,还会产生哪些不希望出现的问题。若在战略形成过程中注意到这些问题出现的可能性,并事先采取措施防备,就可保证战略达到预期的目的。

(一) 战略选择理论

明兹伯格曾将管理者比喻成陶艺者,而战略就是他们手中的陶泥。正如陶艺者一般,领导者经常发现自己站在公司昔日的能力与未来的市场机会之间,要对公司的战略进行选择。从某个意义上来说,战略的本质就是充满争议的选择和权衡。组织的职能论者认为组织就是组织内部的资源与外部的环境进行匹配的结果,与特定战略相适应的组织结构是唯一给定的(Burrell & Morgan, 1978)。组织结构要始终维持与组织规模、技术及所有制方式等背景要素的高度一致,否则就会造成机会的丧失、成本的增加等,组织的运转就会遇到困难。

然而,建立在社会系统理论基础上的行为决策学派则认为,决策者才是组织的核心和动力,是决策系统的主观能动要素,在决策活动中占有特别重要的地位。当前,面对复杂的决策环境,决策者往往不再是以个体而是以群体的方式出现。即使是个体存在的决策者,也不再仅仅代表个体自身,而是代表群体意志。更进一步,该学派认为决策者的行为就是从决策者以及可以施加影响和权威的组织成员可能采取的所有行动方案中,有意无意地选择特定行动的过程。

在行为决策理论的基础上,为了纠正职能论者关于组织与战略关系认识上的偏差,约翰·蔡尔德(John Child, 1972)提出**战略选择(strategic choice)**理论。所谓战略选择就是指组织内部的权力所有者对各项备选的战略方案的决策过程,不同的战略方案将导向不同的组织目标。此处,要注意"战略选择"理论与职能论者的"组织决定论"、政治学派的"权威中心论"的区别:一方面,职能论者强调组织背景和环境的客观性,战略选择理论强调组织代理者(即战略决策者,或者高层管理团队)的主观性;面对同样的决策环境,由于组织代理者观念和认知上的差别,决策结果具有多样性和复杂性(Barnes, 1984; Huff, 1990; Stubbart, 1989; Spender, 1989)。另一方面,政治学派强调组织权威的重要性[①],而战略选择理论框架下的组织代理者的行为是在组织内外部监督下的主观性选择,会受到组织绩效的监督和检验,具有强烈的目标导向性。企业总经理在指挥企业的生产经营活动时做出的各种决策,都必须以企业发展为目标,否则将无法被组织成员所接受,更无法贯彻执行。

在战略选择的理论框架里,组织内部的三个要素对战略制定是最关键的:组织代理者的行为;组织环境的实质;组织代理者与环境之间的联系。

依据组织对外界环境的响应速度,雷蒙德·迈尔斯(Raymond E. Miles)和查尔斯·斯诺(Charles C. Snow)将组织战略划分为四种类型:探寻者、分析者、防御者和反击者。

(1) 探寻者(prospectors)——行业内的创新领导。尽管会面临风险,他们会首先引入新产品,或者首先采纳新技术,这些措施也并非总能带来利润。探寻者总是对市场上

---

① 根据 Simon(1997)的观点,以权威为中心的政治行为强调组织功能就是强制组织成员共同遵守组织或组织权威所制定出的规章制度。因此,组织内的政治行为是以权威为导向的,同时组织结构也就是实现这种权威影响的途径。

那些正在显现或者刚刚出现的机会迅速地做出反应。在汽车行业里，本田和克莱斯勒扮演的就是探寻者的角色。

（2）分析者（analyzers）——市场快速跟进者。通过仔细监控主要竞争者的行为和策略，他们会很快向市场上推出比探寻者企业成本更低或者性能更好的产品，但他们却很少首先进攻。丰田和福特是分析者类型的企业。

（3）防御者（defenders）——总是想在一个产品或市场比较独立的区域内维持他们相对稳定的地位。他们往往通过更高的质量、更优的服务，或者更低的成本来保护他们的领地，并且会忽略那些对现有业务不产生直接影响的产业变革。通用汽车、尼桑和马自达属于防御者。

（4）反击者（reactors）——势力较弱。他们尚不能成为与其他强大对手直面抗衡的竞争者，只会在市场受到巨大威胁时才进行局部的反击。国内许多汽车制造商都可以被视为反击者角色。

全球范围内，计算机硬盘行业的技术发展、市场结构、资产重组以及竞争格局是变化最快的，这使得硬盘制造企业的竞争异常残酷而激烈。克莱顿·克里斯坦森（Clayton M. Christensen, 2000）称其为产业环境里的"果蝇试验"，因为在这样的产业环境里，企业会快速地萌发和成长，但也可能会快速地消亡和破产。全球市场上的第一块硬盘是1952年在IBM公司圣何塞实验室诞生的，此后硬盘技术在材料、工艺、性能等方面的创新路线和网络日益复杂。作为战略决策者，最重要的就是准确地预估技术创新对未来产品市场的影响。

管理实践

转型，是战略，也是选择

空中网在2005年四五月份就有内部讨论"转型，转向哪里以及如何转"的问题，在近半年的讨论之后，最终确定做"无线互联网"。那是空中网做无线增值业务最辉煌的时候。"我们的考虑是，不能老依赖SP（service provider，电信增值业务服务提供商），而是要看到这个业务未来的业务。就是有钱的时候，你得对未来作铺垫。"空中网CFO孙含晖先生回忆。他更愿意将之看成是丰富空中网业务线结构、基于未来战略布局的一种考虑。2006年初，空中网注册了域名Kong.net；2006年5月份，开始对Kong.net作市场推广。意外出现了。2006年7月份中国移动颁布了"二次确认"。"一个很严峻的问题，就是怎么办？什么时候这些严厉的监管可以见底？"由于前期的一些市场推广，空中网第二季度净利润大幅下降，缩水了12%，仅有760万美金。此时，中国移动的新政尚未真正实施。"2006年8月初，中国移动新政'二次确认'一出台，空中网就紧急宣布了一个15%的裁员计划。既然我们在2005年底已经决定了做无线互联网，我们就沿着这个对未来的基本判断，坚持将这条路走下去。"空中网CFO孙含晖表示。从SP彩信、彩铃、短信等无线增值业务到Kong.net无线互联网，空中网走的是一条技术演进之路。在孙含晖看来，"彩信、彩铃、短信等无线增值业务为无线1.0，Kong.net无线互联网为无线2.0，无线搜索为无线 3.0。"介于无线增值业务和无线互联网业务之间的,是手机网游,可以说成是无线 1.5。

高冬成.通向未来之路.财经界:管理学家,2007,10:29—31.

  1984 年,苏格兰企业 Rodime 首先开发出 3.5 英寸硬盘,一年后 Seagate 公司也开发出类似的产品原型。为了评估这项新技术的市场前景,Seagate 公司邀请 IBM 等台式电脑生产厂家及批发商们(他们也是 Seagate 公司的主要客户)对该产品性能做出评价。评价结果表明,这些厂家对此并不感兴趣,因为他们希望下一代硬盘容量是 40 MB 到 60 MB,3.5 英寸硬盘容量只有 20 MB,成本反而更高。鉴于此,Seagate 的高层领导决定放弃对 3.5 英寸硬盘的研制,加大对主流的 5 英寸硬盘技术的研发力度。然而,事实表明,这是非常错误的决策,因为 3.5 英寸硬盘的主流市场并不是台式电脑,而是便携式电脑。于是,1988 年 Seagate 公司不得不重新开始生产 3.5 英寸硬盘,而此时它已经损失了大约 7.5 亿美元的销售收入。更可怕的是市场的损失,直到 1991 年,Seagate 公司生产的 3.5 英寸硬盘还只能替代 5 英寸硬盘用在台式电脑上,尚无法被便携式电脑厂家所接受。

  面对 3.5 英寸硬盘技术的兴起,Seagate 公司采取了保护其 5 英寸硬盘市场的"防御者"战略。分析 Seagate 这次战略选择错误的原因,主要有两个方面:一方面是长期经营 5 英寸硬盘而导致的认知框架(cognitive framework)的限制,错误地担心 3.5 英寸硬盘会抢夺现有的 5 英寸硬盘的台式电脑市场;另一方面是由于长期的合作成功经历使得高层管理团队内部出现了群体思维现象,过分强调决策的一致性而忽略了对新兴市场的认真分析。

  从 Seagate 公司的战略选择案例可以认识到,高层管理团队的特征和运作过程影响着团队绩效和组织绩效,因为团队是企业的战略决策者,负责整个组织的经营决策,所以直接表现为战略选择的优劣。

(二) 战略决策制定

  面对复杂多变的环境,无论是理论家还是实践家,都面临着对战略的无奈和困惑。战略的作用是对组织未来较长一段时间内发展的谋划和指导,至少应有两个特征:一是较长时间内的相对稳定性,二是对组织影响的整体性。无奈的是任何组织的健康发展都离不开战略;困惑的是在复杂多变的环境下,我们往往很难找到较长时期内稳定不变的战略。历史上有许多在当时看来无比正确的决策,如施乐公司的 PARC 技术商业化,但后来看来却是重大的战略性错误。问题就在于,与战略相关的重大决策一般无法根据短期结果来判断其对错。对有些行业来说,不要说看透未来 3—5 年的事情,1—2 年的发展前景也很难说清楚,甚至很难说清半年之后的事情。这些特点迫使理论研究者从稳定环境下的规划型战略、定位型战略走向柔性战略,以战略和相关资源及组织的柔性来应对复杂多变的环境。

  时至今日,柔性有时甚至也很难做到,我们无奈地将视线由组织外部移向组织内部,从依据环境分析展开规划和组织设计走向通过提升组织内部能力(如核心竞争力)以应对难以预见的环境变化。除了研究视角的由外向内转化,研究内容也有由具体向抽象方面转化的趋势,如战略研究在多变环境下无法明确规划或谋划具体的活动和任务时,重点就落在了对环境依赖性较小的愿景、使命、方向、思路等内容的研究以及应变能力的建设上,以期在大思路和方向指导下通过创新和应变来实现组织的持续发展。这有点像我国改革开放以来实施的"摸着石头过河"的战略,我们知道河对面的愿景,也清楚过河的使命,但一开始并不清楚具体的过河方案,而是根据情况随机应变地决定过河的方式。其实,如微软、IBM、Intel等处在高速快变行业的公司,它们实施的基本上就是一种大思路指导下的尝试战略,在许多小的尝试和发展的基础上,再组合出以后一个时期大的发展战略。当然,这样做成本自然很高,但是无奈之举。

尽管有许多无奈和困惑,但也正因为无奈和困惑,理论家和实践家才会演绎得更加丰富和精彩。《孙子兵法》被公认为战略概念的起源,但面对加入WTO带来的全球竞争,无论是在理论还是在实践方面,我们经常会陷入战略的迷茫。洞悉了"战略真相"的"竞争战略之父"迈克尔·波特虽秉承了哈佛战略研究的内外匹配传统,但其重结构轻综合的应用局限,也只解释了战略可能途径,而并未提供途径选择的准则。竞争战略的核心是一种基于活动的企业理论,这些活动(比传统的如市场和研发职能要窄一些)产生成本并为顾客创造价值,它们是竞争优势的基本单元。但面对复杂性、多变性,如何使这些基本单元围绕发展愿景进行整合,形成整体性的、具有柔性的、即使在因果关系不清的情况下也能有秩序地运行的发展过程仍面临不少难题。战略管理研究应该采用实践导向型的思维框架,从企业战略实践所遇到的问题出发,回答"做什么、如何做、由谁做"的中心命题。

为了应对这些难题,可运用"变形金刚"式的战略管理思路,即环境再复杂多变,管理实践中面临的对象总可分为三部分,一部分是相对稳定的,一部分是可预测的,一部分是不可预见的。对于稳定部分完全可以规划、设计;对于可预见部分需策划好应对预案;对不可预见部分只能调动组织的积极性和主动性,届时相机行事。但问题在于如何使这三部分有机地整合在一起。实际上,任何组织虽然难以明晰某时期的战略,但却相对容易确定各时期的发展主题。于是,企业可用其最核心的资源和能力形成多种基本模块,从而构成企业的一般竞争力;然后根据企业价值网络建立自己的资源网络,包括战略联盟、社会资本等,增强企业的柔性,必要时还可分散企业风险再根据企业发展主题和多变环境,利用自己已有的模块和内外部柔性资源相机搭建起适应市场需要新形态(变型),打造出自己在新形势下的发展优势。本质上讲,最后的资源整合和变型的能力才是企业真正的核心竞争力。例如夏普公司运用一种更注重人员的文化,成功地在组织中借助各类资源开展经营,以实现资源的最大效益;沃尔玛公司专业化的补货系统就是一套在战略上有充分价值的业务流程。这种围绕发展主题,形成既有设计优化、又有能动致变的整体性发展的思路和机制,就使得企业不仅有应变能力,又有面对不确定的螺旋逼近机制,还保证了企业发展的整体有效性。

当然,具体问题具体分析,每个企业面临的战略实践永远不同。对于战略实践者来说,理论背囊太重显然是走不远的,但忽视理论指导同样会走冤枉路甚至迷失方向。因此,我们一方面需要理论的学习和思考,另一方面更要结合自己的具体实际,方能达到战略制胜的目的。

三、决策过程

作为决策者,领导者的工作是如何通过大量具体的工作实现对机会的利用。日常生活中的实实在在的领导每日面对的是大量繁琐和具体的事情,要看备忘录、信件,要打电话、处理电传,要开会、与人座谈,还要应付一些紧急的事情,等等。但把所有这些事情归结起来,总共有三类:一是过去的事情,分析其发生的原因,吸取经验、发现问题;二是现在的事情,进行决策分析,做出选择和处理;三是未来的事情,发现潜在的问题,争取更大的成功。将这三方面的分析结合起来,进行综合的局势分析,从而确定应该怎么做。这样便于做出理性的决策及迅速和成功地解决问题,处理面临的事务。见图 7-1。

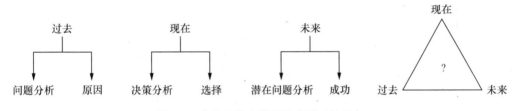

图 7-1 作为决策者的领导应面对的任务

下边将简单介绍这四种分析的思路和过程:
(1) 综合局势分析

综合局势分析的目的是帮助领导理清思路、明确处境和行动方向、方式。一般可按照图 7-2 所述的步骤进行:

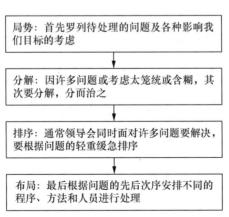

图 7-2 综合局势分析的思路

(2) 问题分析

一般有如图 7-3 所示的步骤:

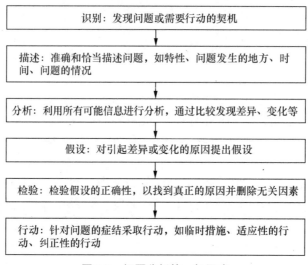

图 7-3　问题分析的一般思路

(3) 决策分析

面对现状,要进行决策分析,一般可采取如图 7-4 所示的步骤:

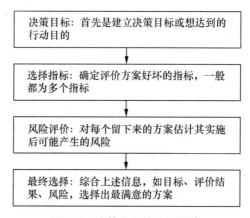

图 7-4　决策分析的一般思路

(4) 潜在问题分析

当我们考虑未来时,实际是在前面所做决策的实施过程中分析问题。对于未来没有人不想成功,而要保证成功,我们又不得不分析和面对潜在的问题。该过程的分析步骤可用图 7-5 表示出。

我们所面对的环境,由于其变动的剧烈、产业周期的缩短、技术创新步伐的加快、多种因素的高度不确定等,因而具有显著的复杂多变性。在这个以速度和应变取胜的环境中,隐含的前提是企业可以对未来环境进行可靠预测,制定合理的战略,并加以贯彻执行。因此,与相对稳定的环境相适应的传统、规范和理性的战略制定思路已经无法满足环境对战略的高度动态性与灵活性的要求。动荡的环境要求为企业勾画出新时代的战略观。环境的复杂多变性预示了不确定性消减及主动适应将成为战略分析的关键线索,

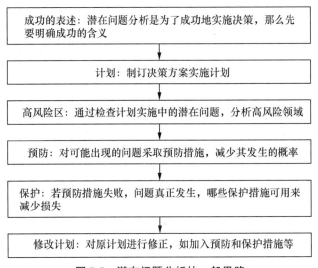

图 7-5 潜在问题分析的一般思路

即新环境中的企业战略观应遵循如下思路:形成的战略应该依靠某种机制实现不确定性消减或主动适应目标,并最终使竞争力得以提升。而如何建立相应的机制以削减不确定性或实现对环境的主动适应正是和谐管理理论所追求与倡导的主旨。

和谐管理理论是紧密依赖于环境的、围绕和谐主题的问题解决学,其中"和谐主题"是指在特定时间、环境中,在人与物要素的互动过程中所产生的妨碍组织目标实现的问题。"和"被定义为人及人群的观念、行为在组织中合意的嵌入;"谐"是指一切物要素在组织中合理的投入。"合意"、"合理"观点可以分别被"和则"及"谐则"所系统地阐释。"和则"是用来应对人的永恒不确定性的专门装置,主要目标是消减源于人的不确定性;"谐则"是处理任何可以被最终物化或要素化的管理问题,都可以用"数学模式/方程"在给定的资源约束条件下去追求结果的最优化,它的主要着眼点在于确定性(概率意义)中的效率问题。

(一) 战略中的发展主题与和谐管理理论

在用和谐管理理论分析战略问题之前,我们先回到战略研究不能回避的起始性问题上,即什么是战略? 相信每一个人对此都有不同的说法,但如果剥去战略的层层外壳,至少有两个基本点需要特别指出。首先,战略一定是一个相对长期的诉求,任何短期的认识与机会主义的观点都不能纳入到战略的基础性考虑范围,即战略具有在一定时段内的相对稳定性,如果一个企业的战略始终在不断地进行调整,这种战略必然无法对企业发展起到较好的指导作用,这种战略往往是无效的;其次,战略的终极目标是确立企业的(持续)成长动力与(持久)竞争优势以及由此引致的超常业绩。可以说,一个企业的战略通过发展主题来具体体现,通过超常业绩与竞争优势来衡量。

战略既然是相对长期并相对稳定的诉求,那么必然存在着一定时期内企业的发展主题,这一发展主题承载着企业当前的发展重心、所要解决的主要问题或未来的发展方向,因此发展主题是研究战略时需要探讨的一个重要概念。我们可以设想将发展主题扩大化,任何企业在某个时点都有其发展主题,但是如果这种主题随时间不断变化,即不具有相对稳定性,那么这种主题就是我们在形成与实施战略时所要抛弃的。因此,这里所说的发展主题隐含着(一定时期内的)相对稳定性,从而将随时变化着的发展战略观点排除在外。发展主题既可以是在核心竞争力基础上的发扬光大,也可以是对企业在某些方面不足的改进,同时还可以是一系列子主题的组合;既可以是某种目标,也可以是某种具体的工作,并因企业的规模与性质而不同;既可以具体表现为技术研发主题、市场发展主题,也可以是质量提升主题;等等。但是不管怎样,发展主题应该代表企业某一时期、某一地点、某一领域的重心所在,因此发展主题一定还是一个具有全局性影响的概念。

如果将战略与发展主题联系起来,那么持久竞争优势与超常业绩的产生过程就可以被理解为发展主题的有效实现过程;而为了追求良好战略业绩,就需要对发展主题进行辨识、分析、设计与构建,并使发展主题保持相对的长期性、稳定性。然而在复杂多变的环境下,如何维持发展主题的相对稳定性与长期性本身就是一个带有挑战性的问题,作为"围绕和谐主题的问题解决学",和谐管理理论可以为这一问题的解决提供较好的分析方法。根据和谐管理理论对和谐主题的定义,发展主题可以自然地被引申为企业在战略方面的和谐主题,从而为了实现主题,必须借助于建立相应的和谐机制,即从和则与谐则两大工具、手段出发,为企业在复杂多变环境下实现发展主题提供一系列解决途径。在上述思路指导下,战略问题就可以被具体化为发展主题辨识、分析以及以和则、谐则为两大支架的围绕主题的和谐机制的设计与构建。面对复杂多变的环境,和谐机制独有的解决之道可以为发展主题的有效实现提供强有力的支撑。换言之,当发展主题被分辨以后,单独来看,和谐管理理论为其提供了两条可选择的处置路线,一条是基于确定(概率意义上的)的优化,即通过谐则的力量使物要素的投入产出比最大化;另一条是不确定性消减,即充分运用和则使人的不确定性具有行为的可预期性。实际的和谐机制则是依照什么样的发展主题,选择并遵循什么样的和则与谐则。综合来看,和则与谐则之间还存在一定的交互作用,如果依照相应的和谐发展主题建立了相应的和谐机制,那么通过和则与谐则的交互作用,可以为战略对环境的主动适应与调整提供一种较为灵活的协调机制。

(二)和谐管理理论下的战略分析框架

战略既然(主要)可以表达为发展主题与和谐机制,那么通过主题以及保证主题实现的相关和谐机制就可以保证企业向前发展,从而实现持久竞争优势与超常业绩。根据这个分析思路,和谐管理理论框架下战略分析的关键问题就是发展主题的辨识、分析与设定,成功的战略在于找到发展主题,使发展主题贯穿于企业的发展过程之中,并根据特定的发展主题寻求相应的和则与谐则以及两者的互动机制。

毫无疑问,发展主题受限于环境与组织(企业),因为任何战略都具有环境依赖性,同时任何战略不仅根植于组织之上,而且组织也是战略具体实施的基础性架构。需要指出的是,这里所提及的组织可以看做是组织结构、组织资源、组织文化、员工等与组织运行紧密相关的多个方面(从广义角度来说,文化、员工、结构等也是组织资源的一种)。环境与组织构成了发展主题最基本的两个影响与决定因素。

但是,给定环境与组织,企业并不能自动地产生出战略,或者说辨识出发展主题,正如有的企业根本不知道自己存在哪方面的核心竞争力,或根本不知道核心竞争力应该运用到哪方面去,因此战略还需要企业高层领导者的积极参与。事实上,任何战略都是企业领导者在对组织和环境感知与认识基础上的个人价值观、经历、能力、需求、增长导向以及社会网络关系等多种因素的体现。有环境与组织,没有领导者,战略便没有灵魂,是机械的、缺乏深度的;有领导者,没有环境与组织,发展主题便是一堆不切实际的口号和写在纸上的措施。可见,环境、组织与领导者这三个因素本身虽然并不是发展主题,但却构成了决定发展主题的一个完整三角形。由于主题的实现必然是建立在组织(战略三角形的一个支点)基础上,因此这个发展主题包容了核心竞争力与资源概念。

发展主题的战略三角形可以是等边的,更多时候是不等边的,即主题可能很大程度上受领导者的影响,也可能更多的是被环境所限制,或者更多的是基于组织的实际情况。以企业成长为例,刚起步的小企业,如何寻找、开拓市场并生存下来以及如何迅速发展壮大是这一时期最主要的战略主题,而这一主题的实现又往往依赖或受限于企业家的个人能力、市场判断力以及社会网络等,因此发展主题与成长轨迹带有企业家个人特征的明显烙印;企业壮大之后,组织变得复杂起来,日益为竞争者所注意,平稳发展以避免"流星"现象、确立行业竞争优势、规范化管理等开始替代早期的生存主题,外部环境与组织因素的决定作用上升,企业家个人因素依然重要,但是企业家个人感性成分逐渐让位于企业发展的理性成分。

进一步看,我们的战略制定框架并非完全抛弃传统的思路。我们认为战略有既定的成分,即发展主题,但我们的分析框架中又有应变的成分,即和谐机制。和谐机制包含的和则与谐则正是从人的不确定性与物化要素的优化两方面出发,对形成战略主题的三个决定性因素进行协调,并提供一系列不确定性消减(和则)与物要素优化(谐则)的工具与方法。只有这样,才可以保证战略的相对稳定性,同时也可以使战略具有创造性、灵活性及充足的弹性。可以设想,当环境趋于稳定时,即不确定性大为降低时,我们的战略制定框架就可以回归至传统的战略观,即战略主要是设计与计划的产物,或者说,和则的作用相对减弱,在战略形成与实施中,主要依靠谐则的力量发挥作用。当环境趋于复杂多变时,又无法在事前预设、预测出所有的因素,则需要通过和则的作用来消减不确定性。当然,有时候不确定性并不能完全消减,但却可以通过及时的调整来适应不确定性。因此,可以通过和则与谐则的交互作用进行协调,以及时应变,从而使不确定性相对降低。谐则与和则在不同时间、地点、环境的不同运用构成了和谐管理理论下战略分析的一道独特风景线。

发展主题虽然在一定时期内相对稳定,但并不意味着企业要始终如一地沿一条线走到底,这与实际的战略实施过程不相符合。对企业战略而言,存在着发展主题的变化或"漂移"。决定发展主题的战略三角形三个支撑点各自的变化与互动会引起三角形的变化,并影响发展主题原有的决定基础,即可能是从环境或组织主导模式趋向于领导者战略判断主导模式,或者从环境主导模式演变为基于组织的模式等,继而引起主题的漂移。在主题漂移过程中,"优化"和"不确定性消减"两个和谐机制的解决之道将在其中扮演不同的角色,并根据新的发展主题所要求的新的解决之道共同构成新的和谐机制。

和谐管理理论下战略分析框架可以用图 7-6 加以表示。

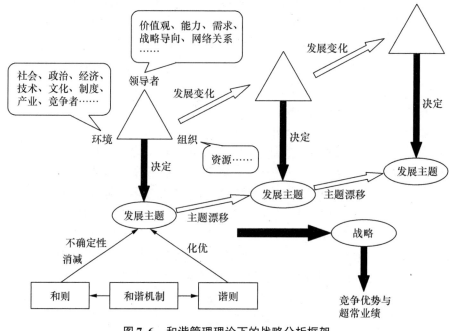

图 7-6　和谐管理理论下的战略分析框架

(三) 海尔国际化:战略分析与和谐主题

我们可以通过海尔集团国际化战略实施中大量的企业实践活动来看其中的和谐主题。1997 年 10 月张瑞敏提出了进军世界 500 强的国际化发展战略目标,1999 年作为"海尔的国际化年",海尔集团开始全面实施国际化战略。归纳 1999—2003 年海尔在国际化战略进程中的管理任务和实践活动,可提炼出在战略进程中扮演核心任务或关键问题的和谐主题:

1. 和谐主题一(1999—2001 年)

以市场链为纽带的业务流程再造。海尔集团在迈向国际化战略的早期进行了多方面的变革,这些变革围绕不同的任务展开。1999 年 8 月 12 日,海尔集团根据国际化发展思路,在"市场链"的基本概念下,进行了大规模的组织结构改革:首先把原来分属于每个事业部的财务、采购、销售业务全部分离出来,整合成独立经营的商流推进本部、物流本部、资金流本部,以实行全集团范围内的统一营销、统一采购、统一结算。海尔把专业化的流程体系通过"市场链"连接起来,设计索酬(S)、索赔(S)、跳闸(T)标准。市场链通过 SST 手段建立了物流部门流程之间、岗位之间以及物流部门同其他部门之间的经济利益关系,并且把原来的职能型的结构转变成流程型网络结构、垂直业务结构转变成业务流程,形成首尾相接、完整连贯的新的业务流程。此外,海尔集团还实行"一流三网"的物流管理模式,即以订单信息流为中心,建立全球供应链资源网络、全球用户资源网络和计算机信息网络。不仅从硬件方面对海尔进行了一系列的变革,而且在人的观念方面也进行了"再造"。张瑞敏对海尔流程再造的基础有一个深刻的认识:流程再造先要再造人。企业流程再造的关键是观念的再造,所以流程再造的基础首先是海尔文化。2001年3月,在市场链框架基本成型的基础上,海尔在全集团范围内大力推广人力资源改革方案,目的是使每个职工都成为经营者,人人成为具有创新精神的SBU(策略事业单位)。关于"人"的理念,海尔提出:海尔人只有创业没有守业,国际化战略能否成功,主要是靠每一个海尔人的国际化,有了每一个人的国际化才能保证海尔集团的国际化。

从1999年开始,海尔国际化战略的实现在时间序列上的第一个和谐主题就是实施和逐渐完善以市场链为纽带的业务流程再造,并且海尔的多项管理任务也是围绕这一主题展开的,企业实践中的多种活动对任务的实现起了支持作用,并最终保证了这一阶段和谐主题的实现。

2. 和谐主题二(2001—2002年)

品牌国际市场渗透。国际化战略的目标是建立国际化的品牌,要解决品牌问题,海尔的发展任务就不能只在国内做产品加工,而是要在全世界做企业的"本土化",要拿下国外的市场,成为本土化的名牌。随着国际化战略的推进,海尔集团2000年出资3 000万美元,在美国南卡罗来纳州坎姆顿设厂生产家电产品,并通过高质量和个性化设计逐渐打开市场。此外,海尔在印度尼西亚、菲律宾、马来西亚、伊朗等国与当地的贸易公司合作,建立合资工厂,随后积极开拓那些发达国家尚未进入的市场。在注重市场的同时,海尔也未放松对文化方面的"升级",例如张瑞敏强调,在美国经营工厂有助于建立全球性企业文化,在美国提倡"个人价值",把它与在中国培育的企业文化相融合,会创造出新的全球性的海尔文化,这样进入其他国家也许就容易得多。进军海外市场需要雄厚的资金基础,因此海尔集团围绕资金筹措任务开展了一系列的活动。例如,2001年海尔明确宣布正式进入金融领域,把一些上市的信托公司和地方上市银行变成了自己的子公司,并且海尔投资发展有限公司和美国纽约人寿保险公司共同出资设立海尔纽约人寿保险有限公司。"海尔纽约人寿保险有限公司"象征着海尔在构筑产融结合的跨国集团过程中又迈出了重要的一步。

海尔开拓海外市场、构筑产融集团以及创造全球性的文化的管理任务都指向打造国际性的品牌这一关键任务,其目的就是为了实现品牌向国际市场渗透这一和谐主题。种种活动,无论是组织方面的,例如集团公司的海外并购,还是广建海外工厂,还是文化方面的,例如美国"个人价值"与中国企业文化的融合,都映射了海尔正在进行将品牌向国际市场渗透的主题。

3. 和谐主题三(2003年至今)

也称"一低三高"。2003年度国产品牌的吞并风波、洋品牌的重整旗鼓、原材料涨价与恶性竞争等给中国家电企业带来了巨大压力。面对市场环境与竞争环境的变化,海尔集团围绕"速度、创新、SBU"经营方针,对内在市场链流程再造的基础上,深化经营SBU的管理思路,提高员工的素质,通过创业、创新精神营造人人自主经营、自我增值的企业氛围;对外以获取大订单为中心,通过整合全球市场资源,以"低成本、高增值、高增长、高质保"实现"大客户、大订单、大资源"的管理重心转移。

2003 年以来海尔集团提出并实施的"一低三高"战略正是这个阶段海尔集团国际化战略确定的和谐主题。低成本、高增值、高增长、高质保的"一低三高"将为海尔提高产品和企业的国际竞争力提供强有力的保障。

2005 年 12 月 25 日在"海尔创业 21 周年暨海尔全球化品牌战略研讨会"上,海尔集团首席执行官张瑞敏又宣布启动了新的发展战略阶段:全球化品牌战略阶段。全球化品牌的基础是国际化,但并不是国际化的简单延伸。在初步实现自主品牌的优势积累和全球品牌运作的本土化之后,海尔要构建世界各地本土化品牌集成的全球化海尔品牌。海尔目前提出的"人单合一",即人码、物码、订单码三码合一的全程信息化闭环或许就是海尔新战略中当前首先要实现的和谐主题。

最好的领导实际上是那些能够将自己的想法和技能传递或教给别人的人。好的运动员不一定能成为好的教练,因为在做运动员时他们很少研究什么样的训练过程和方法会使他们成功。反过来,好的教练不一定要是个好的运动员,他们实际上善于研究成功运动员的方法或过程,并把它用于别的运动员身上。领导也是一样,领导的过程可以研究和学习。上述几个思维过程实际上就是从对许多组织领导者的研究中发现的。另外,对成功的领导者来说,将上述思维过程落实到组织活动的过程中同样是重要的,因为组织的领导不仅是人员的领导,而且是组织活动过程的管理者。

四、群体决策

IBM 前任 CEO 郭士纳曾说过,他在公司期间,任何一项成功的决策都不是他一个人想出来的,而是与公司内部员工沟通后,将他们的建议进行整理、筛选以后确定的。个人决策与群体决策是行为决策的两种类型。一般认为,会议是以群体的沟通和影响为基础的,它体现着一种有计划、有控制的集体智慧。它避免了个体集权统治和独裁垄断的局面,标志着民主化、参与式管理的形成,并且许多人更进一步对群体会议冠以高效率、高质量的盛誉。管理实践研究表明参与式的民主化管理效果良好。金(Kim)和奥根(Organ)曾写道:"一般而言,参与式领导比非参与式领导使下属有更大的满足感。有关生产力方面,很难下结论,有些研究表明参与式群体生产效率高,有些研究则发现非参与式群体效率较高,也有少数研究认为专制式与民主式管理的工作群体在生产效率方面没有明显的差异。"(Kim & Organ, 1982)据此来看,领导者的民主化主要解决的是员工的满足感的需要,和效率并不直接相关。对于群体会议典型的嘲讽是"把马设计成骆驼",宗旨在于减少安宁;增加不满;分摊责任;避开行动。显然,对此问题我们并不能简单地一概而论。事实上,民主化的决策主要解决的是决策的稳健问题。

(一) 群体决策的绩效

在组织中要经常进行群体决策,例如,高层主管们经常要进行集会,商讨重大事宜,为解决某项特殊问题,常常成立专门的委员会分析研究。学者们经过大量的深入分析,认为群体决策的绩效受到群体、任务、过程及支持工具等四个主要因素的影响。

就群体本身的特点而言,团结性和对组织目标的承诺是两个起关键作用的指标,其影响效果如图 7-7 所示:一个群体的团结程度能够导致出不协调和协调的两种行为,如果该群体通过自己的每个成员接受了组织的目标并予以内化,那么其行为在整个系统的观点上来看很可能是有作用的。相反,如果个体目标与组织目标相差到 180 度,如巧妙的怠工、罢工,或者故意破坏,那么个体就不承担组织目标,并且不能很好地团结起来,结果就不可预测了。

群体团结性	+,− 无作用方向的协调行为	+,+ 有作用方向的协调行为
	−,− 无作用方向的不协调行为	−,+ 有作用方向的不协调行为

对组织目标的承诺

图 7-7 群体效率的二分图

20 世纪 20 年代晚期,德国心理学家林格曼(Ringelmann)测量了群体拔河的绩效,他原想整个团体拉绳子的力量,应是所有人力量的总和。但实际测量结果是:三人群体的总力量,是平均每个人出力的 2.5 倍,八人群体的总力量只有平均每人出力的 4 倍。后来的研究也都支持了这样的结论:群体规模越大每个人多付出的努力相对越小。有人称这种现象为"社会性惰化"(social loafing)效应。

群体成员的年龄和职位层次也影响到群体绩效。一项研究包括平均年龄为 47 岁的高层管理人员,40 岁的中层管理人员,32 岁的年轻管理人员,以及 25 岁的管理硕士研究生和 20 岁的管理专业的大学本科生,获得了如表 7-1 所示的结果:

表 7-1 成员年龄、职位层次对个体与群体决策的效果

被试者	正确性 (平均得分) (答对题数)	决策速度 (平均时间) (分)	平均的群体效果 (群体得分减去成员 的平均得分)	群体得分减去 群体最佳成员 的个体得分
高层管理人员(平均年龄:47) 人数:55 群体数:11	13.4 15.0	4.0 9.0	+1.8	−1.4
中层管理人员(平均年龄:40) 人数:55 群体数:11	13.3 15.1	4.2 6.2	+1.7	−2.9
年轻管理人员(平均年龄:32) 人数:90 群体数:18	13.2 15.3	4.2 5.3	+2.3	−3.1
管理硕士研究生(平均年龄:25) 人数:90 群体数:18	14.3 16.3	4.7 6.0	+3.7	0
管理专业大学生(平均年龄:20) 人数:40 群体数:8	11.5 17.5	5.5 6.0	+3.5	+1.5

其中，第一项与第二项的上一排数字表示个体得分，下一排数字表示群体得分。根据这个研究的结果，可以看出：第一项平均得分表示正确的答案，这说明正确性。群体决策的得分均比个体决策的得分高，群体决策较为正确。第二项是平均时间，说明群体决策解决问题比个人决策要慢。第三项、第四项都是表明群体效果；第三项是群体得分减去群体成员个人平均得分，结果说明，年轻的人、低层的人，从决策效果上来说，利用群体决策的效果高于年纪大、地位高的人；第四项是群体得分与群体中最佳成员的得分相比较，群体不如个人时为负值。学校中的管理硕士研究生群体与最佳个人的得分相当，只有本科大学生的群体得分要比个人最佳成绩高。而在其他群体中，最优秀的成员往往表现得比群体好。

从表7-1中可以看到，群体决策正确性高，但花的时间长，此外，不同类型的人员进行个体活动决策时，其得分比较相近，没有什么重大的差异；但是年轻低层人员利用群体决策可得到较好的效果。群体成绩与平均的个人成绩之间的差值，随着群体成员年龄和地位的增高而逐步缩小。年纪越轻，地位越低，越会通过群体进行决策解决问题，群体效果发挥得好。年龄和地位看来似乎削弱了他们与别人一起在群体中协同工作的能力，也可能是年轻的大学生受过关于群体作用的教育训练，较善于发挥群体的作用。此外，年轻大学生没有思想顾虑，对地位等顾忌较少，较易畅所欲言，具有较大的集体精神，所以运用群体作用的成绩较好。不过，年龄较大、职位较高的群体，可做出较为正确的决策，错误、失策较少，但花费时间较多。

群体结构特征（这里指群体规模的大小）与群体座位的排列对群体决策也带来了影响。韦伯尔（Roberto Weber）等人综合了若干研究实验的报告，提出了下列归纳意见：

5—11人组成的中等规模的群体最为有效，能得出较为正确的决策意见。较大规模的群体不易得到一致意见，但是，意见增多与群体人数的增加不存在正比关系。这是因为在群体中将形成小组，而某些小组可能持有与群体不相一致的目标。4—5人的群体易于使成员感到满足。只有两三个人的群体，其成员将会因要承担较多的个人职责而感到担心。

经理人员在组织决策群体时，如果以意见一致程度为考虑的重点，那么较合适的是2—5人的群体；如果以质量为重点，则中等规模的5—11人的群体较为合适（Cummings, Huber & Arendt, 1974; Manners, 1975）。

群体的位置安排，对决策效果也有影响。研究表明，当人们在小组中进行面对面的讨论时，座位的排列方式通常会对"谁与谁讲话"、"谁领导谁"给予强烈的印象。1974年有一个实验研究，对等距离的座位排列形式和其中一个座位与其他座位有较大距离的排列形式进行了比较（Cummings, Huber & Arendt, 1974），试验是针对三人、四人和五人的情况进行的，其座位排列如表7-2所示。群体中与其他人相隔较远的人通常扮演了领导者的角色。

表 7-2 不同规模的群体座位排列

座位排列 \ 群体人数	三人	四人	五人
突出组长	. A . B. C	. A . B. C. D	. A . B. E . C. D
不突出组长	. A . B. C	. A. C . B. D	. A . B. E . C. D

(二) 领导者对群体决策的影响

在群体决策中,领导因素历来具有重要的作用。在缺乏责任领导人时,进行决策的群体只会犹豫拖延。如果按照"输入—过程—结果"模式对群体决策进行描述的话,领导因素则是输入变量。可以说,不受领导因素影响的群体决策过程是不存在的。领导者之所以重要,主要是因为他不仅能够影响决策的初始方向,更重要的是他是贯穿整个决策过程的重要变量。在问题识别、方案产生、方案选择和最后的实施阶段,领导都起着决定性的作用。领导不仅影响群体决策的方向,而且影响不利于群体目标达成的阻力的产生。实际上,领导者在组织和决策过程中的作用远不止于此。从有关领导理论的研究中,人们已经认识到,一个有效的群体领导者应该是一个顾问、建议者和促进者,能够创造一个氛围来鼓励情感的表现和观点的表达,并放弃控制,允许群体就合适的主题做出自己的决策。

领导者在群体决策过程中到底扮演什么角色呢?无论是从管理实践角度,还是学术研究角度,对群体决策的关注其最终目的无非都是如何提高效果和效率。群体决策本身的重要地位引发了一系列具有普遍理论和实践意义的问题,即群体决策的组织方式如何影响决策过程和结果,群体领导的行为在决策过程中起什么作用,等等。为了制定出正确、满意的决策,决策者们必须拥有一个在科学、合理的决策程序指导下的决策过程,即目标设定、方案形成、信息获取、方案甄别、决策实施这一系列完整的过程步骤。如果说群体决策中的"过程—结果"关系链的确存在的话,那随之而来的一个重要问题就是,如果合理的群体过程将导致好的决策结果,那么是什么引导群体参与了这个合理的过程?这就是群体的领导行为和风格。

领导风格和行为会从三个角度影响群体决策:

1. 决策相关信息的沟通和处理

领导者对决策制定最大的影响是通过影响信息的流动和处理来实现的。在群体决策中,信息的获取和使用以及相互沟通主要通过群体讨论的形式来完成,而直接对群体讨论进行控制和诱导的关键群体成员就是群体领导者。因而,领导者在群体讨论中采取何种领导风格和行为,将会对讨论的过程和质量造成巨大影响,并直接影响到最终的决策结果。

2. 决策过程失误的产生和防范

在群体决策过程和结果之间存在着因果关系,过程的好坏将直接影响结果。因此,在群体决策研究中,决策过程失误是导致失败结果的主要原因。提高群体决策效果和效率的一个关键途径就是如何避免或者减少这些决策过程失误。在对群体决策过程失误的研究中,最具代表性的就是群体思维理论。

3. 群体内冲突的管理

领导风格和行为将决定群体能否有效利用冲突的积极作用来改善决策,同时避免或者减少因为冲突带来的不利影响。有效的冲突管理更离不开领导者的推动,实际上,冲突管理正是领导者的主要职责之一。

(三) 群体决策最优化

社会经济活动的复杂性和规模化迫使更多的人参与管理和决策,几乎在所有组织中都涉及群体决策问题,即使某些部门领导者有绝对权威,其决策分析和实施过程也离不开人的参与或支持。群体决策的好处不难理解,例如:可以集大家的智慧;由于决策过程中已广泛听取了各方意见,所以决策结果便于接受和实施。但不可否认的是大家经常也被"群体决策"而激怒,如扯皮、低效、请示、报告不知找谁,决策时谁都负责,出了问题找不到人负责,等等。有位大部门中层干部告诉笔者说:"有时令人啼笑皆非,我打了一个请示报告,送上去转了一圈,回来后一看全是'已阅……',但不知道他们到底同意还是不同意。"那么到底怎样看待群体决策的功与过呢?

其实研究者们也正在通过实践、理论和实验室等方面的研究试图说明:群体最优决策是否优于群体中最优个人的决策? 决策中需要权威,但另一方面由于权威和级差的存在,群体决策过程中在需要充分听取各方面意见时,有些参与者碍于权威或地位差别,不愿或不敢直言自己的意见,那么权威或级差到底在群体决策过程中的哪些环节有益于决策,哪些环节不利于决策? 怎样才能有效地发挥权威在群体决策中的作用? 是否匿名比不匿名能产生出更多创造性想法? 群体人数的多少与决策效果有何关系? 怎样防止群体决策过程中的"搭便车"(free riding),即偷懒、随大流等? 传统文化对决策过程和结果有什么影响? 等等。我们无法详细介绍这些研究的进展和结论,只是想说每天都在从事群体决策的领导者和管理者应仔细思考以下一些问题,不断从理论和实践上加以改进。

1. 领导者特性与民主和集中

民主与集中制是人类在长期实践中总结出的一种有效的决策体制。民主可以广泛听取意见,了解民意,收集信息,集中大家之智慧;集中可以统一思想,对大家的意见进行综合并进一步提升,也可以体现效率。理想情况下,通过合理地组织民主与集中过程,一般会保证良好的决策结果。但遗憾的是现实群体决策过程往往效率低下,且无法保证良好的决策效果,正如有人总结的,"当大家都不满意时决策就做出了",这实际上是一种非理性的折中,最后并不是都满意了,而是没有办法了,甚至是不想再进行这种冗长而无味的活动了。为什么一个好的决策体制会产生不太好的决策结果? 其重要原因是忽略了领导者特性和决策体制的恰当匹配。笼统谈民主与集中并没有说明什么时候民主,什么时候集中,或民主与集中怎样交叉进行,实际上民主与集中恰当地运用可以衍生出许多民主与集中相结合的决策模式来,有时很难简单区分哪种模式更优,但通过与决策者特性的搭配便可判断哪种模式更适合哪种类型的决策者。如有的决策者很有权威,且也很有智慧、能力和见解,为了了解更多人的意见,该决策者最好开始时不要表白自己的观点,而是在集中时再充分发挥作用可能更好;再如有的领导者可能能力有限,但人缘不错,大家在一起也很随意,对这种决策者来说什么时候说话并不重要,关键是有能力总结大家的意见,集中很重要;等等。于是我们可以看到,不同类型的决策者、不同的民主与集中模式有一个最佳匹配问题,即不同的决策方式决定了不同的决策效率和效果。

2. 决策过程或组织方式与决策效率和效果

决策的目标肯定是追求高的效率、好的效果。一般说来,群体决策的效率总是低于个体决策的效率,而且无法保证群体决策效果一定高于群体中最优秀者的决策效果,但遗憾的是许多决策涉及众多人的利益,决策必须由群体做出才公平。于是,就有一个群体决策过程优化的问题,即根据群体决策者特性,选择适合的最恰当的决策组织方式,以保证决策效率最高、效果最好。实践中每个部门、每个单位必须思考这个问题,并通过不断摸索和尝试,找到适合的最佳决策方式。但在理论上,问题并不这样简单,怎样描绘决策群体特性、怎样构造群体决策模式或组织方式、怎样度量决策效率和效果等问题都需要解决,只有这样,才能回答通过一个群体决策过程,对决策效率和效果来说是有益还是有害的。

3. 最优点的飘移与群体决策过程的调控

很多经验表明,群体决策经常会出现意想不到的结果,若这种结果很有创造性那倒还好,遗憾的是往往不是得到了某种非常有创造性的结果,而是由于误导、诱导或随意的"扰动",如某个权威的一句话或突然提出了别处一个成功或失败的案例等,使决策偏离了原来的轨道,出现了人们不想接受但又不得不接受的结果,我们称之为决策最优点漂移。这说明,即使我们选择了适合群体的决策过程或组织方式,决策活动仍有一个恰当的调控问题。这当然是首席领导者的责任,我们经常发现,由于决策过程调控不当,不仅大大影响了决策效率,而且造成了许多人们不想要的结果。

4. 领导者的管理素质与决策效率和效果

群体决策过程的调控依赖于有战略眼光和管理能力的首席领导者,还依赖于群体决策参与者的良好管理素质。当首席领导者能力较弱时,若其他领导者具有较强的管理意识和较高的管理素质,情况不会太糟。这时好的决策效果主要取决于科学的决策过程和群体的合作意识。但由于我们的干部选拔制度在注意干部的专业化时,往往忽视或没有足够重视干部的管理素质(这与过去不认为管理也有其科学规律的认识有关),结果造成许多单位重要岗位上干部的专业化程度非常高,甚至是大专家,但管理素质太低,如没有严谨的制度、政策、契约等的观念和态度,决策和工作中随意性、情绪化太强;发现问题、分析问题和解决问题缺乏系统性,往往以点盖面,分不清轻重缓急,常常是抓了芝麻漏了西瓜;对待人和事经常以自己的好恶为标准,缺乏从工作、全局出发思考和判断的理性;

等等。这样的决策群体,往往会由于其高的专家地位(使人不得不重视其意见)和低的管理素质(甚至是低的决策能力),使决策效率和效果大受影响,现实中也制约或影响了不少单位的进步和发展。

如果我们在实践过程中能有意识地思考和改进我们的群体决策方法。肯定会有益于提高我们的管理工作效率和效果。

对于群体决策中的低效、扯皮、相互推诿等问题,也有一些简单疗法:① 处理好群体决策与各人责权明确的关系,群体决策本意是广泛听取各方意见、集中大家之智慧更高明地解决问题,但决非提供一种谋取地位、荣誉甚至利益而逃避责任的保护伞。所以每个参与群体决策者必须有其明确的责任和权力范围,防止浑水摸鱼。② 现实中出现问题的另一根源是为了给更多的人设置位子,经常两个或多个和尚念一个和尚的经,责任重叠、权力分散,结果是谁都说了算,谁说了都不算,解决的办法是责权对等。③ 合理地授权与分权,问题是许多地方自己管理不了,还怕丢权,所以不愿授权和分权,或授权不彻底,不断干预,比不授权还难受。实际上只要管理者们有心关注之,就不难发现甚至创造出更多的好方法。

第二节 团队决策的效率

企业的战略决策并非一两个脑袋所能胜任的,而需要一个高层管理团队。一些企业在真正需要高层管理团队之前,就将它建立起来。1947 年,爱德华·莫托拉(Edward Mortola)博士白手起家,一手创办了纽约佩斯大学。当 1950 年左右佩斯大学规模还很小时,莫托拉就着手组建了一个强大的高层管理团队,团队成员各司其职,分工明确,对其各自职务负全责,并发挥领导作用。

一、高层管理团队及其特征

(一)团队及高层管理团队的概念

工作团队通过其成员的共同努力能够产生积极协同作用,其团队成员共同努力的结果使团队的绩效水平远大于个体成员绩效的总和。根据团队的存在目的,可以将团队分为问题解决型团队、自我管理型团队和多功能型团队。而高层管理团队(top management team)是指企业高层经理的相关小群体,包括总经理、副总经理以及直接向他们报告的部门高级经理;团队成员来自企业最高层,属于企业的战略制定与执行层,负责整个企业的组织与协调,对企业经营管理拥有很大的决策权与控制权。我们可以从以下三个方面理解高层管理团队:

(1) 组成

指团队成员的特征,如价值观、任职基础和经验。

(2) 结构

各个成员所扮演的"角色"以及这些"角色"之间的相互关系,还包括团队的规模大小(团队中高管的数量)。

(3) 过程

指当高层管理团队制定战略决策时,团队成员之间的相互作用。

(二) 高效团队的特征

高效团队并不仅是几个人的简单结合。团队成员之间的真诚合作、相互依靠、共同努力是塑造高效团队的关键。通常情况下,高效团队应该具备以下几个特征:

(1) 团队规模一般比较小,最好是能够完成任务的最小规模。原因在于如果成员较多,就难以形成凝聚力、忠诚感和相互信赖感。

(2) 成员技能相互补充,有的成员具有技术专长,有的善于发现和解决问题,还有的善于处理冲突和人际关系。

管理实践

优秀企业要有优秀的管理团队

中国世代投资集团禹晋永最引以为豪的就是世代投资集团拥有高素质的管理团队,"世代投资集团不是我一个人的,是我们一群人的,是我们这个团队的。公司发展过程中的每一次成功都不可能是我一个人完成的。"相较其他企业而言,世代投资集团的管理团队起点高、磨难多、思想高度统一。2005年,禹晋永领着他在凯爱资本投资有限公司的团队,一起加盟国美置业,这个团队组成了国美置业的高层管理人员。2005年末,禹晋永离开国美置业时,国美置业的管理人员几乎全部跟他一起离开。离开国美置业后,禹晋永和他的团队曾经一起"失踪"九个月,职业生涯中出现九个月的空缺并不是每个人都可以接受的。九个月后,这些曾经在国美置业创造过优秀业绩的员工组成了现在世代投资集团的管理团队,团队的所有成员没有一个人中途回去。之前在凯爱、国美置业运行资本地产所积累的经验,是这个团队最宝贵的财富。目前,世代投资集团的管理人员,大部分是原国美置业的伙伴,还有一部分是经过后来层层筛选,从基层员工中选拔出来的。筛选过程中最重要的原则就是:一定要高度认同资本地产理念。管理层在战略思想上的统一,是企业稳步前进的基础。

郭建杭,禹晋永.责任第一.财经界:管理学家.2008,7:43—45.

(3) 具有一个所有成员共同追求的、清晰的目标,这个目标能够为团队成员指引方向、提供推动力,让团队成员愿意为它贡献力量。当然,这一目标还需要被转化成为具体的、可以衡量的、现实可行的绩效目标。

(4) 高效的团队成员表现出高度的忠诚和承诺，对团队具有认同感。

(5) 高效团队中的成员能迅速而准确地了解彼此的想法和情感。

(6) 团队成员很清楚哪些是个人的责任，哪些是共同的责任。适当的绩效评估和奖酬体系也是高绩效团队的重要特征。

(7) 最后从心理学角度来看，高效团队还具有以下特征：成员相互关心；成员思想开放而且坦诚；团队内部高度的信任感；共同决策；成员非常投入；从不回避冲突，共同解决问题；团队成员善于倾听不同意见；可以自由地发表不同看法；等等。

二、高层管理团队的建立时机

为什么企业会花大量的时间和金钱来建立高层管理团队呢？最主要的原因就在于组织需要建立团队来完成更为复杂的工作任务，提高业绩水平。在调查中学者发现：高层管理者也可能基于自身的需要和价值观而不是出于对组织需要的考虑而建立高层管理团队，如高层管理者可能出于自身喜欢冒险、善于建立团队、获得更多的权力、价值观导向、赚取更多报酬、赢得人们敬仰的目光等原因而热衷于建立团队。所有这些原因都是和团队建立者的需要、技能和价值观相关的，而并没有考虑到组织是否需要这样的团队。

管理实践

科研团队的领导者

"银河"系列巨型机的成功研制对我国国防工业、经济建设和科学技术的发展都具有重大的推动作用，一直得到国家领导的高度重视和嘉奖。目前，整个"银河"研究团队的参与攻关人员达200多位，其中包括院士3位、教授博导40多位、副教授或研究员100多位。通常认为，无论是在高校还是研究所里，知识工作者往往个性很强，很难合作与管理。要把这么一大批高端人才凝聚起来，显然会对团队领导者要求很高。杨学军教授是"银河-Ⅲ"巨型机的总设计师，同时兼任国防科技大学计算机学院院长。他的体会是，作为"银河"团队领导者，不仅要求技术出类拔萃，而且更重要的是要具有综合管理才能。该团队内部有一个由七八位总设计师和副总设计师组成的核心领导群体。这些团队领导者的选择是非常慎重的，不仅要考虑个人的技术水平，更要看其道德素质、是否具有群体感召力等，要善于听取团队内外部成员的不同意见。还有，很重要的一点是，团队领导者要学会平衡个人与集体的利益，遇到重大科研进展的时候，一定要以团队整体而不是个人名义进行奖励。许多团队领导者会把科研成果的全部奖金分给一线人员和辅助人员，因为他们知道自己已经得到了很多精神和名誉上的奖励，他们中很多人已经是国内外知名专家。他们的成功绝非偶然。

高效团队可以为组织带来巨大的好处,人们普遍认为团队是组织所必需的,特别是在组织的高层。任何组织的高层管理者都应该组成一个团队,像团队那样工作,而无须考虑高层管理者所面对的是何种问题。不少人甚至认为建立高层管理团队是企业成功与否的关键。但是否应该不加考虑就建立团队呢?研究分析得出,对于大多数程序性的工作而言,根本就不需要建立团队,这时建立团队有大材小用之嫌;当面临高度的不确定性和艰难的战略决策时,就只有通过建立高层管理团队并像真正的团队那样运转,组织才能在高度不确定的环境中稳步前进。因此,应该根据问题的困难程度和不确定性水平的高低来确定不同的工作模式,而不是不加考虑地建立团队。下面将借助图7-8进一步说明。

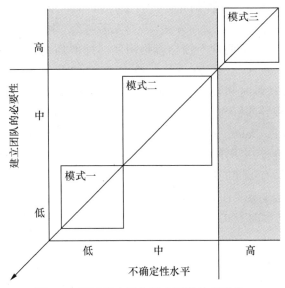

图7-8　不确定水平与建立团队的必要性

图7-8反映了不确定性水平高低和建立团队必要性之间的关系。简单来说就是"不确定性水平越高,就越需要建立团队"。

模式一:不确定性水平低,没有必要建立团队。高管在各自的领域内都得心应手,主要关注于一些程序性任务,大部分决策在部门内部就可以完成。此时,高管只需监管任务的顺利完成。

模式二:不确定性水平上升,面临的问题难度有所增加。为了很好地解决问题就需要高管中几位成员团结合作。合作、谈判以及信息的传递变得至关重要。当然,这仅限于需要合作的领域,高管这时主要还是关注任务。

模式三:不确定性水平达到最高,建立团队成为必需。当真正困难的问题出现、没有人知道确切的解决办法时,高管们应该建立团队并确保团队的有效运行。

两个阴影区域是需要避免进入的。右边的阴影表示面临高度的不确定性,人们不依靠团队就无法解决困难问题。上方的阴影表示在确定型水平不高时,没有必要建立团队。

三、走出团队决策的怪圈

现实中,基于战略层次的决策往往是由高层管理团队做出的,它是企业战略决策和经营决策的核心层。我们知道无论什么团队,都是由一定数量的人为了共同的目标在一起工作,这就意味着团队工作中包含着心理因素,加之团队成员在组织中还有其他的工作任务,每个人背后都有自己领导的部门,除了组织共同目标之外,往往还有各自的目标分歧。作为团队的领导,应该如何识别和把握影响团队成员行为的心理因素呢?在决策过程中领导又应该如何引导和控制呢?

团队领导是反映组织目标设置方式,以及发展组织、领导团队和组织文化的一种能力,体现团队核心人物的重要性。领导者是团队与外部环境的中介,负责协调、整合、指导、激励成员,使团队顺利前进。在现代企业中,有些决策任务非常复杂,整个决策过程信息量很大,且一般持续时间较长。团队决策是否能发挥出大于个人决策的优势,很大程度上取决于团队领导的行为。

贝尔斯(Robert F. Bales)和斯多特贝克(Fred L. Strodtbeck)在1996年发现,决策过程一般要分为五个阶段:定向阶段、评价阶段、控制阶段、紧张局势的管理阶段和综合平衡阶段。每个阶段都有不同的决策任务和决策环境,团队领导的控制程度和控制方法也会随之而改变。以这个五个阶段为理论基础,我们提出一个有利于决策的领导控制模型(见图7-9)。采用图形的方式可以形象地表现出决策过程中团队领导和成员交互关系的变化,便于指导实践。

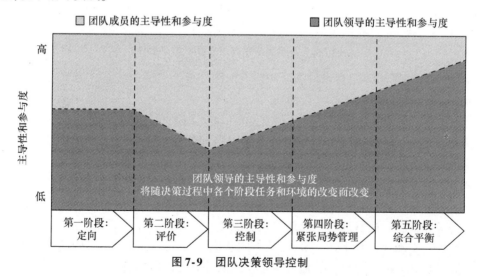

图 7-9 团队决策领导控制

图7-9中五个阶段都用虚线划分,表示之间并没有绝对的界线,各阶段之间的过渡是根据具体的情况由领导控制的。图中的折线表示的是成员领导对比关系的变化趋势,折线也是用虚线表示的,表明两者的工作不具有绝对的界线区分,相互之间是有关联的。

该模型的五个阶段为:

(一) 第一阶段：定向阶段

这个阶段是难以结构化的,团队领导的态度在这一阶段也显得非常重要。高层管理团队确定决策方向之后,团队领导应该让每一位团队成员充分明白团队将就什么问题做出决策以及各位成员自己将在这一决策过程中扮演什么角色,与本次决策关系不大的部门领导不能认为可以不用了解决策任务。这一点很重要,它是建立团队凝聚力、培养共同归属感的开始,它将影响着后几个阶段能否正常进行。团队领导这个时候应该从宏观着眼,以企业的战略导向为基础,敏锐地识别对企业可能有利的信号,并将这一思想准确地传达给团队成员。

团队领导在这一阶段的控制主要体现在:以企业战略为基础确定决策目标;确定合适的团队结构,这个结构应该是有利于决策的;由于高层管理团队是一个特殊的团队,其成员在组织中还领导着自己的部门,和自己下属的熟悉程度往往超过对成员的了解程度,所以领导要帮助成员透彻理解决策目标,并使其适应团队的决策环境,不断增强我群意识;在收集处理信息过程中适时了解和调整,采用团队参与及分散行动结合的方式,防止人力、财力和时间的浪费。

(二) 第二阶段：评价阶段

从图7-9中我们清楚地发现,这一阶段的团队领导主导性和参与度明显下降了,但没有完全失去对团队的控制,这是因为这一阶段的任务是团队成员充分地表达自己的意见。这时,领导不能只听一家之言,而是要多听不同的声音。而且个人信息是不完善的,只有通过团队的讨论才能达到信息互换的目的。这个时候团队领导要明白自己是最后做决策的人,不能在这一阶段充分地描述自己的意见。否则,由于领导的特殊地位和权力,他的言行将会改变其他成员的表现。但不是说团队领导就可以任其自由讨论,就可以抽身了,而是要将控制点着重放在以下几个方面:首先根据情况选择合适的信息交换环境,是面对面交流还是以计算机网络为中介,研究表明,不同的交流环境往往导致团队不同的风险取向,以计算机网络为沟通媒介往往比面对面的交流更能做出更极端的决策;然后结合不同的决策任务特征,选择合适的沟通方式,是轮形还是Y形,轮形可以让成员充分表达自己的意见,但是时间使用过长,Y形时间使用少,但是信息的使用量也相应较少,决策质量低;另外在这一阶段团队领导要细心观察团队成员对决策目标的理解和态度,并分析产生这一态度的原因,做好记录在下一阶段使用。

(三) 第三阶段：控制阶段

经过前一阶段的初步讨论,团队领导对各成员的意见表述应该有一定了解,这一阶段要解决一个对称性的问题,即团队领导应该对成员意见有一个正确的理解,理解的准确度影响着决策的风险。通过图7-10我们看到,领导的主导性和参与度在逐步提高,但是仍然没有大于团队成员,也就是说这一阶段成员需要继续积极参与,并充分表述自己的意见。实际决策中这可能是矛盾冲突最激烈的一个阶段,也可能没有明显的矛盾冲突,表面看来团体达成了一致意见。这些现象的产生有它的原因:第一,一些决策的执行必将给一部分人带来利益而可能改变另一部分人原有的利益,从保护自身利益的角度出发,这一部分人必然会提出反对意见,这种行为多数情况下是与团队目标违背的,是一种感性行为而非理性行为,是不利于决策执行的。团队领导必须识别这一现象,分析反对意见是出于对团队的考虑还是自身利益的考虑。第二,如果说过度激烈的矛盾冲突不利于团队决策,那么表面的一致对团队决策的危害可能更大。如前所述,群体思维现象在团队决策中经常发生,特别是团队中部分成员责任心不强,受到团队中强势力量的影响而放弃自己的群体责任感。一些史上有名的失败决策就是由于群体思维所导致的,例如1941年的"珍珠港事件"便是由于错误地低估了日本偷袭的可能性,做出继续训练而非防御的错误决策而导致的,再如,约翰·肯尼迪总统及其智囊团在20世纪60年代做出的入侵古巴的决策和一系列发起越南战争的决策。因此,这时团队领导的控制显得尤为重要,因为这种现象一旦发生就可能造成团队对计划的判断力不够以及难以对备选方案给予足够重视的危险,最终导致决策执行质量的下降,很可能给企业带来无法挽回的损失。

因此在这个阶段,团队领导的控制点在于对评价过程中的非人格因素认真分析,继续引导团队成员积极思考,充分利用已有信息,进一步充分表达意见;对抗群思,领导可以培养一种所谓的团队思维。即要求团队不培养相似的认知战略,不采取仅仅偏爱某一种选择和备选方案的约束性决策方法,而是要设置一种积极、开放和主动的讨论基调和方法,合理诱导决策的产生,但不能急于求成;要让成员明白,为了获得最大的信息,我们必须进行群体讨论,信息的不完全交换常常导致低水平的讨论,产生低水平的决策;深刻认识到低水平决策的基础就是完全不客观、不现实的认知情景。

(四) 第四阶段:紧张局势管理阶段

从图7-9中我们看到团队领导的主导性和参与度在继续提高,并将逐渐控制大局。这一阶段是为下一阶段做一些铺垫性的工作:主要是化解冲突,平衡紧张气氛,强调整体利益,肯定每一位团队成员的作用,尤其是冲突激烈的团队成员在决策中的作用;要让团队成员明白,他们可以表达自己的意见,但是不可以将自己的意见强加给团队其他成员,也不可以要求团队领导按自己的意见行事,只要能充分表达自己的意见就是对团队负责的表现。

(五) 第五阶段:综合平衡阶段

这一阶段需要解决一致性问题,执行决策计划还是放弃决策计划?经过前四个阶段的讨论,最后的决策权在团队领导,这是对领导决策能力和技巧的考验,不论是执行还是放弃都应该有合理的原因。如果是执行,就应该将团队的行动力统一到整体目标上来,不能因为在讨论过程中持反对意见而影响决策的执行。同时需要准备好承担风险,并将失败看做是体验性的学习和发展的机会,如果失败,责任由团队负责,不由个人承担。

第三节　会议组织与管理

会多、会长是普遍的会议现象。会多、会长不仅导致会议效率低下,也无法保证会议的质量。有话无话都要说,甚至乱说,好像这是一种权力或必需的程序。会前的有效准备、会议主持人的水平以及对会议的把握能力影响会议决策的质量。如何开会,既是企业经营者对自己经营诀窍的检验,又是对自己民主决策与自我决策力的考试。某企业家的体会是,如果通过3次会议决定开发某一项新产品,这个产品的成功就得打个问号。因为这至少说明该项产品在酝酿阶段已呈现出"先天不足"。

一、大学里学不到的学问

在日本,不少企业为杜绝文山会海,用计算会议成本的方法,并把这个方法贴在会议室的醒目处,以使会议主持人和与会者警戒。即:

$$会议成本 = 附加价值 \times 2 \times 开会人数 \times 开会时间(小时)$$

式中,附加价值以每小时平均工资的3倍以上计算,这是因为劳动产值高于平均工资;乘2是因为参加会议中断了日常工作,损失要以2倍计算。"这样到会人数越多,会议时间越长,则会议成本越高。"所以,如何开会,什么情况下必须开会,什么会可开可不开,什么会可长可短,等等,被企业家们称之为"大学里学不到的学问"。

会议是现代管理的重要手段之一,必要的会非开不可,但一碰到问题就开会致使会议成灾将大大降低管理效率。因为有人提出开会要明确"5个W和1个H",这对开短而有效的会议非常有益。即:

What——怎么回事?

Why——为什么干这件事?

When——什么时间执行,什么时间完成?

Who——谁执行?

Where——在什么地点?

How——如何执行?

企业领导者作为会议的倡导者,必须明白在企业经营过程中,有三类会是必开的。一是政策研究会,内容包括目标规划、应急对策、学术交流等;二是执行协调会,内容包括贯彻指示、布置任务、协调矛盾等;三是效益检测会,内容包括年终总结、项目总结、表彰先进、领导者述职等。

工作例会,既是企业正常运转的指挥台,又是企业"瞬时"效益的指示器,千万不可因为忙而推迟或干脆取消。不遵守预定时间的领导者,指挥失误是不可避免的。

对自己知识力与决断力的自信,是领导者决定开不开会的关键。一般来说,常常通过会议方才下决心干某件事的领导,他的决断力将受到怀疑。怕承担责任,遇事便开会研究研究的领导者,知识力往往有限,向上级提出辞职是最明智的决定。

作为领导者,你一旦决定开会,把与会者的作风和性格考虑在内,是缩短会议时间的良方。当你和副职们开会研究某项工作时,大可不必像年终工作总结大会那样面面俱到;对反应快、理解能力强的人讲问题,一语便够。否则,任何旅行计划或时间表都变得毫无价值。

安排会议时间也是门"大学里学不到的学问"。一般而言,安排时间如果太短,会议议题,尚未定论,匆匆收兵,往往比安排时间太长更糟糕。这样会使你永远都需要赶上落后的进度,不得不把所有的工作都往后推,并且因为事情无法在当天完成,而使情况变得更糟。

二、欲开会先打问号

企业的内部会议往往是企业的祸害。这些会议固然对相互交流意见和决策工作十分重要,但事实上,大部分会议都缺乏方向,最终变得毫无价值,得到的是"失去的宝贵时间"。由于无法完全取消内部会议,因此,企业领导者欲组织会议必须先问自己:有必要开这个会吗? 以减少会议次数和会议时间。

会议,仍是当今中国企业界失去时间的重要祸根之一。

1986年7月,某著名企业家曾呼吁:"把厂长从会议中解放出来!"他自己让秘书统计过,7月份第一周,他参加上级召集的和自己召集的会议时间加起来共有5天。他曾讲:"跳不出会议圈的企业家,成功是暂时的,危机将是必然。如果我每周盲目召开两次毫无结果的会议,而致使5人浪费了一个工作日,那便是耻辱。"这之后,这位企业家很少召集无效果的会议,从而自己为自己赢得了工作时间。

当然,这位企业家并非是最好的节约时间的企业家,他曾因拒绝参加或派代表参加与他的企业无关或关系不大的会议,而受到"架子太大"的非议。但他因此给自己总结了几条开会经验:一是这个会与企业有关吗? 无关紧要,最好不去;不去不行,干脆派个代表。二是这个会真有必要开吗? 可开可不开的,不开,改为"单线联系"。三是这个会真的需要开一上午或一下午吗? 原定4小时,准备2小时结束。四是这个会议的目的是什么? 会议结果与这次开会所花的时间能相适应吗? 不相适应,取消。五是有效地利用非正式会议代替正式会议,要和一个部门商量某件事时,召集许多人在会议室就座,不如自己走到该部门办公室或请该部门人员到自己办公室来,当面给予指示。

三、在什么情况下开会

谋求会议效益化,对会议时机的选择非常重要。它要求企业领导者对举行会议的条

件做出明晰的决断。中外企业家在实践中总结出召开会议的前提条件。如存在以下列举的理由中的一条或几条时,应该及时开会:

(1) 产品销售预测与产品生产规模和计划将出现失调时;
(2) 必须尽快在企业中推行某管理规则和新技术规定时;
(3) 为了处理问题,按正常的管理规则按部就班去做,时间上来不及时;
(4) 你认为参加会议的人们由于受到了会议的影响将比较容易接受会议做出的决定时;
(5) 必须尽快改进新产品时;
(6) 会议主题将有助于推行企业家对企业的战略经营时;
(7) 为了及时消除由于误会或错误的决策影响生产时。

符合如下任一条,则不应召集会议:
(1) 某个问题按照通常惯例能够解决;
(2) 某个问题已全部纳入了早已确定了的方针、程序、处理计划、预算中;
(3) 只需和上级打声招呼就可以由主管领导拍板的事;
(4) 产品生产和销售中偶然出现的事件,若开会研究就可能贻误时机;
(5) 属正常执行上级指示的对口业务。

四、谁参加会"定理"

出席被召集的会议,每个成员都得付出代价。你只要这样去思考,就会明白这样一个道理:如果某人不出席会议的话,他就可以在自己的时间里,完成某一项更有创造性的工作。因此,会议主持人在考虑让什么人参加会议时,必须考虑为什么要让他参加?他的工作与会议议题有关吗?他不参加这次会议行不行?可有可无,可参加可不参加的人,应当取消他的会议资格,以免造成双重浪费。

定理:会议的效果与参加会议的人数成反比。
推论一:会议人数如果超过四五个人,会议的成效将明显下降。
推论二:会议的时间越长,成效降低的程度就越大。
推论三:在小范围内开会研究的问题,扩大到大范围中,会议议题的保密系数小于零,逆向力随之增大。

召开会议的原则——减少讲座题目,以配合有限的时间;如果能将召开会议的目的及次数减少或合并,往往会收到事半功倍的效果。

以下是会议组织的要点:
(1) 明确议程

议程要写明会议的时间(开始时间、结束时间)、地点,并对会议目的做出明确解释。要把会议要讨论的议题按顺序排好并说明用于每个议题的大致时间。你会发现,花些时间来准备一份议程,会有利于达到会议目的、提高会议效率,使每一个与会者聚精会神。

（2）采用与目标相适应的方式

会议的方式应当与目的、内容相适应。如果一个会议的内容是发布和澄清信息，那么演讲再辅之以答疑这种形式比较适宜。如果会议的目的是收集信息，那就需要不同的方式和技巧。通常讨论式的会议能最有效地把各种观点、意见和信息收集起来。会议主持人的技巧在于适时提出启发思考的问题和鼓励自由讨论，畅所欲言。

（3）休会前做好备忘录

会议接近尾声，掌握会议的人应该作总结发言，归纳会议内容。总结性发言应记载在会议备忘录中。阿维斯公司的前总裁罗伯特·汤森德指出，备忘录篇幅最好能压缩在一页纸内，并在会议当天分发出去。备忘录不仅能使没有到会的人了解会议精神，也能让与会者从书面文字准确掌握会议结论。

（4）日常例行的办公会议

在今日商界，总裁与直接向他报告的经理们每周一次例会已经司空见惯。这种例会的目的是回顾和检查计划以及商讨部门之间的问题。与任何其他会议一样，办公会议也应有明确的会议目的，日程计划、恰当的方式、技巧以及会议材料等。

（5）会议时间应持续多长

有关会议的权威研究人指出，会议持续时间以60分钟到90分钟为宜，此后人们的注意力趋于下降。需要90分钟以上的会议可安排两次进行，并明确每一次会议应完成的具体内容。

（6）精简会议

作为公司总裁或部门领导，你应有精简会议的意识。当两人之间的谈话可以解决问题时，就坚持不要开会。"与六个人分别作五分钟的谈话有时比所有的人在一起开半小时会更有效。"公司领导要时常反问自己"会议是否必要？""要研究的事情可否通过电话或直接交谈处理？"等问题，以限制会议次数。

五、缩短会议的设想

据有关数据统计，全国企业、政府每年至少有一半左右的会议可以取消，而且绝不会产生任何损失。在有的领导者眼里，安排一次会议经常是一种无意识的反应，只为了解决一些稍为复杂而在电话里无法解决的问题，而这个问题，只要找上几个人作一次短暂的聚会，彼此交换一下意见，就能迅速获得结论。

如下几种并非缩短会议的最佳方案，仅供参考：

（1）走廊会议

抛开会议室，有关人员站在走廊里对某一个不保密的问题做出决策，会减少很多与会议无关的浪费。凡事"言归正传"，决不"扯闲"。

（2）限定会议时间

规定超过时间时，允许与会者自动离开。

(3）站着开会

站着开会既不需要准备会场、茶水,讨论时也不会有那种空洞无物、装模作样的鸿篇大论。

(4）饭前会议

即在午饭或晚饭前召开有关会议。因为大家肚子都饿了,就不会为一些无聊的事争辩是非曲直而浪费宝贵时间,从而很自然地全力以赴对中心议题进行讨论。

(5）限定与会者发言时间

控制啰嗦的会议主持人和与会者,也是缩短会议的好办法。

有关调查表明,采取以上办法,1个小时就能够结束以前要花2个甚至3个小时的会议。实践也同时证明,原定1小时完成的会议,如果拖到2个小时,疲劳和无聊的感觉就会越来越厉害,与会者对会议的关心也越来越淡薄,会议的效果也就随着时间的延长而越来越低下。

六、讲究主持会议的艺术

会议的主持者就像电影的导演和电视节目的主持人,对会议的成功与否起着关键性的作用。主持会议有很多艺术。

主持者要善于引导,把与会人员的注意力和发言,引导到正在讨论的议题上。引导的较好办法是发问,不时发出与题目有关的重要问题,引起未发言者的思考,又巧妙而又不失礼貌地打断了正作离题发言的人的发言。

要作启发式讨论,特别是要善于把不同意见启发出来,认真听取。没有不同意见,众口一词,做决策是很危险的。主持者要善于动用不同意见引导大家把讨论深入一步,激发想象力,把问题看得更清,并利用不同意见补充、完善要采用的方案,或者把不同意见作为备用方案,还可以运用不同意见去对付企图左右你决定的那些组织和人,"多数人不同意那样做"这句话就成了你自己的"武器"。

主持者千万不要搞"一言堂",个人说了算,要善于集思广益。一般情况下,主持者应在大家充分讨论后归纳正确的部分,做出完整的结论性意见,但也可以在会议开始时先抛出事先准备的方案,然后启发大家"横挑鼻子竖挑眼",最后再集中有关意见对方案加以修改补充。这里须加注意的是,主持者特别是领导者不能将别人的观点加权平均,然后将其变成自己的观点。而是应该对自己接收到的信息进行组织、分析,从而做出自己的决定。

主持人除了传达、宣布某项重要事情以外,在会议上要少作、不作长篇大论的发言,多作启发、引导、鼓励性的三言两语的发言和插话。有些主持人喜欢自己滔滔不绝,把与会人员变成听众,这样的会往往是走过场,开与不开一个样。

讨论问题最好是圆桌式的会议,不要专设主席席位,与会人员最好交叉入座,不在座位上划分等级。

主持者要对会议的结果负责,除有专门规定按少数服从多数做出决定外,一般以会议主持者的结论性意见为决定,因此主持者要对其负责,不能把会议集体决定作为逃脱个人责任的借口。

管理实践

下次会议再讨论

《有效的管理者》一书有这样一个例子,美国通用汽车公司总裁斯隆曾在该公司一次高层会议上说过这样一段话:"诸位先生,在我看来,我们对这项决策,大家都有了完全一致的看法了。"出席会议的委员们都点头表示同意。但是他接着说:"现在,我宣布会议结束,此一问题延到下次会议时再行讨论。我希望下次会议时,能听到相反的意见。我们只有这样才能得到对这项决策的真正了解。"

本章小结

所谓会议,顾名思义,就是靠集会来商议。对领导者而言,集会结束后就需要其进行最后决策。会议可以让大家彼此合作完成某一特定任务,或者通过集思广益获取所需的知识和经验。然而,问题在于会议太多,而且每一次会议都会衍生出许多别的会议。有的是正式的,有的是非正式的,但每次会议总得要好几个小时。所以,开会就得有一定的计划,否则不仅令人生厌,而且是一种危险。因此,在现代企业中,如何开好一些重要的会议就成为关键。

领导者常常需要通过会议来对企业的战略制定与执行进行决策与控制。这时,如何运用行为决策理论进行科学决策就十分重要了。其中,高层会议是领导者进行战略决策的一种重要手段。何时建立高层管理团队、高层管理团队决策是否能发挥出大于个人决策的优势,很大程度上取决于领导的行为。领导应根据问题的困难程度和不确定性水平的高低确定建立高层管理团队的时机。同时由于任务和环境的不同,在决策的不同阶段,领导的控制程度和控制方法也应随之而改变。作为一种重要的群体会议——群体决策常被冠以民主的声誉,然而,现在人们越来越多地认识到提高群体决策的稳健和效率的重要性。

练习与思考

1. 有没有这种时候,您依靠自己的直觉做决策?请详细描述这个过程。
2. 分析会议存在的必然性,以及开会相比于其他沟通方式的利弊。

正文参考文献:

[1] 毕鹏程、郎淳刚、席酉民:"领导风格和行为对群体决策过程和结果的影响",《西安交通大学学报(社会科学版)》,2005年第25期第2卷,第1—10页。

[2] 毕鹏程、席酉民:"群体决策过程中的群体思维研究",《管理科学学报》,2002年第5期第1卷,第

25—34 页。

[3] 北京新华信商业风险管理有限责任公司译校:《哈佛商业评论精粹译丛——危机管理》。北京:中国人民大学出版社,2004 年版。

[4] 郭建杭:"禹晋永:责任第一",《财经界:管理学家》,2008 年第 7 期,第 43—45 页。

[5] 黄光裕:"机构决策",《财经界:管理学家》,2008 年第 5 期,第 15 页。

[6] 刘萍、井润田:"创新决策过程中团队领导的控制模型研究",《电子科技大学学报(社科版)》,2006 年第 8 期第 5 卷,第 34—37 页。

[7] 彼得·德鲁克:《创新与企业家精神》。北京:机械工业出版社,2007 年版。

[8] 彼得·德鲁克:《创新与企业家精神》。北京:机械工业出版社,2007 年版。

[9] Stephen P. R.:《组织行为学》。北京:中国人民大学出版社,1996 年版。

[10] "通向未来之路",《财经界:管理学家》,2007 年第 10 期,第 29—31 页。

[11] 王大刚、席酉民:"海尔国际化:战略与和谐主题",《科技进步与对策》,2006 年第 11 期,第 162—166 页。

[12] 席酉民:《管理之道:游戏规则与行为》。北京:朝华出版社,2005 年版。

[13] 席酉民、尚玉钒:《和谐管理理论》。北京:中国人民大学出版社,2002 年版。

[14] 席酉民、姚小涛:"复杂多变环境下和谐管理理论与企业战略分析框架",《管理科学》,2003 年第 16 期第 4 卷,第 2—6 页。

[15] 杨爱华:"群体决策的过程整合与风险分析",《北京航空航天大学学报(社会科学版)》,1999 年第 12 期第 24 卷,第 33—37 页。

[16] 赵峥、井润田:"建立高层管理团队的时机分析",《管理评论》,2005 年第 17 期第 2 卷,第 17—21 页。

[17] Barnes J. H., "Cognitive Biases and Their Impact on Strategic Planning", *Strategic Management Journal*, 1984, 5: 129—137.

[18] Bennis W., *Changing Organizations*. New York: McGraw-Hill, 1966.

[19] Bi P., Xi Y. and Wang Y., "The Impact of Leadership Style, Methodical Decision-making Procedures and Task on Group Think", *Proceedings of the Fifth International Conference on Management-Management Sciences and Global Strategies in the 21st Century*, Macau, P. R. China, 2004, May 3—5: 1136—1144.

[20] Burrell G. and Morgan G., *Sociological Paradigms and Organizational Analysis*. London: Heinemann Press, 1978.

[21] Carpenter M. A., "The Implications of Strategy and Social Context for the Relationship Between Top Management Team Heterogeneity and Firm Performance", *Strategic Management Journal*, 2002, 23(3): 275—284.

[22] Child J., "Organizational Structure, Environment and Performance: The Role of Strategic Choice", *Sociology*, 1972, 6: 1—22.

[23] Christensen C. M., *The Innovator's Dilemma: When New Technologies Cause Great Firms to Fail*. Boston, Massachusetts: Harvard Business School Press, 2000.

[24] Edmondson A. C., Michael A. R. and Michael D. W., "A Dynamic Model of Top Management Team Effectiveness: Managing Unstructured Task Streams", *Leadership Quarterly*, 2003, 14(3): 297—325.

[25] Eric S. et. al., "Work Teams: Application and Effectiveness", *American Psychologist*, 1990, 45(2): 120—133

[26] Goodstein J. and Boeker W., "Turbulence at the Top: A New Perspective on Governance Structure

Changes and Strategic Change", *Academy of Management Journal*, 1991, 34(2): 306—330.

[27] Hackman J. R. "*The Design of Work Teams*", in J. Lorsch (Ed.), *Handbook of Organizational Behavior*, New York: Prentice-Hall, 1987, 315—342.

[28] Haleblian J. and Finkelstein S. "Top Management Team Size, CEO Dominance, and Firm Performance: The Moderating Roles of Environmental Turbulence and Discretion", *Academy of Management Journal*, 1993, 36(4): 844—863.

[29] Huff A., *Mapping Strategic Thought*. Chichester: Wiley Press: 1990.

[30] Keck S. L. and Tushman M. L., "Environmental and Organizational Context and Executive Team Structure", *Academy of Management Journal*, 1993, 36(6): 1314—1344.

[31] Ketchum L., "How Redesigned Plants Really Work", *National Productivity Review*, 1984, 3, 246—254.

[32] Lea M. and Spear R., "Computer-mediated Communication, Deindividuation and Group Decision-making", *International Journal of Man Machine Study*, 1991, 34: 283—230.

[33] Locke E. A., Shaw K. N., Saari L. M. and Latheam G. P., "Goal Setting and Task Performance: 1969—1980", *Psychological Bulletin*, 1982, 90: 125—152.

[34] Manz C. C. and Sims H. P., "Leading Workers to Lead Themselves: The External Leadership of Self-managing Work Teams", *Administrative Science Quarterly*, 1987, 32: 106—128.

[35] McGrath J. E., *Groups: Interaction and Performance*. Englewood Cliffs, NJ: Prentice-Hall, 1984.

[36] Miles R. E. and Snow C. C., *Organizational Strategy: Structure and Process*. New York: McGraw-Hill, 1978.

[37] Neck C. P. and Moorhead G., "Group Think Remodeled: The Importance of Leadership, Time Pressure, and Methodical Decision-making Procedures", *Human Relations*, 1995, 48 (5): 537—557.

[38] Peterson R. A., "Directive Leadership Style in Group Decision-making Can Be Both Virtue and Vice: Evidence From Elite and Experimental Groups", *Journal of Personality and Social Psychology*, 1997, 72: 1107—1121.

[39] Shea G. P. and Guzzo R. A., "Groups as Human Resources", in K. M. Rowland and G. R. Ferris (Eds), *Research in Personnel and Human Resources Management*, Greenwich, CT: JAI Press, 1987, 5: 325—356.

[40] Simon H. A., "A Behavioral Model of Rational Choice", *Quarterly Journal of Economics*, 1955, 69: 99—118.

[41] Spender J. C., *Industry Recipes*. Oxford: Blackwell Publication, 1989.

[42] Starkey K., Tempest S. and McKinlay A., *How Organizations Learn*. London: Thomson Learning, 2004.

[43] Stubbart C. I., "Cognitive Science: A Missing Link in Strategic Management", *Journal of Management Studies*, 1989, 26: 325—347.

[44] Wiersema M. F. and Bantel K. A., "Top Management Team Demography and Corporate Strategic Change", *Academy of Management Journal*, 1992, 35(1): 91—121.

[45] Yukl G., *Leadership in Organizations*. Upper Saddle River, NJ: Prentice Hall, 1998 (4th ed.).

[46] Zaccaro S. J. and Klimoski R., "The Interface of Leadership and Team Process", *Group & Organization Management*, 2002, 27: 4—14.

案例研究

成都公交集团的变革决策

一、案例背景

2004年2月,在成都市最具影响力的报纸之一《华西都市报》上发表了一篇题为《公交司机大倒苦水:任务工资挂钩逼我们抢站》的报道。该报道提到,很多(成都市)公交驾驶员抱怨说,公交车之所以不断出事,其实和公司的管理体制有直接关系,因为他们的工资和任务量关系很大。驾驶员单向出车一趟,只有4元的出车补贴;但平均每天的任务量在300至500元之间,没有完成任务的,要倒扣基本工资;超额完成任务了,却有10%的超产提成。"为了完成任务,多拿提成,哪个不去抢客,"一位驾驶员说道,他的基本工资只有270元,"钱面前,不抢咋办嘛。"另一位驾驶员趁机发言:"我们有苦难言:总公司给分公司下任务时,分公司为了突出工作成绩,会在总公司的任务上加量发给车队;车队为了超额完成任务,又向驾驶员压码。"

以上报道只是很多对于成都公交负面报道的其中一篇,成都公交内部管理等制度存在问题显而易见,由此导致公交服务引发乘客不满,公交司机"抢站"事故频发以及企业经营困难的恶性循环,市民怨声载道,司机苦于无奈,企业内部管理混乱、困难重重。因此,作为成都公交主管部门的成都市国资委领导也意识到,必须尽快对企业实施变革。但是,由谁实施?如何实施?这两个最关键的问题最终在新任董事长陈总那里找到了答案。陈总曾经获得国内某重点大学的管理学博士学位,毕业后在市国有投资公司任领导职务。2006年8月,他受命于"危难之中",调任成都市公共交通集团公司党委书记、董事长。之后两年的时间里,成都公交发生了巨大变化,公众评价和经营业绩均有大幅提高,被公交界称为"成都公交现象"。陈总作为"一把手"在组织变革过程中扮演了重要角色。

二、变革形势的分析

成都公交集团在全国的公交企业内规模排到前十名,公交企业分为理事长单位和副理事长单位,首都公交为理事长单位,成都公交为副理事长单位,拥有4 000多辆车,14 000多名员工。截至2006年,企业已九年没有进行党委换届,在干部层面基本没有人员变动。薪酬体系不合理,公交企业一线工作艰苦,尤其是司机和乘务员;而到了"后场",像辅助人员和管理人员工作比较轻松,待遇反而比一线员工高。这样在公司内部形成了明显的人员流向,即一线员工想方设法调到"后场",动用关系不开车,不当乘务员,不到艰苦的岗位。由此导致一线岗位没人愿意做,待遇低,员工工作满意度极低,人才流失严重。各下属公司间还存在员工收入差异大的现象,这也进一步导致司机、乘务员服务态度较差,社会负面评价损害企业公众形象,如此恶性循环,公司经营越来越困难。

(1)资源配置不合理,浪费严重,企业经营困难。在变革前,成都公交集团的组织架构如图7-10所示。从运营单位来讲,集团公司下属五家公交营运企业。其中,全资国有的为一公司、四公司,与外部投资者合资的有运兴公司、巴士公司,员工持股的有星辰公司。除线路营运以外,还包括场站、保修、广告、物管等。一公司有属于自己的场站和保修;四公司也有。通常情况下各公司之间独立经营,不会共用场站和保修厂。例如,四公

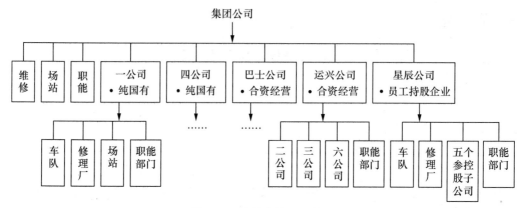

图 7-10 改革前的组织结构

司保修厂位于北边,即使车在南边坏了,也必须要拉到北边去修。由此造成资源浪费,成本居高不下。

企业经营困难,就只能通过招商引资与别人合资合作。公交行业的盈利能力按运营线路来划分,可用"千车千米收入"这一指标来核算。在与其他企业合作时,对方往往要求拿好线路合作,这就很容易引发矛盾。例如,一条线路50辆车为最佳配置,混线经营之后本该各配25辆,但是好线路绝对不会均衡在25辆,往往一方会配30辆,那另一方就可能配40辆,甚至45辆。原本50辆车就能满足需求的线路,线路竞争结果配100辆甚至更多,最终导致这条线路在恶性竞争中效益持平甚至亏损。好线路是抢着开,差的线路就没人开了。

(2)"时间紧,任务重",三年内完成改革。"市长给我的时间只有三年,要求我在三年之内必须建成西部一流的公交……"陈总曾这样描述当时的情况。成都公交属于国有企业,员工人数众多,情况错综复杂,制度、组织布局导致的资源配置失效,很难从小规模的、渐进的人事改革、机制改革来彻底解决。陈总认为:要在保证稳定的情况下进行制度完善、机制改革,很难行得通,只能冒风险,打破国企"稳定为首"的原则,进行"伤筋动骨"的组织变革。

(3)组织变革触及利益分配,必然遭遇员工阻力。成都公交集团属于老国企,14 000多个职工,就是14 000多个家庭,而后面就是14 000×3个关系甚至更多。进行大规模的组织变革后,必然导致企业内部的利益分配格局发生变化。

● 典型事件1:原一公司工资特别高,例如经理可以拿到8 000元以上;星辰公司经理可以拿到6 000元,而四公司只有4 000元。在这种不均情况下组织变革难以推行,因此必须进行管理层人员调整。从好岗位调到差的岗位,从高工资调到低工资,必然会引发争议和矛盾。

● 典型事件2:为压缩成本,公交车大批量换为无人售票车,乘务员大都为临时合同工,在合同期满后,大量被解除劳动合同,被解除劳动合同的员工曾多次出现围堵董事长办公室的行为。

● 典型事件3:通过薪酬制度的改革,一线驾驶员工资大幅提高,原本月工资仅1 000元,现在的驾驶员最少能拿到2 000元,最多的为4 000元。而"后场"工作人员没有进行一分钱的加薪,为此十分不满。

(4) 空降兵领导者,缺乏足够的威信和可信赖感。企业内部原有三驾马车——董事长、党委书记、总经理,都是2004年领导大换班时任职,三个人之间存在一定矛盾。陈总于2006年被国资委调任,代替原董事长和党委书记,随同还有新指派的另一个总经理。这种情况下,国资委将一个在投资公司任职、不懂公交的领导调任接管一个大型公交企业,属于空降兵领导。由于没有本公司工作经验,在初期甚至员工不知道董事长是谁,员工大都对新来的领导持观望和怀疑态度,领导缺乏足够威信、信赖感和领导魅力。

三、变革的策略和实施

经过认真和仔细的调研后,陈总采取了以下方面的变革策略:

(1) 变革思路赢得金融支持。经过调查研究,在很短时间内,陈总就组织有发展潜力的干部一起策划了公交发展战略方案,得到了市政府主要领导的首肯,其变革的经济可行性吸引了金融机构的广泛关注,一家商业银行更是率先支持1.2亿元的信用贷款,使成都公交集团一下子改变了资金周转难的窘境。

(2) 回购合资股份,优化资源配置。改革前的成都公交集团下属五家企业,各自有自己的场站、保修等配套机构。为此,陈总通过大手笔的资金投入,对下属三家合资企业实施股份回购,形成全资子公司,将所有的场站全部合成场站公司,保修厂合成保修公司。把所有的200多条公交线路重新分配,以成都市天府广场为中心,以正北正南为坐标轴的直角坐标系旋转45度,划分为东南西北四个片区,按线路主调地归属划分为四个公司的营运线路,由此组建了东南西北四个公司(分别叫做东星、南星、西星、北星公司),代替过去的一、四、运兴、星辰和巴士的架构。此外,还有独立的场站公司、保修公司等,例如,东边的场站就由东星公司来用,西边有西边自己的场站,南边有南边的,北边有北边的,但统一由场站公司来管,各区的保修厂统一由保修公司来管。由此划分为东南西北四个分场,在此基础上进行资源的整合和分配。资源重新整合和分配具体体现在:

- 线路分配更合理:合并原有重复线路,以最优化的原则将所有线路重新分配。例如,过去4路车属于运兴公司,98路属于星辰公司,各个公司都配60台车,4路和98路几乎完全重复,总共120辆车在一条线路上。将两个公司回购进行资源整合后,120辆车只保留80辆车,余下40辆车、80名员工、所消耗的资源,全部转移到其他线路,极大提高了资源的利用。

- 对线路车辆的管理更加有效:例如由东边的场站发出的线路,该片区车队长在这一个场站里就能实现对所有线路车辆、司乘工作人员的管理。

- 对场站、保修厂的使用更有效:东南西北各有大的保修场,建立信息平台和信息中心。当车辆发生问题时,可以立即给信息中心打电话,告知具体位置,信息中心会依据车辆位置选择最近的保修厂进行处理,通过资源整合提高了效率,压缩了成本。

(3) 改革薪酬制度,奖罚措施合理化。正如新闻报道所提到的,原薪酬制度下公交司机压力大、任务重、惩罚条款多但报酬少,反而工作相对轻松的"后场"工作人员工资高,分配不合理导致安全事故频发,"前场"人员流失严重。陈总从公交安全出发,针对不合理的薪酬制度,区分"前场"和"后场"员工,科学制定和实施薪酬和激励制度,进行了大幅改革。增加司乘调度人员,即前场一线岗位工资待遇,原本1 000多元,现在已经提高到2000至4000元,大部分能够拿到3000多元,保证"原本没有人愿意做的岗位"能够留住人安心、安全地工作。同时,他进一步采取了以下措施:

- 取消驾驶员任务制度,工资、奖金与任务量不挂钩。这样一来,消除驾驶员收入与线路间客源好坏的关系。
- 用奖励代替罚款。废除原有体系下所有罚款制度,用奖励作为激励手段。例如安全奖、节油奖等。驾驶员节油,降低了运行成本,拿出一定比例作为奖励,用奖励来代替罚款,而拿不到奖励的人就相当于收入减少。
- 高度重视安全问题,实施"安全里程累积制度",工资的高低与累积的安全公里数挂钩,如果出现安全事故,则要将工资水平降低档次。例如,某位驾驶员出现安全事故,如果事故十分严重,则进入黑名单永远不能再开公交;如果事故不大或是次责,那么减少累积的安全公里数,相当于每月工资都将降低一个档次,需要将安全公里数再慢慢积累起来才能涨工资。通过这样的改革,驾驶员安全意识和服务态度有了大幅提高,也更加安心在本岗位上工作,没有出现安全事故的驾驶员在退休时,其工资待遇超过部分中层管理人员,一线的驾驶员在其各自的工作岗位上也有出路,不像过去非走提职这一"独木桥"。
- 区别"前场"和"后场"进行工资改革。工作相对轻松的后场非司乘调度人员,由于人员配备远远超出岗位编制,在工资制度改革过程中,一分钱工资也没加。此举让陈总承担了很大压力,他做了大量的工作,遭到很多后场员工的反对。他坚持认为工资制度应该服从市场供需规律,通过工资调节人力资源的供需均衡,这样才能科学、合理地配置人力资源。

(4) 完善财务制度,促进成本控制。组织变革措施中对财务的整合和监督改革措施对缩减费用、控制成本起到了重要作用。原有体制下,集团内部的独立核算单位超过20个,所有的独立核算单位都不是独立法人,但财务独立核算,有签字权,相当于各自的"小金库",与公司之间的"三角债"阻碍集团公司资金流动。对财务的整合非常敏感,成功实施需要很高的策略性。陈总进行财务改革的措施是,不收回权利,只将报销原始凭证汇总和保存到集团财务部,并公示各机构开销情况,由此进行监督,成功地控制了成本。公示的内容包括招待费用、加油加气费用、车辆的维修费用等,画出柱状图,每月进行一次公示,并将此作为干部提拔的考查标准之一,公示面向集团所有员工。通过这一措施的成功实行,各机构费用开销大幅下降,实施当年招待费就下降了55%,利润大幅提升,整个集团公司财务状况得到很大改善。

(5) 调整管理层,实现人职匹配和团队优化。国企环境下的人事调整非常敏感,陈总担任党委书记之后,先后进行了两次大的人事调整。第一次调整为任职之初,调整分公司高层管理者。第二次是在对公司有所了解后,对62个中层管理者进行了岗位调整。改进人员聘用、提拔和调整等制度,严格遵循"公平、公正、公开"的原则,进行合理化、规范化操作。

- 第一次调整策略和成效。下属一公司和四公司是原有架构下的两家全国有子公司,一公司的经理任职九年,四公司经理任职六年,是集团内权力最大的两个公司经理。要成功进行彻底的组织变革,必须获得高层管理者的全力支持。陈总首先将一公司总经理平调到总公司任职,将四公司经理平调离原岗位,采用"高配"的模式,将集团高层团队中的两个副总经理调到这两个分公司兼任经理。两位新任经理履职后,按照集团总体安排,大规模实施改革措施,对集团各项工作给予大力支持。一、四公司员工立即体会到改革的力度,管理和经营有立竿见影的效果;同时,通过这次调整和不到3个月的改革措施,员工对陈总个人的能力、魄力有了一定了解,开始树立起领导威信和魅力。

- 第二次调整策略和成效。对企业经过了全面的认识和了解,陈总认识到有必要对中层管理者实施调整,达到团队优化的目的,实现人员和岗位的匹配。凭借管理经验、专业理论知识和对心理学的深入研究,通过较长时间摸底,陈总准确把握了集团内部带长字头的533位管理者的个人特性等情况,在这个基础上,仔细设计了调整方案,第一次调整完成了62个中层的岗位变动。

由于国企环境中特殊的复杂裙带关系,方案的实施可以用"快、准、狠"来形容。在召开党委会的前一天晚上,陈总和一起指派过去的总经理,一位老同志,商讨调整方案,进行补充完善。第二天上午8点半的党委会上,首先强调调整干部的必要性(九年未调整),提出设计好的方案,并强调没有适当理由不改进既定方案,表现出足够魄力。本着团队优化的原则和对人的准确把握,经过讨论,10点党委会就通过方案,10点半涉及调整的62个中层到公司开会,陈总和总经理、党委副书记、组织部长四个人就代表党委和被调整干部集体谈话,宣布党委决定,一个小时左右62个人任前谈话完毕,下午2点在所涉及的各单位各部门进行宣布,第二天移交工作,顺利完成了62个中层干部的调整。通过类似的两三次调整,短时间内对集团内所有干部基本完成了岗位调整。

为了避免人事调整受到干预,应对公交集团内部复杂的关系,"快、准、狠"的实施策略起到了明显效果,实现了团队优化的预期目标。但是陈总本人遭到了反对甚至谩骂,他对此很平静地说道:"等这个阶段性的历史过去以后,大家再来看这个事情评价我的话,可能赞扬声就比骂声多得多了。开始的时候肯定有得罪,那得罪就得罪了,为企业我也不是为我自己。"

在提干制度上,改变原有平级调整的策略,采取更符合市场化要求的竞聘上岗制度:凡是符合条件的,按规定的流程,首先自己申请报名;第二步接受权威的人才中心测评;测评符合要求后,接受民意调查、组织考查;最后参加面试,面试完按照制定好的计分标准,当场宣布职务晋升的人员名字。整个过程在纪委的监督下进行,遵循"公平、公正、公开"原则,实现程序化操作。

四、成功变革的支撑条件

(1) 上级主管部门的大力支持。成功进行国企的组织变革,主管部门的全力支持必不可少。陈总曾任职于国有投资公司,由成都市国资委直接指派到成都公交。由陈总牵头制订的改革方案和实施措施得到了上级主管部门的大力支持。方案制订后形成书面材料交给上级领导,得到认可和支持后,两次向国资委的领导汇报,他们觉得耳目一新,评价很高,并请来了市长。向市长汇报时的一些小插曲充分体现了市长的重视和支持。汇报前市长秘书让陈总尽可能在二三十分钟内汇报完,但汇报时越讲越有激情,没人打断就继续讲,根本没管时间的要求,市长听完就说大家喊盒饭吃,把公交工作的问题解决完再走,并肯定评价道"从来没有将公交研究得像今天这么清晰过",还要求国资委的其他国有企业领导都来听听公交是如何汇报工作的。由此,陈总得到了上级的肯定和大力支持。在变革过程中具体表现在资金方面的相关支持和充分授权。资金方面的支持保证了对下属子公司实施股份回购的资金需求;而充分授权支持,则保证了陈总在进行敏感的财务和人事制度改革时,能够排除干扰,顺利推行并最终实现。因此,上级主管部门的支持对国有企业组织变革的成功与否非常关键。

(2)领导者出色的个人能力。陈总,成都市公共交通集团公司党委书记、董事长,博士、研究员。毕业于某师范大学数学系,毕业后曾从事6年高等数学教学工作,后考入某重点大学经济管理学院,硕士研究生期间专业领域为技术经济,博士研究生专业为管理科学与工程,于2006年获得博士学位。由此可见,在管理理论和实践经验方面,陈总都具有很高造诣,整个变革的成功与他出众的个人能力密不可分。具体而言,可以归纳为以下三个方面:

第一方面,具有管理实践经验,对企业诊断迅速准确,分析、解决问题思路清晰,策略有效。陈总曾任职于某国有投资公司,一直从事国有企业的改制、改组、破产等,对企业诊断了解较多,很容易发现企业症结所在,积累了进行组织变革的实践经验。通过对成都公交现状和问题的准确认知,陈总非常坚决地选择了冒风险也要快速、彻底的变革策略,即革命性变革。在整个组织变革过程中,每一步的目标设定和策略都经过仔细分析,并得到了上级主管部门的认可。变革策略的实施过程中,实施的方式方法也极具策略性和艺术性,正如本文以上对变革策略的分析中提到的,在对薪酬、人事和财务制度等敏感改革措施的实施过程中,充分体现了陈总的个人能力,他笑言自己在设计和推行变革措施的过程中,将《孙子兵法》的各个计谋都用上了。

陈总正努力让班子成员走市场化道路,自己率先拿到职业经理人的资格证(国家高级职业经理人特殊贡献人才,77人之一),要让公司里的干部都参与走职业化道路,今后的想法是公司、车队的干部都要有资格证,能持证上岗。

第二方面,具有一定理论功底,并将所学的理论知识有效运用到实际的管理工作中。陈总拥有6年高校数学任教经历和管理学博士学位,在访谈中,他不仅多次提到博弈论、市场均衡理论、期望值理论等专业理论术语,并能够结合公交组织变革中的具体事例生动清晰地阐释,表现出相当的理论功底。他在对公交现状和问题的分析中提到"博弈的均衡稳定态,是一种必然趋势,应该要有这种判断能力,可见博弈环境的判断很重要,只要判断准确,依据环境制定对策就有的放矢";提出"体制—机制—人制"必须匹配;将博弈论中警察抓小偷的原理,用到对公交车站的安全巡视工作布置中;凭借对心理学的深入学习,准确把握管理干部的个人特点,制订出能够"服众"的人事调整方案;等等,充分表现了其理论功底。更为难得的是理论联系实际,能够将理论有效地运用起来解决实际问题。

第三方面,应对突发问题的经验和能力。在国有企业环境下实施革命式组织变革时,大都要涉及人员离职的问题,离职人员不可避免会出现过激言行,甚至危险举动,处理不好,会造成严重的后果和社会影响。成都公交实施取消售票、推行无人售票的改革,近3 000名聘请的合同工在合同到期后面临"失业"。这些员工分批找到陈总要求经济补偿,也出现过一些过激的言行,但危机都一一被化解,没有造成不良后果和影响。在这类问题的解决过程中,体现了领导者临危不乱、处理突发情况的能力。陈总制定了系统的临时合同工返聘制度,通过聘用考核流程的优秀员工和真正热爱公司的员工都可以重新签订合同回到公司工作,并严格执行"公平、公正、公开"原则。在处理类似事务时,领导者的人性化关怀也会起到重要作用。曾有一次陈总和前来"谈判"的员工周旋到凌晨三点,在顺利平息员工怒气、得到员工理解后,陈总安排干部将员工挨个送回家,自己也亲自送了三名员工回家,体现出人性化关怀,有助于对其他员工的开导工作。

(3) 领导者个人的内在激励。实施组织变革时,利益的分配和权力的格局也随之变化,其中包含领导者个人的利益,因此变革策略与领导者的激励和驱动力来源密切关联。陈总当然也认识到这一点,他给自己定下了规矩:要实施好此次变革,必须将自己树立成"包文正",从进入公司第一天开始,就对自己严格要求,公正廉洁,不计较个人得失,一切为企业着想,以身作则起到表率作用。在变革过程中,陈总做到了对自己的要求,在公司不管财务,没有财权,由总经理负责;人员聘用制度流程化,并需要党委会集体决议。陈总也正是如此,才能够顺利推行财务公示制度、人事聘用制度等关键改革策略。改革基本完成后,公司内部资产的处置、干部聘用和提拔、采购等流程全部实现了程序化。

在进行组织变革战略决策时,陈总曾考虑过股份多元化并改制重组上市的策略,甚至已经完成了可行的上市改制方案,但自己将其否定了,就是考虑到社会效益与经济效益的问题。陈总提到:"我可以走多元化,让公交上市融资二三十个亿,让公交在我所在的时候做出辉煌历史,我也可以做一回上市公司的老板,但人都是在谱写历史,我今天的所做所为必定会载入历史,如果等到五年后别人来改我的历史,认定了我当初的决策判断失误带错方向就很遗憾。因为公交的定位不在赚钱而是为城市的410万人口服务。"

陈总说:"组织变革的推动者从个人的目的出发,可能不同的人会有不同的追求。单凭对职业本身来说有三个方面的欲望,分别是权力、荣誉、金钱。一个民营企业做组织变革就会有直接的经济效益,但国有企业很难说是为权力还是为金钱,但书香之家出来的人本身有理念去做管理,希望有平台去证明自己。我经常想,毕竟自己在学校学过那么点管理知识,能真正到企业去做管理者去做实践,这么年轻就能有这样的工作,就能有问题让我解决,就是我的动力。"

五、变革总结与讨论

陈总于2006年8月进入成都公交集团,通过两年的改革成效显著。企业的经营情况得到改善,盈利能力增强;一线的员工待遇有了明显提高,关键岗位人员流失的问题得到有效控制;通过薪酬制度改革,驾驶员安全意识有了很大提高;公交线路设计更合理,服务质量提升,安全事故数量大幅降低;值得一提的是成都公交推出的两小时之内免费换乘车的举措,其财务的可行性来源于公交线网优化,这项措施向老百姓的免费换乘让利了两个亿,而公司内部改革也节约了两个亿,公交的社会利益得以体现,全国公交行业和社会公众对成都公交的评价显著提高。成都公交集团在实施改革后一年则被列为国资委的改革试点单位。以上都充分体现了此次组织变革取得的成功,也肯定了陈总做出的努力和贡献。

在理论层面,从发生速度的角度可将变革分为两类:渐进式变革与革命式变革。其中,渐进性变革即保留现有组织的基本价值观和基本规则,根据企业的战略目标逐步改变组织结构、员工技能和激励体系等相关的过程;而革命式变革对企业的现状提出挑战,为组织创建一个新的愿景,最终完成企业价值观、工作流程以及组织结构的彻底改变。通过对变革环境和内外压力的认知,陈总最终选择了更倾向于革命性变革的策略,他认为:"从管理策略来讲,最简单最有效的手段就是快速的组织变革,效果更快更直接,虽然伤筋动骨,但对管理者来说三两下就可以把这个事情动起来。我做这个组织变革,一个原因是给我的时间太短,通过内部的人事改革、机制改革做不到,机制慢慢去改,尤其在固有的体制和架构下很难做得起来;另外原有的生命力也差不多了,只有进行调整以后,才能够把资源有效地释放出来。"

与其他企业的渐进式变革不同,成都公交首先设计好变革目标,设定好公交的理想形象,对所有参数和指标一旦设定好就做到底,通过合理有效的实施措施一步步朝着终极目标靠近,没有修补的过程,提前设定从一个状态到另一个状态组织应该如何变,比如人事、内部机构机制等,所有的变革一改到位,不做第二次调整;实施完成,预计的目标也达到了。

策略实施的过程本身也是多种"策略"的成功应用,对实施者个人能力和魄力的要求非常高,可以说,成都公交成功的组织变革,和陈总个人的领导力密不可分,包括获得上级支持,出色的个人经验和能力,以及个人内在激励。

通过对案例的分析和思考,我们认为:组织变革的领导者不仅需要具备相关的管理知识和经验,而且更重要的,需要有干番事业的内在激励;在国有企业环境中实施组织变革,领导者能够获得上级主管部门的认可和支持是成功变革所不可或缺的。中国的转型经济创造出许多诸如改制、大规模转型等需要实施革命式组织变革的场景,在这样的场景中,国家并没有制定像上市公司监管那样明确的程序和规则,无论是在政策指导层面还是操作细节方面都有很多不明确的地方。在这些政策环境不稳定和不明确、没有类似的指导案例或手册的情况下,中国企业家必须在黑暗中摸索,承担起变革失败的风险。无论成功或者失败,他们的尝试都将为其他企业的制度创新和政府的政策改进创造出宝贵的经验,成为引导体制变迁和创新的动力。这些不安于现状的管理者在变革中的作用就像德鲁克所言:"重要的是管理者应该意识到他们必须考虑公司政策和公司行为对于社会的影响。他们必须考虑一定的行为是否有可能促进公众的利益,有利于社会进步,有利于社会的稳定、强盛与和谐。"

第八章　高尔夫球场上的领导者

近年来,高尔夫球在中国日益成为时尚运动。现在在中国,痴迷于此项运动的人大都具备一定的管理地位并肩负一定的领导责任,对他们来说,利用喜爱的运动所能获得的"附加值"和"超额利润"就是提升自己的人格魅力和管理与领导水平。领导者在高尔夫球场这样的非正式场合稍加注意,就可使自己至少在以下几方面得到不断升华:

第一,提升境界,改变行为,增加领导魅力。高尔夫球是一项绅士运动,有着严格的规则和自律性,要求参与者在运动中相互尊重,加上优美的环境,使得人们可以充分享受其中的美和高尚的情怀。

第二,交友、学习、解决问题,了解和结交合作伙伴。三人行必有吾师焉,一场球3到4小时,其间有许多观察和交流的机会,与不同类型、不同行业、不同年龄的朋友共同参加此项运动,只要有心,总可以学到很多知识,结交不同的朋友,甚至为自己遇到的问题、头脑中的困惑找到答案。当然,也可与合作伙伴加深了解、建立共识、增加默契,甚至消除冲突。

第三,提升应变能力,增强核心竞争力。现代社会日益复杂多变,提升自身和组织的应变能力已经成为个人或组织的一种核心竞争力。高尔夫球场上的多变性恰恰使其成为克服自负、提升应变能力的好场所。例如,不同球位、不同距离应采用不同的球杆和击球姿态,当球打到长草中时,该换短杆就不应赌气、自负,因为赌气和自负将会使情况更糟。一位朋友对此感悟很深,当被批评他太恋球场时,他很有感触地说,他今年销售收入增加了20%。正是因打球中的感悟使他在决策中彻底克服了以往赌气、自负的毛病,该变则变,不强求;另外使他很静心、不浮躁,脚踏实地做好能做的事情。

第四,调整心态,修身养性,保证决策和管理行为的理性。许多朋友对此都有很深的感受,打了绝妙的好球,一个礼拜心情都很愉悦,工作有精力,善待同事,工作顺心;打球失误很多,心态不好、性情急躁的人会耍脾气、吵架、扔杆、骂人,一杆打不好,一场打不好,甚至将情绪带到工作中,一周都提不起兴趣,打不起精神,下属这时最好不要找他,这期间最好也不要有重要决策,否则可能不够理性。实际上打球是一个修行和磨炼的过程,如何从逆境中尽快恢复常态?如何控制自己的情绪保持快乐心态?如何不受一次失败的影响而保持宁静的心态?如果有意识地注意这些环节,每个参与者都能在运动中不断提升自己。

第五,运动一生,不断健身、健脑,提升自己的管理和领导艺术,延伸自己的管理和领导生涯。高尔夫球运动不受年龄限制,可以是一项终身运动,其魔力可以使人喜好一生而不疲倦和怠慢。如果我们有意识地超越健身目的去参与,可以以此感悟一生和学习一生,获得更多的"附加值"和"超额利润"。

第一节　权力距离的远与近

打高尔夫球是一种非常健康的活动,打球的过程既是运动,还是情操的陶冶和心境的磨练。高尔夫礼仪的核心是追求绅士行为风范,例如穿着、举止、行为规范等,在别人击球时要保持宁静,注意爱护草坪,即使没有人监督也不会随意移动球位或少计杆数,保持绝对诚信等。而且谈吐要高雅,举止要文明。另外,打高尔夫球还可陶冶情操,训练心境,例如遇到挫折时不急不躁,在逆境中最快地恢复平静,在不同球位和状态下不自负,适时调整球杆和动作等。一些性格暴躁的人刚开始打球时如打不好会摔球杆、骂球童,但随着球场的熏陶,会逐步变得和气平静,决策中也一改过去的自负和急躁毛病。

在日常生活中,比如在高尔夫球场这种非正式场合中,领导者与平日他发号施令的下属们之间已不像办公室内那样存在严格的等级关系,谈话的主题也就不仅局限于工作本身。此时,不同的领导者在处理自己与下属间的关系时就会有不同的表现,即权力距离的拉近与疏远问题。

一、从带兵打仗谈起

情景模拟

李广带兵

据《史记·李将军列传》记载,汉朝将李广,每得到赏赐,都要分给部下,"家无余财"。在戎马生涯中,他与普通士兵同食共饮。行军打仗,在断粮缺水之际,有了饮水和饭食,士兵有一个没喝水,李广就不喝水;士兵有一个没吃饭,李广也就不进食。所以士兵都愿意为李广尽力,李广带兵,屡打胜仗,有"飞将军"之誉。李广死后,"一军皆哭";百姓听到消息,无论老少都掉下了眼泪。

古罗马的士兵

在第一次服役时,士兵要在庄严的仪式中宣誓,保证永不背离规范,服从上级的命令,愿意为皇帝和帝国的安全而牺牲自己的生命。宗教信仰和荣誉感的双重影响使罗马军队遵守规范。军队神圣的金鹰徽是士兵们为之献身的目标,在危急时刻抛弃金鹰徽是十分可耻的。士兵们知道如果他们遵守纪律,骁勇善战,就可以在指定的服役期满之后享有固定的军饷、不定期的赏赐以及一定的年酬;但如果不服从命令,或企图从战场上逃跑,则会受到最严厉的处罚。军团百人队队长有权用拳打作为惩罚,司令官则有权作死刑处决。古罗马军队的一句最固定不变的格言是,好的士兵害怕长官的程度应该远远超过害怕敌人的程度。这样值得夸奖的做法使古罗马军团的勇猛得到一定程度的顺服和坚定,凭野蛮人一时的冲动是做不到这一点的。

古罗马军官与士兵间的关系与李广的带兵思想截然相悖,那么管理工作中的领导究竟应该如何处理好他与员工间的权力距离问题呢?

在你的日常管理工作中要非常注意对下属的细小的慰藉,尽管只是短暂的接触,但对他们的影响作用之大,却会令你大吃一惊。如果你的下属看上去不舒服,就问问他感觉如何;如果他请假去照顾生病的妻子,当他回来时,就探询她病情怎么样;如果他走路一颠一颠的,就询问他是什么原因;经常过问一下他女儿在学校里面的上进情况等;在流水线上,对工作枯燥的员工分别给予特殊的对待等,尽量使他们觉得自己是整个组织中不可分割的组成部分,他们的工作是公司起色的基础。

二、企业与部落

史学家许倬云先生认为,以部落的结构来比拟企业特别是公司有相当的意义,但从事管理学的人却忽视了这点。他批评到,管理研究者们着眼于制度(institution),而"部落"的概念是将人群作为文化共同体,人是活生生、有血有肉、有喜怒哀乐的人,而不是作为制度中的一个小螺丝钉。他说如果以这种眼光来观察,才可超越从管理学角度观察图表、流程的缺陷,使我们明白真正面临的问题。

确实,管理应把人作为人看,而不是作为劳动力看,即使研究制度也应从活生生的人出发。那么我们到底从"部落"那儿能得到些什么呢?

"部落"是一种大于家庭、家族的组织,但又不同于现代式的国家,其基本特性是,第一,部落的规模不是很庞大,当部落的规模发展到类似近代国家时,就不称为部落了。第二,部落的统御方式并非全然制度化,一部分是传统式的,一部分则是归属感,此归属感并非信仰,亦非法律之保障,而是一种结合式的情感,其中"情"的部分多于"法"的成分,也多于法律和交易的性质。在人类整个活动的历史,一些主要的文明都必须经历过部落阶段。部落还有其象征,有其团聚之标识,如图腾、祖先的传说等。现代意义上的"国家"实际上也承袭了不少部落的文化,如国旗、国歌、国花,基本上就是由部落文化延伸到今的记号,这些记号对于部落之凝聚性具有很大价值。

从上述部落的特性可以体会到,现代企业至少应学习部落的文化氛围、部落中人的归属感和凝聚力,把企业不仅办成一个效益中心,而且使之成为一个文化共同体,后者反过来又会促进效益的提高。实际上不少企业已很重视企业文化的建设,有自己的标志、服装、旗帜,有本公司的格言、歌曲甚至每天有升旗仪式和朗诵格言等,并且取得了很好的效果。但很多企业特别是近些年新兴的公司,表面上可能也很重视企业文化的建设,但实际上还是将员工当做制度中的螺丝钉,拧在什么地方,只能在什么地方发挥作用,人跟人之间缺乏必要的沟通,很少关心把人作为劳动力以外的东西。其实部落文化和制度建设同样重要,首先因为现代人和过去人发生了巨大变化,如家庭观念淡化、个人独立性增强等,社会环境也有根本性改变,所以部落那种情大于法理的行为在现代社会虽仍存在,但若流行,许多事就很难办,正因为社会发展和人行为的变化,部落方式的组织在现代社会中逐步消亡。其次,我们应把人作为活生生的人来研究和建立有关管理制度,即从正面研究制度,而不是像过去常用防恶的动机去研究和建立制度,这需要观念上的重要转变,如设立职工股,增加职工的参与意识和归属感;设立相对公平的激励和监督体系及奖惩制度;严格规范生产管理指挥体系,但同时建设宽松的生活、文化交流制度及环境，使员工在企业有一种家的感觉，而不只是把它当做一种以劳动换回金钱的地方。这些都要设法体现在管理机制上，而不只是放在嘴边上。部落的文化、部落的机制对现代企业管理有启示，但在现代社会中对现代人还需认真研究其行为特性，以新的机制和制度来实现那种好的氛围和效果。

管理实践

总经理招待客人

日本有一家颇有规模的贸易公司近年来业务鼎盛。有人问该公司总经理是不是有什么开拓业务的诀窍，那位总经理回答说："我的诀窍就是亲自招待每一位客人。"这家拥有近百员工的大型贸易公司的总经理居然亲自接待客人，似乎有点违反管理常规。但事实上却不然，正因为他能够亲自与每一个顾客交谈，他才会了解顾客的需要；了解顾客的需要，才能够根据这种需要迅速改变公司的经营策略，开发某些新的产品或放弃某些已经无利可图的产品，具有敏感的市场适应力。这种亲自接待顾客的做法正是他成功的基础。

这个经理的这种做法固然部分原因出于本身所处贸易行业的特殊要求，然而这种接近员工、接近顾客的做法却是值得我们借鉴的。

管理实践

走 动 管 理

美国麦当劳快餐店创始人雷蒙德·克罗克是美国四百名大企业家之一，他不喜欢整天坐在办公室中，大部分时间都用在"走动管理"上，即到所属各公司、各部门走走、看看、听听、问问。麦当劳公司曾有一段时间面临严重亏损的危机，克罗克发现其中一个重要原因是，公司各职能部门的经理官僚主义严重，习惯躺在舒适的椅背上指手画脚，把许多宝贵的时间花费在抽烟和闲聊上。于是克罗克想出一个"怪招"，要求将所有经理的椅子靠背都锯掉，并立即执行，经理只得照办。开始许多人骂克罗克是个疯子，不久大家悟出他的一番"苦心"，纷纷走出办公室，深入基层，开展"走动管理"，及时了解情况，现场解决问题，终于使公司扭亏为盈，有力地促进了公司的生存和发展。

三、权力距离感

霍夫斯塔德在对世界上80多个国家的数百万人进行调查后，提出文化的五种表征特点，以及这些国家在每个指标上的得分，其中的一个指标就是权力距离。

所谓**权力距离**(power distance)就是指权力小的组织和机构的成员接受不平等权力分配的程度,处于从属地位的人对不平等的认可。事实上,绝对意义上的平等在任何国家都是不存在的。但有的社会比另一些社会要更不平等一些。权力距离感的高低对比可参见表8-1。

表8-1 权力距离感的高低

权力距离高的文化	权力距离低的文化
a. 存在一种权力的不均衡感,每个人都认为自己应处在更高的地位上	a. 缩小这种社会中的阶层和不均衡感,所有的人都是各自独立的,应当有其相应的权力
b. 少数人有独立权而大多数人要从属于社会	b. 任何权力的使用都应是合法的,应接受好坏的检验
c. 权力是社会的基本因素,其好坏与合法性是不相关的	c. 在有权势和无权势的内部存在着一种和谐
d. 改变社会的途径是分享这些权力	d. 无权势人们之间的协作是基于团结

研究发现,东方文化(如新加坡、中国香港、印度等)环境下的权力距离感都比较大,而西方文化(如美国)环境下的权力距离感都比较小。

德国最强大的出口者是那些默默无闻的中型企业,诸如布里塔、威宁、好尼、瑞他等公司。德国这些成功的中型企业在管理方式上都采取了一种"开明的放权管理模式",强调管理人员与员工之间的紧密联系与沟通,这样能高度地激励员工,使员工对公司有强烈的认同与高度的忠诚。这些企业员工之间的冲突摩擦也比大公司小,效率也高。

美国IBM公司由沃森父子于1924年创办,是世界上第一家研制电脑的公司,并取得"巨人"之称。蓝色巨人的管理哲学总结为"蓝色"模式,"蓝色"就是企业管理的七大要素。第一,职责承担,企业员工必须忠于职守,个人利益服从企业利益;第二,合作,表现在良好人事关系与集体协作精神上;第三,磋商,让员工参与企业管理,不采用命令方式而采用协商方式;第四,竞争,有竞争才能获胜;第五,交流,企业领导与员工双方相互交流情况,让员工更好地了解企业的做法,从而减少摩擦和差错;第六,信心,信心十足就能把工作搞好,提高效率;第七,团体精神,企业如同一个大家庭,每个员工都是其中的成员,大家同心协力企业才能在激烈的竞争中生存,并获得长足发展。

第二节 关系网络与机会识别

一、关系网络及其构建

高尔夫球不仅可以锻炼身体,还可以享受阳光、氧气、美丽的环境,结交各有特色的球友。因此,打高尔夫球可以学习和交友,更有利于感悟人生,改变行为举止,提升境界。正是在打球的过程中,我们与球友建立了关系。

最简洁也最精确地说,关系就是联系。中国人就生活在这样一张亲疏分明的关系网络中。关系已成为"社会建构的原理",且作为一种文化上的共有假定渗透到人们的现实生活中。正如费孝通指出的,非在典籍制度之中,而存在于洒扫应对的日常起居之间。对中国人来讲,这种关系网难以打破,它是"生活的血液"。中国人倾向于广泛地"混合"而不是区分关系在朋友、同事、家庭成员等之间的扩散。首先是人的存在居于关系之中,即孙隆基所谓的中国"人"只有在社会关系中才能体现;其次是人与人的互动,谓为关系的建构,从关系而不是其他途径参与社会,一定程度上就是中国人的生活本身。至于这种行为模式在经济活动中的扩展,就如同在政治领域的扩展一样,变成逻辑上的必然,它为处在市场结构转型时期的中国商业活动提供了(尽管是带有特殊主义色彩的)"信任"、"合作"资源。

作为一个中国人,谁都有自己特殊的关系(网),中国人参与社会,也就意味着"利用关系"应该成为理解中国人行为合理且合乎逻辑的起点。我们确实熟知在某些情境中,有人"不讲关系",这一般就被认为是不合情理(铁石心肠、铁面无私)的,因而这种现象并不能代表中国日常生活的主流。利用关系在多种情况下意味着"合情"(有面子、关照),如果人们利用关系,但并不违背通常的规范、准则、法律,这种行为将被认为是"合理"(粗略地等同于理性或遵守规则)的,这里我们定义它为"合法"的运用。这类关系事实上充斥着我们的日常生活,我们如此行事,且乐此不疲。

作为联络者,领导者要与企业内外方方面面的人打交道。多数情况下,信息通过正式渠道进行传播。而社交网络可以为领导者提供非正式渠道的信息。一方面,领导者可以是信息的发送者,通过关系网把某些信息传播给企业内外部相关人员;另一方面,领导者也可以是信息的接收者,通过关系网向身边的人了解内部信息。

(一) 人际关系的内涵

人际关系由三种成分构成,即认知(如人和人之间的相互认同和理解)、情感(人和人之间心理上的远近)和行为(如语言、表情、手势和通过行为表示出来的爱憎)。一个人与另一个人的关系通过他们对于彼此的认知理解、情感体验和各种外显行为表现出来这三种成分的相互联系,互为因果。当我们讲某人与某人之间有某种关系时,我们实际上是指他们之间在认知、情感和行为等方面会发生相互作用和相互影响。如果他们之间的相互作用或影响是正向的,即关系双方在交往过程中获得了各自的生理或心理上的满足,那么在他们之间便会产生并保持一种亲近的心理联系,彼此之间就会存在一种相互吸引的力量。相反,如果他们之间的相互作用或影响是负向的,即关系双方在交往过程中不能获得、甚至有碍于获得各自生理或心理上的满足,那么他们就会疏远、离异,他们之间的交往可能会中止,严重时在他们之间还可能发生冲突,产生敌对情绪。这时,关系双方之间要么不存在吸引力,要么有排斥力。

在很多情况下,良好的人际关系本身就是关系活动的目的。因为良好的人际关系可以带来身心的愉悦,可以给人以认同感、归属感和安全感。当然,关系活动也可能另有目的,比如通过关系活动谋取各种有形无形的利益。这种另有目的的关系活动被称为工具性关系。

人际关系的生成、维持与发展有三个要素：第一是联系。这是人际关系形成的基础，因此也称为关系基础(guanxi basis)。在互不联系的个体之间是不会形成人际关系的。但关系基础有时是潜在的，如在两个彼此既不相知也无交往的亲戚之间。人际关系的生成在很多情况下，就是使潜在的联系转化为显在的联系。第二是联系的媒介，包括实物媒介(如礼品)、信息媒介(如语言、文字、表情和电磁波等)和情感媒介(如喜欢与厌恶的感觉和情绪表现)。这些是形成人际关系的桥梁，没有这些媒介，人们就无法发生关系；只要人们之间发生关系，那么关系双方或各方一定是有意或无意地使用了这些媒介。在很多情况下，这些媒介是同时使用的，如一个人送礼，那么他一方面送给对方实物，另一方面用语言和表情等表达自己的感情。第三是交往。这是人际关系的动态过程——人们在一定的基础上有来有往，人际关系由此得到发展。在人际关系的范畴内，只有交往、联系才有意义。以上三个要素在人际关系中同时存在，不可或缺。

人际关系的动态过程(人际关系的生命周期)一般是有五个阶段，即知觉阶段(awareness)、开发阶段(exploration)、强化阶段(expansion)、承诺阶段(commitment)和散伙阶段(dissolution)。在知觉阶段，一个人只是意识到他与另一个人存在某种联系或需要发展某种关系，有点类似于"单相思"。然后，他尝试着与对方建立他所希望的那种关系，类似于"求爱"过程。当双方都认同这种关系以后，在强化阶段，双方的交往开始增加，互依性不断增强，类似于"恋爱"过程。进入承诺阶段，两者之间互相承担责任，有了更多的共同利益，类似于"结婚"以后的情形。人际关系有可能散伙，就如夫妻有可能离异一样。以上是人际关系的基本内涵和一般理论，适用于描述任何社会的人际关系与人际交往活动。不过，不同的国家或民族有着不同的文化，由此形成的人际关系及其行为也会具有不同的特点。

(二) 中国的人际关系

根据霍夫斯塔德关于不同文化的研究，在自我的价值取向上，西方文化是个体主义取向的，而中国的文化是集体主义取向的。不过，杨中芳(Chung-fang Yang)认为中国文化中的集体主义取向远非一般人所理解的那样，是"大公无私"，而是"大我之中有小我"，是一个由自我、小我推及家庭、单位、社区、政党和国家(不同层级的大我)的网络。

东西方文化对自我的不同认识，从根本上决定了东西方不同的社会结构和人际关系(杨中芳，1991)。西方文化以个体为基本取向，自我是独立自主的、有别于他人的个体。因此，西方文化强调个人的自由、权利及成就，注重个人独立和自主意识的培养。个人幸福是社会幸福的基础，鼓励与奖赏个人利益的追求者。社会的运作靠法律维系。而中国文化以集体为基本取向，自我是小我，集体是大我，小我在大我中有其适当的位置，要处理好小我与大我之间的位置。因此，中国文化强调小我对大我的责任与义务，注重大我概念的培养，大我幸福是小我幸福的先决条件。服从规范，"牺牲小我，成就大我"是受鼓励及奖赏的。社会的运作靠个人自律及舆论维系。

在人际关系方面，西方更强调对等原则，中国则更强调一个人在一个关系网络中的位置和针对不同的人所应采取的不同态度和行为（杨国枢，1988）。费孝通先生在20世纪40年代就提出"差序格局"是中国人的关系模式，是"以己为中心"的由近及远的"层层波纹"。华人心理学家黄光国把这种差序格局关系分为三层，最外层是生人，是工具性的交换关系，适用公平法则；中间层是熟人，是一种拉近了的交换关系，"拟似家人"，适用人情法则；最内层是家人，适用需求法则，即不分你我，相互满足需求。在这种关系圈内，为了圈内人的利益而给予特殊对待是可以被容忍的。中国人遵行关系主义的行为法则，人情交换与经济交换混而合一，所以长期伙伴关系与关系管理始终是中国式管理的核心。

1. 关系目的

天人合一的思想，使中国人非常看重人与自然之间和人与人之间的和谐（杨中芳，1998）。因此，对于中国人来讲，追求人与人之间的和谐关系本身就是目的。它是人生幸福的一个最重要的源泉。为了达到人与人之间的和谐，一个人必须认清他在社会网络中的位置，并根据他所面对的不同人采取不同的态度和行为，做到"君君、臣臣、父父、子子"，这才符合"礼"的要求（杨国枢，1992）。当一个人达到了"礼"的要求，他就成为"君子"——中国文化中人的典范，能够享受心灵的安宁与平静（杨中芳，1998）。这也是中国人常常可以不计利害得失而维持和发展某种关系，如亲情与友谊的原因。

不过，大部分人是不能达到这种境界的，所以人与人之间的关系往往被用来作为谋取经济利益和政治利益的工具。尽管从实践上讲，工具性人际关系在中国是普遍存在的，但是从文化上讲，它并不被认可。当一个人意识到另一个人与他交往是因为他有利用的价值，他就会从内心深处感到很不自在。中国人更喜欢自然随缘的交往。当然，有了良好的关系，关系双方会互相照应。只在需要帮助时才与人交往，被说成是"平时不烧香，临时抱佛脚"。这里，我们发现一般中国人对待关系目的的一种矛盾心理——需要发展和保持某些有用的可以带来利益的关系，但又不能让人觉得这些关系是因为有用才发展与保持的，否则将被斥为"势利眼"。

管理实践

改制过程的非正式权力

华西锅炉厂成立于1966年，主要设计和制造大型火电机组锅炉、电站辅机、石化容器和军工产品。由于竞争加剧，2000年以后业绩不断下滑。为了扭转亏损局面、增强竞争实力，2001年企业开始推行改制，不改变主业公司的国有性质，对辅业国有公司进行股权多元化改制，同时部分裁减员工并转变员工国有身份的意识。为了顺利推进改制，企业作了周密准备和充分动员，员工对改制有一定准备。但由于员工对主辅业的划分上有些意见，他们自发组成群体并经常聚会讨论对策，并采取许多消极怠工措施等抵制行为。长期在组织部与人力资源部工作的邓士诚经理是此次改制的具体推动者之一，他也深刻理解非正式组织在解决这类冲突中的重要作用。为此，他动用各种私人关系，邀请持反对意见的群体领导者喝酒吃饭，与他们沟通企业和个人难处并寻求理解，在增进个人友谊的基础上施以恩惠,感化和迫使这些领导者劝服其他成员改变态度,转而支持改制。2004年底华西锅炉厂改制工作全部结束,所有改制后的辅业企业全部实现盈利,主业公司减员增效后得到更快发展,经营指标显著改善。

2. 关系基础

如前所述,联系是人际关系形成的基础。人和人之间之所以能形成某种或长久或短暂的关系,那一定是因为在他们之间存在着某种或长久或短暂的联系。中国人常常将其归结为宿命感很强的"缘"——人和人之间一种命定的联系(杨国枢,1992)。正所谓"有缘千里来相会,无缘对面不相识"。缘也成为一些人掩盖关系发展真实目的的一种很方便的说辞。我喜欢与你交往,不是因为我要利用你,而是因为我与你有缘。在中国文化中,缘有两类,即缘分与机缘(杨国枢,1992)。缘分涉及父子、夫妻、师生、朋友等长期性的社会联系。有人将其归纳为五缘:亲缘(血姻亲情之缘)、地缘(邻里乡党之缘)、神缘(共同的宗教信仰之缘)、业缘(同行、同学之缘)和物缘(共有的喜好和兴趣之缘)。机缘则涉及同舟、同店、同考场、同难等短暂性的社会联系。

相比较而言,中国人更注重长久性的命定之缘,即缘分。在这种缘分之中,亲缘是最核心的,家人关系是其外在形式。其他四缘围绕着亲缘,外显为熟人关系。熟人关系之外,便是由机缘决定的"与自己无任何直接或间接的持久性社会关系之人",即生人关系(杨国枢,1992)。

3. 交往与交往媒介

在交往中,中国人讲究礼尚往来,"来而不往非礼也,往而不来亦非礼也"。交往的媒介物,除了物质的东西(如金钱、礼品),还有非物质的东西(如人情、面子、友谊、帮助等)。其中,人情、面子是中国人际交往中的一种独特的文化现象(杨国枢,1988)。它们往往通过物的东西如礼品来表现,但其含义却远超出物本身。

在中国人的人际交往中,如果礼物只是被当成物来看待,那么交往双方就只是生意关系,讲究利害得失和等价交换,与陌生人之间的关系没有太大的区别。由于中国人在理想上将和谐的人际关系本身视为目的,因此这种以物的获取为目的的人际关系并不被看好,是一种很"俗"的行为。而且一旦某一个关系被定位为一般的生意关系,要想提高关系水平就很困难了。因此,在中国人的人际交往中,尽管很多人从心里讲很重视礼的价值,但他们也要极力地掩饰这一点,更不能直白地将礼的价值告诉对方。总之,在中国人关于交往媒介的态度上,不管一个人的心里是怎样想的,至少在表面上,他要淡化物的价值而突出人的感情。因为中国人相信,人和人之间真正的感情是金钱买不来的,也是物的东西替代不了的。

4. 关系发展模式

我们可以将中国人际关系发展分为四种基本模式:传承的关系、嵌入的关系、渐生的关系、开发的关系。这四种关系行为模式是可以相互转化的。

传承的关系是与生俱来的,如血缘关系、亲缘关系、父母的各种熟人关系(也叫父母的"老关系")。传承的关系是一种非工具性关系,它并不是因为"有用"才建立起来的。一个人一生下来,就随父母与父母的家人、亲戚和朋友交往,这本身就是中国人生活的一部分。因此,他对关系的知觉、开发与强化,大都是在随父母的交往中不知不觉完成的。

一般来说,中国人对于这种关系的承诺程度是很高的,关系双方的相互帮助是一种责任。传承的关系给一个人提供了活动的最初舞台,是一个人成长与发展方面的基础。传承的关系越丰富,一个人初始活动的范围就可能越大,有一个成功开始的机会也就越大,还有助于一个人开发其他各种关系。传承的关系是继承来的,一个人不需要花费太多的力量去开发,但需要付出一定的努力来维持。

嵌入的关系不是人一生下来就有的,而是由于一个人在社会上要扮演各种角色(被嵌入某一个位置)而不得不发生的关系,如同学、同事、战友、上下级、信友(共同信奉某一种宗教)等。它也是一种非工具性关系。一个人因扮演某一种社会角色而不得不与相关的人员相识,为完成角色任务而不得不与他人打交道和合作,并因合作愉快和合作增加而强化关系。对于这种关系的承诺程度主要取决于关系双方角色的职责。嵌入的关系与自己的行为和努力程度直接相关,受自己生活空间的限制。

渐生的关系是一个人在生活的过程中逐渐生成的关系,如志趣相投的朋友。它不是为了达到某种目的而刻意发展的关系,属一种非工具性关系。渐生的关系很大程度上受自己生活圈子的限制,与嵌入的关系相重叠。不过,渐生的关系之所以发生是因为关系双方情感方面的需要,志同道合、共同的兴趣与爱好、有缘的感觉才是其根本原因。这种关系在一个人生活的过程中逐渐产生,要经过长时间的考验。一旦建立起来,彼此就有很强的精神上与物质上的互依性,一方有难,另一方会尽力帮助。

开发的关系是一个人为了达到某种目的,一般是获取利益而刻意发展的关系,如贸易伙伴关系。开发的关系目的性非常强,是一种工具性关系,要计算利益得失。我们通常所说的"拉关系"主要指的就是这种关系行为过程。开发的关系一般由意识到某人对自己达到某种目的或将来获取某种利益有用开始,然后利用各种机会和各种方法接近此人,并通过增加与此人的交往而强化关系。由于拉关系的人希望以现在的投入换取即时或将来可能的报答,所以他对关系的承诺水平也取决于他对于报答的期望值。当然,一旦某人失去了利用的价值,这种关系也就结束了。

(三) 领导者关系网络及其构建

建立一个能为自己提供支持、反馈、观点、资源以及信息的人际关系网络是领导者的一大挑战。能否正确处理各方面的人际关系,不仅决定着领导活动能否有效开展,而且是领导者称职与否的重要标志之一。埃米尼亚·伊巴拉(Herminia Ibarra)和马克·亨特(Mark Hunter)认为,领导者要解决全局性的战略问题时,需要的是人际关系而不是分析能力。领导者与目前以及潜在的利益相关者打交道,并不是不务正业,而是他们工作中最核心的内容。研究表明,如果能建立一个充满信任、交往对象多样化的人际关系网络,并且通过中间人去扩大自己的交友圈,就会把自己对信息的掌握从知道什么提高到认识谁的层次。这可能会促使你重塑自我,并取得具有影响性的成就。

关系网络可以帮助领导者实现个人目标和专业目标。意识到领导者关系网络建设重要性的公司,还可以为员工创造自然的人际交往方式,帮助他们克服内心的不适感。

埃米尼亚·伊巴拉和马克·亨特提出了三种人际关系模式：

1. 业务型(operational)人际网络

即同那些能帮助自己做好工作的人建立的良好关系网络。建立这种人际网络的目的是为了完成眼前的任务，以保证工作高效完成；让团队保持应有的工作能力，发挥应有的作用。业务型人际网络的特点是，领导者不能选择网络中的关键成员，网络的人员构成通常由工作性质和组织结构决定，所以网络设计的成员范围非常清晰，并经常存在于组织内部。由于该网络成员范围极其有限，此类网络除了帮助领导者完成手头工作，不会有更大帮助。

2. 个人型(personal)人际网络

一旦意识到自己在工作中过度依赖组织内部关系，领导者就应开始在组织外寻找与自己有相同思想的人，通过参加专业协会、校友联谊会、俱乐部等来建设个人型人际网络。个人型人际网络可以为个人发展提供安全的空间，如推动个人及专业发展等。个人型人际网络的特点是，网络成员主要来自组织外部，目的是为了满足当前或未来潜在的兴趣；网络中关键成员可以任意选择，成员涉及范围不清晰。遗憾的是，很多领导者并没有把这些人际联系与组织战略结合起来。

3. 战略型(strategic)人际网络

无论是战略制定、战略选择还是战略实施，都离不开组织最高领导者。战略型人际网络能提供一系列的关系和信息来源，是实现个人目标和组织目标的力量源泉。该类型网络可以帮助领导者找到未来的工作重点以及挑战，获取利益相关者的支持。战略性人际网络的特点是，企业内外均有网络成员，目标着眼于未来；网络中关键成员的选择主要基于战略环境和组织环境，但是依然可自由选择具体成员；成员涉及范围不是特别清晰。

管理实践

江湖道义

金士顿这个当地美国人最想进入的企业，出自两个操着流利汉语的华人之手。在科学管理理念盛行的今天，作为金士顿创办人之一的孙大卫却反其道而行之，敢于在西方社会"蹩脚"献丑，传播"孔孟"味十足的人性化管理。孙大卫对内，不强调预算控制等繁文缛节，将心比心，以独特的人情味创造出员工自主管理文化；对外，"做生意就是做人"，"OK，就这个价钱，赔钱也跟你做"，视承诺为最关键的原则。很多熟悉孙大卫的人都说："我很尊敬孙大卫，因为在全球竞争激烈的商务环境下，很难找到像他这样特质的人。"孙大卫从来不做一锤子买卖，而是在"同理心"的驱动下，与上下游，包括供应商、经销商、客户，建立一种长期的合作关系。举个例子来说，如果上游芯片厂商某种芯片库存过多，金士顿会考虑多订一些货物，即便最后卖到市场上有亏损，也会这么做，而且不会趁机向芯片厂商砍价。所谓投桃报李，芯片厂商也会有相同的回馈动作。对于渠道商，孙大卫奉行"寄卖"模式，"他们缺货我就给他们补，市场波动，我就帮他们均衡"。渠道商只管卖货，有问题直接打电话给我们,让金士顿帮他们摆平……绝对不要逼迫渠道商拿货,不然他们会出错。也不要算计人家能出多少货。能卖最好,不能卖绝不勉强。最好的结果是,渠道商不承担任何风险。如果因为要量的原因,最后搅乱整个市场,反而会因小失大。"他还创造出"销售折让"制度,帮助大订单的客户省钱。

孙大卫. 江湖道义. 财经界:管理学家, 2008, 1:19.

既然战略型关系网络如此重要,那么应如何建立起有效的战略人际网络呢?对此伊巴拉和亨特提出了一些策略性建议。同时,布赖恩·乌齐(Brian Uzzi)与香农·邓拉普(Shannon Dunlap)也给了我们一些具体实施措施,我们将其归纳如下:

(1) 改变成见。领导者只有认同建立人际网络的意义,才有可能在上面倾注足够的时间和精力。

(2) 对自己的人际关系网络进行诊断。其中的重点就是要找出人际关系网络当中的信息中介人——即介绍你和你的主要交往对象认识的人。在建设自己的人际关系网络时,类我原则和邻近原则会影响交往对象的多样化。一方面,人们结交关系时倾向于选择那些在经历、教育背景和世界观等方面跟自己比较相似的人。这种方式在结交朋友时会让我们感到比较自在,但所形成的社会圈子可能会缺乏多样化。另一方面,人们大都跟自己待在一起时间最多的人结交。这种人际关系网络的"集群化"会限制不同信息的获得。大家的思维方式都一样,网络中都是一些相互响应的"回音室"。因此,要扩大社交圈,就必须寻找到能把不同集群联系起来的信息中介人,尤其是那些活动能量巨大,并且愿意分享自己广泛的交友圈的超级联系者。

(3) 通过有较大利害关系的共同活动,让自己和不同类型的人建立起强大的社交圈。共同活动的好处在于用一个共同的兴趣点把各种各样的人凝聚在一起,而不是把一些背景相似的同类人聚合在一起。共同活动还能让人们在各种情境下观察并且学习交往对象,观察他们不经掩饰的行为,以及对突发事件的自然反应。活动中成功后的相互庆祝和失败后的相互鼓励,能让参与者建立一种紧密的联系。共同活动还能改变参与者官场的交往方式,让他们摆脱平日在企业中扮演的既定角色——客户经理、营销代表、总裁等,从人群中脱颖而出。其中具体措施有:

① 从业务外部入手。和本部门外或者本单位外的相关利益者接触,领导者需要找一个合理的"理由"。这时,可以尝试通过个人兴趣和专业技能来结交相关人士或建立内外部联系,以形成个人型以及战略型人际关系网络。

② 重新分配时间。人际关系网络建设需要大量时间,为此领导者要有足够多的时间来从事人际交往。遗憾的是,一些领导者往往看不到致力于人际关系网络建设的收益,在上面花的时间很少,因此越发不善于此道,进而形成一个恶性循环。

③ 经常使用人际关系网络。一些领导者认为良好的人际关系网络就是要认识大量的人。然而,认识仅仅是开始。优秀的人际关系网络建设者的做法是,不管是否需要帮助,他们都会从网络成员那里寻求帮助,同时也会尽力给予,只有经常使用人际网络,人际网络才能存在和发展。

④ 坚持到底。建设人际网络,毅力比技巧更重要。当初期的投入不能马上带来预期效果时,很多人就会武断地认定自己没有人际关系网络方面的天赋。但是建设人际关系

网络并不是天生的能力,也不一定需要合群外向的性格。它实际上是一种技能,需要不断地学习。

二、创业机会识别

在高尔夫球运动中,hole in one(即在发球台上一杆将高尔夫球击入几十码到 200 码之外的直径为 10 厘米左右的小洞中,俗称"一杆进洞")是打球人梦寐以求的。遗憾的是有的人打了一辈子球也没有打出一个 hole in one;而有的人打球时间不长,却打出了绝妙的 hole in one。

专家们曾做过计算,业余高球手打出一杆进洞,要挥杆 12 000 次才会有一次机会。业余高球手第一次打球就能打出"一杆进洞"是个奇迹,但这并不能说他们的打球水平高,侥幸迎来的小概率事件是运气,真正要赢得机遇,不断努力训练、拥有好的技术和心理状态获得成功的概率仍然要大得多。曾是著名运动员的李大双在打出了"一杆进洞"后并没有像人们想象的那样手舞足蹈地描述一番,而是平静得竟让人有些失望。他说:"我觉得每个打高尔夫的人都可能一杆进洞,我弟弟小双也打过一杆进洞,就是运气好呗,没别的。"从其言谈中,我们可以体会到对小概率事件机遇的正确认识。但另一个事例则进一步说明机遇更青睐有准备的人。美国佛罗里达州阿米莉亚岛一位名叫玛格丽特·沃德隆的老太太因患眼疾而成了盲人,但她不甘心闲在家中打毛衣,在她先生的帮助下,继续活跃在高球场上。她先生帮她站好位置,介绍球洞的情况与距离以及当时挥杆的气候条件,1990 年盲老太 74 岁那年,在长点高球场,创下了令人不可思议的奇迹。那年 3 月 18 日,玛格丽特与她朋友在比赛中,用 7 号铁杆将球击向长点高球场 87 码的第七洞,她只听到有人在说:打得好!白球上了果岭,正朝洞的方向滚去。另一个接着叫了起来:一杆进洞了。当晚,这对老夫妻为此庆贺了一番。第二天,盲老太又来到 87 码的第七洞,用同根 7 号铁杆,又打了一个一杆进洞。从中我们可以看到基本功和技术对机遇把握的重要性。这就是为什么人们常说:机遇总是亲近有准备的人!

这一番道理同样适用于对创业机会的辨识。改革开放以来,面对前所未有的发展机遇,一批又一批创业者勇敢地跳进了市场经济的汪洋大海。其中有人一夜暴富,也有人顷刻间又身无分文,而机会的辨识是其中重要的因素。创业是发现市场需求、寻找市场机会、通过投资经营企业满足这种需求的活动。创业需要机会,机会要靠识别。那么,在茫茫的市场经济大潮中,机会在哪里?又有哪些市场需求代表着机会呢?

(一) 创业机会辨识

创业机会是指可以引入新产品、新服务、新原材料或新组织方式,并将其以高于成本价出售的情况。未利用的资源、新的能力或技术可能为潜在客户创造并带来新的价值,即使我们并不知道这种新的价值会以什么形式出现。机会的最初状态是"未精确定义的市场需求,或者未得到(充分)利用的资源和能力"(Kirzner, 1973, 1979)。消费者可能清楚自己的需要,也可能并不明确,但是向消费者推销一个产品并说明其价值的时候,消费者可以判断该产品为自己带来的利益。

1. 创业机会的类型

创业机会的类型影响创业成败。根据创业机会的来源和发展情况可对创业机会进行分类,如图8-1所示。在创业机会矩阵中有两个维度:横轴——探寻到的价值(即机会的潜在市场价值),这一维度代表着创业机会的潜在价值是否已经较为明确;纵轴——创业者的创造价值能力,价值能力包括通常的人力资本、财务能力以及各种必要的有形资产等,代表着创业者是否能够有效开发并利用这一创业机会。按照这两个维度,把不同的机会划分成四个类型。

图8-1　创业机会类型

第Ⅰ类型中,机会的价值并不确定,创业者是否能够实现这一价值的能力也不确定(问题及解决方法皆未知),这种机会被称为"梦想"(dreams)。第Ⅱ类型中,机会的价值确定,但实现这种价值的能力尚未确定(问题已知但是解决方法未知)。这种机会是一种"尚待解决的问题"(problem solving),机会开发的目标往往是设计一个具体的产品或者开发一项新服务。第Ⅲ类型中,机会的价值尚未明确,而创造价值的能力已经较为确定(问题未知但是知道解决方法),这一机会实际上是一种"技术转移"(technology transfer)(创业者或者技术开发者的目的是为手头的技术寻找一个合适的应用点),这种机会通常是为技术寻找新的应用领域,而不是新开发一个产品或服务。第Ⅳ类型中,机会的价值和创造价值的能力都已确定(问题及解决方法皆已知),这一机会可称为"业务形成"(business formation)。将市场需求同现有资源进行匹配,形成企业,创造、传递更大的价值。

2. 创业机会辨识的影响因素

创业机会识别的过程是一个不断重复、调整的过程。不同的创业者可能关注不同的创业机会,即使是同一个创业机会,不同的人,对其认识也往往不同。影响机会辨识的因素主要来自两个方面,即机会本身的自然属性和创业者的个人特性。

(1) 机会自然属性

企业家创业的最终目的是利润(Casson,1982)。如果推测是错误的,它将会给创业者带来损失。创业者选择一项机会是因为相信它能够产生足够的价值来弥补投入的成本,创业机会的自然属性在很大程度上决定了创业者对其未来价值的预期,因而对创业者的机会评价会产生重大影响。

（2）创业者特征

为什么并不是每一个人都可以发现创业机会？在任何时候，都只有少数人能发现创业机会。创业者是特立独行的，他们能够做出常人做不出的与众不同的决策。只有具有敏锐辨识能力的人才能发现机会，而且它对于其他大部分人都是不明显的。人们各自都拥有不同的知识结构，知识结构会影响他们对机会的认知。

3. 创业机会辨识过程

创业过程开始于创业者对创业机会的把握。创业者在对各种创业机会来源的感悟与搜寻过程中，在对创业机会时机的感觉与把握过程中，结合自身的能力，选择了他心目中的创业机会，形成了初步的创业思路。这一过程称为机会辨识（opportunity identification, opportunity recognition）过程，或机会开发（opportunity development）过程。

机会辨识过程可分成三个阶段，如图 8-2 所示。第一，机会搜寻。创业者对整个环境中可能的创意展开搜索，辨别某一个创意是否是潜在的商业机会，是否具有发展价值。不管是市场需求还是尚未利用的资源，任何机会都可能被一些人而非所有人发现。造成这种区别的原因是，个体对创造和传递新价值的机会的敏感度不同。一些人对市场需求或者问题敏感，他们能够在环境中不断认识到可能出现的新产品或者解决问题的新方法，但是这种发现能力不一定就能成为解决问题的方法，因为不是每个善于提出问题的人同样善于回答问题；另一些人对于那些未得到充分利用的资源问题敏感，但是他们不一定知道如何利用这些未开发的资源。这些区别可能来自于个体的基因遗传、背景和经验，以及他们对于特殊机会的信息掌握数量和种类。第二，机会辨识。是指从上一步的创意中选择合适的机会。首先是通过整体的市场环境判断机会是否属于有利可图的商业机会，然后考察这一机会对于创业者本身来说是否合适，是否有价值。第三，机会评价。主要考察内容包括各项财务指标、风险系数。建立创业团队，然后创业者决定是否正式组建企业，进行融资。

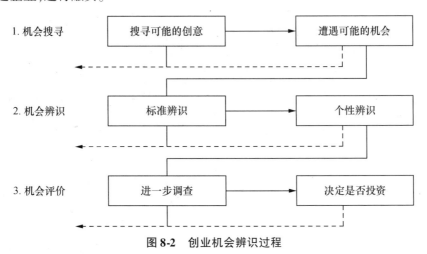

图 8-2 创业机会辨识过程

创业机会是否可以发展成为新企业，涉及机会本身价值、机会把握能力和创立企业的能力。创业机会能否得到很好的转化，受很多因素的影响，我们从中总结出影响创业机会评价标准的主要因素：首先是创业者工作行业年限。创业者在创业之前的工作经历,对创业者在创业过程中能否做出正确判断有重要的影响。其次是创业者经历。创业者不同于管理者,创业者更像一个机会主义者,具有冒险精神,而管理者则更重视企业的稳定和长久发展。创业者一旦创办了一家企业,新的事业机会就会变得更加容易发现,这称为"走廊原理"(Barringer,2006)。再次是管理经验。评价创业机会的时候,创业者对于机会的把握程度和自身的管理知识结构有关。在创业机会辨识过程中,需要对创业者认定的机会进行可行性分析。作为对机会的初步评估,可行性分析可以确定该机会是否值得追求,并在投入资源前对创意进行检测。有相关管理经验的人可以更好地判断该机会的财务、市场方面的可行性。

(二) 创业机会辨识实践

1. 通宇公司的创业历程

1996年的国内天线产品市场上充斥着国外品牌,由于技术不能满足移动业务发展的需要,没有哪家国内企业可以在此领域生存。看到这个可能的创业机会后,吴中林毅然放弃了20万年薪的工作,辞职下海,创立了通宇通信设备有限公司。但不曾想到,他创业的满腔激情,很快就被冷酷的市场狠狠地打压下去。当时的国内基站天线市场已经被外国公司垄断,许多厂家迷信外国产品,觉得外国大公司产品质量可靠。而成立之初的通宇公司只有三个人,于是一次次被用户冷冷拒绝。吴中林没有放弃,矢志以技术和质量挑战市场。虽然历经艰难,但他终于争得了市场上的一席之地。1998年,恼怒的外国厂商联手降价,从2万降至6 000元,通宇几乎失掉了所有的客户。身处险境的通宇公司获悉中国将大力发展小灵通,于是迅速进行战略调整,开发出各种小灵通天线,扩大了市场范围。1999年UT斯达康为提高小灵通产品在中国市场的竞争力,开始选择基站天线的合作伙伴。通宇以50%的合格率通过了严酷的进水实验,而UT斯达康以往的天线供应商——一家日本公司的产品因为100%不合格被淘汰。这一战,通宇公司终于绝处逢生。而后,吴中林又把眼光放到了3G投入运营后的市场契机。

纵观很多高科技创业企业,其成长轨迹都具有依赖的特征,刚开始的时候与一些有资本的公司合作。高科技企业的技术是以知识为基础,具有规模报酬递增的特性,尽管它需要高昂的建立成本,但这些技术一旦投产,便可因技术改进和市场可接受性的提高而进入正反馈,形成企业的核心技术能力,决定企业技术演进的方向。企业的生存与发展也会沿着技术轨道所指示的方向进行竞争,进而影响企业的边界。企业的效率边界取决于企业核心技术的张力。

通宇则不同,最开始的创业资金是吴中林所有的"家当"。吴中林依靠自身拥有的核心技术,培养自己独立的R&D能力,提高技术积累的整体水平,塑造持续的技术创新流,并在此基础上形成以技术创新为基础的企业核心竞争力,即所谓的"归核化",这是企业生存与发展的必然。在扩张阶段,企业购进与企业核心技术相关的资产,或打造与企业新的核心技术能力相关的资产,重新界定企业的边界。但是,随着产业"技术基础"的迅速扩大,R&D费用的上升,企业必须具备较强的技术储备能力、资金投入能力与风险承受能力。

创业机会不同于一般有利可图的机会，其特点是对于"产品、服务、原材料和管理方法"有极大的革新和效率的提高。通过对创业过程的分析可以发现，拥有自主产权的技术是通宇公司的核心竞争力。移动基站天线、小灵通基站天线、智能天线，通宇从第一次创业到后来的每一个创新都是发现了当时环境下的技术机会。技术机会是指感知到的对新技术或已有技术的新需求。这些机会产生于"技术推动"，而"技术推动"是指在已有市场或新市场中刺激产生新需求的新发展（Scherer，1980）。

高科技企业创业环境具有很大的不确定性和动态性，受外部环境影响大。在创业机会辨识方面，外部环境变化会产生创业机会。通宇是一个专业的天线生产商，是通信公司的供应商，产品并不是销售给一般的消费者，这样的公司容易受到政府和外部市场的影响。当时，中国正准备大规模发展小灵通业务。小灵通是一种新型的个人无线接入系统，它采用先进的微蜂窝技术，以无线方式接入固定电话网，使电话在无线网络覆盖的范围内可随身携带使用，随时随地接听，拨打市内、本地网和国内、国际电话，也可方便地拨打寻呼和移动电话，是市内电话的延伸和补充，具有经济实用、可移动性、绿色环保等特点。小灵通符合当时的中国市场需要，UT斯达康美资企业的进入，必然也会推动这个市场的发展和成熟。吴中林第一个看到的是小灵通基站天线这个机会，于是迅速地研究出了一系列小灵通天线。在当时的小灵通市场，终端产品由UT斯达康公司提供，成为UT斯达康的供应商，有利于小灵通基站天线产品的销售和公司以后的发展。吴中林凭借自己对行业的了解和对小灵通市场的正确认识，发现了这个机会，在产品通过了严酷的进水实验后，成为UT斯达康的最大供应商。公司在业界获得了一定知名度，促进了其他系列产品的销售。

创业不仅是创办新企业，成功企业的二次创业也丰富了创业机会的内涵。通信技术在不断革新，中国在准备推行3G标准的时候，通宇承担了TD-SCDMA天线的开发。如果说小灵通基站天线是通宇过去的市场，GSM/CDMA基站天线是现在的市场，那么，第三代移动天线特别是智能天线则是未来的市场。

2. 南山之桥的创业历程

李为民毕业于清华大学材料与工程系，1993年进入美国威斯康星大学深造并获得电子工程及材料科学双硕士学位。毕业后先后在3Com、Broadcom等跨国企业工作，2002年他毅然放弃这些待遇优厚的工作机会，和一批硅谷留学人员回到中国创业。当时，国内交换机虽然可以提供自主开发的系统设备，但是核心的交换芯片技术仍然依赖于国外厂商，网络安全根本上还是受制于外国，安全隐患依然存在，亟需一个具有完全自主知识产权、没有安全后顾之忧的芯片。李为民认为自己作为一名软件设计者，有责任和义务在这方面为祖国网络安全做出自己的努力。2002年6月，南山之桥微电子有限公司在成都高新西区正式挂牌。公司取名"南山之桥"的寓意是，公司致力于坚持技术创新，着眼于核心技术，在中国内地和美国硅谷之间架起一座人才、技术、资金以及先进管理经验的桥梁，发展壮大民族IT产业。公司成立后，两次以股权方式完成数千万的融资，成功实现高新技术与民营资本的对接融合。2004年4月21日，成都高新开发区在北京人民大会堂举行发布会，南山之桥成功开发出我国第一颗具有完全自主知识产权的高性能路由交换芯片——华夏网芯TS2410。之后推出集防火墙、路由器、交换器功能于一体的千兆线速防火墙芯片 Xwall。芯片研制过程中，南山之桥申请了 10 多项发明专利，获得 2 项版权登记，拥有完全自主知识产权。2005 年，公司推出网络内容还原及搜索引擎芯片，成为全球内容搜索领域第一家推出如此高性能芯片的公司。

创业机会是客观存在的，但是每个人的知识背景不同，所关注的行业不同，李为民一直从事芯片的设计开发，同时也随时关注着祖国的变化，当看到我国当时信息安全产品存在缺口，而自己又一直从事此方面的工作，同时国内的竞争者为数不多，认为这一机会可能是潜在的商业机会。

从整体市场和经济环境来说，这是个存在广泛意义的有利可图的机会，可以改善我国当时的信息安全状况。掌握信息安全产品的核心技术，使得信息安全产品完全中国化，提高信息安全级别，这一阶段是标准化识别阶段；第二步是个性识别阶段，也就是考察这个机会对特定创业者来说，是否有价值。在硅谷多年的工作经历，以及开发出了国际一流水平的芯片，对于李为民来说，是一个很有价值的机会；自己多年积累的开发经验，可以运用到第一颗"中国芯"的开发上，也很有意义，因为他深知核心芯片对于国家网络安全的重要意义，他希望为国家的网络信息安全做出自己的努力。

南山之桥建立的时间点是芯片业低潮期，同时又因为中国当时并没有太多的类似公司，这个领域的技术较少被大众了解，所以融资有一定的困难性。特别对于高科技创业来说，融资困难是普遍问题。因为产品开发周期长、投资风险大，所以在最初融资的时候，南山之桥遇到了很多困难。李为民从国外回来的时候，也带回了一些硅谷工作人才，正是有投资者看中了南山之桥的创业团队，虽然对于这个行业不了解，但是对南山之桥创业团队却充满了信心。

3．创业机会辨识分析

（1）创业环境分析

创业环境泛指创业企业发展所需要的各方面的条件。高科技企业是一个开放性系统，其形成与发展必然要受到环境因素的影响。就我国目前的状况来看，高科技企业创业环境主要包括政策与法律环境、商业环境和技术环境、金融融资环境、社会文化和自然环境。

① 政府政策和法律环境

中山通宇和南山之桥都坐落在高新技术开发区，享受政府对高新技术企业的优惠政策和法律保障。但由于主营内容不同，受到的政策扶持也不同。中山通宇生产的天线虽然填补了国家空白，但是南山之桥的芯片研制关系到国家安全，所以南山之桥有众多国家领导参观考察，更加受到国家重视。

② 商业环境和技术环境

中山通宇和南山之桥都处在高新技术产业链比较完善的地区，都有较强的技术研发能力。不同的是，两家公司在技术研发环境上有所不同，中山通宇所在的中山市没有大的高校和科研院所，所以他们研发主要是靠引进人才。南山之桥所在的成都拥有众多高校和科研机构，为合作研发提供了非常有利的环境。

③ 金融融资环境

中山通宇和南山之桥所在的高新开发区都提供融资担保。不同的是南山之桥创业需要更多的资金来支持,所以南山之桥选择了以股权方式融资,通宇创办时是靠创办人自筹的资金。

④ 社会文化和自然环境

通宇所在的中山市旧称香山县,是伟大革命先行者孙中山先生的故乡,面积1 800平方公里,人口260万,被誉为"中国最适合人类居住的城市"。位于珠江三角洲中心地区,这里北接广州,东倚深圳,南与香港、澳门相邻,陆运、海运、空运十分便利,是中国电子信息产业发达地区。南山之桥所在的成都市是一座历史名城,有着深厚的文化底蕴,同时作为中国四川省的政治、经济和文化中心,具有四大优势:一是成都是历史文化名城,成都人聪慧、勤劳,富有创新意识;二是成都教育体系发达、人力资源丰富,作为西部中心城市,成都具有"宜居"、"宜资"的优势,人才储备具有储量大、成本低、稳定好的特点;三是成都历来都是国家电子信息产业的战略性、功能性部署区,同时还是拥有国家级电子信息类产业化基地最多的城市;四是成都高度重视知识产权保护工作,法制意识较强,打击盗版侵权力度较大,高新园区建设、基础配套和承载能力强。简言之,中山通宇选择的是电子信息产业比较发达的广东地区,而南山之桥选择的是有很大发展潜力的西南中心城市成都。

表8-2 公司的创业环境对比

	中山通宇	南山之桥
政府政策和法律环境	被广东省科技厅认定为高新技术企业,得到国家发改委、国家科技部、广东省政府和中山市政府的大力扶持	位于成都国家级高新开发区,成都大力发展高新产业,对高新开发区里的企业实行税收减免等优惠政策
商业环境和技术环境	创业时国内没有该类天线生产商,并且吴中林掌握了制造该类天线的技术。创业初期就通过了UT斯达康的严酷进水实验。并且成功研制了国家TD-SCDMA智能天线,与西安电子科技大学天线研究所和航天504所组成强强联盟	创业时我国还没有完全自主知识产权的芯片,国内有很大的市场需求。南山之桥创业团队里大都是留学归国人员,掌握了国外先进的芯片设计技术。所在地成都拥有像电子科技大学这样的国内电子研究顶级学校
金融融资环境	通宇所在的中山火炬高技术开发区为企业提供信贷担保,协助企业解决资金困难。通宇公司2000年获得国家创新基金的支持	2002年公司成立后两次以股权方式完成数千万融资
社会文化和自然环境	中山市位于珠江三角洲中心地区,这里北接广州,东倚深圳,南与香港、澳门相邻,陆运、海运、空运十分便利。广东中山是中国电子制造业最发达地区,创业配套环境比较好	南山之桥位于中国西南地区的中心城市——成都,拥有众多高校,有很好的科研氛围,并且成都的战略是建成电子信息产业、中医药、精密机械制造产业基地

(2)创业者个性特征

创业过程中遭遇的困难与风险极大,了解创业者创业动机,有利于判断他们愿意为创业活动付出的代价程度。高科技企业的技术是构成竞争力的关键,所以还有必要了解创业者的技术能力和以往从事的行业。

① 先前经验

在一个成功的创业企业中,其创始人既是创业者又是公司的管理者,这要求创业者有技术、销售、融资领域的工作经历,才能积累坚实的管理经验和技术经验。但是在现实中,一个创业者不可能同时具备上述多方面的能力,更多的情况是,创业者在某个领域中具有优势。在创业之前,吴中林从大学时期就接触了这个行业,并且一直从事与天线开发有关的工作并多次获奖,曾独立研发出第一面天线。李为民作为"海归"一派,有在硅谷的工作经历,在两家世界主流芯片公司工作过,同时在其中担任核心工程师职位,独立设计的芯片达到世界领先水平。从以上经历可以看出,在芯片设计这个行业中,李为民有相当的实力,回国创立芯片公司,公司设计实力不容小觑,使得新公司在产品开发上有快速的进展;同时,对芯片行业的了解也使得创业者本身对于行业内部的消息收集有一定灵敏度,便于发现公司以后的创业机会。在融资方面,增加了投资者对公司的信心。研究表明,产业中的先前经验有助于创业者识别出商业机会。创业者一旦创办了一家企业,他就开始了一段旅程,在这段旅程中,通向新事业机会的"走廊"会变得清晰可见。所以,一旦某个人投身于某个产业创业,他将比从产业外观察的人更容易看见产业内的机会。

② 社会网络

中山通宇在创业初期资本30万元,生产设备简陋,员工数量少。很多高科技企业在创业初期,创业者并不具有经济资本,由于企业初期规模小、设备简陋,难以通过抵押方式获得银行贷款。创业初期的资源有限,社会网络有助于高科技创业企业获取政策扶持,甚至银行贷款的资助。个人社会网络的深度和广度会影响机会辨识,与专家建立了大量社会网络的人,将比只拥有少量网络的人得到更多的机会和创意。李为民是威斯康星大学双硕士,同时在硅谷两家国际一流芯片公司工作过。社会网络为创业者提供了发现创业机会以及搜集信息、配置资源的网络。

③ 创造性

创造性是指产生新的想法或者创业的过程。机会辨识也是一个创造的过程,在得到相关信息的基础上,创业者结合本身的知识结构,产生关于某一个服务或者产品的创意。中山通宇面对的竞争者是国外的竞争者,这些公司在行业内从业多年,实力雄厚。面对来自全球范围内的竞争,在创业初期,中山通宇不可能以绝对的资源优势在竞争中取胜,然而创业机会稍纵即逝,吴中林需要通过创新活动才能在竞争中凸显通宇的优势,区别于其他企业。在同日本公司的竞争当中,吴中林创新设计的天线通过了厂商的天线进水测试,为通宇拿下了大笔订单,创新活动在一定程度上可以弥补创业资源。南山之桥则造出了数据通信和信息安全集于一身的路由芯片。李为民认为,世界范围内的数据通信和网络安全正在趋于融合,而且这种融合必须在芯片上实现。国外的思科、诺基亚等公司正在研制类似的技术,将路由器同防火墙合一,造出将数据通信和信息安全集于一身的路由芯片。

④ 创业精神

创业的历程本来就充满传奇冒险色彩,就在通宇走入困境的时候,河北电信的订单使通宇有了走下去的力量。很多人认为创业精神等同于创造奇迹、冒险主义,而事实上创业精神是一种大胆尝试、审时度势。创业历程充满冒险色彩，但是创业并不是孤注一掷。创业精神的前提是高度的商业敏感、战略眼光。在通宇获得 UT 斯达康的订单后，产品有了不错的销量，公司也取得了一定的利润，吴中林并没有将这些钱作为个人财富聚集起来，而是将这些资金投入到新厂房的建设和新项目的开发中去。高科技企业创业者并不以个人财富聚集作为创业成功的评价标准，高科技企业创业者的创业精神在于不停对个人价值和企业价值升值的追逐。李为民认为机会往往孕育在低潮的时候，所以尽管当时的世界芯片业处于低潮，大家都不看好，他仍然坚持创业。不同的时期会有不同的机会出现，"时势造英雄"，赢得了机会就是赢得了成功。在公司最艰难的时刻，也要有克服困难、坚持不放弃的信念。中山通宇在创业初期业绩不理想，影响了公司的正常运转，因为那个时候人们更加愿意相信国外的产品，所以通宇的产品销售遇到了问题，吴中林正是凭借坚持不懈的精神最终打开了市场。南山之桥在创业初期资金筹集遇到困难，李为民并没有因此放弃，而是更加积极地说服投资者，才创立了现在的南山之桥。

⑤ 认知因素

吴中林从事的工作都与通信器材有关。在通信设备厂任技术员的时候，开发的多个系列天线获得了佛山市科技进步一等奖、广东省科技进步二等奖。对天线行业的了解使他发现了小灵通基站天线这样一个机会，技术上的优势，也使得新产品开发速度快、质量好，通过了 UT 斯达康的检测，成为 UT 斯达康最大的供应商，通宇从此获得了一定的资本积累。此外，通宇在 2000 年开始 3G 智能天线的研发，2005 年，项目列入了国家产业化专项项目，通过了信息产业部组织的测试。目前全世界只有 3 家企业具有这种天线阵的生产能力。在硅谷工作的时期，李为民多次成功开发芯片，说明其在该领域的技术和知识积累达到了一定水平，能更好地辨识行业内的机会。机会辨识是一种认知过程，对于能够发现别人错过的机会的能力，也可将其称为创业警觉。警觉很大程度上是一种习惯技能。拥有某个领域更多知识的人，倾向于比其他人对该领域内的机会更为警觉。

表 8-3　创业者特征对创业机会辨识的影响

创业者特征	对创业机会辨识的影响
先前经验	产业中的先前经验有助于创业者识别出商业机会；一旦某个人投身于某个产业创业，他将比从产业外观察的人更容易看见产业内的机会
社会网络	建立了大量社会与专家联系网络的人，将比只拥有少量网络的人得到更多的机会和创意
创造性	机会辨识是一个创造的过程，在得到相关信息的基础上，创业者结合本身的知识结构，产生对于某一个服务或者产品的创意
创业精神	创业精神是一种大胆尝试、审时度势；创业精神的前提是高度的商业敏感、战略眼光
认知因素	机会辨识是一种认知过程；警觉很大程度上是一种习惯技能，拥有某个领域更多知识的人，倾向于比其他人对该领域内的机会更为警觉

第三节 工作与生活的平衡

在日益激烈的商业竞争中,幸福、健康、高效的领导者已成为决定企业成败的重要因素之一。面对越来越大的工作压力,领导者应如何进行职场压力管理,在努力工作的同时好好享受生活已成为重要的话题。

一、压力管理

人是有惰性的,都是在一定的诱惑和压力下做事。人的工作和生活动力来自某种欲望或压力,欲望越强、压力越大,动力也就越足。欲望和压力尽管在作用方式上有所不同,为实现欲望,人会自主地行动,自己给自己施加压力,而外来的压力却能迫使其行动,但二者的作用目标却是相同的,即增强人的行动动力。一般来讲,欲望很强,即自我压力很大时,若稍有外部压力,则效果更好;若无自我压力,即在缺乏目标和欲望时,要使人有较强的生活动力,必须有很强的外界压力。适当的自我加压可以增强自己的活力,从而提高竞争力和生存能力。人们要有生活动力,从自我角度讲,应有明确的生活和事业发展目标,这样才会产生自主的压力,即自我发展的动力;从客观上讲,则应尽可能地营造一种公平竞争的机制和积极向上的环境,从外部施加压力。目标太易实现,生活也会缺乏动力,觉得乏味。另外,不切实际的外部压力不是把人压跑就是压垮,而没有压力又会使人懒惰和颓废。所以,要使人类生活得更充实,事业发展生机勃勃,要注意合理巧妙地运用自我压力和外部压力。压力过大不但对自己的健康产生巨大伤害,使得高血压、冠心病等疾病高发,而且还给企业带来了工作绩效降低、成本增加等无形损失。因此应注意,太理想化,选择不切实际的目标,有可能被自我压力压垮,因为根本无法实现理想会使人绝望,从而自暴自弃或一蹶不振,甚至精神失常,现实中不乏此类人。人就跟弹簧一样,压力越大,反弹力越大,但超过其承受限度的压力会使之断裂。在内外环境急遽变化的今天,领导者承受的工作压力越来越大。

《中国企业家》杂志2004年曾经对252位活跃在中国商界的企业家进行了职场压力方面的调查,调查结果显示,90.6%的企业家处于"过劳"状态。国务院发展研究中心的一项调查显示,2002年,全国3 539个接受调查的企业家中,有90%的人表示工作压力大,76%的企业家认为工作状态紧张。调查还发现,平均每4个企业家中就有一个患有与工作紧张相关的慢性疾病,许多企业家觉得内心孤独,甚至产生厌世心理。那么领导者应该如何进行积极的压力管理呢?对领导者来说,压力管理的第一要务就是安排好自己的事务,合理地支配自己的时间,使自己不为低效工作找借口。

(一) 安排好自己的事务

打过高尔夫球的人会有这样的体会：当挥杆击球的一瞬间，如果急于抬头看球，击球点一定不准且球的飞行会偏离预定路线；当球杆挥起一瞬间，如果突然萌发将球击远的念头，一定会发力，击球可能太深，效果很差；击球的过程中只要心存关于结果的杂念，大部分情况下都会出现击球失误；等等。刚打球时，教练或高手总会提醒你：重心要稳，下杆要慢，死不抬头，决不发力。就是强调要克服急于求成或早点知道结果的欲望，因为急于求成必然导致发力，发力动作变形，改变击球点和球的飞行路线，效果自然很差。要打出好球，一定要按照动作要领，精心做好每一个动作，稳定自如、自然流畅、浑然一体才会得到好结果，正如安家网首席执行官张旭东所言："打高尔夫球和做人做事很相通，我说它很有禅意。你不能追求远，也不能追求准，只能追求把自己的动作做准，这个跟平时做事情一样，你把事情都做对了做好了，结果是自然的。"然而，要做到这一点，需要长期的修炼和感悟。

正确而有效地做任何事情，都需要首先明确目的或方向，然后了解其基本规律，学习有关知识，再在此基础上练习、思考、感悟、创造和提升，以形成自己的知识和行为体系，且能驾驭或稳定实施，自然而然地会迎来好结果。其中，目的和方向是基准和指引，基本规律和基础知识是逻辑和科学，在此基础上的经验积累、感悟、提高和创造是智慧和艺术，围绕目的或方向融会贯通逻辑和智慧，科学与艺术这两个方面，且具有执行力和稳健精神，一定会取得好结果。

作为领导者，要学会用"主题思维"安排好自己的事务，即领导者最根本的任务是面对模糊、复杂、不确定的管理问题，要随时明确需要着手研究和解决的核心问题或任务，即各阶段的工作重心，然后利用"和则"与"谐则"双规则围绕"和谐主题"进行管理，并在管理的过程中随时根据情况对"和谐主题"和管理活动进行调整。

无法安排好自己事务的管理者办事拖拉，不断出错以致产生不满。他们的借口之一是所谓"我没有时间"。任何管理者的工作时刻都会发生变化，这种"没有时间"的管理者通常是没能力应付这种变化的。他们也可能把积压了一大堆未处理完的工作归咎于他们把精力集中在处理一些有兴趣的事情上去了，而不受欢迎的事情被搁置一边。这种管理者知道一些不感兴趣的事情会由别人去处理或被一些大事挤掉。例如，亚瑟·布朗是一位销售经理，享有很能干的声誉。大家知道他不喜欢办公室工作，他的办公桌上有三个文件盒，分别标明"待处理"、"待发"、"疑难"，第三个文件盒用于不能及时处理的那些文件。一个调皮的同事把"疑难"改为"太笨"，这对许多喜欢搪塞的管理者来说太符合情况了。另一种借口是"我们办事只是临时应付"。他们工作缺乏计划，缺乏主动精神和自己的工作模式，以致他们只能按照别人的意见办事，而不去发挥自己的主动性和创造性。一个类似的借口就是"我还在等上级的……"虽然某些等待是不可避免的，然而有些时候管理者等待指示是因为他们不知道做什么，或者因为他们认为已经把事情提交给上级了，事情不批回来就想不起来，因为这些人扮演了一种依赖性角色。

最后还有这样的借口："真的吗？我完全不记得了。"管理者必须能记住并回忆起覆盖范围广泛的大量事情,并迅速和有效地在这些事情中展开思维活动。管理者不能像那些针对某一目标的、专心致志的人,譬如雕塑家和物理研究专家,他们能集中精力在一项任务上好几周,他们身上表现出来的那种高度的全神贯注,既是一种消磨闲暇时间的怪癖,也表明了他们绝对的、坚定的奉献精神。指挥失灵、没有系统的工作,绝不可能使任何政府、企业的业务有效率、有起色;而精细的计划、简单而有效的系统,却能使中等的人才成就伟大的事业。

例如有个人,他真是个"无头苍蝇",不管你什么时候去看他,他总是忙得喘不过气来。他只能拿出几秒钟的时间来和你谈话,假使你拿出要和他长谈的姿势,他会拿出他的手表来,提醒你他的时间是宝贵的。他公司的业务做得很大,但开支更大。他不懂得人事经济的原理,他只想聘用更多的人,以补救他的凌乱,补救他系统性的缺乏。他有着一个无系统的头脑,他缺乏处理事务的能力。结果,他的业务一团糟。他的办公室有如一间旧货铺。他老是忙碌,甚至没有时间可以把手头上的东西安置好。即使有时间,他也不知道应该把东西安置在什么地方。在他的办公室,经常可以看见他在堆积凌乱的信件、纸张中寻找东西。

这个人自己使得员工工作没有系统性,而他只知道催促他的员工,告诉他们一切都已落后,督促他们更加努力地工作,一切尽在混乱中。个人做完一件事后,都不知道应该再做什么。假使去请命于他,他只会催他们尽力去干。他不能做出固定、具体的命令。他没有工作计划,没有行动纲领,除了要常去催促下属以外,似乎人人都各自忙于互不相干的事情。

而另一个与他同业的竞争者,从来不见他忙碌。他老是平稳、安详,永远不会慌乱。不管工作怎样繁重,他总是有时间可以从容地招待你。在他公司的办公室中,一切都有条不紊。大家似乎个个都不忙碌,然而业务却进行得很顺利,没有混乱、矛盾的工作,也没有不必要的重复工作。他每晚清理他的办公桌,重要的信立刻就复,订货单赶忙填发,所以他的业务量大于上一位管理者的数倍,一切事务的进行整齐得像钟表转动一样,因为他能利用他的头脑,能指挥他的员工,能系统化公司中的工作,所以每个子系统都能感到自己是大系统中的一部分。各人都照着一定的秩序工作,因此一切慌乱、凌乱的现象也就消除了。

时间没有浪费,人力没有浪费,办公室中不慌张、不凌乱。这位条理井然的领导,给人一种"力量"、"平衡"、"安详"的印象,他不是常埋着头死做,他也不是躬亲一切琐事。

(二) 合理地支配时间

高尔夫球运动是一种看起来很简单的运动,实则有极强的技巧性,有人称其技术含量很高。首先最主要的是所有环节基本上都是由人控制的点对点的相对运动,如杆面甜点(最佳击球点)、与小球的接触点、球的飞行方向、力度与位于远方的球洞等,好的结果要求精细和准确;其次是对环境的敏感性,空气湿度、风向、草的长短和走向等都会影响球的飞行路线和距离,要实现预定目标,必须有极强的环境判断力和适应性;再次是对人及其主观因素的依赖,打球者的心态、情绪、身体状况、瞬间的思维和念头都会影响到击球点、击球力度和小球的飞行路线,要取得好的结果必须有良好的心态、行为的一致性和定力。所以,高尔夫对技巧性、稳定性和心态都有很高的要求,要通过时间、过程、金钱以及刻苦精神和很高的悟性方可达到高的水平。

高尔夫与管理虽是不同的活动,但有相同的"道"。管理活动涉及复杂的人财物与时间的匹配,要求准确性。那么,领导者在管理活动中应该怎么样更合理地支配自己的时间呢?

1. 简要日记法

简要日记通常用来安排计划中的时间或事务,使领导能够对每天的活动自主安排,心中有数,其结构示例如下:

2月12日

① 8:00—10:00　参加亚商国际公司的开业典礼,与该公司经理商谈产品代销事宜;
② 10:00—12:00　处理本公司 RS0103 号合同质量事故问题,召集生产科、技术科、质检科管理人士开现场会议;
③ 12:00—13:00　邀请昆腾公司来访团共进午餐,初步定为雅致酒楼;
④ 13:00—13:30　回复几封急件、货单。

这实际上也就是个日程表,只是比日程表更随意些,更具体些,已经完成的工作可以用划线删去。这样就简洁明晰地表达出了工作内容与秩序。

注意一个精心安排的日记应该对重要活动安排整块时间,就像医生的手术总是安排在一天开始或傍晚之初。同样,领导者也都是一般在一天的开始时口头下达指示,在飞机上或路途中阅读报告,在午饭前巡视车间。养成一种良好习惯能有助于大大提高个体效率并产生和同事更有效的工作关系。

2. 阅件调出法

这在档案管理中非常实用,以这种方法把有关一件事情的记录和信件按照它们将被调出阅办的日期存放,这样就避免了桌上堆满一堆文件或者鼓鼓囊囊的公文包。这些常常表示一个管理人员穷于应付而不是预先主动地处理各种事情。在一个管理人员被问及关于某个具体工作的进程时,一个通常的回答就是"它正在接近文件堆的顶端"。这说的是桌上堆有一堆文件,这堆文件正严格地按照年月日顺序进行处理。通常这些文件只是在被质问和抱怨时才处理。以这种安排方式来处理,每件事都会变为紧急的,并且别人总是不满意。杰夫·莫里斯是一个工厂的工程师,他是按照人们对他抱怨声和催促质问的程度来处理事情的。这样逐渐使他情绪低落,所以某一周他同意放弃他那被动的办事原则:"我一有时间就马上处理这个问题,尽量降低公文堆的高度。"主动方法实施后,他对每一个询问者说,他会在一个规定的时间里处理他们的疑问,常常要几周以后。所有的询问者都满意了,他突然间发现他有一段考虑问题的时间,能够开始主动安排他的活动了,并开始采用更令人满意和更有效率的工作方法。这种阅件调出分类法也能用来防止某些人忽略他们认为太难办的或不吸引人的一些事情,就像莫里斯在主动掌握他的生活之前那样。

3. 记事单法

许多管理人员常常把要办的事写在一页记事单上,一般是临时记在纸片上以便早晚可以回顾。这主要是为了检查必须办的事情，以便他们在坐车上班或其他相对安宁的时段中回想一下，参考这些清单能避免在匆忙和忙乱的一天工作中忽略了一些必须办的事情。第二个好处是在一天之余略阅一下这个清单，可使我们了解某些事情已经完成了。有些人并不把要做的事写在清单上，而是待做完后再列入清单，以便勾销，关于这种情况就不多做说明了。这种情况基本上是一种个体非正式的活动，当它成为一套行政管理方法时就改变了它的性质。一个建筑公司的经理有一份其所有必须完成的常规工作的表，这些工作每完成一项由他或他的助理签署意见。

4. 颜色区分法

某些人，尤其是意识到使事情积压成堆存在问题的那些人，试图以各种方法确定重点。在上述的那种记事单上对比较紧要的一二件事可在旁边标注☆，有一些甚至可标注☆☆以表示这些为首先应该做的事情，或者是即使推迟别的事情也必须做的工作。一些人用一种"必须做"、"重要"、"将要做"的分类方法或者用不同颜色的荧光笔做标记以对内部备忘录进行分类，或者以不同颜色的纸条表示不同种类的内容，例如：

白色——日常报告

粉红色——有用资料与数据

蓝色——感兴趣的事

黄色——亟须完成的

橘黄色——需要答复的事

这种想法是将备忘录用有颜色的纸来分类，以指明应该引起关注的程度，紧急的事要立即处理，其他的事可稍后处理。看起来这好像是一种非常精确的管理办法，但它不十分符合人类本性难以预测的变化。白的、粉红的、蓝的备忘录会全都看吗？当大部分文件可能相当容易处理时，这种文件的分类方法不是反而支持了那些管理人员认为忙得没时间看所有文件的想法吗？还有，如果按照文件重要性的等级进行分类，那些较低等级的文件不久就被抛弃不看了。在行政办公室，传真被标明"特急"、"急"、"优先"、"普通"几个等级，更为重要的是要自我管理，以不使每件事都标上最高的两个等级。

（三）压力管理措施

压力是一种动态条件，在这种条件中，个体要面对与自己所渴望的目标相关的机遇、限制及要求，而且个体感觉到的是其结果非常重要却又不确定。人总是害怕不确定性的，美国投资奇才索罗斯曾说过，他什么都不怕，只怕不确定性。工作压力与工作绩效之间的关系有四种：正相关、负相关、无关系、反U型抛物线关系。正相关——当压力源是巨大的、短期的，同时伴随着巨大的激励，会出现正相关的关系；负相关——当压力源是巨大的、短期的，同时伴随着巨大的刺激；无关系——该人本身比较顽固，对绩效不敏感，对这样的人施压没有用，但这种人是很少见的；反U型抛物线关系——大多数人都属于此关系，压力太小，肯定没绩效，正向抛物线到达某一个最佳点后，若主管继续拼命追加压力，则员工绩效会下降。就像高压锅，要对压力进行适度调节，加热的同时允许一部分蒸汽释放。一旦压力超过了承受力，高压锅就会爆炸，而不加热却什么也煮不成。

研究显示,在我国,最大的压力存在于工作最复杂的工种上。这也就是为什么高管和CEO往往感觉压力最大的原因。压力的潜在来源有环境的、组织的以及个体的。研究表明,高管最主要的压力源:一是责任重大;二是工作负荷特别大;三是对于未来的不可掌控性,包括政府政策、未来的企业前景等;四是工作特别复杂,层层面面,包括人际关系;五是知识含量高,使得他们不停地要更新知识。另一方面,管理层员工属于知识型员工,社会对他们各方面技能的要求很高。竞争环境的恶劣、人际方面的竞争、企业之间的竞争都是导致知识型员工过劳的原因。在研究中,有两个压力源是具有中国特点的重要压力源:工作的无疆域性和人际关系。管理者的工作无论在时间上还是在空间上都没有疆域。许多国内企业高层主管表示,没完没了地工作是他们的职业特点。另外,国内企业管理者还需要有比较好的人际网络,尤其是当人际关系对管理者的工作或个人前途形成影响之际。复杂的人际关系与管理者的职业倦怠有直接的关系,并使管理者日渐感到孤独和寂寞。以上一些原因使得很多领导者不遗余力地工作,在方方面面都希望自己做到最好。在这种强大的外界竞争和自身的上进心驱使之下,领导者加班加点,以自己的健康作代价。

深入分析可以发现,中国企业管理者的压力问题有其深层的原因。中国人对心理疾病讳疾忌医的倾向,在一定程度上是我们文化中家庭关系密切和面子观念强烈所造成的。精神和心理方面的疾病也是病,需要专业人士的药物或心理辅导等方面的帮助。亲人提供的亲情帮助或许可以缓解病情,但难以在根本上解决问题。而我们的舆论环境也在不经意中导致了两个误区:身体是自己的,工作是为社会和他人的;一个真正忘我无私的劳动者应可牺牲自身的健康和福祉为社会服务。

"垫子文化"引领华为成为中国屈指可数的国际化企业之一,也成为让中国人引以为自豪的本土企业之一,然而华为也可能是中国最累的企业,其为此付出的代价就是一连串的员工自杀或病故事件。日积月累的心理压力无处释放,又无法获得公司及他人的支持,偶然事件最终成为压垮员工的最后一根稻草。对于处在潜在高度疲劳职位上的员工,企业要以人为本。西方的大多数企业都有EAP(Employee Assistant Program,员工援助项目),这样员工有压力的话,就可以找企业中的专业人士帮助。国有企业也可以通过工会、党支部等来提供帮助,但这是工友们的帮助,与专业人士的帮助是不一样的。专业的帮助是从心理辅导的角度出发,人文的帮助是从情感等角度出发的,而且专业的辅导中有很大的隐私性,而同事之间的帮助是没有隐私性的。现在《财富》500强企业都有EAP项目,他们认为在健康上投资1块钱,回报是8—9块钱,而国内企业往往认为这只是支出。当然,随着很多企业看到员工流失甚至猝死的现象,他们也会越来越重视这个问题。哈里·莱文森(Harry Levinson)认为,具体来说企业可以采取以下方法减轻领导者的压力:

(1) 工作再设计。包括轮换岗位、灵活工作时间和远程办公等弹性设计。

(2) 强化企业的支持系统和压力管理机制。一方面,雇用专业人员充实企业的人力资源部门;另一方面,设立具体的政策,保护领导者心理健康方面的个人资料,使之正确看待心理和精神方面的疾病。

(3) 加强对领导者的培训。提供充足的上岗训练,提高其工作技能;同时设立一些压力管理方面的培训项目。

(4) 提供渠道让领导者们自由表达内心的沮丧,为他们提供娱乐放松的机会。

管理实践

张朝阳的健康理念

以前,张朝阳想得最多的是隐患。所以,他诚惶诚恐。1999 年,他的能力被董事会质疑,毫无还手之力。2001 年,搜狐股价暴跌,自己"差点被干掉"。他自称被董事会长期精神强暴,言听计从。张朝阳坦承,早期的他一直处在危机当中,每天考虑的问题是如何走下去,如何解决最棘手的问题,生存下来,"就像冲过一个火阵,要高速行驶,而不是被烧着"。"一个人还在爬坡时,是很难保持心态平衡的。因为你周围的人和事情,会拉着你去追逐世俗的名利。那时,我拼命地工作,更多的是想获得成功,成为父母期待的人,就像现在的职场人,努力奋斗了一个月,最终完成项目时,会很快乐。但为了这瞬间的快乐,你要忍受一个月的痛苦。"

他大谈道:"所谓焦虑,就是一丝一毫的不安全感,就是这个世界对你的肯定和不肯定,对你的接受和不接受。小时候,父母和老师就教给我们应该干什么,不应该干什么。因此,我们总是在和周围人比较,正是这种比较,让我们不安,让我们衰老……我们要锻炼自己一种忽略的能力,就是不让你的大脑想事情,让生命最少程度地受到打扰,这样就不会衰老,转一圈又回到三岁孩童。"

"所谓空性,就是克服焦虑。空性让我们快乐,但效率又让我们不快乐。这是一对矛盾。"

"我从来不会去回避我该负的责任,但绝对不是那种鞠躬尽瘁式的,因为现在的我更懂得健康地生活,我能够感觉到自己的生活正变得顺畅起来,成熟不是变老,而是越来越轻松。"

"追求成功不是有丰富的物质生活,而是有空间追求快乐。"

高冬成. 张朝阳10 岁. 财经界:管理学家,2007,10:21—24.

除了企业采取的措施之外,领导者自身应该如何强化自己的压力管理能力呢?

戴尔·卡耐基(Dale Carnegie)在《享受工作享受生活》一书中提出良好的工作习惯可以预防疲劳:

工作良习第一项:除了正在办理的事务,桌上不放其他文件。次序应该是企业的第一律。许多人的办公桌上堆放着几个星期都没看的文件。光是看到桌上一堆未回的信件、未完成的报告及备忘录等,就足以令人紧张烦恼。比那更惨的是,这些文件还不断地提醒你"这有一堆事情要做,可是又没时间",这种感觉不但使人烦恼厌倦,还会让人烦出毛病来。

工作良习第二项:事分轻重缓急,由重要的事开始做。永远按事情的轻重办事并不容易。不过,订出计划,先做计划上的第一件事,绝对要有效得多。

工作良习第三项:遇到问题,尽可能当时当地解决,尤其是在已经掌握足够信息时,更应马上采取行动。

工作良习第四项:学会授权与督导。很多领导者因为从来不会把职权分散给他人,事必躬亲以致让自己操劳过度。结果成天只为琐事忙得团团转,一种催促、忧愁、焦虑及紧张的感觉挥之不去。授权得当可以把领导者从琐碎的事务中解放出来,有效地克服忙乱现象。授权并不是一件容易的事,如果授权不足,会使领导者陷入事务圈子;如果授权过分,又会削弱领导力。可是虽然困难重重,主管们要想免除烦躁、倦怠与紧张,还是只有授权一途。白手起家的老板们如果不会授权与督导,多半到了五六十岁就免不了心脏方面出毛病,而这种心脏问题多半是由紧张所引起的。

对于企业家和管理者而言,第一,要找到自己最主要的压力源,比如,觉得能力不够,就要进修;觉得自己没有很好的管理时间的技巧,就要学习时间管理;有的人不相信下属,不会授权,就要学习授权。第二,如果这个压力源是不可承受的,就要选择远离压力源,比如休息一段时间,离开这个工作岗位一段时间。研究发现,哪怕只有几天的休息时间也是大有裨益的。第三,要把自己的心态摆平,人的欲望不能太高,不能所有事情都希望成功。换句话来说,要改变对压力的感知。为什么同样的环境,有的人不觉得有压力,有的人就觉得压力很大,这是因为人和人之间对环境的感知不同。第四,要学会倾诉,找专业人士、自己相信的人倾诉,不要把压力隐藏在心里。第五,每个人都需要有比较好的社会支持系统,不管是来自于家庭,还是来自于社会、社团或工作团队,一定要有朋友。具体来讲有这些小技巧:

(1) 了解自身的抗压机制。每一个领导者应对自己的性格以及压力管理能力有一个大概的认识,尤其了解自身特性与工作特性之间的契合度及其对健康的影响。

(2) 保持平衡的心理状态。比较平和的心态,比较宽容的态度,有利于心理健康。

(3) 学习如何控制压力源和管理压力。主动地学习抗压技巧和知识;在感受到困惑、沮丧等心灵症状时主动寻求帮助和支持;尽力提高自身对不确定因素的抵抗力和适应力。

所以说,一个人要有一定的手段来管理自己的压力。即使在压力源很大很多的情况下,也要有一定的机动性适当地把自己剥离开,知道哪些放松的手段对自己有效,不仅要有很好的自我认知和心理暗示,另外也要有信任的朋友,甚至是心理咨询师来帮助,这样就不会造成很大的问题。最怕的是,一个人工作压力很大,心胸很窄,没有朋友,又不把心理压力作为一回事,喜欢钻牛角尖。

二、工作与生活的平衡策略

高尔夫虽然有很高的技术性,但技术动作可通过刻苦训练掌握,技术动作的标准化和稳定化可通过反复训练形成肌肉记忆,但真正的高水平在于心态、修养、境界,在于所在情境下的整体判断能力和驾驭水平,这体现了高尔夫的"道",其水准的提升需要"悟"。因此,高尔夫可以"躺着学、场上练、动中悟、悟中升"。换句话说,因为高尔夫是一项"有思想的运动",它的学习不一定在球场上,躺在床上都可以学习和体会其精神和基本要领;然后可在球场上尝试和检验学习和感悟之心得;并根据效果进一步地感悟和全方位地提升。通常,勤奋可以提升技巧,感悟和心态可以提升水准。有一个高尔夫爱好者年出勤(打球)在300天以上,可以说已经"走火入魔",公司业务受到严重影响,但其水准的提升仍很有限,原因就在于他是为了打球而打球,心态和态度已经有违高尔夫之道。而另一个人虽然打球不多,但悟到了高尔夫之道,能正确对待高球运动和坦然面对球场得失,把打球作为修炼人生、升华境界和交友健身的一种途径,不仅以认真的精神与平和的心态完成打球的全过程,而且通过对不同状况的应对感悟和思考其中的人生启示,注意观察并与球友交流,不断感悟事业、人生和管理,高球水准相对来说也提升很快。

工作也是一样。一般来说,领导者是企业的战略决策中心和执行中心。他们的想法与行为、能力与风格在很大程度上决定着企业的命运。但是,领导者在工作与生活中也有着无奈、悲伤、恐惧、绝望、无助、遗憾和愤怒,以及无法摆脱的空虚感甚至负疚感。很少有课程安排培训他们管理自己生活的能力,世界好像忽视了领导者作为人而存在的事实。要知道,人是十分情绪化的动物,天生具有喜怒哀乐。这种情绪上的变化也影响着领导者,影响着他们对工作的投入和工作的质量。更何况,一个不能管理好自己情绪的领导者,怎么懂得理解和管理他人的情绪?同时领导者的情绪化也会传染给其下属的整个团队,影响团队的士气和执行效率。

很多领导者也许在工作上很成功,但对工作的投入或牺牲影响了他们的个人生活。传统的观念认为,工作与生活是一种零和游戏,只能选一头,无法两全。很多企业沿用这种观点决定如何分配雇员们的工作与个人生活,他们通常认为工作-生活计划(work-life programs)仅仅是一种社会福利。因此,对领导者而言,这种在生活与工作之间的权衡与取舍也许是无奈的。当一位领导者对自己事业上的成就充满自豪的时候,另一方面,他也许会对妻子、丈夫、孩子感到亏欠,对朋友感到愧疚,对丢掉了自己的业余爱好感到遗憾;与此同时,他还可能倍感压力,情绪失控,甚至心力交瘁。工作上,他们是成功的;但生活上,他们却是残缺的,有些遗憾也许今生都无法弥补。一旦他们中断职业、使事业停滞不前、退休或离开岗位,那种没有事业的空虚感又会突然袭来。付出虽然使他们获得了事业上的成功,但是代价也可能是他们无法继续在事业上更进一步。对企业来说,失去这些领导者的机会成本更是巨大的。

为了在工作与生活中找到最佳平衡点,一些企业正在尝试使用一种新策略以实现每位领导者的工作和生活目标,保证他们的利益。这就是实施一种"以人为本"的理念。当技术、组织架构、流程、战略、兼并、重组和其他相关的管理理念无法解决领导内心的问题时,也许能够解决这一问题的只有从重视领导者作为人的价值开始。重新审视并承认他们作为人的价值,这些企业遵循三个原则:

(1) 清晰地告诉领导者公司的重要目标,同时也鼓励领导者明确自己的重要目标。

(2) 把领导者作为"完整的人"去看待,承认并且鼓励他们在办公室之外扮演的角色。

(3) 不断地尝试完成工作的方式,寻求既能增进组织绩效,又允许领导者追求个人目标的管理方法。

遵循这三条原则的企业发现,工作与个人重要目标之间的冲突实际上有助于查明工作中的低效率因素。此外,企业也可以采取相应的措施帮助个人协调私人和职业生涯,最大限度减少阻碍,拓宽企业的价值;创造多种薪酬政策和职业阶梯;实际的绩效评估;减少不确定性;明确企业行事的范围和介入个人生活的程度。

不仅企业应该重新审视并承认领导者作为人的价值,领导者自己也可以采取积极策略成功安排自己的工作与生活。杰克·韦尔奇在他的著作《赢》中,花了一章内容专门讲到工作与生活的平衡。他谈到自己41年以来执行的原则就是好好工作,好好享受,花一点时间来当父亲。从这些经历里,韦尔奇认为"工作与生活的平衡"涵盖了我们所有人应该如何管理生活、支配时间的问题——关于优先次序和价值观的问题。基本上,这个平衡是关于"我们应该把多少精力消耗在工作上"的讨论。这是一个交易——你和自己之间就所得和所失进行的交易。平衡意味着选择和取舍,并承担相应的后果。在书中韦尔奇总结出不少好的经验。

经验1:无论参与什么游戏,都要尽可能地投入。因为工作和生活都需要我们150%地投入。因此做事时要努力减轻焦虑、避免分心,或者说,要学会分门别类、有条不紊。

经验2:对于自己所选择的工作与生活平衡之外的要求和需要,要有勇气说"不"。这样,大多数人都会找到适合自己工作与生活的平衡位置,然后坚持这一平衡。学会拒绝将给你带来巨大的解脱。

经验3:确认平衡计划没有把你自己排除在外。在处理工作与生活的平衡关系时,要避免陷入"为了其他所有人而牺牲自己"综合征。有许多非常能干的人,他们制订了完美的平衡计划,把自己的一切都贡献给了工作、家庭、学习。但是他们自己对这样的完美计划却根本没有兴趣。

认真考虑这个话题的时候,你会发现,如果自己想追求平衡和完美,最关键的不过是明白几个道理:你要明白自己除了工作以外,还想从生活中得到什么;在工作中,你要明白自己的老板需要什么;寻找平衡是一个过程,找对感觉需要反复实践;有了相关的经验和思考之后,你可以做得更好;最终,在一段时间过去之后,你会发现事情并没有那么艰难,不过是平凡地生活而已。

研究认为除去个人心理上的差异,能够成功地安排工作和私人生活关系的领导者在三件事情上做得更好:第一,能很快地适应工作中的变化;第二,能够找到适合他们的工作;第三,能够正确地对待工作中的种种困难。

三、事业成功与生活幸福

我们经常会看到电视上报道各种各样的高尔夫球比赛,球场上常常出现各种冠名的球赛,但当你问一位球员你的对手是谁,恐怕没人能回答出来。因为对高尔夫球手来说,影响其胜负的因素太多,打高尔夫球可以说没有对手,要说有,对手就是自己!高尔夫球运动对人和竞争有着自己独特的诠释。这是一项永远都会有遗憾的运动,你总是想做到完美无缺,而又总是达不到完美无缺。浸淫几十年的专业球手,也不能确保每一杆每一洞都能胜过非专业球手。表面上你在与人竞争,实际上更多的是与自己竞争;形式上是胳膊一挥之力,而实际上需要调动周身每一根神经。你的心态、计算、视力、各个部位肌肉的张力、柔韧性、美感、身心合一的程度等,都起着很重要的作用。竞争的得失,不是一杆一洞能够显现的,而强弱不仅在于你的技术,而且在于你的心态、稳定性,在于你将简单的挥杆动作始终如一地做好。

掌管着招商局集团的秦晓对此道深有感悟:"高尔夫是自我批判的过程。打高尔夫的整个过程是一路批判自己,打不好,你怨不了任何人,这不是对抗。"

有打球经验的人都会深深感受到,一个圆圆的小高尔夫球,不是可以随意调遣的。必须全神贯注于一点,周身的每个神经都必须调动起来,借助内在爆发力、挥臂惯性、地势风向等,瞬间完成一个自如挥杆动作。在外行眼中只不过是简单的一挥,是再简单不过的事情,而内行则深知那一挥所需要的功力。挥杆过猛不行,挥杆不力不行,挥杆没有韵律不行,挥杆缺乏美感不行,挥杆不准不稳不行,身体不成一个优美的线条还不行。没有哪一项运动,像高尔夫这样需要全身心的积极调动。要打好球,必须不断和自己较量,从技术和身心,不断琢磨,不断改进和提高,只有更好,没有最好!因此,打好高尔夫球不仅依赖于技能,更重要的是心态以及对环境的抗干扰能力,说得更深一点,还依赖于一个人的人品和境界。虽然没有激烈的对抗,却有突然降临的好运;没有力挽狂澜的雄伟,却有着身心合一的持续稳定。小小高球魅力无限。它一飞冲天划出的弧线,体现了人生和事业成功的真谛:尽管世界是复杂的,但当下能做和正做的都是简单的事,能够始终如一,终会到达成功彼岸!

但什么是事业成功?什么又为生活幸福?不同的理念、不同的人会有不同的理解。例如,在许多市场经济发达的国家,人们成功的观念是非常多元化的,只要其人生目标或追求得以实现,他们就认为获得了成功和幸福,他们并不觉得做清洁工比当教授低人一等,重在关注自己的理想和追求。而我们中国人却有成功理念趋同化倾向,善于横向攀比,即使自己在某个领域已经很成功,但看到自己的同学、朋友在别的领域取得成就,又感到失落。特别是在官本位的社会环境下,总喜欢以官位高低判断人生成功与否,结果使许多事业上已有成就的人在比较中总是受到打击和压抑,无法或难以收获本应有的幸福感觉。更何况,复杂多元的事业模态,迥异多彩的人生方式,难有相同的成功模式和幸福感受。基于长期的思考和总结,站在抽象的角度,这里我们给出一种成功模式与幸福理解,与大家分享。

对企事业单位来讲,现在最大的挑战是应对复杂多变的市场,处理内部各种各样的复杂问题。事业的成功首先应得到市场的认可,而市场认可主要看你是否形成响亮的品牌,有无满足市场需求的好产品,产品的成本是否有足够的竞争力(见图8-3 五角星上边三个角),而要满足上述市场竞争要求,必须有内部两个支撑点:明晰的发展战略与必要的资源(见图8-3 五角星下边两个角)。这五个角作用的整合和发挥更重要的是依赖于领导者与管理团队的能力,至少包括学习能力、资源整合能力、创造力、驾驭力、应变力、凝聚力等以及由此形成的企业制度和文化。因此成功是一个整体概念,是一个体系。

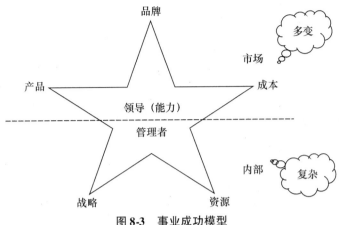

图 8-3 事业成功模型

同样,对一个领导者乃至每个人来说,只有事业的成功并不表明成功和幸福。一个有追求、有境界的人的幸福至少应该建立在一个体系的和谐运转上。如图 8-4 所示,事业成功只是幸福的一个重要组成部分,幸福还需要和谐美满的家庭生活以及使人生丰富多彩的一定的爱好(见图 8-4 五角星上边三个角),而这三个方面的实现需要至少两方面的支持:健康的身体和较高的素养(见图 8-4 五角星下边两个角)。但对于许多人来说,可能也具备了这五个方面,但仍然谈不上幸福,主要可能是由于其驾驭力的缺失或不足使自己陷入其中难以真正享受成功的快乐。有的忙得晕头转向;有的只在追求自己没得到的,而不注意享受自己已经得到的;有的陷入事业成功后的各种关系纠葛中;还有的人把自己本来已经很好的生活搞得很复杂,也使自己陷入沉重的烦恼或痛苦中不能自拔,无法过一种简约而丰富、轻松、快乐的生活;等等。所以,真正的幸福还需要一定的驾驭力或管理自己的能力。

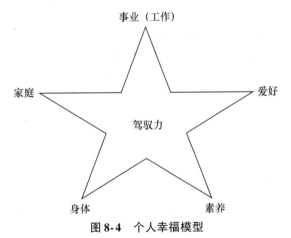

图 8-4 个人幸福模型

无论你从事什么样的事业,无论你生活的价值取向如何,只要能不断提升你的驾驭或管理能力,整合图 8-3、图 8-4 各自的五个方面,取得相对均衡与和谐,你都会品尝到事业的成功和生活的幸福。

本章小结

高尔夫球运动是一项阳光的、健康的、时尚的、文明的、有益的运动。可以在细微之处,彰显人的个性。球场上的百态,正是生活的缩影,处处体现着人性化的魅力。当领导者处于具体的、非正式的场合中,如高尔夫球场上时,如何施展自己的权威和影响则更是一个值得深入研究的问题,比如如何处理与群众的距离方面。

在高尔夫球运动中,我们与各式各样的人建立了球友关系。由此,本章引出了人际关系的内涵,中国特定背景下的人际关系以及领导者的关系网络与构建。由高尔夫球运动中的"一杆进洞",我们相信机遇总是亲近有准备的人。那么创业机遇总是亲近哪些有准备的人呢?借助通宇和南山之桥创始人的创业历程,我们对创业机会的辨识进行了详细分析。

面对越来越大的工作压力,领导者究竟应如何权衡工作与生活才能取得成功?对此一些有成就的人士在总结他们成功的经验时,盛赞他们的排序工作法,即每个时段或每天都将要做的事情按轻重缓急排序,先从最重要、最紧迫的事情开始,将自己有限的精力和资源集中于最值得先完成的事务上,这样不仅使工作变得高效,而且加快了走向成功的步伐,使自己的人生更丰富多彩。同时,企业应"以人为本",重新审视并承认领导者作为人的价值。采取相应策略并鼓励领导者积极地管理自己的工作压力,使其在事业与个人生活中取得平衡。

时代越来越复杂多变,且越来越模糊和不确定,人们面临的挑战也日益严峻。真正的勇者并不惧怕挑战,而令其困惑和焦虑的是不知道对手在那里、何时出现,是什么样的挑战等。此时,即使你再勇敢、资源再多,也会在内耗中、在无关大局的琐事中、在没有意义甚至会起副作用的各种问题网络中使资源和勇气消耗殆尽。因此,要赢得世界只有勇敢是远远不够的,还需要智慧。而智慧的集中表现是敏锐和洞察,即具备主题思维的能力、素质与知识基础,这样才能高瞻远瞩、把握方向,抓住时代的脉搏,才不致使勇敢浪费,才会使勇敢真正转化为绩效,从而保证走出一条成功的道路。

练习与思考

1. 你如何看待中国人的关系?
2. 你为什么会感到有压力?通常会采取哪些解决途径?

正文参考文献:

[1] Carnegie D.:《享受工作享受生活》。北京:中国友谊出版公司,1998年版。

[2] 费孝通:《乡土中国》。香港:凤凰出版社,1948年版。

[3] 韩巍、席酉民:"关系:中国商业活动的基本模式探讨",《西北大学学报(哲学社会科学版)》,2001年第31期第1卷,第43—47页。

[4] 胡媛:"累并快乐着——中国企业家工作、健康及快乐状况调查报告",《中国企业家》,2004年第5期,第66—69页。

[5] Ibarra H.、Hunter M.："创建你的战略型人际网络"，《商业评论》，2007年第2期，第112—123页。
[6] 杰克·韦尔奇：《赢》。北京：中信出版社，2005年版。
[7] 乐国安、王晓霞、汪新建：《当前中国人际关系研究》，天津：南开大学出版社，2002年版。
[8] 李鹏、李芳、郑梭南等译：《哈佛商业评论精粹译丛——工作与生活的平衡》。北京：中国人民大学出版社，2004年版。
[9] 林有成：《"五缘"文化与市场营销》。北京：经济管理出版社，1997年版。
[10] 罗家德："交易中的关系主义"，《北大商业评论》，2007年第8期，第142—147页。
[11] "潘刚的责任大道"，《财经界：管理学家》，2007年第11期，第18—23页。
[12] "孙大卫：江湖道义"，《财经界：管理学家》，2008年第1期，第19页。
[13] Uzzi B.、Dunlap S.："如何建立你的关系网"，《商业评论》，2006年第4期，第60—70页。
[14] 王国锋、井润田："企业高层管理者内部冲突和解决策略的实证研究"，《管理学报》，2006年第3期第2册，第214—221页。
[15] 席西民："成功与幸福"，《管理学家》，2006年第12期。
[16] 席西民：《管理之道：大处着手小处着眼》。北京：朝华出版社，2005年版。
[17] 席西民：《管理之道：游戏规则与行为》。北京：朝华出版社，2005年版。
[18] 席西民："主题思维：人生成功的法宝"，《管理学家》，2008年第1期。
[19] 谢家琳："是什么让我们疲惫：中国国企员工压力研究报告"，《商业评论》，2005年第5期。
[20] 谢家琳："谁在为中国企业管理者'加压'"，《北大商业评论》，2005年第5期，第56—60页。
[21] 谢家琳："压力管理战略"，《管理人》，2006年第8期，第30—31页。
[22] 杨国枢：《中国人的心理》。台北：桂冠图书股份有限公司，1988年版。
[23] 杨国枢：《中国人的心理与行为》。台北：桂冠图书股份有限公司，1992年版。
[24] 杨中芳、高尚仁：《中国人，中国心》。台北：远流出版事业股份有限公司，1991年版。
[25] "张朝阳10岁"，《财经界：管理学家》，2007年第10期，第21—24页。
[26] 庄贵军、席西民："关系营销在中国的文化基础"，《管理世界》，2003年第10期第98—109页。
[27] Ardichvili A., Cardozo R. and Ray S., "A Theory of Entrepreneurship Opportunity Identification and Development", *Journal of Business Venturing*, 2003, 118: 105—123.
[28] Dwyer F. R., Paul H. S. and Sejo O., "Developing Buyer-Seller Relationships", *Journal of Marketing*, 1987, 51(April): 11—27.
[29] Hofstede G., *Culture's Consequences: International Differences in Work-related Values*. Calif.: Sage, 1984.
[30] Hofstede G., "Dimensions of National Cultures in Fifty Countries and Three Regions", in J. B. Deregowski, S. Dziurawise and R. E. Annies (Eds), *Expiscations in Cross-cultural Psychology*, Lisce, The Netherlands, Swetw & Zeitliger, 1983.
[31] Lindsay N. J. and Craig J. A., "Framework for Understanding Opportunity Recognition: Entrepreneurs versus Private Equity Financiers", *Journal of Private Equity*, 2002(6): 13—24.
[32] Shane S. and Venkataraman S., "The Promise of Entrepreneurship as a Field of Research", *Academy of Management Review*, 2000, 25(1): 217—226.
[33] Su C. and Littlefield J. E., "Entering Guanxi: A Business Ethical Dilemma in Mainland China", *Journal of Business Ethics*, 2001, 33: 199—210.
[34] Yang C. F., "Psychocultural Foundations of Informal Groups: The Issues of Loyalty, Sincerity, and Trust in Chinese Political and Business Organizations", *Working Paper*, Chinese Management Centre, The university of Hong Kong, 1998.

案例研究

民营企业高层管理团队的内聚力

一、案例背景

华城公司于2002年5月在成都市武侯区工商局注册，注册资本300万元，在公司章程里有三位股东：刘成(80%)、钱洪昌(10%)、陈涛(10%)，其中刘成是发起人，也是董事长。公司的主营业务是从事计算机软硬件开发和销售，网络工程建设系统集成，电子产品的研制、销售等。公司先后启动了税控收款机项目和远程智能系统，后来税控项目因为政策问题而搁浅，接着远程智能系统因为设计失误也惨淡收场。后来在大家的努力下，成功运转了新的项目——无线农话项目。华城公司成立之初，除组织结构中所包括人员外公司还有23个人，其中营销部3人，研发中心12人(其中硬件7人、软件5人)，工程部2人，综合部包括行政和财务等共6人。

刘成在忘年交——有着政府、信产部资源并善于研究国家政策的钱洪昌的建议下，准备出资成立华城公司运作税控项目，接着，刘成又找到好朋友陈涛出任技术总监，负责研发中心和工程部，这就是华城最初的三位股东。后来又聘请了林娟作为钱洪昌的总助理，在税控项目和后来陈涛提出的远程智能系统都搁浅之后，为了运行新的无线农话项目，刘成又请来了一位营销总监田勇，再加上原来的营销经理杨峰，至此，华城的高层管理团队成员包括刘成、钱洪昌、陈涛、林娟、田勇和杨峰。最后，当无线农话运行成功，进入轨道之后，钱洪昌因为健康原因离开了华城，同时由于田勇和杨峰的一次激烈个人冲突，也间接导致了营销管理能力很优秀的田勇的离开。团队成员简介如下：

刘成，男，40岁，董事长兼总经理。黏液气质。员工评价为：沉稳型不善言谈、情绪不易外露；做事有韧劲；待人平和，和各种性格的人都相处得很好，宽容大度。

钱洪昌，男，64岁，常务副总经理。黏液气质。员工评价为：沉稳型有些自我骄傲，不善于接纳别人的不同观点；对己对人要求都很严格，做事极有魄力。

田勇，男，44岁，营销总监。胆汁气质。员工评价为：冲动型恃才自傲；个性有棱有角、清高孤傲；非常自信，有强烈的权力欲；缺乏韧性。

陈涛，男，38岁，技术总监。多血气质。员工评价为：活泼型天资聪明；自我感觉良好；不愿受约束。

林娟，女，29岁，总经理助理。多血气质。员工评价为：活泼型敬业、直率；不工于心计；对事不对人。

杨峰，男，42岁，营销部经理。抑郁气质。员工评价为：压抑型圆滑；比较功利；有些销售才干。

团队运作过程之代表事件如下：

事件一：在大集团做过高层领导的钱洪昌和在知名IT公司工作过的陈涛都有一个共同的特点——喜欢讲排场。无论是对办公环境、工作条件的要求，还是对外交际都是高标准的，他们的观点是一定要在细节上注意，以此树立良好的公司形象。而林娟的观点则是公司处于初创阶段，只有支出没有收入，应该节约为本，反对大手大脚花钱。因而在租用办公地点、购买设备以及接待客户的标准上,他们之间就产生了冲突。

事件二:严重依赖于政策推广的税控项目,却迟迟等不来政策的明朗,但有着丰富经验的钱洪昌,却一直坚信自己的眼光与判断,想要证明自己,坚持继续投入资金。而林娟建立在市场调查基础之上的结论却是,该项目风险巨大,建议停止该项目的运作。此结论代表了公司内部多数人的意见,但却遭到了钱洪昌的反对,钱洪昌甚至认为林娟的行为是对他人格的怀疑。

事件三:平时公司日常事务都是由常务副总钱洪昌来主持,林娟协助其具体工作。刘成作为董事长兼总经理并未涉足公司过多事务,但是由于刘成的个人魅力,团队的其他成员如林娟和杨峰都习惯性地喜欢等待刘成来做重大决定,这就使得钱洪昌和田勇都感觉有些授权不足,从而导致公司缺乏核心领导。

事件四:在团队沟通的过程中,有正式的也有非正式的沟通。华城定期举办高层会议,同时他们也利用了非正式的沟通,刘成和钱洪昌在税控项目和远程智能项目都搁浅时,就曾私下做过深谈。

事件五:营销总监田勇和营销部经理杨峰强烈的性格反差以及工作理念差异,导致他们在用人以及外派销售人员的待遇上都产生过分歧,甚至发展到严重的人身攻击。

二、案例分析

(一) 团队组成关系与内聚力

华城公司最初的高层管理者包括刘成、钱洪昌、陈涛和林娟。钱洪昌与刘成是忘年交,刘成与陈涛却是知己,而林娟与刘成并无任何私人关系。

这种基于私人关系而建立的团队更容易相互信任与合作,彼此了解比较深,增强了人际吸引力,以"关系"为纽带把整个团队紧密联系在一起,这在团队的个人行为中可以得到验证。陈涛感激好友刘成的信任与器重,在整个华城的运作过程中,一直都很努力,相信和支持刘成做的任何决定。在华城陷入困境时,钱洪昌与刘成做过几次长谈,都是把对方作为朋友在推心置腹地交流,而非上下级的汇报,这样的沟通方式降低了猜疑,同时提高了彼此的心理接受程度。相反,林娟和刘成没有私人关系,只有工作上的关系,他们的沟通就比较少,基于情感上的个人吸引就比较低,只有任务承诺在维持着他们之间的关系。还有后来加入团队的田勇,他同团队其他成员只是工作上的关系,与刘成的关系也只是基于雇佣的工作关系,并没有深厚的感情作为关系之基础,所以田勇才会轻易地离开华城,试想他和刘成的关系若像陈涛与刘成的关系一样的话,他应该不会轻易地选择离开。当然我们不能忽略这种良好私人关系对团队其他成员的影响,例如,若在团队行为过程中,团队成员把这种私人关系用在徇私舞弊上,那么势必会引起其他成员的不满,从而对内聚力造成负面影响。幸而刘成这个团队领导者素质极高,抑制了这种负面影响的可能出现。

通过上面的分析,我们可以看到在高层管理团队里,一定的基于感情的私人关系可以增强人际吸引和任务承诺,而这两个都是内聚力的组成成分,所以也就验证了第一个假设:在中国,有一定个人关系为基础的高层管理团队具有更高的内聚力,当然前提是领导者处理好这种私人关系。

（二）冲突与内聚力

在华城的运转过程中，冲突时有发生。前文提到的事件一和事件二都是冲突的代表，但是冲突事件一中，双方尤其是林娟集体主义观念强烈，以大局为重，尊重占主导地位成员的意见，这种基于中国文化影响的个人特点，很好地维护了成员之间的关系，对内聚力没有产生太大的影响。

在冲突事件二中，林娟的直言却让钱洪昌很恼怒。他认为林娟的态度误会了他的好心，使两人之间本来是就税控项目而发生的意见分歧，转化成了情绪冲突，以至于两人对对方都产生了一定的成见，但结果并没有发生人际关系的破裂，也没有影响两人的合作共事。总结个人深度访谈记录显示，他们在处理这类问题中，多次提到"面子"、"都是为了公司好"等字眼，由此，可以看到中国本土文化对他们的影响作用。他们都能很好地意识到团结与集体利益的重要，使得他们最终都抛开了个人成见，而从团队的角度出发，回避了情绪冲突，从而使得团队继续保持内聚力。这样来看，中国的高层管理团队成员处理冲突的原则确实降低了情绪冲突对内聚力的负面影响。

（三）个人特质与内聚力

1. 年龄的同质/异质

华城高层管理团队成员的年龄分别是40、64、44、38、29、42岁，从他们整个团队的运作过程来看，像刘成和钱洪昌之间的年龄差异并没有引起沟通不便，也没有引发冲突。在中国这个以儒家推崇的关系为特征的社会里，人们是以积极的心态接受年龄差异的，对年龄并不敏感。所以年龄的异质性并没有太多地影响内聚力。

2. 个性的同质/异质

刘成和钱洪昌在个性方面有很多相同点，因而虽然他们年龄有较大差距，但是他们的沟通仍然比较有成效。而田勇和杨峰是典型的相反类型的人，他们之间就容易产生冲突，他们二人曾就外出营销人员的待遇问题产生意见分歧，很快就转化为带有人身攻击的情绪冲突，降低了团队的稳定性，间接导致了田勇的离开。这些都说明个性差异会给内聚力带来障碍。

我们再用现在比较有代表性的个性理论"大五个性特征理论"来进一步分析个性差异对内聚力的影响。国外的研究已经证明外向性、情绪稳定性和随和性都与社交内聚力正相关，责任意识和开明性与社交内聚力无关，责任意识与任务内聚力正相关。本案例中，林娟是个很敬业的管理者，责任意识很强，其他几位成员虽没有林娟那么尽职尽责，但是在整个团队过程中，也都表现出了不错的责任意识，所以我们可以看到即使在项目搁浅时，这个团队仍然有很强的任务内聚力，大家都在积极地寻找走出困境的方案，最终才成功地运作了无线农话项目。再把分析重点放到社交内聚力上，我们同样可以看到个性特征对内聚力有很大影响。比如田勇和杨峰，田勇是个很冲动的人，情绪稳定性很差，而杨峰是个比较内向压抑的人，这样的两个人个性差别很大，从而处事态度也有很大差别，很难彼此互相吸引，因而会对基于个体与个体关系的社交内聚力产生负面影响。

因此，基于个性的异质性对高层管理团队内聚力有负面影响，而同质性有利于增进彼此的理解和情感接受，有利于内聚力的提高。

3. 经验的同质/异质

个人的经历都会给个体留下很深的烙印,这些经历潜移默化就会对个体的思维习惯和认知风格产生影响。钱洪昌是华城的缔造者之一,作为一个曾在国企里做过高层领导、明白国家政策对企业有着何等深刻影响的人,他一直认为选择税控项目是搭上了一列前进的快车,因为税源对国家来讲是一大经济命脉,所以肯定会有政策上的支持,一旦发文全面推广,项目就会立即产生让人侧目的收益,完全能弥补为等待项目盈利而付出的成本。林娟一直从事的都是行政管理的工作,经历稍显单薄,但也有着自己的思维习惯和认知方式。

按照赫雷格尔(D. Hellriegel)和斯洛克姆(J. W. Slocum)的认知风格的典型类型分类法对他们进行分析,我们可以看到钱洪昌属于直觉思维型,他收集信息着眼于概貌和全局,处理信息冷静客观、就事论事,讲原则;林娟属于感觉感情型,收集信息注重具体细节,关心人,强调对人的忠诚与热情,这从她收集市场信息来验证税控项目的风险性,以及她对刘成的忠诚就可以说明。正是因为他们的认知风格不同,才使得团队内部不会只有一种声音,不会只从一个角度考虑问题。

因此,我们可以说经验的差异越大,越易产生认知冲突,虽然有研究证明认知冲突与情绪冲突正相关,但是在中国特殊的关系文化下,人们会主动抑制情绪冲突,所以在团队中,情绪冲突对内聚力的负面影响并不是很明显;而认知冲突是具有建设性意义的,与任务承诺正相关,从而也就提高了任务内聚力。因而,经验的异质有利于内聚力。

4. 激励方式与内聚力

激励方式对高层管理团队的内聚力也有影响。作为高层管理者,生存已经不是他们的需求,他们需要的是长期的利益,是自我实现的成就感。如果仅仅只有工资形式的激励,他们就会缺乏工作热情,团队对他们的吸引力以及他们的归属感、团队自豪感就比较低,团队也就不稳定。陈涛是公司的股东之一,拥有股权激励,他的工作热情就比较大。在第一个项目搁浅时,他就积极地为企业寻找新的出路,因为他自认为他是企业的主人,对企业负有不可推卸的责任。同样,钱洪昌在自己推举的项目遭遇困难时,也没有退缩,也因为他是股东之一,不会轻易离开这个团队。而田勇没有股权,对团队的责任意识就不高,在同杨峰发生矛盾之后不久就离开了。

我们可以看到长期激励带给团队成员很强的责任意识,无形中就使成员有了强烈的归属感。责任意识增强了任务内聚力,归属感同社交内聚力正相关。所以说长期激励有利于内聚力的提高。

5. 领导与内聚力

领导类型有四种,如图8-5所示。通过前面我们对华城高层人员的个性以及他们的行为分析,我们可以看到刘成是属于鼓励参与创新者(PI),积极追寻外部的挑战与机遇,同时努力创造一种松散的、高度开放的参与型的团队内部文化和结构,他对权力的控制需求较低,使用授权的方式来实施管理。但是调查过程中总结的事件三显示:领导过程中缺乏核心领导。

图 8-5　领导类型划分

通过分析,我们看到刘成在协调和整合方面很出色,能协调成员之间的工作和矛盾,也能为团队引入有价值的新鲜血液,但在指导和激励团队成员方面做得不太好,他对于每个团队成员都很宽容,却忽略了绩效目标的设立。他的性格使他能聚集到各种优秀的人才,但过分仁义的性格在竞争日益激烈、环境随时变化的今天是不能给这个团队以高度凝聚力的,就像他可以容纳田勇的性格,但最后他还是没能留住这个对华城来讲非常重要的人才。另外,刘成是董事长兼总经理,但他不是专职的,他实际上还是把主要精力放在华海——他起家的企业,所以他让钱洪昌担任了常务总经理,虽然授权了,但是却没能让团队其他成员深刻意识到。这在权力距离较大、受等级制度影响较深的东方文化环境里,就会造成无核心领导的局面,从而不能把大家团结在核心领导者身边,也就影响了团队的内聚力。

三、结论与启示

通过对案例的分析,我们提炼出影响高层管理团队内聚力的因素有高层管理者的传记性特征(年龄、个性、经验)、团队过程变量(冲突、领导)、团队内部组成关系和激励方式。通过团队事件分析,可以总结出以下结论:① 年龄差异对内聚力的影响不明显,个性异质对内聚力的负面影响很大,经验异质对内聚力产生正的影响;② 情绪冲突与内聚力的负相关关系相对要弱一些,团队领导对内聚力的影响要强一些;③ 团队组成中有一定个人关系的高层管理团队内聚力要强一些,股权激励有益于团队内聚力。

基于案例研究,我们认为在中国民营企业里,要构建具有内聚力的高层管理团队,可以从以下几个方面入手:

(1) 在选取高层管理团队成员时,最好选取有一定关系为纽带的成员,这里的关系是指基于感情的私人关系。

(2) 在团队成员的选择上,一定要重视个人特质。同质和异质性的选择,不能一概而论。由于年龄的差异与内聚力的关系不是很密切,因此在选择成员时可以忽略这一点;在个性上就应该仔细斟酌了,要尽量选取个性相容的成员,这样就可以减少很多不必要的冲突;同时要注意成员的经验背景和专业结构,要使这些尽量有一定的差距,这样才能保证认知冲突的水平,在增进内聚力的同时,又防止群体思维的产生。

(3) 要注重激励方式的选择,为团队成员创造归属感,激发他们的热情与责任意识。

(4) 团队领导是增强内聚力的保证。好的领导不仅可以在任务目标上凝聚大家的力量,而且可以在精神上号召团队成员一起努力,从而增强内聚力。所以企业选择高层管理团队的领导人也要十分慎重。

案例参考文献:

[1] 陈维政、余凯成、黄培伦:《组织行为学高级教程》。北京:高等教育出版社,2004年版。

[2] Eisenhardt K. M., "Building Theories from Case Study Research", *Academy of Management Review*, 1989, 14(4): 532.

[3] Van Vianen AEM and De Dreu CKW, "Personality in Teams: Its Relationship to Social Cohesion, Task Cohesion, and Team Performance", *European Journal of Work and Organizational Psychology*, 2001, 10: 97—120.

第九章 竞职台上的领导者

小学生在学校里的表现随时受到监督,并有文字报告。他们的作业本上画满了勾勾叉叉,每一周的成绩与不足都由教师旁注说明并按100分制综合打分定级。对于实际工作中的领导,其具体表现仍可能受到审查,但评定方式毕竟不同于老师对于学生的考评。一般来说,当一个人掌握了实际工作的技能后,很难随时了解自己的工作表现究竟受到何种评价,即使偶然得到这方面的反馈,也往往贬少褒多。在没有十分具体的指标可做衡量标准的地方尤其如此。再者,生活就是生活,并不是一年到头都有激动人心、值得纪念的事情发生,岁月就这般流逝。因此,我们也不能像评价伟人或大事一样地去评价领导者日常的工作。

第一节 领导者的评价

评价工作的两个基本要素是"判断"和"报告"。对一个人的工作,仅以是否完成定额为标准加以衡量是不够的,还应就其表现做出评价和判断。这当然会带来一些新的问题,例如评价是否慎重、周全,判断是否存在偏见,以及结论会不会颠倒是非、大错特错,等等。好在这种鉴定并不由任何一个人单独做出,要先在一定范围内讲明意图并征求意见。制订工作表现评价方案的人,大都集中精力于提出具体措施,保证不同的主评人在做出判断和写报告的时候有章可循,避免出现人为的差异。

简而言之,我们对工作表现评价(performance appraisal)所下的定义是,对一个人的工作表现做出判断并将该判断上报的过程。

一、评价的目的

首先,我们要回答"为什么要对领导者的工作做出评价"这个问题,只有澄清了这个问题我们才有进一步讨论评价方法或存在问题的对比标尺。

一般来讲,领导者的评价主要出于以下目的:

(1) 社会控制

首先是一种维系等级体制的方法。可以借此肯定对领导者的活动进行监督的高层人士的权威,保证领导者在组织内部对上司的服从,使他们知道"上司正在注视着我们的行动,不得胡为"。

(2) 人力资源的利用

评定的第二个目的是最大限度地运用本组织的人力资源。领导的能力和活力是一个机构运转的资本,随时掌握领导的工作表现就可以分析人力资源是否得到了充分利用,这也就自然形成了组织本身的一种需要。

(3) 培训

要求领导提高技能、增加贡献,就要对他们进行定期培训。通过评价,可以确定培重点。

(4) 晋升

各类组织、机构都要不断调整领导的职务,或提职晋级,或跨部门平调,或对少数人予以降职处理。评价有助于对具体的人采取具体的措施,做出决定。同时也能使上级随时了解领导的经历、技能和志向。在一些规模庞大的机构里,如武装部队及跨国公司等,职务调动频繁,年度评定已经形成制度。

(5) 计划

现有领导的晋升和新人招聘的需要应同时加以考虑。从理论上说,通过定期开展评价工作,任何组织都能加深对其人员状况的了解,准确地判断出哪些岗位缺员应予补充,并着手制订相应的计划。

虽然领导们一想到考评就心生疑虑,但这种心境与平时人们去看牙医时的焦虑差别不大,都希望听到"好结果",并得到及时的指导,同时也害怕听到坏消息。实际上对领导个人来讲,考评的好处是多方面的。

(1) 增长才干

经过考评,人人都可以发扬自身的长处,并能进一步明确需要在哪些方面力求改进,从而把工作做得更好。

(2) 激发上进心

好的评语会使领导看到自己的成绩,增强自信心,以更高的热情全力以赴地投入本职工作。

(3) 明确事业上的目标

每个人在考虑自身前途或者更换职务时,都需要指点和提高,以便决定下一步怎么走。工作表现评价可以帮助领导整理自己的想法,坚定涉险或追求更高目标所需要的信心。另外,一个人的理想经过考评的锤炼,还可以剔除空想成分,使奋斗目标更加现实。

(4) 拓展事业

工作考评不但能使人们明确在事业上追求的目标,其后续行动还有助于实现这些目标。比如,根据评价结果安排的培训、提出的调职建议或咨询性意见,对领导都有重要价值,这些益处不应低估。

当然,考评并非有百利而无一弊,它引发的种种问题在前面已有所揭示。下属和管理人员都不喜欢刻板的程式,感到备受约束。评语不佳往往使人沮丧,而淡化处理又失去意义。在实施各种评价方案的过程中,虽然不断改进,力争完满,但仍存在大量难题。

二、评价的内容

长期研究领导行为的学者斯托格蒂尔(Ralph M. Stodgill),在1948—1970年的22年中写了163篇文章。通过大量的研究工作,他发现领导者的一些共同品质是才智,强烈的责任心和完成任务的内驱力,坚持追求目标的性格,大胆主动的独创精神,自信心,合作性,乐于承担决策和行动的后果,能忍受挫折,社交能力和影响别人行为的能力,处理事务的能力。

吉赛利(Edwin Ghiselli)为研究有效领导的特质曾调查了90家企业的300名经理人员,在其《管理才能探索》(Explorations on Maragerial Talent)一书中研究了八种个性特质和五种激励特质。他将这些特质对有效领导的重要性,分为表9-1所列的三类:

表9-1　个人特质对管理成功的重要性

重要性	个人特质
非常重要	督察能力 首创精神 对事业成就的需求 才智 对自我实现的需求 自信心 决断能力
中等重要	对工作稳定的需求 要与工人保持密切关系 对金钱奖励的需求 处理事务的成熟程度
最不重要	男性——女性

美国管理协会在20世纪70年代曾花了五年时间,从4 000个在这期间取得成功的管理人员中挑选了1 782名进行研究,发现一个成功的管理者一般具有企业家的气质,聪明能干,善于处理人际关系,自信心强,能帮助他人提高,能以自己的行为影响别人,善于使用权力,有动员他人的能力,善于交谈,对人热情关心,给人以乐观情绪,倾向于集体领导等19个方面的特质和能力。

日本企业界要求领导者应该具有表9-2所列的十项品德和十项能力。

表9-2　领导者的十项品德和十项能力

十项品德	十项能力
使用感	思维决策能力
责任感	规划能力
依赖性	判断能力
积极性	创造能力
忠诚老实	洞察能力
进取心	劝说能力
忍耐性	对人理解能力
公平	解决问题能力
热情	培养下级能力
勇气	调动积极性能力

近年来,对国内企业领导者的评价不仅在组织内部进行,人们也开始关注一些社会评价。如与《福布斯》、《财富》等杂志的权威评比并驾齐驱的《商业周刊》,自上个世纪以来,其"年度最佳"评选就是全球经济界和商业观察家的目光焦点,也是全球商业界当年最优秀和最具全球影响力的商业领袖的评价风向标。2006年《商业周刊》评出了年度最佳和最差企业领导人。年度最佳领导人展示了如何建立一家伟大的企业,同时善待员工,他们能改善糟糕的企业文化,让失去活力的品牌焕发生机,制订出新的战略计划,他们进行大胆的决策和收购。最差的领导人则很难为之工作、僵化、不易接近,其中有些人被解雇,还有些人进了监狱。其中百度首席执行官李彦宏和中国移动首席执行官王建宙入选了最佳领导人名单。而戴尔董事会主席、公司创始人迈克尔·戴尔和惠普前董事会主席帕特丽夏·邓恩分别因为公司业绩不佳和"电话门"事件,入选了最差领导人名单。

情景模拟

领导者榜单

2007年《财富》杂志评选出了全球25位最具影响力商界领袖,苹果公司董事长兼首席执行官乔布斯居榜首。《财富》杂志全球前5位最具影响力商界领袖为:

1. 苹果董事长兼首席执行官斯蒂夫·乔布斯(Steve Jobs)
2. 新闻集团主席兼首席执行官鲁伯特·默多克(Rupert Murdoch)
3. 高盛全球董事长兼首席执行官劳埃德·布兰克费恩(Lloyd Blankfein)
4. Google首席执行官埃里克·施密特(Eric Schmidt)、Google创始人兼产品总裁拉里·佩奇(Larry Page)、Google创始人兼技术总裁谢尔盖·布林(Sergey Brin)
5. 伯克希尔哈撒韦公司董事长兼首席执行官沃伦·巴菲特(Warren Buffett)

而北京大学企业管理案例研究中心也于2008年联合《北大商业评论》共同推出首届"最受尊敬企业家"。评选标准中,企业家是否受尊重主要集中于所领导的企业业绩、经营管理理念、个人魅力、慈善和公益事业等要素上,因此,本届评选体系拟订对所有的入围企业家从所领导企业的业绩(企业规模、市场占有率、发展速度等经济性指标和企业社会责任、品牌形象、推动发展等社会性指标)、经营管理理念、领导力与管理创新实践和个人形象(个人经历、社会活动、生活方式等个人形象及社会影响)四个维度进行衡量。以下是中国最受尊敬企业家前10名:

1. 李嘉诚
2. 柳传志
3. 张瑞敏
4. 马云
5. 任正非
6. 王石
7. 牛根生
8. 马蔚华

9. 刘长乐
10. 杨元庆

腾讯科技. http://tech.QQ.com. 2007年11月28日.
搜狐财经. http://business.sohu.com/20080325/n255900802.shtml. 2008年3月25日.

三、评价中的问题

评价中遇到的主要问题表现在以下几个方面：

(一) 文字工作

任何体制都离不开大量的书面文字工作和各类文件，而进行评价工作的管理人员却又偏偏厌恶成山的文件。由于逐级上报是评价工作的关键步骤，而且必须为不同的主评人确定在准备和上报评价结果的过程中应共同遵从的统一要求，行文立案是绝对不可缺少的，其中也包括填写各种表格、印发必要的细则等。

(二) 形式

管理人员和被评者都希望在彼此之间建立轻松愉快、无拘无束的工作关系，不愿搞正规的评价。因为大量的表格和种种例行的评价程序往往会扩大他们相互之间的距离，使双方感到生疏。如果说师生之间，一个教，一个学，社会地位相差悬殊，管理人员和被评者之间的关系则与之大不相同。管理人员不大愿意以教师为样板，把提高被评者的业务水平视为自己的责任。评价成绩和表现，无论对教师还是对管理人员来讲都是很麻烦的事。但限于职责所在，教师非做不可，而管理人员则视其为额外的负担。在管理人员看来，他们作为被评者的上司，随时都在关注被评者的工作表现并及时肯定成绩，指出不足，根本没有必要填写各种表格。这种观点偏重于就事论事，恰恰忽视了对被评者的工作表现进行全面考查将会产生的效益。再者，就事论事发表的意见对被评者来说，既无发人深省的指导作用，又不能揭示需要在哪些方面继续努力才可改善境遇。而对被评者的工作表现进行全面认真的分析，则肯定会有助于找到这两个问题的答案。

(三) 不重视评价结论

管理人员不会依据评价结论逐一采取落实措施。即使一致认为 A 小姐应离职接受 6 个月的培训，她的上司仍可以以工作忙为理由而不派她脱产受训。决定何人晋升也往往不以近期的工作表现的评价意见为准，获得好评语的人可能常常无缘晋级，这种情况之所以发生，原因不一而足。决策失误、提升某人的亲信以维持政治平衡的需要，以及不同岗位对候选人自身的经验和判断能力所提出的特殊要求等都会冲击评价工作的权威，使其变得无足轻重,形同虚设。

(四) 缺乏硬性指标

在很多情况下,不可能确定衡量"工作表现优劣"的硬性标准,而只能根据有关现象做出评估,罗宾斯(Stephen P. Robbins)在1978年这样写道:要我对你的工作效率的高低做出评判可能很困难,但对于你是否准时上班、工作时间是忙是闲、平时心情愉快还是忧心忡忡、待人处事是否随和,以及对上级尊重与否,却可以一目了然。虽说这些现象并不一定如实反映一个人的工作,但它们易于比较,这是确定无疑的。正因为如此,我们往往发现很多机构在评价员工的工作表现时并没有固定标准可循,而经常采用一些具体的表面现象为参照。管理人员的这种做法,尤其是在他们自身就不称职的情况之下,将会给工作带来严重影响,使被评者之间矛盾丛生。尽管如此,管理人员也不会改弦更张,采取更好的办法。

(五) "中上水平"综合征

评价结论在用语方面可以旗帜鲜明、直言不讳;也可以含蓄委婉、不露锋芒。但总要就评价对象的才能及其工作表现是否令人满意提出看法。其实,在各种评价方案出台之前,设计者都已费尽心机,力求堵塞漏洞,强迫主评人逐项做出判断。尽管如此,人们仍不愿说出某某工作差劲,或者给别人的表现打"×"或涂黑点。同时,也没有人愿意指名道姓地指出谁的工作出色,担心口惠而实不至,招致后患。于是,就出现了一种倾向,大多数评价对象得到的评语都是"中等偏上"。结果,表现差的人自然不必奋起直追,出类拔萃的人也不会提出加薪的要求。如果说这种做法有什么好处,那就是息事宁人。尽管进行了评价,并不会产生大的震动。工作出色的人可能因自己的成绩得不到认可而感到失望,工作差的人则会认为自己干得还不错而心安理得。

管理人员之所以不愿发表不受欢迎的意见,并不是因为他们是非不分或缺乏判断能力,而是害怕下属听到坏消息之后,难以继续维持上下级之间的关系。此外,管理人员也总是希望与被评者多作非正式的谈话,交流意见。按照正规程序进行考评,人们表态慎重,说话也有分寸。否则,蜚短流长,任何反对意见都可能导致人与人之间的相互不服气,甚至严语相加,扩大隔阂。当有关结论涉及一个人的切身利益之时,则更是如此。

(六) 缺口

任何方案都必须兼顾全局。将一个单位的全体领导都列入评价范围,才谈得上公正。只有大家认为公正的方案,才易于贯彻并产生实效。但要做到这一点很难。

管理实践

评价缺口

　　罗恩·巴恩斯现年25岁,在纽约一家跨国公司的美国总部任职。他加入该公司已有两年时间,是一位市场专家。他在事业上有追求,近期目标是争取赢得"免评资格"。一旦如意,就可以免除每年一二次的考评,也象征着在日常工作中取得了比业务经理和行政职员更高的地位,前途也会"受到注意"。这种做法虽不符合正式规定,但早已形成惯例。高级经理无不借此显示自己大权独揽的权威,尽管这种做法直接破坏了他们赖以掌权的规章制度。琼·怀特霍恩在同一公司做事。她觉得自己进展不快,又找不出原因。去年,她周围的同事们都进行了考评,唯独她例外。于是,她去问顶头上司。得到的答复是"没顾上",将尽快安排对她的考评。随后,经理突然被调到罗马上任,琼只好又去问行政管理负责人,后者告诉她说,她原来的经理之所以没有对她进行考评是因为他认为"她没什么前途"。

　　评价方案在实施过程中半途而废,是其适用范围出现缺口的原因之一。热衷于开展考评的积极分子从自身前途着想,往往采取高压手段逼迫同事参加评价。他们可以如愿以偿,但也不过一二次而已。随后,就会有人阳奉阴违,在考评中敷衍了事,甚至暂时搁置评价方案以取悦同事。就任何单位而言,考评必须形成制度才能产生效益,而任意改变考评方案则是无益的。

(七) 主评人掌握情况不全面以及更复杂的环境所带来的问题

　　考评结果是否客观、公正,首先取决于主评人对评价对象的实际表现是否有足够的了解。由于管理人员所处的地位,有时会突然请他们对其所在单位的某些成员做出评价,但他们实际上对评价对象的具体工作一无所知。除此之外,主评人也可能受一些最近发生的事情的影响,在考评中带有先入为主的偏见。例如,一位正在接受护理学培训的实习生在培训期间一直表现上乘,但有一天,她失手把一个婴儿掉到了地上,实际上并不是她漫不经心,而且孩子也受到了精心护理。但周围的人或是怪咳一声,或是无可奈何地摇了摇头。于是当地人和护理界以后几天都有了话题:"你听说有个学员把婴儿摔了吗?"这几乎成了街谈巷议的要闻。事故发生一周后,恰巧该学员受训期满,需要做出考评,结果可想而知。她被要求重新再接受最后一段的培训。

　　这里说的环境问题,主要是指面对错综复杂的实际情况,怎样才能理清头绪,区分每个人的具体表现。如果评价方案涉及具体的考核标准,就尤为重要。

四、评价的方法

　　菲尔·朗(Phil Long)曾于1986年对306个开展了"工作表现评价"的机构的评价情

况进行了研究,并分析了各种方案的主导思想。他以其中 247 个组织机构所提供的表格为基础,对各种评价方法作了分类整理,结果如表 9-3 所示。

表 9-3　常采用的工作表现评价方法

体系类别	采用单位数	百分比(%)
以成果为考核目标	155	63
以工作表现为考核目标	128	52
工作能力及个人素质分析	72	29
以字母或数字等打分	68	28
表达方式——口头报告	6	2
表达方式——书面报告	108	44
销售额统一评比	24	10

人们当然可以从资料中得到某种启示,选择一些适用于自己单位的方法。需要说明的是,很多单位在实际评价中并不仅仅采用某一种方式,而是运用多种方法进行综合考评。

评价中心是用于评价、考核和选拔管理人员的方法。实际上它是一种测评机构。该方法的核心手段是情境模拟测验,即把被考核者置于模拟的工作情境中,让他们进行某些规定的工作或活动,对他们的行为表现做出观察和评价,以此作为鉴定、选拔、培训管理人员的依据。

这种方法最初源于第一次世界大战时的德国,当时采用"小组评价"等方法作为评选军官的依据。第二次世界大战时,美国军方又补充了"小组讨论"、"情境模拟练习"等方法,为以后这一方法进入工业界奠定了基础。

评价中心最重要的方法是情境模拟测验,其中又包括公文包测验、角色扮演、小组相互作用测验。

管理实践

AT&T 评价中心

美国电话电报公司(AT&T)最早在工业界建立评价中心。该公司用情境模拟测验、小组讨论及其他各种心理测验评价了数百名各级管理人员,对他们的能力和晋升前途进行预测,并对结果进行保密。多年后发现,这些管理人员的实际人事变动同当年的预测有很高的一致性。很多研究也都证明,评价中心的测评方法有很高的信度、效度,故而有很大的预测价值。不仅如此,该方法还带来巨大经济效益。施乐公司(Xerox)测试评选 500 名销售经理共花费 34 万美元,而实际增加的经济效益为 490 万美元。

(1) 公文包测验

又称处理公文测验。测验时发给被测查者(即被测验者)一包公文(事先均由各类专家共同鉴定、标准化),包括该级管理人员应处理的,来自组织内外、上下级的各种日常文件,要求被测查者在规定的时间里处理完所有文件。评价人员对被测查者的工作进行集体评价,主要依据是被测查者是否能按主次、轻重、缓急有条不紊地着手工作,并对各种公文做出恰当的处理,由此鉴定被测查者的管理才能。

(2) 角色扮演

又叫办事游戏,采取上下级对话的形式。请被测查者扮演某级管理者,安排他同"模拟下级"谈话,针对下级的各种问题做工作。对谈话的全部内容进行记录、分析,从而对被测查者的表达力、说服力、解决问题的能力效果做出鉴定。

(3) 小组相互作用测验

也叫小组集体讨论。通常把被试分成六人一组,不指定召集人,由主试说明要求,给出要讨论的问题(一般是一个实际业务的问题),讨论便自由进行。评价者观察讨论中谁最擅长根据现有材料集中正确意见,最擅长说服他人,谁能把讨论引向一致或做出大家公认的结论,从而对每个被试的领导能力、独立见解、民主意识、说服力等做出评价。

迄今已有许多著名公司建立或起用评价中心,如 AT&T、IBM、通用电气、福特、柯达等公司。一些较小的公司则几家合办评价中心。实践证明,用评价中心评价、考核、选拔人才,科学性强,可靠性高,经济效益明显,便于挖掘人才,避免盲目用人和任人唯亲。正因为如此,它在西方许多国家的企业界受到普遍欢迎。

除了上述模拟情境外,现在研究者已开发出了能够测试某方面人才的软件,并已逐步系统地用于人才的测评和选拔。

第二节　领导者的激励

正确地选择了领导者并不等于能使领导者真正发挥作用或使领导者按选择者的利益行事,还需设计恰当的机制。委托代理理论、机制理论和合同理论等对此都作了深入研究,这里仅就人才的激励和监督机制作进一步分析。

一、行为的考查与激励和监督

人的行为是多方面的,有生物行为、经济行为、社会行为和政治行为等。但无论何种行为,只能从行为能力、行为过程、行为结果三方面进行考查。因为人的能力是私有信息,所以比较客观地考查一个人的行为最好是从行为过程和行为结果两方面入手,见图9-1。

	过程规范程度高		过程规范程度低	
结果可查	结果控制 行为控制 过程控制	结果控制 过程控制	结果控制	结果控制 行为控制
结果难查	行为控制 过程控制	过程控制	结果控制	行为控制
	行为可查	行为难查	行为可查	行为难查

图9-1 行为与控制

一般来讲,对可以考查的行为都可通过监督的办法来控制,当然也可利用激励和竞争的办法刺激行为。但对不可考查的行为则无法用监督的办法,而只能通过激励或竞争机制实现控制。

另外,要恰当地监督和激励行为者,还要正确地评价管理者的行为结果。评价不准确或指标选择不当,就会产生严重的代理成本。而考查、评价、监督、激励都是有成本的。从管理研究的角度看,要在这几种成本间做出权衡,以设计出从委托人的角度看收益最大的管理机制,包括行为角色的安排,行为结果的评价,恰当的激励机制、监督机制和运行机制(含竞争机制)等。

二、激励与监督机制的选择

广义地说,激励与监督机制包括组织内部和组织外部两个方面。

(一) 组织内部激励与监督机制的设计

公司治理(corporate governance)机制是组织内部激励和监督的主要途径,这也是当前国内外的研究热点。当前,公司治理模式可以划分成家族治理、内部治理和外部治理等三种类型(吴淑琨、席酉民,1998),如表9-4所示。

表9-4 三种典型的公司治理模式比较

模式 项目	家族监控型的 治理模式	内部监控型的 治理模式	外部监控型的 治理模式
股权结构	相对集中,主要控制在家族手中	相对集中,法人相互持股	相对分散,个体法人持股比例小
资本结构	负债率较高	银行是企业筹资的主要来源,负债率较高	证券市场是主要资金来源,负债率较低
文化特征	儒家传统家族主义	集体主义	个人主义
决策方式	个体决策或家族决策	偏向集体决策	偏向个人决策
对经理的激励	基本不存在问题	不是主要问题	是主要问题
监控方式	市场监控力度较小,监控主要来自以血缘为纽带的家族	市场监控力度相对较小,监控主要来自企业各相关利益主体	市场监控力度很大,监控主要来自企业外部各市场体系

1. 以东南亚国家和中国香港、台湾地区为代表的家族监控型的公司治理模式

东南亚国家和中国香港、台湾地区的大部分上市公司被华人家族及其伙伴所支配，由家族控制的董事会掌握实权。这些地区之所以选择家族监控型的公司治理模式，与其受深厚的儒家文化的影响具有紧密关系。此外，还有两点重要的原因：第一，这些国家和地区在经济发展过程中，政府都曾经起到非常重要的作用；第二，各国公司发展的路径依赖性，即在市场体系不是很完善的情况下家族成为监控公司的可行性选择，这种选择并不会自动退出公司治理模式的大舞台。但是，随着家族中经营管理人才的缺乏和对资本的大量需求，家族监控必然面临着更大的挑战。此外，这些地区的银行金融体系较为脆弱。在内外部的压力下，改革政府与企业间关系及其金融制度将不可避免，而这必将对公司治理模式产生重要影响。

2. 以日德为代表的内部监控型的公司治理模式

日本和德国的公司治理是一种典型的寻求内部监控的模式。虽然也有发达的股票市场，但对于公司筹资以及监控公司来讲，发挥的作用相当有限。主要原因在于，这些国家的公司资本负债率较高，股权相对集中，银行对公司的持股和干预较大（如德国的股票托管制度和持股人股票制度、日本的主银行制度），法人之间的相互持股稳定，从而使立足于企业内部的各相关利益主体监控公司成为可能。在治理结构上，股东代表和员工代表组成的监事会具有相当大的权限。例如，在1988年德国100家最大公司的监事会成员构成中，员工和工会代表占51.1%，银行和其他金融机构占11.3%。因此，各相关利益主体在公司决策中都有发言权，以发挥监控代理人的作用。此外，法人之间的相互持股比重很高，从而有直接进行监控的动力。虽然日本和德国在许多方面存在差异，但都选择了内部监控型的公司治理模式。其主要原因在于：第一，这两个国家在"二战"失败后，都面临着重建经济的任务，实行政府主导型的经济发展战略、通过银行等间接融资实施对企业干预成为政府的重要手段（如日本的主银行制度和德国的全能银行）。第二，银行在日本和德国企业中都具有极其重要的地位。第三，两国都注重长远利益，具有很强的集体主义思想，个体利益服从总体利益，这为两国实施内部监控提供了文化基础。然而，随着20世纪80年代"泡沫经济"的崩溃，银行管制放松，再加上国际金融业的渗透，日本有些企业已逐渐减少对银行的依赖，企业内部的终身雇佣制和年功序列制已发生动摇；同时，银行等金融机构出于对自身利益的追求，已逐步同企业相分离，这势必会影响公司对治理模式的选择。

3. 以美英为代表的外部监控的公司治理模式

在这种模式下，由于股权的分散性，个体股东所能发挥的委托人作用非常有限。非银行金融机构的法人股东虽然在整体上占的股份较大，但就每一个法人而言，所持有的股权比重较小。就资本结构来说，美英等国家的公司负债率较低，债权人发挥作用非常有限。在这种情况下，其直接结果就是：一旦委托代理关系得以形成，作为代理人的CEO或总裁就占据了公司的支配地位。因为没有单独的股东或债权人愿意为监控这种"集团产品"付出成本，"搭便车"行为的客观存在便把对公司的实际控制权拱手让给了代理人，而且由于信息的不对称性，必然导致权力的不对等性和激励等问题。各相关利益主体为了各自利益不受"败德行为"的损害，在自身无法或不愿单独出监控成本时，必然会寻求外部市场化的监控模式。资本市场、企业家市场、劳动力市场和产品市场体系的建立和完善也就成为一种顺理成章的事,美国公司制的发展道路证明了这一点。在当前全球金融危机的形势下,美英等国家对这种外部监控模式的有效性提出了疑问,投资者对介入公司控制也提出了要求,试图在公司内部建立制衡各相关利益主体责权利的机制日益成为关注的热点。

通过对三种公司治理模式的比较可以看到,公司治理模式的差异是由于各国或地区的公司股权结构和资本结构具有不同的演变过程。当然,也与所在国家的历史和文化传统有极其深刻的联系。从现代公司的演变历程来看,随着所有权的日益分散和企业规模的扩大,管理能力首先在所有者家族中成为稀缺资源,而后在整个社会中也逐渐成为稀缺资源。企业的监控主体开始逐步由家族所有者向其他方式分化(见图9-2)。最典型的就是美国和日本的两种模式(见图中①和②):前者是引入外部监控主体(如市场机制、各种中介组织等);而后者尽管在"二战"前主要也是由家庭控制,但日本政府所实施的政府主导型经济发展模式使得对企业的监控主要依赖于法人相互持股和主银行制度。不过,如前所述,这两种模式都遇到了一些问题,开始相互寻求可以借鉴的经验(见图中③和④)。

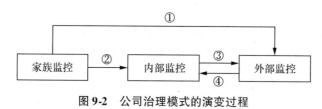

图9-2 公司治理模式的演变过程

李维安教授及其研究团队等对我国公司治理的结构与机制、主体与客体、边界与成本等问题进行了深入研究,建立了适合于我国背景的公司治理评价指数(李维安,2005)。2004年,他们首次发布"中国公司治理评价报告",从股东权益、董事会、监事会、经理层、信息披露和利益相关者等维度,构建了由80个数据点支撑的,包括6个一级指标和19个二级指标的综合评价体系。

管理实践

走向公开

曾有上市公司董事长说过,上市公司的董事长就像一个玻璃人,完全透明,所有的事情,包括一言一行都要受到公众的监督。2003年,天地源公司通过收购重组上市。公司从不公开到公开,做投行出身的董事长俞向前明白,公司上市后必须及时、准确地披露信息。但同时,在与公众交流的时候,必须要有分寸,公司一些重大未经披露的信息,不能随便作为"内部消息"提前交流出去。比如,和基金交流公司的信息时,有些能说,有些则不能说;接受媒体记者采访时,涉及公司经营状况、利润等问题,在没有真实披露前也不能随便说。上市后天地源的治理结构尤其是决策流程发生了重大转变。天地源原本是家区域性公司,从拿地、策划到决策,主要集中在总部,异地公司就相当于一个生产单位或加工中心,主要责任在于把生产搞好。但公司向全国扩展后,项目迅速增加,此时全部依赖于总部决策,不仅效率低,而且存在信息不对称的情况,总部很难完全掌握当地市场的实情。因此,公司调整了决策流程,对异地公司实行区域化管理模式,拿地、定位、施工管理、后期营销等决策权下放到区域公司。为了控制区域公司决策的风险,要求这些公司的"一把手"知识和能力尽量全面,高层管理团队的专业结构合理搭配,要有搞销售的、搞工程的、搞设计的等。此外,外包时首选国内最优秀的企业、优秀中间机构的参与合作,也可以降低项目运作的风险。最后,在流程上,重大决策必须向总部备案,或者由总经理办公会拍板。俞向前注意到,增加透明度是流程控制的趋势。因此,天地源在研讨项目方案时,销售、物业、工程上的人员都会参加进来,在公司内部尽量和所有相关人员通气。

俞向前,席酉民.走向公开.财经界:管理学家,2008,5:16—25.

(二) 组织外部的激励与监督机制

1. 劳动力市场的竞争

尤金·法玛(Eugene Fama)认为,经理市场作为劳动力市场的特殊部分,其中的竞争对经理人员有重要的制约作用。经理人员的业绩和信誉是其重要的人力资本,如果他把一个企业搞得一团糟,在未来的经理市场上他的人力资本就会贬值。从动态的观点看,即使不考虑直接报酬的作用,代理成本也不会太大。这是因为市场在根据其过去的表现计算其未来的价值。经理为了考虑长远利益,他必须努力工作。但是,如果经理一旦知道了市场已掌握了其真实能力,他可能会不再努力工作。

2. 产品市场的竞争

如果企业产品的市场竞争激烈,经理的压力就很大;如果企业是垄断生产,经理的日子就过得非常舒服。哈特(Oliver Hart)建立了一个模型,他假定市场上有许多企业生产同一种产品,它们的生产成本是不确定的,但统计是相关的。这样,产品的市场价格便包含着该产品生产企业的成本信息。如果所有者和经营者相互分离,只有经营者知道企业的生产成本,而所有者并不知道。于是,产品市场的价格便可向所有者提供这一信息,当然只有在产品市场竞争的条件下才可能做到这一点。哈特接着假定,一部分企业是由经理控制的,而另一部分企业是由所有者直接控制的。由于后者不存在两权分离问题,企业会把成本压低以提高竞争力,从而产品市场价格也就会压得很低,这对两权分离的企业经理造成很大压力,迫使他们努力降低成本。该模型表明,在市场竞争环境下,只要有大量非两权分离的企业存在,由两权分离产生的代理成本就会得到抑制。但如果市场上都是两权分离的企业,就不会形成对经理人员的外界压力,代理成本将会很高。

3. 资本市场的竞争

资本市场竞争的实质是对公司控制权的争夺,主要形式是接管。接管被认为是防止经理损害股东利益的最后一种武器。在现代市场经济中,虽然某一个投资者在一个企业中的股份有限,不足以对经理人员实施有效的监督。但由于股份可以流动,经理人员如果经营不善,企业股票价格下跌,有能力的企业家或其他公司就能以低价使分散在大量个人手中的股票集中起来,接管该企业,赶走现任经理,重新组织经营。

以上分析表明,在自由市场经济中,即使是两权分离,经理也会受到来自市场多方面的压力,其代理成本会被限制在一定的范围之内。当然,如果经理不是由市场选择的,而是由上级任命的,那所有上面的分析就失去了意义。

三、高管薪酬激励

到底是什么决定了高管薪酬?很长时间以来,经济学家、社会学家、战略学家都对此提出了自己的看法。经济学家用委托代理理论解释了薪酬的决定因素和激励角色,指出了基于绩效的薪酬政策受到股权结构、监管等因素的影响;社会学家提出了公平理论和锦标赛理论说明高管薪酬差异的形成原因;战略学家提出了权变理论,指出多元化企业的领导人员相比于单一战略企业往往由于其更复杂的工作环境而要求更高的报酬,为了增加自己的报酬,企业领导者往往采取并购、多元化等战略。由此我们看到,隐藏在股权结构、监管程度、多元化、公司规模等高管薪酬决定因素背后的一个共同点就是这些因素造成了领导拥有的管理决断权的差异。越高的管理决断权就意味着有可能产生更高的潜在边际生产力,意味着要承担更高的风险,因此也意味着领导人员可以为此获得更高的报酬。

管理决断权(managerial discretion) 被定义为高管(高层管理者或经理们)决策行为的范围,并强调这个范围是在高管与企业的势力集团之间就其行为的合理性进行动态博弈的复合过程中形成的。在这个过程中,高管的行为受到任务环境、内部组织结构及其个人特征三个方面因素的影响,管理决断权是这种复杂过程的综合结果状态。管理决断权受到来自行业环境、组织环境、高管个人特征三方面的因素影响。其中,行业环境造成行业间高管人员的薪酬差异,原因在于企业业绩不仅受到经营者管理行为的影响,还受到外部系统环境和企业资源状况的影响,外部环境系统对经营者风险承担起到了重要的影响作用。

根据中国上市公司的财务数据和治理数据库(CSMAR)以及中国统计年鉴数据库,我们把37个制造业行业样本分为高、中、低三个管理决断权层次,并比较其行业中高管的平均薪酬水平。分类结果如表9-5所示。

表9-5 各行业薪酬分组比较情况

高管理决断权	平均薪酬(万元)	薪酬差距	薪酬增长率(%)	中管理决断权	平均薪酬(万元)	薪酬差距	薪酬增长率(%)	低管理决断权	平均薪酬(万元)	薪酬差距	薪酬增长率(%)
计算机及相关设备	28.71	19.89	13.88	食品加工业	20.42	17.47	29.31	煤炭采选业	15.60	12.65	19.70
通信及相关设备制造业	25.38	21.38	19.13	服装及其他纤维制品制造业	18.97	15.17	19.92	石油和天然气开采业	13.87	7.79	30.90

(续表)

高管理决断权	平均薪酬(万元)	薪酬差距	薪酬增长率(％)	中管理决断权	平均薪酬(万元)	薪酬差距	薪酬增长率(％)	低管理决断权	平均薪酬(万元)	薪酬差距	薪酬增长率(％)
日用电子器具	22.64	8.09	23.15	印刷业	25.50	6.36	30.77	黑色金属采矿	7.50	3.77	-60.47
电子元器件	22.46	18.91	24.48	文教体育用品	10.00			有色金属采矿	14.75	5.77	12.386
生物制品业	17.55	16.30	18.21	化学原料及化学制品	12.75	8.61	23.70	自来水生产和供应	12.00	1.73	31.20
医药制造业	20.23	16.02	12.70	橡胶制造业	11.42	6.11	25.27	煤气生产和供应	8.00	4.58	22.80
电器机械器材	29.45	86.22	9.03	黑色金属冶炼及压延加工业	15.38	16.64	33.00	电力、蒸汽、热水	20.95	17.24	30.20
交通运输设备	16.61	12.78	30.85	有色金属冶炼及压延加工业	17.56	14.41	31.56	石油加工及炼焦业	11.54	9.00	32.90
化学纤维造业	15.53	9.11	31.93	仪器、仪表及文化、办公用机械	13.09	9.09	12.60	塑料制造业	16.20	5.75	10.70
普通机械制造	14.94	10.91	23.70	金属制品业	21.90	27.39	16.63	非金属矿物制品业	14.39	13.70	22.64

	平均值	薪酬差距	增长率
高管理决断权	19.86	21.08	21.82
中管理决断权	16.68	13.45	22.55
低管理决断权	13.24	7.82	23.71

高管理决断权	平均薪酬	薪酬差距	薪酬增长率	中管理决断权	平均薪酬	薪酬差距	薪酬增长率
饮料制造业	11.21	7.98	17.63	皮革、毛皮羽绒及制品	19.81	18.52	10.44
纺织业	17.58	15.86	20.55	食品制造业	13.38	8.28	14.87
造纸及纸制品业	15.83	30.61	38.51				

对于我国企业行业间高管薪酬差异,我们可以从以下方面来理解:

(1)产品差异性

提供差异化产品的行业相比于单一产品行业具有更高的管理决断权,此时高管人员需要更多的知识和能力去理解、研究和评估竞争对手的行为和策略(Rajagopalan & Finkelstein,1987)。由于高管承受的高风险和面临的复杂任务环境,此时他们会为这种能力要求更高的薪酬。基于差异化、多元化的战略一般见效期较长,很难预测出这种战略的最终结果,这种结果的不确定性和信息的不完全性造成对高管行为难以理解和不利于监管,使得那些有能力应付这种挑战性环境的高管人员可以要求更高的报偿。

(2)市场增长率

高市场增长率企业的决策必然面临着较多的非程序化决策的制定,面临较强的竞争环境,对企业的利润有着决定性的影响,同时会对高管薪酬产生影响。

(3)行业结构

供不应求的行业中,如果是寡头垄断企业,它们对行业内部成员的战略选择进行了相互制约,由于较少的战略选择机会,这些公司的高管人员面临的环境相对平稳而缺乏挑战性。而如果处于竞争性较强的行业中,企业高管人员不得不具有较强的能力去处理所面临的不断挑战与竞争(Hubbard & Palia, 1995)。虽然从定义上看,垄断者的决策很大程度上依赖于它的竞争对手,但是大多数情况下,垄断行业的企业规模都大到足以独立于其客户和供应商而自己制定自己的长期发展战略,这些垄断企业高管人员做出的战略其规模和影响也都显得很重要。

(4) 需求不稳定性

需求的不确定性在一定程度上决定了高管面临的行业环境是稳定的、可预测的还是易变的、不确定的。需求不稳定性提高了高管人员对信息的需求程度以及高管工作的复杂性,这样就为高管人员创造了很多新的机会,同时也使得他们不得不面临更多的危机。对于一个既定战略其结果我们很难做出准确的预测,必须根据环境的变化而及时进行调整,所以高管人员也不得不承担更高的风险。环境易变的企业需要更加有能力的高管人员,同时也不得不支付足够的薪酬以补偿其因此承担的风险和付出的努力。

(5) 固定资产密集度

固定资产密集行业往往倾向于产生战略刚性,公司很难经常去改变既定的战略。由于进入和退出的困难,这样的行业面临的决策和投资机会选择要相对少些,即管理决断权有限,因此这些行业的高管薪酬应该较低或者增长缓慢。

(6) 行业管制程度

管制行业的进入与退出往往比较困难,高管在制定战略的时候会面临很多的限制。管制行业的高管人员往往面临较低的环境不确定性考验,故而对企业的组织绩效并不会产生太大的影响;相比较而言,管制程度相对较低的企业的高管人员不得不面临更多的战略选择,要考虑更多的定价、准入和竞争的问题。所以管制程度较低的企业相比于管制程度较高的企业往往需要更有能力的高管人员(Hubbard & Palia, 1995),同时为他们支付更高的薪酬。在中国,管制性强的企业一般都受到国家的控制与干预,高管层的薪酬也往往有政策限定。

第三节 领导者的继任

大多数中国企业领导者继任的写照是仓促接替。比如,数家民营企业掌门人突然离世后的亲属接班,以及数家大型国有企业的总经理和副总经理在"60岁"年龄点上的必须退休,甚至还引起了关于"职业企业家"要不要退休的争论。从大的方面看,国资委对下属企业领导进行新旧接替的这一方向并无不妥。企业就如同生命体,组织细胞也必须不断更新。值得探讨的是,他们可以在继任安排的操作层面走得更稳妥、更有计划一些。

一、领导者的选拔

领导者选拔的原则在于：人尽其才，物尽其用。说起来轻松，做起来难。要做到人尽其才，贵在人才选拔机制。

（一）选拔的模式

分析人才的选拔过程，大体上有两种模式，即多数人在少数人中选举和少数人在多数人中挑选。这实际上反映了不同的人才选拔机制，何者更有利于人才的脱颖而出呢？

竞选是多数人在少数人中选举的典型例子。其过程非常简单，少数竞选者释放信息，有选举权的多数人根据自己掌握的和被选举者释放的信息做出判断和选择。这种机制（可称竞选机制）的好处首先是机会均等，每个有选举权的人都有被选举权，只要愿意，都可成为被选举人，所以不容易埋没人才。其次是信息充分，被选举人为了当选会尽可能地释放对自己有利的信息，这固然可能误导选举人，但好在被选举人在选举人的全面监督之下，且有被选举人之间的激烈竞争和互相监督，所以仍可比较准确地选出真正的人才。这种机制的坏处是费时和耗财，是否采纳须根据人才选拔的重要程度在其优缺点间进行权衡。

少数人在多数人中挑选又有两种模式：一是公开选择（或机会）信息，对被选择者引入竞争机制（称为招聘机制），典型的例子是企事业单位公开招聘人才。选择者通过广告等手段公开招聘信息，凡自认为够条件者均可报名，再通过考试、面谈等竞争和选择过程，最后录用。这种机制的好处是信息公开、公平竞争、择优录取。缺点是双方都有私有信息误导的可能性，即双方会因信息不全选错人（对招聘者而言）或工作（对应聘者而言），即双方必须为此承担一定的风险。为了减少这种风险，招聘者要求应聘者试工几个月就是一种常用的做法。而应聘者也会通过各种能够利用的渠道了解招聘单位的情况。双方都需为收集信息付出代价，但为了正确决策，这种代价往往是很值得的，正如竞选过程中大量时间和金钱的消耗却换来了正确的人选和越辩越明的国策或施政纲领。另一种模式是选择者在大量被选择者中挑选人才，而被选择者甚至不知道自己正在被考查，更谈不上了解将来的岗位和选择者的要求了（可称之为挑选机制）。如我国各个层次现行的干部选拔和任命制度（有些地方已有所变化）基本属于这种方法。其缺陷首先是选择者很难从侧面全面了解被选择者，这会影响判断和选择。其次，已被选中做某项工作的人，也许他认为自己根本不合适。此时，不仅会给对方造成损失（如选择过程的损失、信誉损失等），而且可能给今后工作造成更大损失（不想干或干不好的损失）。最后是挑选机制更致命的弱点，是难以选拔出最优秀的人才，因为其信息不足和缺乏必要的竞争机制，选择范围非常有限，选择者可能未发现那些更优秀和更能满足其要求的人才，这些人才也因不了解选择者的信息和没有自荐的机制而失去了其更充分发挥作用的机会。

（二）选拔的机制

考察人才选拔机制好坏的标准无外乎两条：一是能否正确地选人，二是能否选出最优秀的人。而做到这两点的基础是能否获得有关被选择者的较完善信息和能否使所有被选择者有公平的机会。比较上述几种机制，从信息量角度分析，竞选机制最好，招聘机制次之，挑选机制最差。一般来讲，信息越丰富，越容易做出正确选择。从使人才脱颖而出角度看，竞选和招聘机制相当，都使符合条件的人选有公平的机会。挑选机制最差，许多也许更能干的人根本没有机会问津。也许有人会说，挑选机制可保证选择者的利益，言下之意是不会选错人。但应清醒地认识到，挑选机制的信息是有限的，不利于正确选择。退一步讲，即使在很小的范围内选对了人，却可能失去了其视野之外的更优秀的人，这实际上非但没能保护其利益，反而造成了更大的机会损失。我国许多单位已为此付出了高昂的代价，我们再也不能无视由人才选拔机制造成的巨大损失了。

领导并不是一件令任何人都会满意的职位，有时沉重而痛苦，当然也有成功后的辉煌。有些人愿意当领导，有些人不愿意当。愿意者不见得一定具备领导才能，不愿意者也不一定没有领导才能。这其中有个人的价值判断、对局势的分析和各自的生活观问题。但要做好领导的第一要素，仍涉及一个领导才能和意愿的问题，一般会有如图9-3所示的四种情况。

	有领导才能	无领导才能
有做领导的意愿	Ⅰ	Ⅱ
无做领导的意愿	Ⅲ	Ⅳ

图9-3 领导的才能与意愿

在品德允许的情况下，第Ⅰ种人最适合做领导。但在现实社会，特别是我国目前的人事制度下，常会把第Ⅱ、Ⅲ、Ⅳ种人推向领导岗位。对于第Ⅲ种人来说，若上岗后改变初衷，也可能会成功，但第Ⅱ、Ⅳ种人的混上岗或推上岗，不是毁了这些人，就是毁了大家。

只要改革人事管理制度，了解一个人的意愿是一件易事。对于一个人的品德，从其日常生活和工作中也可大体有个基本了解。但才能的判断却并不容易，因为虽可了解其日常工作的能力，但领导岗位是一种不同的环境并有不同的要求，日常工作做得好并无法保证也能做好领导。于是，好的领导选拔机制就要解决如何准确判断一个人领导才能的问题。张维迎在研究企业家如何选定时认为，由于人的决策能力属于私人信息，不易观察，但人们的个人财富却极易观察。因此可由财富的多少来表明人的市场决策能力。这样具有较多财富而且具有较高市场决策能力的资本家就理所当然地成为挑选经理的委托人和掌握决策权的企业家。进而，他建立了一个一般均衡的企业家模型。将人分为如图9-4所示的四种：具有较多财富和较高市场决策能力、较低风险回避精神的人成为企业家；只有较少财富和较低市场决策能力，且具有高风险回避精神的人成为工人；只有较少财富但有较高市场决策能力的被资本家雇用为经理；而能力虽低，但却有较多财富的人成为雇用经理的纯粹的资本家。该模型想找到一个容易观察或度量的指标反映人的决策(或领导)才能(就企业家而言)，他选用了拥有的资本，但最后仍未摆脱"较高的市场决策能力"这个难以考察的"指标"。

	无才	有才
有钱	资本家	企业家
无钱	打工族	经理

图 9-4　财富与才能的关系

现行制度中往往把过去的业绩作为有无能力的一个重要考核方面，这无疑是在没有好方法下的最好方法。但在考查业绩时常常又是所犯错误比业绩容易度量，所以考查的重点容易放在犯没犯过错误上。最简单的道理是干的事越多，犯错误的机会越多，结果可能是能干事的人选不上，选上的极可能是碌碌无为者(不是所有的情况都是这样，只是这样的概率较高)。另一个易犯的错误是才能难以度量，但是否可靠、听话容易判断，特别是在现任下级或熟悉的人员中选拔时更容易偏重顺眼的和容易领导的。而大凡有能力、想干事业的人的另一个特点是身上常会带"刺"，所以这种倾向也容易失掉真正有才能的人。

领导选拔机制改革方向首先是要使所有人都有公平的机会，小范围总不如大范围人才多；其次要有表白自愿的机会，或者说最好是双向选择；再次是要注意尽可能客观地判断被选拔者的才能，在比较完善、客观的考查方法建立之前，要注意克服现有方法中的弊端。再爱清洁的母亲也不会把不小心弄脏了衣服、或身上被别人泼了污水的孩子扔出家门，因为那是她真正的儿女！

二、高层领导者的继任

毫无疑问，选择一位好的 CEO 继任者是董事们的头等大事，董事会在挑选 CEO 上所作的贡献占所有工作价值的 80%。如果董事会选对了 CEO，其他所有的决策都会变得容易些。通过密切观察无数家企业的高管选拔机制，拉姆·查兰提出挑选接班人的操作方法：首先，公司必须在内部建立一个源源不断的人才库，通过自下而上的领导力开发方案来培养具备领导潜质的后备人选。同时，董事们必须十分清楚企业对 CEO 的需求。其次，若从内部挑选，董事会应当制订一个领导人继任方案，遵循一个周密的决策流程，并不断进行更新和完善。最后，在考虑外部候选人时，要对各种信息了如指掌，这样才能把候选人放在全面的角度进行评估。在任命接班人过程中，董事会的挑战在于：协助新 CEO 快速获得成功。新 CEO 必须掌控组织，而在这个过程中董事会必须尽快发挥推动作用。

(一) 国内企业的继任危机

有道是"君子之泽，五世而斩"，中国顶级企业家纵横市场数十年而不倒，他们开创的霸业盛世能否很好地传承呢？随着企业元老的退休，中国顶级企业的接班人问题已棘手地摆上了桌面。而目前国内领导者的多元化现象进一步加剧了领导者的继任危机。

"中国企业家调查系统"从1999年到2003年的时间里调查了中国企业的高层管理者多元现象的变化情况。调查得出，1999—2003年每年都有超过半数以上的调查样本企业存在多元高管的现象，总体上从2000年以后有所下降，但是降幅并不大。以2003年为例，针对高层管理者兼任情况问题的3 192份有效问卷中，多元高层管理者（兼任两职、三职甚至四职）企业占总样本的51.2%，超过半数，其中二元高管约占40%，而兼任董事长、总经理、党委书记和厂长其中三个职位的多元高管达到10.8%。

领导者是一种稀缺资源，挑选领导者的接班人就好比从一吨矿石中提炼一盎司的黄金。能否拥有一位称职的领导人将成为在全球商业竞争中成功的关键。领导者的业绩决定了企业的命运，而众多企业作为一个实业群体，又影响着整个社会的经济。遇到突发性事件，企业内如果没有合适的人选进行替补，不难想象这些企业将面临涣散与消失的威胁。于1978年创建的通用电气公司是1896年至今美国道·琼斯指数公司汇总唯一幸存的一家企业，它基业常青的原因有许多，总能在不同的时期选拔最合适的领导者，可以说是通用电气成功最重要的因素之一。领导者的缺失或是错误的决策都可能给企业带来巨大影响，甚至可能是灭顶之灾。要避免这种伤害就必须有规划地对可能的继任者进行长期的培养。

高管多元，除了对在任的高层管理者在能力上要求极高之外，还要求必须有充沛的精力，这种能人式的企业管理使得在高管发生意外情况时，企业难以应付，使一个人的意外变成团队的意外，企业难以在短时间内找到合适的替代人选，而这些重要岗位的空缺，容易使整个企业陷入混乱，面临巨大的危机。

管理实践

上任伊始

2004年12月17日，中国经济界的目光定格在了潘刚身上。原伊利集团董事长郑俊怀及其他高管共5人涉嫌挪用公款被刑事拘留，留下了巨大的权力真空，从基层起步、从液态奶起飞的潘刚，成为接手伊利的唯一人选。潘刚初掌大权，便抽丝剥茧，开始了大刀阔斧的"削藩"之举，希望在各种盘根错节的复杂关系中理出一根线来。将原来分散在各事业部（液态奶、冷饮、酸奶、奶粉、原奶等五大事业部）的品牌管理、渠道管理等控制权逐渐收回到集团总部。他是否考虑过各事业部负责人和老员工的情绪？他说，他并没有将收回来的权力都集中到董事长、总裁手中，而是收到各个职能部门。而且，他在"收"的同时也"放"——将原来一直集中于总裁的一些事务性的权力，如投资项目、合同审批权、财务审批权，向集团内各职能部门分解。潘刚说，他的内心深处，最为坚强的后盾来自于他对伊利的了解。"我是最了解伊利的人，我知道伊利的员工，他们非常淳朴，"他在伊利多年积累的人脉，让他在危急时拥有稳定军心的超强威望，越是伊利的老员工，越是高级管理者，无论内部培养，还是外部聘请，都愿意跟他去"为梦想创造可能"，"这么多年来，我一步步将他们带起来。"

潘刚的责任大道. 财经界:管理学家. 2007,11:18—23.

高管的多元化在某种程度上也暗示了在这些重要的岗位上缺乏合适的人选,因此只能由一个人同时担任几个重要职位。由此,我们可以推测这些重要岗位的继任规划是失败的,或是前期根本就没有继任规划。简单来讲,继任规划的最终目标就是保证组织在适当的时候能为职位找到合适的人选。通用电气总能在合适的时间选拔到最合适的领导者,在于他们有一套完善的继任规划体系,不仅是培养总经理,也包括各个管理岗位。

继任规划,又称接班人计划,是指公司确定和持续追踪关键岗位的高潜能人才,并对这些高潜能人才进行开发的过程,是一种企业通过内部提升的方式来系统有效地获取组织人力资源的途径。明星企业的陨落,可能有无数个原因,如战略失误、危机应对不力、资金链断裂等,但是有一条是毋庸置疑的,就是后备管理层的断裂。例如三株随着区域市场遍地开花,无法源源不断地输送管理人员,到后来只好将开货车的司机派到"前线"做主管。结果可想而知。

多元高管不仅反映了前期继任规划的缺失或失败,对当前和今后的继任规划也带来不同程度的影响。在大多数企业中,重要岗位的继任人选通常是在公司内部选拔和培养的,内部培养接班人的最好方式之一就是有机会到岗位上获得磨炼。而多元高管不仅累坏了当事人,也在一定程度上剥夺了继任候选人获得磨炼的机会,从而使继任规划陷入恶性循环。

研究(Hambrick & Fukutomi,1991)认为总经理的管理生命有如下五个季节:一是受命上任,二是摸索改革,三是形成风格,四是全面强化,五是僵化阻碍。五季节模型指出了随着总经理在位时间的延长,其领导风格渐渐定型刚化,直至最后僵化而变成企业发展的阻力。其绩效呈现出上升—持平—下降的抛物线现象,表明超过一定的期限,经验成为一种消极因素。实际上这个模型除了适用于总经理,同样也适用于其他重要的领导者。领导者的认知模式、行为模式在任期内发生这种"刚性化"的变化,不愿再学习,不愿对自己的思想行为方式作根本性的改变,再加上其对所得到的信息有意无意地筛选,其认知模式与环境要求错位的可能性就越来越大。从这一角度来看,经验丰富作用的"拐点现象"的出现是不可避免的,对于大多数领导者来说,管理生命周期的存在是一个客观现实。原先非常优秀的领导人物从事物发展的动力变为阻力的现象,在管理实践中相当普遍。

基于领导者生命周期的五季节模型,多元高管由于身兼企业几个至关重要的职位,拥有较大的决策权甚至绝对的控制权,在创业期间有助于保证指挥系统的统一有效,但是因为内部难以有与之相制衡的治理机制,使多元高管决策的随意性增大。设想如果这样的多元高管正好处于其管理生命周期的第五个季节——僵化阻碍期,那么企业将处于何等的危险境地。解决这一问题的有效方式就是为其设置一个切实有效的董事会,高管决策的监督机制和考核撤换制度的建立可以起到很好的作用。然而,多元高管如同时兼任董事长、厂长和总经理,其高度集中的控制权将使任何制约机制的有效性都大大降低。国内超过50%的企业多元高管现已年过50岁,这值得学者和业界的重视,尤其是这些采取多元高管领导结构的当事企业。强人决策机制由于信息的不完全和人的有限理性已经具有较高的风险,更应该警惕多元高管管理生命周期第五季节的来临。

(二)领导者继任规划

企业成长和竞争需求的变化日渐凸显领导者继任规划的战略重要性。通过各国报纸上有关商业的内容,可以看出一些世界知名公司对待领导者继任有着相当成熟的制度保障和操作模式,但在更多的公司中领导者的更替却很少是有规则地进行的。很多企业已经认识到领导者继任工作的重要性,尤其是中国的民营企业,但缺乏系统的规划,经常"病急乱投医"。今天照搬这家公司的举措,明天又去学习那家公司的做法。

杰弗里·科恩(Jeffrey M. Cohn)等学者认为真正聪明的企业采取的方法虽然有所不同,但都具有一些共性,那就是公司的高层应该尽早开始选择并培养一名或多名后备接班人,同时还要着手指导他们并把富有挑战性的工作交给他们。

首先,公司的高层根据公司的战略重点和实际情况制订继任计划,并以此驱动所有相关的活动。

其次,直线经理和董事会直接负责人才的规划与培养。

再次,就是让未来的领导人接触公司运营的方方面面。

需要注意的是,要建立一个有效的人才培养方案,必须自行开发一个周密的体系。身为领导者,必须保证这个方案能够做到方向正确,有吸引力,以及真实有效。在评估具体方案时,则要回答三个问题:

(1)这个方案的各个组成部分结合在一起能否提高公司的竞争力?也就是说,培养方案必须符合公司的战略、价值观和文化。

(2)这个领导人才培养体系能够强化你希望人们对公司持有的看法吗?公司制订的领导人才培养方案,与公司在招聘时所吸引的应聘者类型、外部股东、客户对公司的看法,以及员工对公司价值观和战略的理解都有直接的关系。

(3)你的员工是否认为公司的领导人才培养方案是真实有效的?只有让员工相信,这些计划确实会影响实际决策并真正实行优胜劣汰,他们才会认真对待这个方案。

在激烈的市场竞争中,企业应该为各个级别的领导者制订继任规划。但事实上,很多拥有继任规划的企业,针对的主要是较高级别的领导者,如部门及以上级别。对海尔而言,能为企业创造财富和价值的"人财"是其最终需要的。这种"人财"哪里来?一种办法是自己培养。IBM 的主管上任伊始,就被规定了一个硬性目标:确定自己的位置在未来的几年内由谁接任?假如你离开,谁可以接替你?以 IBM 的实践为学习对象,海尔提出了一项人才的"长板凳"计划。"长板凳"一词,源自美国棒球计划。在棒球赛场旁,往往放着一条长板凳,上面坐着很多替补队员。每当比赛要换人时,长板凳上的第一个人就上场,而原来的第二个人则坐到第一个位子上去,刚刚换下来的人则坐到最后一个位子上。海尔的"长板凳"计划,要求一个正职的主管可以没有副职,但一定要有若干个接班人。

杰弗里·科恩等学者还专门强调了领导人才培养工作中的几个关键事项:

(1)在人力资源部门和外部专家的协助下,为公司高管安排一次正式的、高层次的继任规划会议;拟定领导人才培养的总流程,并在公司上下逐级实施。

（2）制订能为公司的人才组合(talent portfolio)填补空缺的培养计划,以确保公司的关键岗位有足够的板凳深度。

（3）让人力资源部门创建有关工具并推动它们的使用,但必须由各业务单元负责各种领导人才的培养活动。

（4）让董事会监督所有的领导人才培养举措,并坚持让CEO和其他高管就自己在培养领导人才方面所做的努力不断进行沟通。在通用电气,CEO 40%的精力都放在领导力建设上,并从员工入手抓培训。

（5）安排新秀在全公司范围内轮岗,注意对调的员工必须同样优秀。

（6）确保你的领导人才培养计划同你的战略保持协调一致,同时能强化你们公司的品牌,并且得到员工的一致认可。

当然,也有学者认为,"接班人的困境"是造成领导者继任往往会出现糟糕局面的主要原因。丹·乔安姆帕(Dan Ciampa)和迈克尔·沃特金斯(Michael Watkins)在25年中为管理人员及其接班人就领导者继任问题进行了100多次的咨询。他们指出,这个困境主要归因于在位领导者和他未来的接班人容易陷入令人精疲力竭的权力斗争。接班人的困境包括:一方面,在位领导者害怕放弃自己控制的权力;另一方面,接班人需要做出众人期待自己进行的变革,并以此向董事会证明自己。这种复杂的心理动机导致在位领导者和未来接班人的关系误入歧途,并会阻碍接班人最终顺利到达权力的顶点。

未来接班人要克服"接班人的困境",有四个方法:在接受组织的第二号职位之前一定要揣测在任领导者的让位意愿;与在位领导者保持经常性的沟通,即使这存在一定困难;发展和利用一个均衡的个人顾问团,以帮助自己顺利渡过权力交替期;最后,消除"接班人困境"问题应该是接班人自己的责任,而不是在位领导者的责任。

本章小结

领导人才的好坏,关系到一个组织的成败,而任何一个机构又难以寻求其完全需要的人才,因此领导者的评价、激励、选拔与继任就受到了普遍的重视。领导者的评价就是将领导者与其职位联系起来,据此弄清楚该职位要求些什么,明确哪类人员最适合该职位,并对考查中的人选作细致而客观的判断。就评价方法而言,可以依据行为、过程或结果等多种形式,每种方法都各有利弊。领导者的激励可以分为组织内部与外部激励。

领导者的重要性毋庸置疑,他们的业绩决定了企业的命运。同时,领导人才是一种稀缺资源,挑选好的接班人就好比从一吨矿石中提炼一盎司的黄金。所以,领导者的选拔和继任应该是企业的头等大事。领导者的选拔考虑的一方面是能力,这不仅指管理的理论知识,更重要的是应有的实践经验;另一方面是意愿,这样才可以保证选出适宜的人才来。事实上,中国企业掌门人要有继任安排的意识比操作方法本身更重要、更急迫。一个企业有没有接班人计划,实际反映出的是这个企业有没有这样一种企业文化,即公司持续发展、员工持续发展。如果没有这样一种文化,接班人计划就很难实现。

练习与思考

1. 结合身边发生的一次评价或选拔活动,分析其中采用的是何种评价或选拔形式,评价或选拔中存在什么问题,在参评者中产生了什么影响?

2. 你的公司是否有领导者继任规划?谈谈该规划的实施情况。

正文参考文献:

[1] Cohn J. M.、Khurana R.、Laura R.:"培养领导人才,谁的事?",《商业评论》,2005年第10期,第88—101页。

[2] 冯天丽、井润田:"从高层管理者的多元性看国内企业的继任危机",《中国人力资源开发》,2006年第10期,第14—16页。

[3] 胡泳:"海尔:以卓越运营博全球市场",《北大商业评论》,2008年第2期,第45—57页。

[4] 井润田、万媛媛、刘丽梅:"从管理决断权的角度分析高管薪酬的行业差异",工作论文,2006年。

[5] 曾贤刚、宋程锦译:《哈佛商业评论精粹译丛——什么造就了领导者》。北京:中国人民大学出版社,2004年版。

[6] Ram Charan:"终结 CEO 继任危机",《商业评论》,2005年第3期,第96—110页。

[7] Burt R., "The stability of American Markets", *American Journal of Sociology*. 1988, 94(2): 356—395.

[8] Finkelstein S. and Boyd B. K., "How Much Does the CEO Matter? The Role of Managerial Discretion in the Setting of CEO Compensation", *Academy of Management Journal*, 1998, 41(2): 179—199.

[9] Ghemawat P., *Commitment: The Dynamic of Strategy*. New York: The Free Press, 2005.

[10] Ghiselli E., *Exploration in Managerial Talent*. N. Y.: McGraw-Hill Inc, 1971.

[11] Hambrick D. C., Finkelstein S., "Mangerial Discretion: A Bridge Between Polar Views of Organizations", *Research in Organizational Behavior*, 1987, 9: 369—406.

[12] Hambrick D. C. and Abrahamson E., "Assessing Managerial Discretion Across Industries: A Multimethod Approach", *Academy of Management Journal*, 1995, 38(5): 1427—1443.

[13] Hambrick D. C. and Finkelstein S., "Mangerial discretion: A Bridge Between Polar Views of Organizations", *Research in Organizational Behavior*, 1987, 9: 369—406.

[14] Hambrick D. C. and Fukutomi G. D., "The Seasons of a CEO's Tenure", *Academy of Management Review*, 1991, 16: 719—742.

[15] Hambrick D. C. and Schecter S. M., "Turnaround Strategies for Mature Industrial-product Business Units", *Academy of Management Journal*, 1983, 26: 231—248.

[16] Hannan M. T. and Freeman J. H., "The Population Ecology of Organizations", *American Journal of Sociology*, 1977, 82: 929—964.

[17] Mintzberg H., "Strategy-making in Three Models", *California Management Review*, 1973, 16(2): 44—53.

[18] Rajagopalan, N., Finkelstein, S., "Effects of Strategic Organization and Environmental Change on Senior Management Reward Systems", *Strategic Management Journal*, 1992, 13: 127—142.

[19] Scherer F. M. and Ross D., *Industrial Market Structure and Economic Performance*. Boston: Houghton Mifflin, 1990.

案例研究

楚州集团的领导更换

一、案例背景

成立于1992年的楚州高科集团公司是房地产业的一个大型国有企业。1996年,程旭泰来到高科集团,他"掌舵"高科旗下的丽都地产并成功运作西部第一大盘,首倡经营城市理念,成功塑造了"河滨印象"、"丽都"等品牌,成为地产界的一个传奇人物。楚州高科在他的带领之下发展迅速,跻身中国最大企业集团500强和中国房地产开发10强企业。2004年,楚州高科易帅,汪剑波出任楚州高科集团总经理。然而,汪剑波上任之后,楚州高科却面临着重重危机。为什么一个企业更换了领导人,其内外环境就发生了如此巨大的变化呢?

(一)企业发展

楚州高新区是1994年3月经国务院首批批准设立的国家级高新技术产业开发区。成立于1992年的楚州高科集团公司,是与楚州高新区管委会在"一套人马、两块牌子"的独特机制下共同成长起来的大型国有企业。高科集团作为高新区建设开发的重要实施主体,一直致力于高新区的土地开发、市政配套、社区管理、环境营造,完成了高新区一期、二期、楚阳园及电子园17平方公里的土地开发和基础设施配套建设,在楚州市西南区域营造出一个配套设施健全、居住环境幽雅、生活质量优良的城市新区。

经过多年的经营和发展,集团公司形成七大直属公司、两个控股公司、一个控股上市公司、多个参股公司的现代企业集团架构。高科集团投资和经营领域包括基础设施配套、房地产开发建设、生物医药、机电一体化、绿色环保建材、现代物流及宾馆服务产业等。其中,基础设施配套与房地产占集团总销售收入的73%,以生物医药、机电一体化及绿色环保建材为重点的高新技术产业占14%。2004年,楚州高科(集团)公司总资产超过100亿元,连续三年入选中国最大企业集团500强企业,同时也是中国房地产开发行业10强企业。高科集团打造出了"丽都"、"枫叶"、"高科房产"、"高科格瑞派"、"新纪元"等众多为楚州市市民耳熟能详的精品房地产品牌。

(二)程旭泰的辉煌

程旭泰是一位敢作敢为的企业家,他是燕山大学管理专业的本科毕业生。1991年,在楚州大学管理学院修完研究生学位后,程旭泰南下福建、广东,在外资企业里做起了高级打工仔。1995年,他北上入京,担任港资的华锐房地产开发公司总经理。1996年,程旭泰辞职来到楚州高新区,成为楚州电子园管理办公室副主任。1996年的楚州高新区虽然已经有了很大的转变,但财政上仍然无暇顾及。当时,管理办只有一个打扫卫生的,程旭泰的工资只有400元,而公司账面上的资金仅有3 000元。

程旭泰曾走访了当时电子园区内的10家国家级研究所和8个大型国有企业。在这些厅局级编制的机构面前,程旭泰感受到了遭受轻视的滋味:"他们根本不把楚州市的高新区放在眼里;再有,他们觉得瘦死的骆驼比马大,根本不理你。"一圈下来,程旭泰发现了那个其实很简单的道理:你必须得先壮大自己,让别人来求你!他确立了一种先繁荣后理顺的理念,这为高科集团的高速发展奠定了基础,为电子园的迅速繁荣提供了理论上的指导。他将该理念付诸丽都地产、河滨印象社区的建设之中,直接促成了"丽都"、"河滨印象"两大品牌的崛起和成功,迅速扩大了高科规模。

程旭泰极富领导魅力,待人以诚,任人唯贤,在员工中具有极高的威信。他确立了"用才、爱才、护才"的人才理念,形成了"容人所短、用人所长"的用人文化,带出了一群优秀的领导班子。程旭泰认为,对于一个企业而言,最可怕的事情莫过于观念上的故步自封,创新才是企业的唯一出路。在原有国有体制的束缚下,为了鼓励高科旗下的下属公司放手去干,他把各子公司放在高科组织结构的第三层,它们拥有非常独立的自主权和决策权,执行力也很强,这极大地调动了下属公司的积极性,高科集团进入了蓬勃发展的时期。

高科集团是一个特殊的企业,"多块牌子,一班人马",既有政府角色,又是企业行为,而且集城市开发商、土地供应商、产业引导商、投资管理商、住宅开发商和生活方式的提供商和保障者等多种角色于一体。凭借其特殊背景以及与银行的良好关系,程旭泰拿到了大量贷款,开始埋头开发丽都花园。

1998年3月,"丽都花园"准现房发售,到6月份全部卖完,成为楚州当年最火爆的楼盘。当时购买土地总共花费了1000多万元,建设过程中四处筹措资金共投入了2000万元;丽都花园原本的定价按每平方米1600—1700元左右即可收回成本,但实际上以均价每平方米2500元售出。那时买房没有按揭,全部以现金完成。丽都用这几千万元的盈利立即启动电子商城项目。同时,丽都大厦投入100万元刚刚启动,期房即全部售出,几千万元的收入再次全部投入了电子商城。3.2万平方米的电子商城总共投入1.7亿元。1999年,电子商城一建成,立即成为楚州市的亮点,被作为当年东西部洽谈会主会场。周围的土地,从过去的每亩10万元飙升到30—40万元,等到紧邻的商业步行街建起来之后,再次上升到70—80万元。

但这对高新区和程旭泰来说,绝不是个好消息。丽都花园和丽都大厦赚来的钱,程旭泰全部投入了电子商城。加上贷款,丽都地产的负债率一直高达90%,而电子商城项目主要是为高新区招商引资,如今由深圳赛格经营。虽然2001年有17个亿的营业额,但赛格是按年递增交纳租金,电子商城不可能在短时间内收回投资。

眼看着周围土地价格飙升,拆迁成本越来越大,程旭泰只好把眼光放出去,一步跃到了黔岭山脚下的楚阳县境内,挥师指向楚阳园。由于看到过去滚动开发的弊端,程旭泰现在考虑持续发展,5平方公里一次全部买过来,管网道路的铺设再留出5平方公里的拓展空间;一次性解决农民问题,四个村子同时拆迁,避免产生乱搭乱建、地价越滚越高的情况。但问题是,资金依然短缺,高新区管委会只给了650万元,剩余的只能是负债贷款。

巨大的资金压力,逼出了程旭泰的城市运营商角色。这次程旭泰搞起了资本运营,把丽都的品牌作为无形资产和资本放在一块用,把丽都品牌的价值折在地价上。楚阳园5000亩划为产业用地,2000亩划为住宅用地,营建"丽都田园都市"。程旭泰这次的计划是住宅自己不做开发,2000亩住宅用地全部卖出去,只作统一的设计、策划、销售和物业管理,然后用所得的钱完善配套设施。

程旭泰算了一笔：丽都田园都市如果自己进行开发，2 000亩的住宅至少需要5年才能完成，而分散出去，将会在2年的时间内完工。更重要的是，土地的购买商必须在1个月内把钱付清，那就会收回8个亿。就这样，2 000亩住宅用地以均价每亩55万元的价格热销一空。

事实上，整个楚阳园的征地加上时代广场、歌剧院、学校、商城、各种管网道路等配套设施全部落成花了10.7亿元，单是住宅用地目前就收回了8亿元，那么剩下的产业用地按一亩地15万元计算就能持平。如此一来，因住宅用地价格的提升而产业用地的价格落了下来，楚阳园每亩的开发成本约在16.7万元左右，按产业用地每亩15万元算，要亏1.7万元，但住宅用地却卖到了每亩55万元人民币，一亩赚回了38万元。程旭泰说，通过对土地资源的市场化运作，可以实现长安科技产业园的可持续开发。

在程旭泰拿到的2002年4月银行存款报表中，显示着7 700万现金的数额，而除此之外，丽都还在外面买了一块地，付了2个亿的地款。正是丽都田园都市的成功运作，使得丽都地产的价值评估从1999年的3.5亿元跃升到2001年的11亿元人民币。

2003年，高科集团在程旭泰的领导下实现销售收入34.4亿元，实现利税4亿元，总资产达到108亿元，跻身中国最大企业集团500强和房地产开发10强企业。

(三) 汪剑波的烦恼

2004年4月，高科集团易帅，汪剑波出任高科集团总经理。汪剑波是学建筑专业出身的，在高校教过书，后来在楚州市建委主管过房地产综合开发，在经济开发区一直分管规划和土地工作，没有很多企业经历。

天有不测风云，汪剑波上台还没有几天，就迎来了房地产业的多事之秋。

2004年4月底，我国经济宏观调控力度加大，这对以房地产开发为主业的楚州高科(集团)公司的影响是显而易见的。对房地产至关重要的两项资源——土地和资金的获取增加了很大的难度。例如，国家将土地转为非农用地的审批暂停半年；房地产开发项目资本金由20%调至35%；银行进一步加强了对贷款的风险管理。凡此种种，无疑对房地产业的进一步发展增加了不少困难。除了国家土地政策和金融政策的调整，国有企业改革加快，市场运行机制健全，楚州市加快建设"现代楚州、人文楚州、科技楚州"，高新区加快"二次创业"，以及高科集团发展现状和特点，都要求高科集团必须重新审视自己、审视环境，必须加快战略调整步伐，整合资源优势，重塑管理模式，对高科集团的管理机制、组织架构到制度体系进行全面改进和革新。

此时的高科集团面临着许多亟待解决的问题：一是资金的问题，银行纷纷开始催款，还贷压力巨大；二是资源的问题，土地储备严重不足，没有新项目，没有新的经济增长点；三是无限扩张造成的产权交织、产业结构不清晰、品牌形象不统一等问题；四是员工的情绪不稳，对新政策、新领导持抵触和怀疑态度；五是民工工资和工程款清欠问题。

面对集团的重重困难，汪剑波上任的第一件事就是亲临各工地现场深入了解情况。他之所以到基层调研，一是要详细了解情况，知道下面正在干什么，有什么困难，有什么要求，进展情况怎么样；二是要尽快熟悉、认识广大员工，也让员工认识他；三是面临国家金融政策的调整和土地政策的变化，高科遇到了暂时的困难，他想听听员工有什么看法和建议。

二、案例分析

可以看到汪剑波上任后，楚州高科面临的内外部环境发生了巨大变化。在外部环境方面，国家经济宏观调控力度加大。一方面，国家土地政策和金融政策的调整，对楚州高科获取对房地产至关重要的两项资源——土地和资金增加了很大的难度。房地产业对资本金要求提高了，而土地获取却更难了。楚州高科土地储备严重不足，没有新项目，也就没有新的经济增长点。另一方面，楚州高科面临资金压力。银行对贷款风险进行控制，纷纷开始催款，还贷压力巨大，而且新上任的汪剑波没有很好的私人关系可以缓解这种压力。

随着汪剑波的上任，楚州高科的内部条件也发生了相应变化。在领导学权变理论中，菲德勒提出了"有效领导的权变模式"，指出影响领导效果好坏的"情景因素"有三个：领导者-成员关系、任务结构、岗位权力。菲德勒的研究证明在最不利和最有利的两种情况下，采用"以任务为中心"的指令型领导方式效果较好；而对于处于中间状态的环境，则采用"以人为中心"的宽容型领导方式效果较好。按照菲德勒的领导权变模型，任何领导形态要有效，关键是要与环境情景相适应。领导者必须是一位"具有适应能力的人"。作为楚州高科先后上任的总经理，程旭泰和汪剑波有很大的差别。程旭泰1996年来到了高科集团，他掌舵高科旗下的丽都地产并成功运作西部第一大盘，成功塑造了"河滨印象"、"丽都"等品牌，并带领楚州高科跻身中国最大企业集团500强和中国房地产开发10强企业。而汪剑波新官上任，他学建筑出身，在高校教过书，后来在楚州市建委主管过房地产综合开发，在经济开发区一直分管规划和土地工作，企业经历较少。通过分析，我们可以看到程旭泰有着较好的领导者-成员关系、较低的任务结构和较强的岗位权力，而汪剑波有着较差的领导者-成员关系、较低的任务结构和较弱的岗位权力。我们比较出了程旭泰和汪剑波的环境权变因素并找出了其对应的领导风格（可以参考表3-1"菲德勒对领导形态与绩效的调查总结"）。

从表9-6中可以看到，对程旭泰而言效果最好的领导方式是指令型与宽容型并重，即"以任务为中心"和"以关系为中心"相结合的领导方式。而对汪剑波来说，效果最好的领导方式是"以任务为中心"的指令型领导方式。

表9-6 两任领导权变因素的对比

	项目	程旭泰	汪剑波
权变因素	领导者-员工关系	好	差
	任务结构	低	低
	岗位权力	强	弱
	适合的领导风格	关系任务并重	任务导向型

三、结论与启示

那么，具体而言，如何在楚州高科里实施指令型领导风格呢？首先要将当前领导工作的重点放到面临的问题解决方面，采取相对集权的领导风格。例如，要对集团组织架构进行调整，将河滨印象和丽都花园等三级公司变为直属二级公司，这样不仅增加了集团对子公司的控制力度，同时增加组织内部的资金掌控力度。逐渐梳理产业形态,重构"一主(房地产开发)两翼(服务业和制造业)"的产业架构,出售那些不赚钱或者与主业相关程度不高的企业,这样也在很大程度上增加了资金来源。更进一步,强化经营理念,建立有效的企业文化体系,在树立企业形象的同时提升个人的权力与影响。